日本侵占下东北经济的殖民地化

侵略者是怎么干的，侵略者都干了什么

苏崇民　著

北京交通大学出版社

·北京·

内 容 简 介

本书所论述的是日本统治东北时期使东北经济殖民地化的整个过程，书中将 1931—1945 年间东北经济的发展划分为以下 3 个阶段。

从 1931 年到 1936 年是日本将中国东北的半殖民地经济初步变为殖民地经济的阶段。日本假手伪满政权以国有名义大肆侵占东北的铁路、银行、海关、工厂、矿山和土地，形成了伪满国家资本，建立起自己的财税体系，并着手设立特殊公司，实行一行业一公司的经济统制。

从 1937 年"七七"事变到 1941 年太平洋战争爆发，这一时期是殖民地深化实行全面经济统制，变东北为侵略战争的物资供应基地的时期。日伪推行了"产业开发第一个五年计划""百万户移民计划""北边振兴计划"，当时称为"三大国策"，其共同目的就是变东北为侵略战争的基地。

从 1941 年太平洋战争爆发到 1945 年日本投降，是日本对东北进行战时全面经济掠夺的时期，也是殖民地经济走向崩溃的阶段。日伪更多地采取超经济强制的手段，实行竭泽而渔的掠夺和榨取，将人民逼上绝路，其结果是伪满洲国的经济日益走向崩溃。

图书在版编目（CIP）数据

日本侵占下东北经济的殖民地化／苏崇民著. —北京：北京交通大学出版社，2018.1

ISBN 978-7-5121-2183-6

Ⅰ. ① 日… Ⅱ. ① 苏… Ⅲ. ① 日本-侵华-经济扩张-研究-东北地区-1931～1945 ② 区域经济-殖民地经济-研究-东北地区-1931～1945 Ⅳ. ① K265.607 ② F129.5

中国版本图书馆 CIP 数据核字（2015）第 000645 号

日本侵占下东北经济的殖民地化
RIBEN QINZHAN XIA DONGBEI JINGJI DE ZHIMINDIHUA

责任编辑：陈跃琴

出版发行：北京交通大学出版社　　　　电话：010-51686414　　　http://www.bjtup.com.cn

地　　址：北京市海淀区高梁桥斜街 44 号　　　邮编：100044

印 刷 者：艺堂印刷（天津）有限公司

经　　销：全国新华书店

开　　本：170 mm×235 mm　　印张：28　　字数：534 千字

版　　次：2018 年 1 月第 1 版　　2018 年 1 月第 1 次印刷

书　　号：ISBN 978-7-5121-2183-6/K·23

印　　数：1～2 000 册　　定价：280.00 元

本书如有质量问题，请向北京交通大学出版社质监组反映。对您的意见和批评，我们表示欢迎和感谢。

投诉电话：010-51686043，51686008；传真：010-62225406；E-mail：press@bjtu.edu.cn。

序　言

从 1931 年"九一八"事变到 1945 年"八一五"日本投降，中国东北处于被日本侵占的所谓伪满洲国时期。

日本侵略者在"开发""建设"的招牌下，干着侵占、掠夺、榨取和奴役的勾当。他们侵吞东北的财富，掠夺东北的资源，奴役东北的人民，榨取东北人民的血汗，将一个富庶的地区变成人间地狱。

本书主要依据当年日本人形成的大量档案资料以及历来的有关科研成果，着重揭示日伪所推行的经济政策及其形成过程、意图、内容及其执行的后果和影响。本书真实地刻画出沦陷时期东北经济的演变历程，还其被血腥榨取的历史本来面目，昭示日本帝国主义的经济侵略罪行，为日本侵占东北时在经济上的所作所为做一总结。

日本在东北的经济活动，可以概括为两个词四个字，即"统制"与"掠夺"。后者，被日本御用文人美化为"开发"。

经济统制是日伪自始至终坚持的一种制度。统制范围不断扩大，统制程度不断加深、从生产到流通，从工业到农业，从金融到外贸，从产品到劳动力，无所不包。可以说已经达到了在资本主义制度下可能达到的极限。

经济掠夺是日伪贯彻始终的动机、目的和结果。不论统制、开发，还是计划、投资，都是为了经济掠夺。

日本发动"九一八"事变，武装占领东北，炮制傀儡政权，是东北沦为殖民地的开端，也是东北沦为殖民地的决定性条件。日伪的经济统制，即利用其炮制的伪满洲国政权，以国家名义对东北经济实行强制的干预和严格的管理，以实现其侵占的目的。

这种经济统制实质上是为日本垄断资本主义服务的，是凭借政治权力的强制参与，以弥补其资本力量的不足，用以保证日本垄断资本对东北经济的全面垄断，并在某种程度上对东北经济进行殖民地化的资本主义改造。日本侵略者的方针是所谓"日满融合"和"日满一体化"，使东北经济从属于日本，并且变东北为其扩大侵略的战争基地。日本知名学者殖民地问题研究专家浅田乔二曾经精辟地指出："满洲经济的变迁就是由满洲中心经济向日满一体化经济，进而向日本中心经济发展的过程。从另一方面看乃是由国家建设经济向国防经济，进而向战争经济进展，是由农业原料国经济向自给自足经济发展，由对日依存经济向对日供献经济进展的过程。"

日本侵略者制定了为其自身利益及其侵略目的服务的经济政策，利用伪满政权，盗用国家的名义，强制推行。策划和制定政策的机关，先是关东军特务部和满铁经济调查会，后来是伪满国务院总务厅。批准这些政策的则是日本政府和日本军部。从政策的起草到决定，完全由日本人一手包办。伪满的汉奸大臣们只能在事后起个橡皮图章的作用。

"九一八"事变前，东北属于资本主义初步发展的半殖民地半封建社会。面对日本强权的经济侵略，东北当局鼓励民族资本进行了有效的抵制。日本占领后，没收从而消灭了东北的原奉系官僚资本，损害了中小民族资本。而日本资本得到极度扩张，占据绝对优势，并驱逐和排挤其他外国资本，垄断了国民经济所有主要部门，事实上左右着东北经济的发展，使东北完全成为日本的经济附庸。

日本在东北的资本按其来源及支配体系可以分为国家资本系统、金融资本系统、产业资本系统、地方财阀系统和中小私人资本等几个类型，在它们相互之间也存在相互渗透、依附和隶属、竞争和对抗等种种复杂关系。

国家资本系统是指国家资本占支配地位的企业体系，国家资本的主要代表是满铁。满铁股份的半数由日本政府持有，其余的股份则散在几万名民间股东手中。这些股东从日本皇室起以至各种工商企业家，几乎囊括了日本的全部富豪。他们之中握有股份最多的还是以四大财阀为代表的日本金融资本。满铁的公司债也主要面向日本金融资本。所以，在满铁资本中起支配作用从而决定其性质的是国家资本，而在国家资本的支配下还有大量的私人资本，这些私人资本主要是靠日本金融资本搜罗提供的。此外，满铁还通过参与制，投资和控股支配着一个包括几十个子公司的关系公司网。在这些公司中，满铁资本与伪满国家资本和日本私人垄断资本建立起联合、依赖以至支配关系。除满铁外，属于日本国家资本系统的还有朝鲜银行、东洋拓植公司、满洲电信电话公司、满洲拓植公社，以及后来的日本制铁公司、帝国燃料兴业公司等，它们也与伪满国家资本和日本私人垄断资本建立了各种联系。

这些日本国家系统的资本直接控制了东北的交通、通信、金融、移民以及钢铁和合成燃料行业。可见，在东北的日本资本中，日本国家资本起主导作用。

日本在东北的私人垄断资本包括以三井、三菱等老财阀为代表的金融资本系统，以日产系为代表的新兴军需产业资本系统，还有以大仓、浅野、日室为代表的地方或二流财阀资本系统。老财阀和地方财阀早在"九一八"事变前就在东北设有分支机构，从事商贸和投资活动。"九一八"事变后，由于关东军推行经济统制政策，限制企业自由经营，一度影响了他们对东北直接投资的积极性，而是主要采取间接投资形式，如认购满铁和伪满洲国的债券，收购满铁股份，参与"国策"投资等较少风险的投资途径。从1937年起，投资明显扩大，不过由于它们的投资重点是放在华北和华中，在东北的直接投资仍限于同它们的事业和技术有密切联系的有限领域。

新兴军需产业资本日产系进入东北是在1937年年底，它的移植导致了满洲重工业开发公司（简称满业）的设立，从而结束了满铁对重工业的多年垄断。日产系进入东北是日本陆军、日本对满事务局、伪满日本人官员和日产系代表鲇川义介紧密勾结的结果。满业的成立说明日本军部与私人垄断资本的高度结合，说明伪满政权成为为日本私人垄断资本攫取高额利润的得力工具。满业成为仅次于满铁的第二位日本资本。满业成立后也以发行公司债为其进一步筹措资金的主要途径。在筹措资金方面，无论是满铁还是满业都离不开日本金融资本。

这就涉及日本军部在东北的统治和日本垄断资本的支配之间的关系。如满业的成立所显示的那样，军部需要借助垄断资本的资金和技术力量建立殖民地军事工业体系以强化战争力量，同时将垄断资本纳入它的国民经济军事化轨道。日本垄断资本则需要借助军部对殖民地的统治权力，扩大其投资领域和市场范围，以剥削廉价劳动力取得廉价原料，获取有保证的高额利润，加强其垄断地位，在竞争中发展自己。其结果是军部将自己的经济统制即垄断经济的权力，部分地奉献给垄断资本，为垄断资本保驾护航，而垄断资本则将自己的命运拴在军部的战车上，一心一意支持侵略战争。

以东北为根据地的大仓财阀和日本二流财阀浅野、日窒等以及日本个别部门的垄断企业也在相应部门拥有相当势力，获得相应的利益。至于在东北的日本中小企业，虽然数量不少，但其资本不过占日本资本总额的1/10，且多依附于大企业，只起辅助作用。

可见，日本资本是以垄断资本为主体，国家资本的代表是满铁，产业资本的代表是满业，它们与伪满国家资本相结合，站在推行日本国策的前列。而在它们的背后，供给资本捞取利润的则是以四大财阀为中心的日本金融资本。所有这些都被挂在军部的战车上，直接或间接地为侵略战争服务。

除日本资本外，起很大作用的还有伪满国家资本。它首先来源于日伪对奉系官僚资本的没收，再加上后来伪满政权以各种手段搜刮到手的财产，使得这部分资本增长迅猛。

伪满国家资本在名义上是伪满洲国的国有财产，实际上它并不归傀儡皇帝及汉奸大臣们掌握，他们只不过是被摆在前台的傀儡。真正的主人公是在后台操纵的关东军及其领导下的伪满洲国总务厅、实业部、产业部及财政部的日本高官以及各个特殊公司的日本人首脑。

从总体上说，伪满国家资本是受关东军和日本金融资本的联合支配。在特殊公司之中，也有由满铁、日产、三井、三菱和大仓等分别支配的。不论哪种情况，伪满国家资本都只能看作是日本垄断资本的附庸。正如伪满傀儡政权实质上是披着独立国家外衣的日本殖民统治工具一样，伪满国家资本实质上也是披着独立国家资本外衣的日本垄断资本（国家的和私人的）的附庸。

东北原有官僚资本的主体已被消灭，只有少数充当汉奸的原奉系官僚（像于冲汉、张景惠、丁鉴修之流）的个人资本保留了下来，即使加上一些地方汉奸的资本，数量仍然很小，既无自己的金融机关，又失去垄断地位，已经构不成独立的经济力量，只不过从日本资本的垄断下拾取一点残羹剩饭而已。在日伪的统计中，这部分资本与民族资本被混在一起笼统称为土著资本。因此，我们不能将日伪资料中的土著资本简单等同于民族资本。

摧残、限制和利用民族资本，是日伪的一贯政策。首先，日伪摧残了民族资本的金融机构，接着利用经济统制，控制了粮栈，打击了油坊、面粉厂、烧锅等土著工业；其次，将民族资本的工厂变为加工厂，商店变为配给店；最后，用储蓄、债券、税收等方式，将民族资本逼上绝路。唯有较大民族资本中具有买办性的那部分才有所发展，而进入太平洋战争时期，民族资本全都被纳入国家垄断资本主义体系，不能不依附于日本资本和特殊公司，从而带上了官僚买办性。这是在沦为日本殖民地的东北，民族资本不可避免的命运，不能因此就将民族资本混同于官僚买办资本。

通观日伪统制时期，民族资本无论就其占有的地位，还是其所起的作用来说，都不是东北经济性质的决定因素。当然也不应忽略它在抵制经济统制中所起的作用。由于民族资本同人民生活息息相关，并且同农村经济有着天然联系，使它得以用各种手段（包括利用黑市交易），顽强地抵制日伪的压迫并始终占有一席之地。

综上所述，当时东北的社会经济形态乃是在资本主义经济关系初步发展的条件下，由日本垄断资本主导的殖民地国家垄断资本主义。

这种国家垄断资本主义不是在资本主义发达的国家由于自身矛盾的发展所产生的，而是在资本主义还不发达的东北沦陷区，由日本垄断资本同日本的殖民统治机构紧密结合而产生的。这种经济的基本特征有以下几点：（1）日本垄断资本的全面支配；（2）资本与日伪殖民统治权力机关的紧密结合；（3）在资金与技术各方面对日本经济的全面依附；（4）严格的经济统制和特殊公司制度；（5）以重工业为核心的国民经济军事化；（6）超经济强制的广泛应用及农业中半封建地主经济仍占统治地位。其中最重要的是前两点。因此，关于日伪统治下的东北经济性质的完整表述应该是：日本垄断资本与殖民统治权力紧密结合的殖民地军事封建的国家垄断资本主义。它是日本垄断资本主义经济体系的一个组成部分，同时，它又有着相对的独立性，它构成了日伪法西斯殖民统治的经济基础。正是在这种国家垄断资本主义的统治下，中国的民族资本遭到了毁灭性的摧残，封建地主经济发生了扭曲和变形，劳动人民受到了残暴的奴役和压迫，整个东北经济走上畸形发展的道路。

显然，日本在东北采取这种制度和当时资本主义世界在经济危机的冲击下国家垄断资本主义的迅速发展以及国家社会主义思潮的流行有关，不过根本上还是由于日本这个后起的帝国主义先天性的资本不足而又具有浓厚的军事封建性，有着一贯地依靠政权强制干预经济的传统。占领东北是由日本军部所主导，以推行大陆政策为己任，将东北作为进一步扩大侵略的基地，再加上以满铁为代表的日本国家垄断资本和由原奉系官僚资本转化的伪满国家资本掌握了东北的经济命脉，使得这种经济统制成为可能。

这种经济类型在日本占领的殖民地中也是绝无仅有的。由于在东北采用独立国家的形式，拥有独自的币制、度量衡制和关税制度，以及满铁、满业和伪满国家资本的存在，这就使它区别于日本政府直接统治下的朝鲜半岛和中国台湾地区。日本在东北进行经济统制的这种模式，虽然后来也被推广到华北和华中，但是由于客观条件不同，统制的程度和效果也就大不相同了。

至于经济掠夺。日本侵略者美其名为"开发"。其实，对于日本侵略者来说，开发只是掠夺的一种手段。一般来说，资本主义的开发是在利润的驱使下的一种有助于社会进步的经济行为。开发总是有其建设的一面，也可以说建设本来是开发的共性。但在帝国主义占领下的殖民地有着各种性质的开发，从根本上说可分为两大类。一类是正常的开发，出于经济发展的需要，有利于扩大再生产，对人民有利。另一类是掠夺式开发，是出于掠夺的需要，只对侵略者有利，破坏扩大再生产，对人民有害。

日本在东北搞的开发，恰恰是掠夺式的开发。经济掠夺是日本在东北的一切经济活动的主要动机和动力。掠夺日本急需的原料、半成品，掠夺资源、财富和劳动力。其目的基本上是两个，一是满足日本经济发展上的需要；二是服从于军事侵略的要求。

如果说日本在东北的经济活动的终极目的是掠夺，那么这种掠夺首先服从于发展日本军事工业的需要，服从于发展日本的战争力量。东北的国民经济军事化归根结底是日本的国民经济军事化的组成部分。军事优先，发展军事重工业、化学工业，以建设对外侵略（对苏、对华）的基地，这就是日本在东北进行开发的主要动力。这种军需工业的发展，不利于扩大再生产，不能带来人民生活的改善，而是恰恰相反。它使国民经济畸形发展，它以牺牲农业来发展工业，以牺牲轻工业来发展重工业，以牺牲民用工业来发展军用工业。军用工业越发展，人民的生活就越困苦。它要将各种财富和资源掠夺殆尽，直至榨干人民的最后一文钱、一滴血，建立起它的军需工业，以保证其军火的就地自给。

因此，日本垄断资本以"产业开发"为名修建了一些工厂，开办了一些矿山，铺设了一些铁路，盖起了一些建筑，乃是为了达到其目的的手段，既不是为了发展东北经济，更不是为了造福东北人民。正如浅田乔二所明确地指出的："'满洲事变'以后日本对东北的侵入是以掠夺东北的农业资源、工矿业资源，在东北建设独自的重工业和化学工业、军事工业，以东北为对苏军事基地，以东北为侵入中国的前进基地等，为其主要目的。为了实现这一目的，东北'殖民地工业化'乃是必要的，同时，东北经济的资本主义化是不可或缺的。这是由于，如果没有这'工业化'乃至资本主义化，日本帝国主义对东北的农、工、矿业资源的掠夺，东北的重工业和化学工业军事化，以及针对苏联、中国的军事基地化都是不可能的。即东北经济的'工业化'乃至资本主义化是日本帝国主义为了从东北强制地获得殖民地超额利润的必要性出发而实行的，绝不是为了对东北经济实行资本主义的开发而实行的。这些乃是第二次世界大战后日本的殖民地时期东北史研究所明确证实了的最大成果之一。"

由于东北资源的丰富和特殊的地理位置，为了建立军事工业和掠夺原料，日本在东北搞重工业和化学工业，发展采矿业和电力工业是不足为奇的。不过，这确实使东北区别于日本的其他殖民地，而具有自己的特点。

应当指出的是，日本的统治，丝毫没有触动阻碍东北经济发展的封建土地制度。在农村日伪依靠封建地主阶级，维护封建势力。他们关心的只是掠夺东北的土地，大量移植日本移民，建立以日本人为核心的农村，推行农村的殖民地化。他们还以竭泽而渔的方式掠夺农民手中的粮食，使农业生产逐年萎缩，将东北人民置于常年饥馑的境地。

土地是农民的命根子，农民依靠土地和辛勤劳动养活自己和家人，而日本侵略者在广大东北地区以"治安肃正"为名，大搞"集村部落"和无人区，烧毁农民的房屋，迫使农民放弃自己的土地。为了移植日本移民，圈占和压价强行收买东北全境将近三分之一的耕地，迫使农民充当日本移民的雇工和佃户，或离乡背井去开垦荒地，或送到矿山和军事工程充当苦工。摊派劳工（"劳工供出"）和征购粮食（"粮谷出荷"）更是农民头上的两把刀，将农民置于家破人亡、妻离子散的境地，使整个农村满目荒凉，哀鸿遍野。

城市和厂矿的工人，也是一样。由于物价飞涨，物资奇缺，生活用品的配给有名无实，生活一年不如一年。衣不蔽体，食不果腹。特别是占工人大多数的劳工，在日伪军警、日本资本家、日伪劳工组织和封建把头的多重压迫和摧残下，在日益恶劣的劳动条件下，死伤累累，朝不保夕。日本侵略者还广泛地恢复和利用封建把头制度，并动用各种超经济强制手段，压迫和剥削工人。到了20世纪40年代，实行"国民皆劳"，使整个东北成为一个巨大劳动集中营，建立起惨无人道的现代奴隶劳动制度。

人们生活在极端的贫困和恐怖中。经济统制无孔不入，稍有违犯就是经济犯罪。经济犯、思想犯、国事犯，帽子漫天飞。人们随时都有被抓去拷打和坐牢的危险。这是不折不扣的人间地狱。人们已经面临绝境。日伪宣称的"王道乐土"完全断绝了人们的生路。东北民众为日伪的经济开发付出了极为惨重的代价。

在东北沦陷的14年间，由于关内正处于内战及抗日战争的战乱之中，经济发展缓慢，经济设施遭到严重破坏，而东北在日本侵略者统治下实现了初步的工业化。1945年日本战败投降时，东北的铁路长度占全国的一半，东北的钢铁、煤炭、电力、化学工业在全国都处于领先地位。

日本战败投降后，右翼极端分子念念不忘他们的"开发"功绩，大肆散布是他们将中国东北从一个荒漠开发成文明的地区，甚至声称这些为新中国的建设打下了现代化的基础。有些不明真相的年轻人为一些数字所迷惑，对此也处于懵懂之中。

我们必须揭穿日本侵略者"开发"东北的神话，还其侵略、掠夺的本来面目，肃清其流毒，以免贻害后人。

不错，出于军事需要，日本在东北发展了重工业和化学工业。为掠夺侵略战争急需的粮食，日本又在东北突击兴建一些水利工程。这些都被吹嘘为日本占领者的功绩。其实，日伪的先进设备是靠掠夺广大农民生产的大豆换来的；荒地和农田水利工程是农民和劳工们付出的血汗甚至生命开垦和建造的；钢铁和煤炭是矿工和工人们用血肉之躯换取的；劳工们以他们的宝贵生命造就了丰满水坝等巨大工程。然而，他们却受到了侵略者的残酷压榨和摧残。日本侵略者给予他们的是土地的剥夺、非人的折磨、野蛮的奴役，是压榨、饥饿和死伤，是经济犯、抓劳工、粮谷"出荷"和辅导院、万人坑。如果不是抗日战争及时取得胜利，东北人民都将陷入万劫不复的地步。请问，日本侵略者，何功之有?!

日本统治东北期间，侵略者是怎么干的？侵略者都干了什么？这就是本书要回答的问题。但愿读者不会失望。

本书在写作过程中借鉴和吸收了当代中日学者的许多珍贵研究成果，特别是山本有造的《"满洲国"の研究》和解学诗先生的《伪满洲国史新编》，在此表示由衷的感谢。

2015 年 1 月 10 日

完稿于澳大利亚墨尔本

目　　录

序篇　"九一八"事变前东北的经济形势

第一篇　殖民地经济体系的形成（1931—1936）

第二篇　有计划的经济掠夺及全面经济统制（1937—1941）

第三篇　战时经济体制和紧急经济掠夺

序篇

"九一八"事变前东北的经济形势

第一章
东北经济的发展

第一节　东北的富庶与开发

东北自古以来就是中国不可分割的一部分。东北位于我国东北角上，包括辽宁、吉林、黑龙江三省，统称东三省。由内兴安岭与长白山脉构成天然的东北大平原，北有松花江，南有辽河，地域辽阔，物产丰富。辽宁省临海，海岸线长2 198公里，相当于我国所有海岸线的12%，并有许多天然良港。

18世纪中叶前，清廷的封禁政策和稀少的人口，曾使东北农业和社会发展长期处于停滞状态。清朝末期国势衰微，列强觊觎，沙皇俄国割去黑龙江以北、乌苏里江以东大片领土，英、美等国又要求在牛庄开港，外国势力日益扩张。在外患日重的压力下，清廷不得不解除封禁，实行放垦。这使它成为华北各省贫苦农民逃避天灾人祸的避难所。关内移民大量涌入东北。民国时期移民更盛，在1912年约1万人，到了1917年增至3万人以上，1927年更增至117万人以上。

20世纪的前30年，东北经济有了长足的进步。首先是农业的发展。土地的开垦、农作物产量的迅猛增长，农产品商品率的提高，出口的大幅度增加。东北耕地的面积，在1900年不过300万英亩[①]，到了1930年增加到3 300万英亩以上，30年间耕地增加了11倍。农产品的产量，以大豆一项而论，在1907年不过70万吨，到了1927年增至570万吨以上，20年间，增加了8倍。1931年"九一八"事变前，东北农产品的总额每年均在2 000万吨上下，而本地区的消费不到3/4，每年都有500万吨以上的过剩农产品出口，是中国外汇收入的重要来源。

---

① 1英亩＝0.404 686公顷。

东北的土地制度与全国一样，封建地主经济占统治地位。不过，自耕农在全体农民中所占比重较关内各省为高。据当时北京政府农商部的统计，东北四省佃农与自耕农的百分比[①]如表0-1-1所示。

表0-1-1　东北四省佃农与自耕农的百分比

省　别	自耕农/%	佃农/%	自耕农兼佃农/%
辽　宁	40.6	26.7	29.3
黑龙江	55.7	25.3	18.7
吉　林	46.1	30.6	22.6
热　河	67.6	14.1	17.3

南开大学经济研究所在"九一八"事变前，曾调查吉林省珠河、穆棱、密山、东宁及黑龙江省东兴五县乡村，二十年内冀、鲁、辽各省移入农民931户，其田产权之分布，如表0-1-2所示。

表0-1-2　吉、黑五县931家移民农户田产权分布比较

种类	户数	百分比/%
地主	5	0.54
自耕农	154	16.54
半自耕农	36	3.87
佃农	736	79.05
合计	931	100

表内所列地主，乃指居住乡村之小地主而言，至落居城市之大地主则无法计入。上述五县中，有两县田地之一部分，为大地主之私产：一系吉林省东宁县裕宁屯垦公司，一系珠河县之甲寅垦殖社。前者为鲁人张宗昌所私有；后者为川人龚伯侯所创立。本表所列佃农，其中租种上列两大地主之田地者，凡二百余户，约占佃农全数十分之三。[②]

在"九一八"事变前，东北特别是北满的农产品的商品化程度已经相当高，与大地主和大农经济并存的是一个广大的佃农和雇农队伍，甚至出现了个别的资本主义性质的机械化农场。以至有人认为北满已经处于由封建生产方式向资本主义生产的过渡阶段，断定"富农经营占相当支配地位，农民已经是同地主或富

---

①　朱剑农. 东北的土地问题. 反攻，1942，12（4）：6.

②　王药南. 东三省租佃制度. 天津：南开大学经济研究所，1934：4.

农结成雇佣合同或租佃合同的一个经济上的人格，已经从对地主或雇佣主在身份上、权力上的从属关系中解脱。"① 这种观点也可能是过高地估计了资本主义因素，重视雇农的自由流动一面和流动雇农群的存在，而忽略了仍然严重存在的人身依附关系，却也反映了北满农村商品经济发展的一面。可惜，这种发展被后来的日本军事占领所打断，日伪的统治加固了封建的枷锁，扼杀了农村资本主义的发展。

第二节　民族工商业的发展

随着移民，商人高利贷者也随之而来，进而杂货商、钱庄、烧锅、粮栈、油坊等一连串的发展，促进了农产品的商品化。

其中尤以粮栈的作用为大。作为农产品的集货机构，粮栈以向农民及小商人提供现金和市场，搜集大豆等农产品为其职能，起了对货物的选别、储藏，为农民和收买人开辟融资途径，将农民同油坊或出口商联系起来的作用。又多在地方兼营杂货商，经办棉纱、棉布、面粉或经营大车店，或开办油坊、磨房、烧锅，或同它们以及钱庄有密切联系。这些商业高利贷资本还作为地方金融机关进行青苗买卖，贷放春耕资金、输送费，实行杂货赊卖，发挥仓库、保险业的作用。粮栈介于农民和买办资本及外国垄断资本之间，促进了农产品的交易和出口，并在其中占有支配地位。

帝国主义的入侵和铁路的修筑，使东北的原料生产趋于商品化，促进了土著民族资本的发展。1901 年已有营口的东永茂等多家油坊采用机器生产。1903 年有了民族资本双合盛火磨的机器面粉厂。当年，在东北地区，中国资本的作坊和工厂已有 634 家。

1904—1905 年的日俄战争和 1914—1918 年的第一次世界大战，削弱了沙皇俄国在东北特别是"北满"的势力，而日本在这一时期还没来得及深入"北满"，所以土著的民族资本得以乘机飞跃发展。1916 年开始的抵制日货提倡国货运动，更推动了民族工业的发展。

1929 年，在东北主要大城市民族资本主义工业的投资总额是 7 732 万日元。其中哈尔滨民族工业资本投资额占 43.2%，居于首位。哈尔滨各种工业企业年产值已达 18 610 万日元，占东北 8 个主要城市民族资本工业生产总值的 57%。已经形成了以机器榨油工业和机器制粉工业为主，以木材工业和制革工业为辅，

---

① 堀经夫．满洲国经济の研究．东京：日本评论社，1942：177.

包括蜡烛、染色、制靴、酱油、印刷工业的相对齐全的民族工业系列。

沈阳也有了相当规模的民族产业。在 1929 年，已有丝织厂 54 家、染色工厂 33 家、车辆工厂 82 家、印刷工厂 25 家、榨油厂 17 家、窑业 56 家、皮革厂 65 家、肥皂厂 7 家、酿酒厂 26 家、烟厂 5 家、火柴厂 1 家、木材加工厂 127 家、汽水厂 3 家。工人总数超过 3 万人。[①] 民族资本经营的 5 人以上工厂有 1 081 家。其中较大者有八王寺啤酒汽水公司（1902 年）、惠临火柴公司（1922 年）、肇新窑业公司（1923 年）和东兴色染纺织公司（1924 年）。

在长春，1917 年出现了纺织工业的第一个黄金时代。全市有纺织工厂 700 余家，织布机 2 800 台。第一次世界大战后受经济危机的冲击，绝大部分工厂倒闭。1925 年，长春的纺织工业出现了第二个黄金时代，织布机达 2 000 余台。1928 年，长春还有织布工厂 260 余家，织布机 400 余台，年产大尺布 20 万余尺、花旗布 5 万余尺。长春面粉业也有所发展。

营口是中国商人活动的港口，中国南方的棉纱、棉布及杂货多由营口输入，豆油豆饼也多由营口输出。

东北的代表性工业是油坊、制粉和酿酒，尤以油坊工业最为发达。

东北的油坊主要集中在哈尔滨和大连。哈尔滨以民族资本为主，大连则以日本资本为主；哈尔滨油坊以中东铁路为靠山，大连油坊以满铁为靠山，展开激烈竞争。此外，在安达、海伦、绥化等中东铁路沿线和安东、营口及其他满铁沿线也有多数油坊兴起。1927 年，"全满油坊数达五六百，一年豆饼产量达 7 700 万块，出现满洲油坊界的黄金时代。以后，年年生产五六千万块极其顺利。"[②]

当时，民族资本更多的是投在商业，还有金融、交通等方面，民族资本的总额估计在 3 亿日元。其中，较大的民族资本或依附于外国资本具有买办性，或与奉系官僚资本有密切联系，还有相当一部分是关内民族资本的分支，其根源在关内，流动性很大。所以，完全依靠自己的力量独立经营的并不占多数。并且，几乎所有的民族资本都或多或少地与农村地主经济有某种联系，在经营方式上也有着浓厚的封建性。

第三节　奉系军阀与东北官办大企业

20 世纪 20 年代，奉系军阀官僚资本崛起，创办了相当规模的军事工业，有

---

① 佚名. 东北年鉴. 东北文化社，1931：1035.

② 满铁调查部. 满洲五个年计划立案书类第二编第八卷杂矿工业关系资料，1937：304.

了在国内屈指可数的大工厂。

东三省兵工厂创建于 1921 年（民国十年），历经扩充，规模宏伟，设备完善，可为全国之冠。总厂设有无烟火药、枪弹、炮弹、机器、炼钢、电机和制炮等分厂，占地 3 000 余亩[①]，有职工近 2 万人，常年经费在 1 000 万元以上。

辽宁迫击炮厂，创建于 1922 年（民国十一年），占地 70 余亩[①]，拥有新式车床 239 台、刨床 8 台、钻床 23 台、旋床 7 台、磨床 10 台、剪床 5 台、水压机 5 台、各种专用设备 170 余台。该厂还有炮厂、炮弹厂和装药厂，并设有专用靶场。该厂生产 80 毫米和 150 毫米口径的迫击炮，是当时中国最有特色的炮厂之一。1929 年该厂曾试制装配了一批汽车，是中国产业界的一件大事。

辽宁纺纱厂建于 1923 年，额定资本 450 万元，是辽宁省官商合办的大实业之一。该厂占地 280 余亩，有 200 余架纺机和 2 万余纱锭。雇用工人 1 300 余人。

辽宁被服厂建于 1917 年，设有制鞋、皮件、皮革、制帽、裁剪、织染、缝纫等部门，有工人 6 000 余人，专用机械 700 余台。

辽宁粮秣厂生产军用食品，全国闻名。

此外，在东北的大型工厂还有：

北宁铁路皇姑屯工厂建立于 1926 年，占地 200 余万平方米，有职工 1 000 余名，能从事机车、货车、铸铁、铸铜、锻铁等生产。

东北大学工厂设立于 1923 年，占地 338 亩，拥资奉大洋 400 万元，设有工具、木工、铁工、机械、印刷各部，曾为吉海、四洮、齐克、平绥、沈海、北宁、吉敦各铁路装配制造机车、客车、货车、行李车多辆，并能制造起重机、钻孔机、送风机、发电机、车床、磨床、卷扬机、锅炉、压力机等设备。

大亨铁工厂建立于 1924 年，占地 177.4 亩，资本 200 余万元，有工人 300 余人，能从事机车、车辆、木工、油工、铆工、铸工等作业。

华北机器制造厂也是一个大工厂，能从事铸、锻、焊等作业，铺有铁路专用线。

纯益缫丝公司建于 1920 年，为官办工厂，占地 47 亩，有各种机械 500 余架，年产花素绸 8 000 担、丝 300 担。

此外，在东三省官银号等金融机构支配下还有一个涉及广泛、势力雄厚的工商业网，操纵大豆的青苗买卖，抵制外国资本的入侵。这些附业包括：粮业、油坊、制粉、钱钞业、电业、航运业、运送业、当业、估衣业、印刷业、制丝业、制织业、烧锅、啤酒酿造业、金矿、制盐业、小苏打制造业、制毛及皮革、林业、自来水、杂货业及代理业。

---

① 1 亩≈666.67 平方米。

　　官银号的附业店如下：总店 63 家、分店 70 家，合计达 133 家……投资额 3 800 余万元，从业员为店员 3 300 人，加上雇工达 5 500 人（见表 0-1-3）。

表 0-1-3　官银号的附业店

系　　　统	总店	分店	总计	投资额/元
旧黑龙江省官银号系	26	37	63	19 978 603.67
旧吉林永衡官银钱号系	15	21	36	11 135 810.98
旧东三省官银号系	22	12	34	7 351 827.38
合计	63	70	133	38 466 242.03

营业种别	店数	投资额/元
粮业	24	17 058 508.56
当铺	22	5 566 394.19
事业	17	15 841 339.28
合计	63	38 466 242.03①

　　除粮栈、当铺、油坊、酿造业、杂货、代理业外，其他附业店如表 0-1-4 所示。

表 0-1-4　官银号的其他附业店

附业店名	总店所在地	营业种目
吉林电灯厂	吉林	电灯业
绥化电灯厂	绥化	电灯、制粉业
海伦电灯厂	海伦	电灯、制粉业
省城电灯厂	齐齐哈尔	电灯业
广记火磨	富拉尔基	电灯、制粉业
广信泰	呼伦	电灯、制粉、粮业
东兴火磨	哈尔滨	制粉业
吉林自来水	吉林	水道业
通原林业公司	齐齐哈尔	林业
盐碱厂	呼伦	制盐、制小苏打业
库玛金厂	呼伦	金矿

---

　　①　枥仓正一. 满洲中央银行十年史，1942：120.

续表

附业店名	总店所在地	营业种目
利达公司	奉天	猪毛、皮革业
纯益公司	奉天	制丝、制织业
广信航业处	哈尔滨	航运业
永衡印书局	吉林	印刷业
东记印刷所	奉天	印刷业①

第四节　东北在国内的经济地位

东北是中国的重要经济地区。

首先，东北是中国唯一对外贸易出超的地区，历年有大量外汇结余。

东北的进口额在 1912 年占全国进口总额的 10.57%，到了 1931 年降为 10.06%。而东北的出口额在 1912 年占全国的 13.05%，到了 1931 年升至 31.83%。东北对外贸易的出超，成为补助关内各省对外贸易入超的平衡剂。

东北的农产品每年有大量的出口，可以弥补华北食粮的不足。

东北大豆的产量占世界第一位，是东北的特产，70% 用于出口。1909 年出口大豆、豆油、豆饼共 173 万吨，1919 年增至 242 万吨，1929 年增加到 472 万余吨。不但日本、朝鲜和关内地区为其独占的市场，荷兰、英国、德国、苏联等各国也都是东北大豆的消费地。

东北生产的小米，年产 300 万吨以上，约有半数出口运销于我国华北及朝鲜各地。

东北木材生产超过于消费，每年有过剩的木材出口；1923 年东北木料出超高达 1 100 万两。②

东北矿产资源之丰富，更是闻名遐尔。东北铁矿的已知埋藏量占全国半数以上，铁矿产量占 39%～54%（1926—1931 年）。

东北煤的产量占全国的 2/5。

东北的黄金产量几乎等于全国的半数，1931 年东北四省产金 44 800 两，"东

---

① 栃仓正一．满洲中央银行十年史，1942：122.
② 王维新．东北在我国经济上的价值．北平：外交月报社，1934：193.

北非但为我国储金最富之区，并且为我国产金最多之地。"①

东北是关内所需各种原料和粮食的供给地。

还有，东北能吸收华北移民，有利于解决内地的人口过剩。自 1925 年到 1930 年的 6 年，留居东北的移民共达 263 万以上。

东北还是关内商品的重要销售市场，河北的棉布，南方的茶叶，上海、天津的轻纺产品，每年大量运销东北。

① 王维新．东北在我国经济上的价值．北平：外交月报社，1934：164.

第二章
日本在东北的经济扩张

第一节　日本的侵略及其"经营满洲"政策

日本是一个国内市场狭窄、自然资源短缺与人口比较过剩的国家；当日本走上资本主义的道路而图谋向外发展时，它首先采取了掠夺临近弱小落后民族的强盗政策。1895年的中日战争、1904年的日俄战争，以及其后在第一次世界大战期间对中国的侵略，都是明显的例子。日本资本主义经济由于这种掠夺，取得了较大的原料和投资市场，促进了资本的原始积累。

甲午中日战争之后，《马关条约》规定日本人可在中国通商口岸城邑投资设厂、进口机器，其他列强一体均沾。在东北，俄国捷足先登，首先以共同御敌为诱饵，骗取了修筑西起满洲里东至绥芬河的中东铁路的权利；接着又讹得旅顺港及中东铁路南满洲支路的权利。中东铁路于1903年全线开通，俄方不仅在沿线滥伐森林，还攫取了沿线两侧30华里范围的煤矿开采权。俄国人还在哈尔滨一带经营面粉、啤酒、皮革、肉类加工、肥皂、纸烟和糖厂等。1911年俄国人在东北经营的大工厂有63家。

1904—1905年的日俄战争是日本和沙皇俄国争夺殖民地和势力范围的战争，主要战场在中国东北。争夺的目标主要就是朝鲜和中国东北。1905年8月，在朴茨茅斯的日俄媾和会议，两国以俄国向日本转让在东北的旅大租借地和南满铁路为条件达成和议。接着，在当年11月的中日北京会议，日本强迫中国承认由日本继承沙俄在南满的辽东租借地和南满铁路，并且从中国勒索了更多有关东北的权益，包括凤凰城等16处主要城镇的开埠通商及在商埠划定日本租界；安奉军用铁路由日本继续经营；设中日合办木植公司采伐鸭绿江右岸林木；对南满铁路所需各项材料豁免一切税捐厘金和留驻护路兵等。在会议记录中还有关于中国允于该路附近不筑并行干线及有损于该路利益之支路，中国自筑吉长路允向日本借款，新奉行军铁路议价售予中国，中国自造该路允向日本借款等项谅解。这些都为日后日本攫取东北路权、干涉中国路政埋下了祸根。

日本在东北的侵略活动以旅大租借权和南满铁路及其附属权益为主要基础。设立南满洲铁道株式会社，简称满铁，使其在经济侵略方面唱主角，日本的"经营满洲"政策也是以满铁为中心。除旅大租借地的行政权外，日本夺自沙俄的在南满的一切设施和特权，包括日本从清政府勒索的安奉铁路的改筑和经营权、抚顺和烟台煤矿的采掘权、大石桥营口支线的经营权、吉长铁路的借款权等，基本上完全交给了满铁。

日本政府在设立关东都督府统治旅大租借地、设立满铁经营南满铁路并作为"经营满洲"的中枢机关之后，努力巩固其既得权益，变东北南部为其独占势力范围。首先，同俄国协约将东北划分为"南满"和"北满"，互相承认对方的势力范围。

1909 年，日本又迫使清政府签订《东三省五案协定》，进一步使其非法侵占的权益合法化。

第一次世界大战爆发，日本乘机企图独霸中国，1915 年提出二十一条交涉，其中的《关于南满洲及东部内蒙古之条约》，规定旅大租借期限并南满洲及安奉两铁路之期限，均展至 99 年为期；日本人在南满拥有土地商租权及杂居权，在东部内蒙古有农业合办权；在东部内蒙古合宜地方开辟商埠；从根本上改订吉长铁路借款合同。此外，还以换文形式规定日本人取得牛心台煤矿等 9 处矿产的开采权、南满洲与东部内蒙古铁路借款和税课抵押借款的优先权、南满洲聘用外国顾问教官的优先权等权力。自此以后，日本认为它在"满蒙"的特殊地位已经巩固，遂放手进行投资活动。

1918 年 8 月，日本又通过《吉黑两省林矿借款合同》，使中国承认日本获得两省的金矿开采权和森林采伐权。

由于关内移民的增加、耕地的开垦，大豆作为东北特产和世界商品的出口，东北经济迅速发展。"以农业生产以及农产品输出的增长为基础的满洲经济的繁荣，当然会给那将剩余农产品运往输出港，将输入制品运往各内地市场的铁路、港口，结从事这些商品贸易的国内外商业资本以及与之相关的金融业者、商船公司等带来巨大的垄断利润。这些利益几乎完全归属于日本资本——掌握全满铁道货物输送数量的 56%（1930 年度，同年苏联铁道占 13%）、经营吞吐全满贸易额的 80% 左右的大连港的满铁。运送输出入品的大部分的日本的轮船会社、统治满洲金融业的日本各家银行。"[①] "1930 年年末的日本对外投资，对华投资是

---

①　满史会．满洲开发四十年史：上卷．谦光社，1964：82.

93.9%，其中中国本土部分是 40.6%，'满洲'部分是 53.0%，'满洲'扮演了主角。"①

第二节 满铁是日本侵略中国东北的急先锋

南满洲铁道株式会社（以下简称满铁）虽然采取的是股份公司形式，但其实它是日本政府的一个殖民机关，"其实质是，政府欲假公司之名而行机关之实，欲使南满洲铁道株式会社代替政府经营南满洲。"② 1906 年 6 月 7 日，日本政府以敕令第 142 号公布了《南满洲铁道株式会社设立之件》。同年 8 月 1 日以秘铁第 14 号向设立委员下达了《递信、大藏、外务三大臣命令书》。

满铁是日本设在中国东北推行日本大陆政策的殖民侵略机关，它必须经营日本政府指定的铁路运输业及其附属事业，"在营利之外，它必须经常注意国运之发展和国权之扩张"。

满铁的使命，一言以蔽之，就是"经营和开发满洲"，即利用其拥有的各种特权和手段，在中国东北，以和平的方式即政治的、经济的和文化的方式，努力发展日本的势力，使之变成为日本的商品市场、投资场所、原料来源和殖民地。

日本向中国的资本扩张，对中国本部对东北在方式上有很大不同。在前者，除一部分政治借款之外，主要是依靠以民间资本为中心的方式；而在后者，则一贯是以满铁为中心的主要由国家资本进行的方式。

满铁根据不平等条约和日本帝国主义恃强造成的既成事实，拥有帝国主义在华企业所能得到的一切特权，包括铁路、港口、电信、航运的建造和经营权，煤矿、山林的开采权，自行决定运费等各种费用及取得铁路沿线土地任意修建房屋权，免缴不动产税、所得税、铁路材料的进口税和交易税、印花税等各种税款的特权。不仅如此，日本帝国主义还不准中国在东北修建南满铁路的平行线，以保持其在铁路运输上的垄断地位。满铁还以"附属地"名义在铁路沿线建立起纯粹的日本殖民地，这是其他帝国主义在华企业都没能办到的。

满铁依恃它拥有的特权，在东北地区实行"综合经营"，以铁路、煤矿为重点，同时如同水银泻地一样，渗入各部门。它的投资大体上采取三种方式，对于需要巨额投资的关键性部门，如铁路、港口、煤矿、铁厂等实行直接经营；对于其他需要较多投资的重要部门，如海运、电力、煤气、林业、移民拓植、装卸和

---

① 佚名. 两大战间期的日本资本主义：下卷：239.
② 冈松参太郎. 论南满洲铁道株式会社的性质. 满铁内部文件。

搬运等则采取设立关系公司的方式实行间接经营；对于一般工商业或农业，则以认购股份、发放贷款、补助、技术指导等方式扶助日本私人资本经营。这就形成了金字塔形的囊括各种部门的庞大的满铁康采恩。

以南满、安奉两路和大连港为基础的满铁交通运输设施，是满铁全部经营活动的基础和中心。随着东北大豆进入世界市场，南满铁路成为东北农村和资本主义市场之间必不可缺的中间纽带，经济地位愈加重要。大豆等农产品的出口运输是满铁货运收入的主要来源。满铁以其高额垄断运费，对东北农民进行了残酷的榨取，获取了惊人的高额利润。满铁的铁路运输业也是日本商品打入和垄断东北市场的得力帮手，使日本的棉纺织品独霸东北市场，促进了日本的主要工业部门棉纺工业的发展。

满铁攫得的抚顺煤矿和新邱煤矿都是储量丰富、煤质良好的大煤矿。抚顺煤长期称霸东北的煤炭市场并运销南洋和华南。满铁的煤炭垄断以及电力和煤气的经营，控制了南满地区工业的能源，有利于日本企业的发展。满铁经营鞍山制铁所，掠夺鞍山一带铁矿资源。它还经营抚顺的页岩油、大石桥的菱镁矿、复州的黏土等，为日本工业开辟了原料市场。

满铁打着"产业开发"的旗号，插手农、工、矿、林、商各个部门，经营一切有利可图的事业。它与日本各大财阀合作销售煤炭，投资纺织、榨油、制糖、火柴等工业，并用给予补贴，降低运费、煤价、电费，提供技术援助等各种办法，扶持日本各类企业。

满铁经营的"铁路附属地"更是日本帝国主义插入东北内脏的侵略基地。满铁在附属地，经营市街，大兴土木，办学校、开医院、修神社、建公园。附属地与旅大租借地一起构成日本帝国主义在中国东北在政治、经济、文化以及军事侵略上的主要基地，是一个名副其实的"满铁王国"。

第一，日本利用附属地掌握东三省商权，以附属地为东北主要出口货物大豆等农产品的集散地，设立官营交易所加以操纵，使东北大豆运销之利主要为日商所得。第二，是以附属地为日本移民和输出资本的基地，除旅大租借地外，迁至东北的日本人多半集聚于附属地，在东北内地形成日本人市街，再以此为基地逐步向外扩散。第三，附属地是日本向东北倾销商品的基地，经海路由大连，或经陆路由安东运入东北的日货，首先进入满铁各个附属地，再由附属地的日商向内地推销。第四，以附属地为日本金融业扩张的基地，使日本通货在附属地流通并扩大到东北各地，同时吸收中国游资，确立日本金融在东北的优势。根据日本的统计材料，在"九一八"事变前在各国对东北的投资额中，日本占有 72.3% 或 76%，而日本这个投资额的 90% 以上是集中在旅大租借地和附属地，再加上中国的大粮栈、加工厂也集中在附属地，就不难想象附属地经济在整个东北经济中占有的中心地位及其巨大影响。南满铁路再加上附属地已经在很大程度上左右着东北经济的发展。

第三节　日本垄断资本的扩张

一、三井物产与东北大豆贸易

日俄战争结束后，三井物产公司在东北对外贸易上逐步取得优势。1906 年南满洲铁道株式会社开业之后，在铁路所需物资的供应方面，无论是从伦敦、纽约进口车辆和机器或是从日本进口枕木，订货的 80% 都是由三井物产公司经办的。

满铁为了繁荣大连市街，对于运往大连的货物给予特别优待，对于三井物产出口的大豆更是提供一切方便。1906 年 7 月，在三井物产的策划下设立了中日合办的三泰油坊，于 1907 年由营口迁移大连，以资本 50 万元开工生产。1 万股中三井占 60%。三泰油坊的设立，将三井原来依靠中国粮栈办理的"整车卸货"逐步改变为"内地收购"，并且收买土地建成集货设备，有时还收买"青苗"。日本人的大豆出口业者还成立了满洲重要特产输出组合，由三井物产任组合长。1910 年 10 月，三井物产在大连开设满洲营业部，管理其在东北的农产品买卖，1912 年 8 月升格为大连支店，开始以大连为中心进行经营。①

1917 年日本特产商经办大豆出口数量②如下：

三井物产　　　　63 254 吨
日清制油　　　　25 027 吨
铃木洋行　　　　14 496 吨
小寺洋行　　　　5 214 吨

东北大豆成为世界商品，自 1928 年到 1932 年，不算关内，东北大豆占世界总产量的 76%，保持了世界王者的地位。而东北大豆同外国市场的联系靠的是外国垄断资本，为外国垄断资本特产商人服务的则是中国买办资本和粮栈。日本、英国、德国、美国、苏联等各个贸易商以大连、哈尔滨两交易所为中心，围绕大豆贸易展开了激烈的争夺。

1930 年，经由南满三港和海参崴港输出的大豆，由日本人和其他外国商人

① 增尾信之. 三井读本，1943：278.
② 松井清. 近代日本贸易史：2 卷，1961：192.

经办的数量是大豆的 83%、豆饼的 74%、豆油的 90%，可见是由外商垄断了豆饼的进出口贸易。在向欧洲输出的总量中，外商（库萨豆尔、卡巴尔研、豆累福司）占 67%，日商占 31%。①

二、日本资本在金融业的优势

满铁的业务中不包括金融业，日本在东北的金融侵略主要由横滨正金银行和日本兴业银行承担。横滨正金银行早在 1900 年在牛庄就设了支店，日本政府指令该行清理军票和发行银行券，主持贸易金融和办理中国官款。同时，使日本兴业银行办理在东北的殖产兴业金融。除满铁外又辅之以两个银行，这就是日本在东北发展殖民地经济的主体和两翼。后来由于兴业银行并未积极向东北发展，正金银行又被赋予特殊放款的长期金融业务。由满铁垄断交通，正金垄断金融的格局一直持续到 1917 年。

1916 年，日本组成寺内内阁，推行"鲜满统一"政策，使朝鲜银行进入东北，设置分行和营业所，成为专门的商业金融机构。从此，朝鲜银行和横滨正金银行共同操纵东北金融市场，正金银行发行的银本位钞票和朝鲜银行发行的金本位金票同时在东北广泛流通。日本的银行不仅在旅大租借地和满铁附属地占据统治地位，在全东北也有很大影响。

东洋拓植株式会社本来是日本对朝鲜实行殖民侵略的国策公司，也在"鲜满一元化"的方针下侵入东北。"1917 年 10 月将本店从'京城'移到东京，同时开设奉天、大连两支店，接着 1919 年哈尔滨、青岛两支店，1920 年扩充朝鲜支店网，进而 1924 年设置天津办事处、1925 年间岛办事处，展开了对中国、朝鲜、南洋的投资。"②

东拓满洲支店是作为寺内内阁时期的"鲜满金融一体化"政策的一环，继承横滨正金银行（正金）大连支店的"满洲特别贷付"制度而出发的。"比起正金的'满洲特别贷付'是以日本人为对象以大连为中心向南满工业部门的集中融资，东拓可以说是包括对外国人贷放通过向据点城市和农村的不动产金融，谋求对满洲的广泛区域的支配。"③

东拓满洲支店所进行的是："（1）向设在奉天的作为日中合办辅助机关的东省实业出资；（2）向长春、哈尔滨设置派出员；（3）向在哈尔滨设立的作为最初的日俄合办企业的北满电气出资；（4）向吉林省间岛的天图铁道贷出铺设资

---

① 堀经夫．满洲国经济の研究．东京：日本评论社，1942：97.
② 中村政则．日本の近代と资本主义：国际化と地域．东京：东京大学出版会，1992：87.
③ 同②：90.

金；（5）向吉林省长岭县的开垦会社天利公司的贷款；（6）获得东蒙古百音他拉发放地资金的贷出权；（7）收买哈尔滨市街土地；（8）接受大连市街地的下放等。从大连经奉天、长春到哈尔滨向北方扩展的同时，向东蒙古到间岛的东西两方扩展，及于满蒙全境。"① 东拓对关系会社的投资见表0-2-1。

表0-2-1 东拓对关系会社的投资（1923年度末）　　　单位：千元

关系会社	股份缴纳	社债认购	贷款	合计
北满电气	225	450	1 897	2 572
东省实业	1 009	2 000	6 263	9 272
满洲银行	188	—	3 627	3 814
满蒙毛织	1 185	3 000	1 355	5 540
东亚土木	25	—	—	25
东亚劝业	2 000	—	250	2 250
（满洲合计）	4 632	5 450	13 392	23 473

资料来源：中村政则. 日本の近代と資本主義：国際化と地域. 东京：东京大学出版会，1992：103.

三、日本的原料来源、销售市场和投资场所

"满蒙是日本的生命线"，是当时日本殖民主义者的口头禅。军国主义者利用一切宣传工具向日本人民灌输这种观点，为实行军事占领制造舆论。

根据满铁的调查，当时东北作为日本的原料来源、销售市场、投资场所，其具体作用如下：作为原料来源，"现在由满洲，作为食粮及饲料，满洲的大豆及其他豆类、粟、高粱、小麦、麸等大量向日本输出。作为原料是大豆、木材、盐、柞蚕丝、兽毛皮，作为燃料是煤炭，作为半成品主要是豆饼和铣铁。日满开始通商以来，满洲物产的对日供给额累计为25亿海关两即约40亿日元。这些输入品在日本（包括朝鲜和中国台湾）的输入总额中每年占8%～10%，平均9%。以几个主要商品为例，则1927年盐为5%、铣铁为15%、煤为5%、肥料为20%。"②

作为商品销售市场，东北进口总额中来自日本的经常占五成，尤其是欧洲大战当时占更大比例（七成五）。就日本（包括中国台湾和朝鲜）的对外出口额中所占地位来看，即7%至9%，5年平均为7.8%。1929年日本的工厂总生产额为

---

① 中村政则. 日本の近代と資本主義：国際化と地域. 东京：东京大学出版会，1992：89.
② 满铁总务部资料课. 日满经济关系的现在及将来，1933：10.

79 亿日元，其中对东北输出 1.8 亿日元，相当于 2.3%。①

1930 年，日本在东北的进出口贸易中的比重已经超过了中国内地。在东北的总输入额中，日本占 39.2%，关内占 26.8%，分别占据第一、第二位。其中，占输入额约 1/4 的棉织品，日本占 55.9%，关内占 37.3%。1931 年在棉织品进口中，日本占 44.5%，关内占 48.8%。② 可见竞争的激烈。此外，在棉线、面粉、纸类等主要进口品方面都有着激烈竞争。

根据松野周治的最新研究，在日本对外输出中东北所占比重，1923 年以后为 7%～8%。特别是作为日本重要输出品的棉织物，除 20 年代初期外，日本的比重在 60% 以上占压倒的地位，对于日本纺织业来说确保这种市场是非常重要的。"日本对满洲的输出品铁钢及机械仅次于棉织品，对满洲市场的依存度极大。"这些品目的东北输入品中日本占五成弱，比重相当大。从日本的出口来说，"满洲是主要市场之中除殖民地外唯一日本占支配地位的市场"③。

在日本的输入中，东北所占比重为 8%～9%，其中大豆、豆饼和煤这三种，日本对东北的依存度极高，从 70% 到近 100%。"满洲是补充日本农业的低位性，为确保食品加工及肥料生产所需原料的重要供给地。……来自满洲的豆饼输入是关联日本农业根干的重要因素。""在二十年代，满洲转化为工业急速发展的日本的重要能源供给地。""对于日本经济起了供给出口欧美产业的原料（柞蚕丝）、补充不够发达的重工业（铣铁）和供给本国及殖民地的食料（粟、小麦、盐——部分是化工原料）等的作用。"④

作为投资场所，1929 年日本对东北投资合计约 17 亿日元，其利润合算约 9 400 万日元。贸易的利益即直接的工商业的利益约为 9 100 万日元。满铁社员、关东厅官吏、其他俸给生活者、朝鲜人等的所得，合计约 1.3 亿日元。以上三者的合计为 3.15 亿日元，这是直接利益，如果加上间接利益，可以概算为 3.5 亿至 4 亿日元。而日本在东北的支出和损失合计约 1.3 亿日元"从而年年有 1 亿 8 000 万日元左右的直接利益，加上间接利益，结论为 2 亿 5 000 万日元左右的利益。"⑤

"二战"后，日本的研究成果也认为：当时"满洲是日本的最大的资本输出

① 满铁总务部资料课. 日满经济关系の现在及将来，1933：11-12.
② 满铁总务部资料课. 综合情报：号外　满洲对北支经济关系（秘）. 满洲输入贸易中日本及支那ノ商品别ニ占ムル额及割合，1935：64.
③ 小野一郎. 战间期日本帝国主义. 京都：世界思想社，1985：172-177.
④ 同③：172-177。
⑤ 满铁总务部资料课. 日满经济关系の现在及将来，1933：13.

对象，并且是日本占据独占地位的地区（1930年，包括殖民地全部对外投资的约30%，除去殖民地则约55%，在满洲全部外国投资的约70%）。对于占日本对满洲投资五成以上的满铁来说则是截至二十年代末提供殖民地高额利润的地方。"①

---

① 小野一郎. 战间期日本帝国主义. 京都：世界思想社，1985；172–177.

第三章
中日在经济领域的斗争

"九一八"事变前夕，日本在东北的投资总额达 17.8 亿余日元，占各国投资总额的 72%，占各资本主义国家投资的 90% 以上，处于压倒性绝对优势。

日本资本的大部分投在东北南部（南满），在东北北部（北满）也仅次于俄国。日本的投资主要集中在旅大租借地和满铁附属地，南满地区几乎被完全置于以满铁为主体的日本资本系统的支配之下，沦为日本的经济附庸。经过 20 余年的经营，满铁的势力已根深蒂固。除满铁外，还有大仓组控制着中日合办本溪湖煤铁公司，同满铁一起垄断了铁和煤的生产。此外，日本的银行也在东北金融界占有支配地位。日本民间资本的投资也很活跃，以日本财阀资本为中心，主要投资在商业和金融部门。当时，东北的重要近代企业几乎完全为外国资本主要是日本资本所控制，民族资本经营的近代企业比较薄弱。

第一节　张学良的发展计划

东北的中国资本是以奉系军阀的官僚资本为主导，采取国有、省有铁路、工厂、矿山的形式，在 20 世纪 20 年代后半期发展较快，在铁路、煤矿、电业、纺织、火柴、油坊、面粉等方面，都形成一定的竞争能力，成为制约日本资本进步扩张的力量。正如日本学者西村成雄所指出的："东北地区的产业构成，除干线铁路'国营'之外，地方政府经营的'省营企业（准国家资本）'和官僚层的'私人资本企业（官僚资本）'位于顶端，民间资本企业及广泛的农村工业（工厂手工业）为其原野，形成一个体系。"① "作为国民政府的地方政府，在张

---

① 西村成雄．日本政府の中华民国认识と张学良政权//山本有造．"满洲国"の研究．京都：京都大学人文科学研究所，1933：25.

学良政权下推进的准国家资本主导型的进口替代工业化政策，以及为此而开展的社会经济的基盘整备（特别在铁路、金融通货方面）的准备过程，就整体而言，是在形成对抗'日本的满洲经营'的民族主义的经济体系。在'九一八'前夜，是处于能同日本方面的殖民地经济在某种程度上对抗的水准的阶段。"①

1928 年下半期起，张学良开始主宰辽宁省的军政和民政。削减军费，改革通货。辽宁金融逐渐稳定，财政也实现收支均衡。

对于张学良治下的东北的经济发展战略，日本的反应非常激烈。日本的喉舌《满蒙年鉴》载称："张学良同蒋介石协商的结果，决定改造奉天兵工厂，同时还计划设附属工厂，近而在一般商品生产的工业方面也在计划新设施，即为在经济上同日本对抗，接受中央财阀的出资，拟在奉天兴建制绒、制丝二大工厂，又以实业振兴及收回权利作为借口，进行各种工厂计划。"②

满铁的调查报告也说："学良同南京握手，一面继续对农民的高度榨取，一面操作四个特殊银行，实行葫芦岛筑港，着手铁路三大干线的计划，策划矿业国营及回收矿业权，进而经营大量兵器、纺织、电气、油坊、制粉等近代工厂，努力谋求急剧的现代化。这些又面临同日本的特殊权益正面冲突的危险。"③

第二节 中日经济斗争

一、路权斗争

日本与东北当局首先在铁路权益上发生严重冲突。1928 年 5 月，日本迫使在北京任安国军大元帅遭到南京国民政府讨伐的张作霖签订《满蒙新五路协定》，攫取吉会、长大、吉五、洮索和延海五路的修筑权。随后，日本关东军制造了皇姑屯事件，炸死张作霖。张学良就任东三省保安总司令后，日本急于修筑敦图和长大两铁路，张学良均以民意或交通委员会反对为由予以拒绝，同时，全国展开反帝护路运动，反对日本筑路。当年 12 月张学良实行易帜后，向满铁声明，该项协定乃是当时中央政府所签订，日本应向南京政府交涉。辽宁国民外交协会还通过决议，要求收回旅大租借地和南满铁路。日本筑路受阻，中国自筑铁路却快速发展。

---

① 西村成雄. 日本政府の中华民国认识と张学良政权// 山本有造. "满洲国"の研究. 京都：京都大学人文科学研究所，1933：32.
② 中日文化协会. 满蒙年鉴. 大连，1932：137.
③ 满铁经济调查会. 满支经济关系ノ将来（国线调查关系资料），1935：32.

日本认为中国自筑铁路的结果，是在满铁干线的东西两侧，出现了平行的中国方面的两大竞争线。不仅就打通（打虎山—通道）、吉海（吉林—海城）两线的修筑连连提出抗议，而且对沈海与北宁的联运，通辽—洮南路的通车，吉海、吉长两路的连接，采取了阻挠的措施。但是，所有这些举动都未能阻止中国铁路计划的推进。于是，日本大肆散布中国铁路包围了南满铁路，危害了日本的生命线，制造武力解决的舆论。

二、铁路竞争

满铁所经营的南满铁路和安奉铁路及其拥有的大连、旅顺、安东三个港口（还有营口码头），从1907年开始营业就垄断东北南部的陆路交通和进出口岸，后来又发展了吉长、吉敦、四洮、洮昂等培养线，加上同中东路的联运又占有了北满出口大豆运输的半数。而中国自办的有英国投资关系的北宁铁路（也称京奉路）虽有营口作为出海港，却因条件所限，难以同满铁对抗，以致货物的输出，不是东走中东铁路由海参崴港出口，就是南经南满铁路以大连为出口港。走中东路则利权丧失一半，走南满铁路则利权完全外溢，因此东北铁路几乎全部成为中东、南满的营养线。

1928年后，中国收回国权运动日益高涨，自筑铁路也有相当发展。截至1930年3月，自筑铁路已达11线，总长约1 000英里（1 609公里）。1929年完成北宁路的大通支路，由大虎山到通辽，又完成沈海路和吉海路，由沈阳到海龙和由海龙到吉林省城。北宁路在东北的西部可与四洮、洮昂路相连，在东部可与奉海、吉海、吉敦连成一线，使上述各路的货运均集中在北宁路上而由营口输出，中国自办铁路在逐步摆脱对南满铁路的附庸地位，开始形成与满铁对抗的独立的交通体系。

1930年6月至11月末，由四洮线及其以远各站发到营口的货物，经满铁线的占30%而经北宁路（打通支线）的却占70%。[①] 东北南部再也不是满铁垄断一切的独家天下。在南满路与北宁路之间展开激烈的降价竞争。加上世界经济危机的影响，满铁出现从未有过的亏损。

由于营口受港口条件的限制，难以同大连港竞争，东北当局乃谋自筑港口。1930年东北当局以北宁铁路盈余款项，兴筑葫芦岛港，与荷兰公司订约筑港，承办期间五年半，于当年4月15日开工。当时锦朝、洮热诸路也正在筹划之中，此两线距离葫芦岛甚近，且能联络洮昂、齐克等线，若葫芦岛开港后，黑、热两省物产，必由此输出，辽、吉两省物产也可以由四洮、吉海、沈海等路连接起

---

①　满铁铁道部联运课. 最近东北の铁道情势，1931：166–169.

来。因此，葫芦岛筑港，不仅可以抵抗日本的经济侵略，也是发展工商业的重要步骤。

三、电业竞争

日本在东北的电气事业主要由满铁及满铁旁系南满洲电气株式会社经营，唯一例外的是设在哈尔滨的北满电气株式会社。南满洲电气株式会社在 1920 年共有 16 个企业和一个营业所，设在 17 个城市，集中于关东州和满铁附属地。从资产、发电容量和发电量来看，都占压倒的优势。为向附属地外扩张，采取了中日合办或向临近地区供给用电的方式。

中国东北自己的电业，以收回中东路和旅大回收运动为契机也有长足发展。从 1920 年到 1930 年，在整个电业中，固定资产由 10% 上升为 30%，发电容量由 14% 上升为 25%，年发电量由 7% 上升为 14%。虽然各项经济指标相对低下，但在发展速度上明显地超过日本。到 20 年代后半期两者间的对立开始激化。特别是在奉天、长春、四平街、海城、哈尔滨、安东等两国电业并存的地方。例如，在安东原有南满电气株式会社安东营业所，1931 年 2 月，安东市政筹备处依靠东三省官银号的借款设立安东电业公司。南满电气在阻拦无效的情况下，于 1931 年 1 月大幅度降低在附属地外的电费，展开绞杀战。结果在附属地外，南满电气供给的 21 000 盏灯中的半数被安东电业公司夺去，加上新发展的 5 800 盏，安东电业公司占了优势。

哈尔滨在 1918 年前，由于自由经营有 20 个发电所并存。日本的东洋拓植会社决心向北满扩张，在当年 4 月以 60 万日元设立北满电气株式会社，首先收买了两个最有力的发电所，扩大业务达到占全市需用的 85%。就在这一年，哈尔滨市会从中东铁路当局获得该市电灯及电车经营的独占特许权，1920 年将之委任中国商团，立即创立了哈尔滨电业公司。由于资金等关系到 1927 年 7 月才开始营业，大部分资金由吉林省官银号垫付。此后二者展开激烈竞争，北满电气的收入大幅度下降，不得不停止分红和支付利息。哈尔滨电业公司则相继收买松花江面粉公司、中铁、秋林商会、耀滨电灯等主要发电所，除北满电气外统一了哈尔滨的电业。为了坚持日本在北满的权益，北满电气拒绝被收购。

四、特产交易的竞争

20 世纪 20 年代末，日本垄断资本在中国东北大豆的出口贸易中已经占有压倒的优势。不过，在对欧美的出口贸易中，丹麦、法国和英国的特产商也有着巨大的实力，特别是丹麦系的瓦兹萨尔德在大豆出口中占有 1/4 以上的份额，在所有特产出口商中名列首位。中国自己的特产出口商也还占有一席之地。从表 0-3-1 可见一斑。

表 0-3-1　1930 年主要出口商的大豆三品出口额　　单位：吨

商店名	大豆		豆饼		豆油	
	数量	%	数量	%	数量	%
三井（日本）	334 066	17	254 793	17	54 764	45
三菱（日本）	143 179	7	266 627	18	29 995	25
丰年（日本）	162 200	8	36 070	2	4 027	3
瓜谷（日本）	68 177	3	…	—	…	—
国际（日本）	39 337	2	22 133	1	…	—
日清（日本）	35 002	2	131 546	9	11 591	10
千叶（日本）	26 060	1	…	—	…	—
裕华（日本）	…	—	64 117	4		
北满（日本）	…	—	46 849	4		
佐贺（日本）	…	—	41 959	3		
日升（日本）			17 127	1		
瓦兹萨尔德（丹麦）	525 275	26	…	—	8 307	8
卡巴尔金（英国）	25 551	1				
德累夫斯（法国）	122 195	6				
西比里斯基（丹麦）	45 114	2				
福聚昌（中国）	28 109	1	…	—	…	—
鼎新昌（中国）	27 048	1	…	—	1 447	1
兴记（中国）	…	—	…	—	2 533	2
升源号（中国）					1 057	1

资料来源：南满洲铁道株式会社调查部．昭和十七年 7 月大豆流通机构の变迁，1943.

　　以三井、三菱为首的日本出口商不仅在商号的数量上，而且在大豆、豆饼和豆油的出口数量上都占有很大优势。但是，他们仍然面对着外国商人的严重挑战。

　　在特产品的收购方面，日本方面"不仅有三井物产、三菱商事、日清制油等大资本渗入地方市场，而且伴随有日本中小商业资本在地方城市的簇生，在粮栈和出口商之间进行居间交易。"[①] 这些日本特产商在特产交易市场曾占有相当

---

① 南满洲铁道株式会社调查部：昭和十七年 7 月大豆流通机构の变迁，1943：13-14.

的地位，不过在 1929 年世界经济危机之后，他们的地位下降，成为三井、三菱等大出口商的代理，只靠领取一定的佣金从粮栈收买特产再交给出口商。就是说日本垄断资本已经在日本势力所及的范围内编织了它的支配网。但是，在这一领域还有同中国东北的官商大粮栈之间的对抗关系。即同永衡茂、永衡通、永衡达等吉林系大粮栈，广信升、广信栈、广信泰等黑龙江系大粮栈，以公济栈闻名的奉天系，还有天合盛、东永茂等大粮栈之间的对抗关系。中国方面在官银号的支配下，确立了特产商→中央大粮栈→地方大粮栈→地方市场粮栈这个一元化的农作物流通机构，阻止了日本资本和外国资本的介入。所以，日本特产商将东北的官商大粮栈视为主要敌人，必欲除之而后快。

五、实业斗争

东北在实业方面，1928 年以前除奉天纺纱厂几乎没有大型企业，有的只是小机械织布业和小型铁工所一类。从张学良执掌政权，推进了民营工厂商店的发展，省营的矿山也有了辽宁八道壕、新丘、沈海线的西安、旅大的五湖嘴煤矿等。

东北地方政府开始正式实施民间企业保护扶植政策是在 1929 年。1930 年 7 月辽宁省农矿厅发出"国产火柴使用令"，后来又有"中国煤使用命令"，广泛开展了提倡国货、抵制外货运动。

其典型是火柴产业政策。辛亥革命以前，东北火柴工业全为日本资本所垄断。1912 年以后，中国资本开始向火柴工业投资，进入中国资本与日本资本竞争的时期。到 1922 年，日本工厂增加到 3 家，年生产能力 141 000 箱，中国增加到 7 家，年生产能力 305 000 箱。中国资本火柴工业在极其艰难的条件下成长起来了，并且成为东北工业资本中一支不可忽视的力量。1923 年 7 月，中国厂家组成东北火柴同业联合会。1925 年以后，瑞典火柴公司大肆在东北扩张，日本在东北的几个大厂的大半股份被其收买，日本资本势力削弱而瑞典资本则咄咄逼人。由于生产过剩和进口火柴的竞争，1930 年，在 18 家工厂中，中国有 12 家，其中有 4 家停业，4 家开工率不到 50%。1930 年 8 月，东北政务委员会发布《东北火柴专卖条例》，在东北实行火柴专卖制度，目的在于保护民族工业。在税收上，对中国厂家实行了某些优待和减税的办法；对日本和瑞典的火柴企业来说，则是一个打击。因此，这个制度刚一公布，就遭到日本政府的无理干涉。日本驻奉天总领事馆以日本享有最惠国待遇为由提出抗议。

在沈阳，日本资本的主要产业集中在铁西，即标榜近代三大工业的制糖、毛织和麻袋三厂，都是为掠夺东北农牧业资源而设立的轻工业工厂。由于决策失误、管理不善、资金缺乏等原因，1927 年其中最大的南满制糖株式会社已完全停产，其余二厂也是苟延残喘。

在林业方面，日本的扩张同样受到扼制。满铁在大兴安岭林区以扎免采木公司名义攫取的采伐权也成为中日交涉的议题。

六、金融业斗争

张学良实行易帜，不仅在政治上扩大了南京国民政府和国民党在东北的势力和影响，在经济上也导致了江浙财团的进入，而江浙财团的背后则有英、美资本的背景。这是日本最感头痛的。日俄战争之后，日本刚刚拿到南满铁路，美国就要收购。随后的20余年，美国始终是日本在东北的一个主要竞争对手。日本炸死张作霖的一个重要原因就是张作霖开始绕过日本直接和美国合作。

张学良对东北币制的整顿，也威胁到日本货币在东北的地位。

于是，在金融方面，两者的关系也是非常紧张。

中日在东北的斗争遍及各个领域，除上述外，在矿产、林产、畜产、土地商租、粮食贸易等方面都有激烈的斗争。可以说是争议不断、剑拔弩张。

第一篇

殖民地经济体系的形成
（1931—1936）

　　1931 年，日本发动"九一八"事变，占领中国东北，制造伪满洲国傀儡政权，在政治上实行军事法西斯殖民统治；在经济上，则推行"日满一体化"政策，旨在变东北为日本的经济附庸，投资由日本独占，市场由日本垄断，资源任日本掠夺，人民任日本压榨。

　　从 1931 年到 1936 年是日本将中国东北的半殖民地经济变为殖民地经济的阶段。在这一阶段，日本政府通过关东军假手伪满政权以国有名义大肆侵占东北的铁路、银行、海关、工厂、矿山和土地，形成了伪满国家资本，建立起自己的财税体系，并着手设立特殊公司，实行一行业一公司的经济统制。

　　满铁在关东军和伪满政权的支持下，垄断了全东北的铁路交通和重工业。伪满洲中央银行垄断金融并统一币制。日本私人垄断资本垄断了东北的进出口贸易，特别是特产大豆的进出口。东北经济对于日本，日益走上隶属的依附的道路，而它同中国本部的经济联系却被削弱甚至被割断。欧美各国资本遭到排挤，苏联也不得不出让中东铁路，退出北满。

　　东北成为日本独占的投资场所、商品倾销市场和殖民地区。

第一章
经济统制政策的制定和实施

　　"九一八"事变是日本军部和关东军的骨干分子具体策划并由关东军发动的，从而在日本的统治阶层内部，军部取得了对东北实行殖民统治的主导权，而关东军就成为日本在东北的最高统治机关。

　　日本在东北的殖民统治同它在中国台湾和朝鲜的统治有所不同。它不是采取直接统治的方式，而是拼凑一个傀儡政权，表面上采取由伪满洲国独立施政的形式，而实质上是贯彻日本军部的统治。

　　在被占领的东北，不仅军事和政治，在经济上关东军也是最高统治机关，掌握主导权。实行严格的国家管理，建立统制经济，成为世界上一个独特的经济类型，即军事性的掠夺式的国家垄断资本主义统制下的殖民地经济。

　　可以说，关东军在中国东北实行的经济统制是后来日本本国实行经济统制的先导。

　　日伪的经济统制，首先是为了巩固其军事占领，满足其军事需要。1934 年12 月10 日，新上任的关东军司令官南次郎关于对满政策的意见中就明确写道"鉴于远东目前的国际形势，经济施策必须要以充分满足国防需要为先决条件"。将东北建成为扩大侵略的军事基地即所谓"高度国防国家"被列于最优先地位，而实现国民经济军事化，发展军事工业的基础工业则成为日本在东北经济运作的基本目标。就此，日本陆军省和参谋本部经常向关东军和满铁发出各种指示。

　　"九一八"事变前，日本在东北已经经营了 20 余年，曾经以推行大陆政策的国策公司——满铁为中心实行有组织、有计划的经济侵略。先后制订过满蒙铁路网计划、北满计划以及各种侵略方案。再加上 20 世纪 30 年代初的国际形势是在世界经济危机的笼罩下，各国纷纷恢复保护关税政策，国家垄断资本主义急剧发展，法西斯主义明显抬头，各国政府对经济的干预普遍加强。日本由于资本不足，在殖民地经济的发展上，尤其需要借助行政权力，实行经济统制。满铁已有的在交通、重工业、电力工业及诸多方面的垄断地位加上伪满傀儡政权对东北官僚资本、官有财产及企业的霸占，使日伪掌握了东北的主要经济命脉，也就为实行这种统制提供了可能。

经济统制是日伪统治东北 14 年贯彻始终的基本手段。1932 年到 1936 年被称为经济统制法的准备时代。在这一阶段，除发表《满洲经济建设纲要》这一根本大纲外，还制定了一系列涉及基础产业、金融业的特殊公司法，还有在 1935 年公布的属于一般性经济统制法的汇兑管理法，为推行全面经济统制做了准备。

第一节　殖民地经济政策的炮制

一、关东军统治部和特务部

关东军特务部在满铁经济调查会的协助下制定了伪满洲国最初阶段的经济政策和法令，策划了第一批特殊公司的设立。

还在"九一八"事变前夕，关东军就将其参谋部调查班扩大为第三课，担负政治侵略问题的准备。事变后，随军事行动的进展，第三课吸收了一批满铁人员，在占领地监督行政工作，组织各省的伪地方政权。同时，在经济方面也采取了一些应急措施，"防止铁路、电力、煤矿等重要事业的中断，恢复由于军事行动而停产以及遭到破坏的产业。接收官银号、兵工厂等官有企业，同时管理没收的物品。又控制海关确保盐税等的财政收入，保证省预算的实行。"[1] 还制订了关于日后经济开发的计划，是为《满蒙开发方策案》（1931 年 12 月 8 日），其基调为"不论在平时及战时，均应使其适应帝国军需资源独立的政策。"[2] 那时在日本军队中颇有影响的国家社会主义思想在这个方策案中已经有所体现。

根据关东军一些参谋的建议，考虑到经济事务的主持与其由军人直接下手不如交由民间专家担任，于是作为一个过渡的措施，在关东军司令部中心设统治部。1931 年 12 月 15 日撤销第三课，全部归并十统治部。统治部长是陆军省推荐的浪人驹井德三，之后他出任伪满洲国第一任总务长官。此人曾经是满铁高级社员，在郭松龄倒戈事件的背后就有他的影子。

关东军统治部是在关东军司令官领导下与幕僚部并列的经济参谋本部，设有行政、财务、产业、交通和交涉五课，除军事之外，统管所有政治经济事务。

---

① 满洲史研究会. 日本帝国主义下的满洲. 御茶の水书房，1972：9.
② 片仓衷. 片仓衷回想の满洲国. 经济往来社，1978：168.

1932 年 1 月 15 日至 29 日，关东军统治部召开了《满蒙的法制及经济政策咨询会议》。从日本学术界、经济界邀请了许多专家，就币制、金融、关税、专卖制度、税制、产业、移民及法制等各方面进行咨询。

同年 2 月 2 日，由于即将成立伪满洲国，关东军将统治部改称特务部，特务部长一职改由关东军参谋长兼任，关东军特务部也就成为制定伪满洲国各项经济政策和计划及指导伪满经济的中心机关。

关东军特务部下设五个委员会，重要议案召开联合委员会讨论决定，届时满铁经调会也有多人出席。特务部决定的方案通过重新成立的参谋部第三课（后为第四课）发送伪满洲国政府总务厅，转饬伪满各部施行。

二、满铁经济调查会

1932 年 1 月 18 日关东军为了调查满蒙的各种情况以及研究制订建设方策与计划，向满铁发出委托设立经济调查机关的文件，满铁随即成立满铁经济调查会。

经济调查会在形式上是满铁的机构，实质上却是关东军的机关，它和特务部一起构成关东军的经济参谋本部。

满铁经济调查会直属总裁，掌管经济计划的调查和拟定。关东军规定它的"根本目标和根本方针"是："在谋求满蒙自体经济开发的同时，以日满经济关系的合理化和扶植日本经济势力为目的，拟定涉及满蒙全体及其各经济部门的综合性的第一期经济建设计划。第一，将日满经济融合为单一体，在两者之间确立自给自足经济；第二，国防经济的确立（国防资源的开发）；第三，人口势力的扶植；第四，对满洲的重要经济部门，不使之自由放任而置于国家统制之下。"[1]

日伪各机构的任务和分工是："特务部决定根本方针，经济调查会据之起草计划，长春政府和满铁负责上述计划的实行。"[2] 经济调查会最初的业务，首先是起草作为基本方针的伪满洲国经济建设纲要，随后是全面的制定被总称为《满洲第一期经济建设》的有关伪满经济各领域的各种计划。

三、经济统制基本方针的制定过程

关于实行经济统制的基本方针，最初是在 1932 年 6 月上旬，经济调查会第一部完成了《满洲经济统制策（政策编）》，对此经济调查会委员会在做了若干修订后，通过了《满洲经济统制策要旨》。关东军特务部又据以制定并通过了

---

① 佚名．南满洲铁道株式会社第三次十年史：2382．

② 满洲史研究会．日本帝国主义下的满洲．御茶の水书房，1972：13．

《满洲经济统制根本方策案》（8月5日）以及该《说明》（7月25日），于8月8日发送经济调查会。接着在9月1日又通过了《关于实行日满经济统制上的基础条件的意见》。于是，关于伪满洲国产业开发的基本方针已大致决定。此外，关东军特务部还通过了由经济调查会起草的《关于满洲矿业开发纲要案》《关于满洲工业开发纲要案》《电业政策及电业整理方针案》《对满洲国通信政策》等重要文件。

经济调查会接到关东军的《根本方策案》之后，从9月起由第一部着手制定综合性的《第一期综合计划案》，12月25日由第一部第一班完成了《满洲经济建设第一期综合计划案》以及《理由及说明》。1933年1月，以此为基础，完成了《满洲国经济建设纲要案》，2月11日在关东军特务部的联合研究会上经审议修订后通过，送交伪满洲国政府。1933年3月1日由伪满政权发表了《满洲经济建设概要》。

可见，执行手续是经济调查会制定方案后交给关东军，关东军对该案修订后交还经济调查会，经调会再以此为基础制定更具体的细节，最后再经关东军通过，使令伪满洲国实行。这就是伪满洲国初期经济政策的制定过程。

四、日本政府审议对满政策的机关

关于对东北的统治，在东北当地关东军固然可以独断专行，但当时日本依然是政党内阁，军部还没有完成独裁统治，关东军的上司日本陆军省和参谋本部不能不同日本政府各部特别是拓务省、外务省、大藏省等各部门进行磋商、协调。于是，在日本政府内部就产生了几个由各部参加的专门制定和审议有关伪满政策的委员会。

对满蒙实行策审议委员会

1932年（昭和七年）2月22日，日本政府决定设置对满蒙实行策审议委员会作为日本政府决定对满政策的中心机关。该委员会受内阁总理大臣监督，委员长由内阁书记官长充任，委员由外务、大藏、拓务各省及陆军和海军的次官级或局、部长级各出二名，干事长为外务省亚细亚局长，委员会的具体事务属外务省办理。

日满产业统制委员会

1932年（昭和七年）9月30日，在日本拓务省有所保留的情况下，对满蒙实行策委员会通过了设置日满产业统制委员会的决议。这个委员会"属于内阁总理大臣监督，审议关于日满产业统制事项"，日满产业统制委员会的委员由外务、大藏、陆军、海军、商工、拓务、农林各省以及内阁资源局的局长级各出1名到2名，以资源局长官为委员长，干事长由资源局的总务部长担任。委员会的事务属资源局处理。[①]

日满产业统制委员会的主要审议事项包括：日满两国经济统制大纲、基于该大纲日本经济特别是产业的统制、满洲国经济统制根本方策、满洲国动力的统制、同工业开发纲要、同矿业开发纲要、同农业开发纲要、同畜产开发纲要、同林业开发纲要、同各种企业资金的筹措及投资、关于日满关税事项，以及关于日满产业统制应进行一般性调查考究事项案。[②]

对满金融审议委员会

1932 年（昭和七年）11 月 18 日，日本政府决定设置对满金融审议委员会。

委员长由大藏大臣担任，委员由有关官厅的局长级出任。该委员会的庶务由大藏省掌管。"对满金融审议委员会审议关于对满投资统制事项、关于对满金融机关事项、关于满洲国的金融制度及政策的指导事项及其他随时发生的必要事项。"[③] 一切有关伪满金融的重大问题均须经过该委员会的审议。

1933 年 8 月 8 日日本政府通过纲领性的《满洲国指导方针纲要》，其中有关经济的条款，实际上就是接受了关东军的经济政策。

综上所述，从政策的制定过程来看，自始至终，都是日本的军部、关东军、日本政府和满铁的少数日本人策划和决定的，没有任何一个中国人参加，包括溥仪和伪满的汉奸大臣们。关东军特务部和满铁经济调查会起着主导作用，显然制定的政策首先反映了关东军和满铁的要求，这些政策又必须经过日本政府相关委员会的审议，也就渗透了日本政府各部门的要求和他们所代表的日本地主资产阶级特别是日本垄断资本的要求。至于伪满洲国的傀儡大员们包括溥仪在内，都被排除在外，只允许他们在事后起个橡皮图章的作用。

再从政策的制定动机来看，不外乎为了加强日本的殖民统治地位，服务于日本的侵略扩张和经济发展，满足日本输出资本、倾销商品、保证原料来源特别是军事上的需要。

五、日本政府派到伪满政权的高级官吏

伪满政权成立之初，高级官吏主要来源于满铁。关东军深感主管财政、经济方面缺乏有力的骨干，遂向日本陆军省要求由日本政府各省支援得力干部。于是，先后由日本大藏省、商工省派出年轻的得力干部，到伪满洲国主持财政、经济工作。"有昭和七年 7 月由大藏省派遣的以星野直树（当时任国有财产课长）

---

①　参见日本外务省档案，WT27，IMT149，第 93～95 页。

②　山本有造．"满洲国"的研究．京都：京都大学人文科学研究所，1993：338.

③　参见日本外务省档案，WT27，IMT149，第 96～98 页。

为首的古海忠之、松田令辅等 9 人；由商工省以特许局审判长高桥康顺渡满就任实业部次长为开端，昭和八年 10 月椎名悦三郎（当时为产业合理局主任事务官）和为实业部计划科长。"① 1936 年 11 月，曾任日本商工省文书课长的岸信介被派到伪满任实业部次长，翌年实业部改为产业部，岸信介向关东军提出了由他主持产业经济的要求，得到关东军的认可。

伪满政权中主管经济的是总务厅、实业部、经济部、产业部、财政部，总务厅长和各部的次长都是日本人。他们才是这个政权中掌握实权的人，在当时被称为"日系"官吏，以区别于所谓"满系"官吏的中国人。不论是由日本政府派来的保有日本官员身份的高官还是就地任命的下级官吏，他们都掌握着伪满洲国的各级政权，发号施令，以主人公自居。但是，他们从来都没有承认过自己是"满洲国"人。只有一向生活在东北的中国人才被认为是"满洲国"人。我们说伪满洲国政权是傀儡政权，是因为伪满洲国表面上以独立国家的形式出现而其名义上的政府首脑伪皇帝溥仪和伪国务院的汉奸大臣们只是日本的傀儡，他们只是舞台上被摆布的小丑，只是日本人手中的橡皮图章。伪满政权的实权是掌握在日本关东军和日系高官手中。说是傀儡政权并不是说这个政权是软弱无能的，相反，日本人控制下的这个政权是实实在在的强权的统治机器。

第二节　经济统制政策的内容和实质

一、满洲经济统制策要旨

满铁经济调查会起草的《满洲经济统制政策（后编）政策编》，包括"满洲国经济建设的根本方针""满洲经济统制的必然性""经济统制的意识形态及分野"和"统制政策（结论）"四章。其中，作为经济建设的根本方针，举出以下四点："（一）将日满经济融合为单一体，加以合理化；（二）确立国防经济；（三）在满洲扶植不可动摇的日本经济势力；（四）以全体国民的利益为基调。"②

以上述文件的第四章统制政策（结论）为基础，完成的《满洲经济统制策要旨》，由统制目标及实行范围、一般经济计划的统制、重要产业的经营性或监理性统制、其他事业、经济统制的枢轴机关、统制政策上满铁的地位、满铁会社

---

① 岸信介. 岸信介の回想. 株式会社文艺春秋，1981：19.
② 经济调查会. 满洲经济统制方策. 立案调查书类：第 1 卷，1935：59.

的统制七项组成。

概括其内容，首先是重要产业的统制形态。将各种产业分为国营事业（经营性统制）、半官的经营事业（监理性统制）、其他民间自由经营事业（法制性统制）三类。第一类为邮电事业、专卖事业。第二类之中，基础产业（铁（生铁、钢）、煤（重要煤矿）、动力（电气）、自来水、其他附属事业）、国防产业（页岩油、轻金属、特殊钢、煤液化等）、交通事业（铁道、河川、港口、通信及附属事业）三者由满铁统制；金融机关（中央银行、劝业银行、兴业银行）和农业移民采取满铁以外的半官性企业形态。第三类则在一般法规之下暂由民间自由经营。

其次是关于统制机关。以关东军司令部为最高统制机关，附设顾问会议（特务部）和计划局（经济调查会），二者具有制订经济计划及实行统制的经济参谋本部的职能。

最后是关于满铁的地位。主张："使满铁会社经营国策性事业，代替国家进行活动。"①这个由满铁人员起草的文件自然强调满铁的地位和作用。

二、满洲经济统制根本方策案（1932 年 8 月）

以经济调查会的《满洲经济统制策要旨》为基础，关东军在同年 8 月完成了《满洲经济统制根本方策案》。这个文件包括方针和要领两个部分。

其方针部分②全文如下：

满洲国经济建设的方针在于：

一、将日满经济合理化融合为一体；

二、和平时期和战争时期稳定日满两国的国家存立和国民生活；

三、增强对外经济作战的能力。

为达到上述大方针，应注意的要点是：

一、以日满两国全体国民的利益为基调，避免利益的偏重；

二、确立日满两国的国防经济；

三、日本在满洲，率先于外国，扶植不可动摇的经济势力，诱导作为后进国的满洲国经济；

四、为不损害门户开放、机会均等的宗旨，在不妨害前三项的范围内，容许外国人办企业或促进外国资本的注入。

上述方针的第二、第三点及注意要点的第四点都是经调会原方案中没有明示

---

① 经济调查会．立案调查书类：第 1 编：第 1 卷　满洲经济统制方策，1935：43-50.

② 同①：13-14.

的内容。关东军考虑的主要是对外关系和战争准备。

在其要领部分，同经调会的《要旨》相比，关于重要产业统制形态，在国营事业中，除邮电、专卖之外，又加入一般电气事业。关于监理的统制，则分为伪满洲国方面和日本方面两种。在后者之中，由满铁承担的事业，缩减为铁道、河川、港口及附属事业。关于其他重要产业则变更为"日本方面（包括满铁）经营的事业"，这种更广泛的表现，是值得注意的，说明关东军并不希望进一步加强满铁的地位。

在这个《方策案》中，最高统制机关即关东军司令部同满铁的关系被规定为：关东军司令官是满铁的"直接的且最后的统制机关""统制监督公司业务的大纲""就干部（总裁、副总裁及理事）的任免保有推荐及同意权"，强调要将满铁置于关东军司令官的统制之下。

关于日本和伪满洲国经济关系的最终目的，最初的提法是"将日满经济合理化融合为一体"。同年11月10日，改变为"为使日满两国成为一个经济单位"。后来，这种提法遭到日本农林省的反对。它们顾虑东北农产品的流入会加深日本的农业危机，并且"除纯粹经济问题以外同人口问题、社会问题也有关联"，同时表明"使农村成为［日满产业］统制的牺牲品一事是不能容忍的"。[①]最后，由资源局长提议修改为"谋求日满两国经济的合理的融合"，这就成为其后日伪表达关于日满经济关系目标的公式。

关于重要产业，主张以"不陷入由内地资本家垄断该项事业或榨取利润之弊为重要条件，……同内地同种部门的产业团实行企业的结合"，"而在难以实行的场合，重要的新事业暂由满铁或以满铁为中心实施之"。关于产业开发需要的资本，"日本的不在话下，满洲和外国资本也须以最高统制机关进行统制监督为本旨。"[②] 可见，强调关东军的统制监督作用，限制财阀的垄断，暂时利用满铁，并监督民族资本和外国资本等，是这一方案的基本精神。

三、满洲经济建设第一期综合计划案和满洲国经济建设纲要

经济调查会于1932年12月完成的《满洲经济建设第一期综合计划案》和《理由及说明》，是其各种立案计划的基本方针的总括。该文件由六章组成，包括经济建设根本方针、经济统制计划、经济建设各部门方针、经济建设综合计划、个别计划以及理由及说明书。《综合计划案》的独特之处在于它明示了各个

---

① 山本有造. "满洲国"的研究. 京都：京都大学人文科学研究所，1993：342.
② 经济调查会. 立案调查书类：第1编：第1卷 满洲经济统制方策，1935：16.

经济部门在建设第一期（五年）的方针，以《第一期综合计划案》为基础，1933 年 1 月经济调查会制成了《满洲国经济建设纲要（案）》。它包括序说、经济建设的根本方针、经济统制的方策、交通的充实、农业的开发、矿工业的振兴、金融的整备、商业的助长、财政的确立、私人经济的改善以及结论 11 项内容。比起《综合计划案》，这个《纲要（案）》出于公开发表的需要，做了文字上的修饰，将具体而露骨地显示其真实意图的内容抽掉，代之以抽象的、含混的文字。

1933 年 3 月以伪满洲国的名义发表了《满洲国经济建设纲要》。日伪大肆宣扬称之为具有划时期意义的经济政策，其实它只不过是经调会起草的《纲要（案）》经过少许修辞上的改正而已。在这个《满洲国经济建设纲要》的背后，是经调会和特务部制定的大量具体的计划。

后来，在 1939 年，关东军参谋片仓衷中佐在对日本资本家的一次讲话中，谈到伪满洲国经济建设的根本时，他毫不掩饰地说："总之，是将满洲国全体作为担保。将举国的人民和地下资源的所有一切献给日本国。"[1]

《满洲国经济建设纲要》标榜"排除一部分阶级垄断利益之弊"。关东军参谋长小矶国昭上任伊始，公开宣称"绝对不许日本的资本家进入满洲国"，都反映了当时日本军队中一部分中坚干部对日本的政党政治和财阀主导的经济体制的不信任。为了在东北发展军事工业，关东军的首脑部要将伪满洲国的经济大权牢牢掌握在自己手里，不乐于同唯利是图的资本家分享，企图首先依靠日本的国策公司满铁，有限制地利用资本家、财阀的资本。这种态度曾一度阻碍了日本资本对东北的投资。

当时就有人指出："由于日本资本主义在形成与发展的过程中，掺杂有反资本主义的封建的军国主义势力，申言之，即现阶段的日本金融资本，因不能在国内政治经济上完全确立其寡头支配，它对于军国主义势力所一手造成的满洲傀儡帝国，就无法彻底实现其经济的调整功能。……在资本家眼中视为其制品及资本之有利市场的满洲，军人只看作是一个进一步"发扬国威"的总兵站或大本营。"[2] 由日本军部而不是垄断资本直接控制东北经济正是当时经济统制的特点。

四、日满经济统制方策纲要（1934 年 3 月）

1933 年 11 月 7 日，关东军特务部制定了《日满经济统制方策纲要》，拿到日本与日本政府各省谈判，农林省和商工省从保护日本产业的观点，提出了意

---

① 社团法人日满中央协会. 日满经济恳谈会议事要录，1939：189.
② 王渔村. 日「满」经济的调和与对立. 新中华杂志，1936（1）：5-6.

见。农林省的意见是在满洲不实行大米的增产奖励，在满洲不奖励养蚕业，之外，对小麦、燕麦、大豆、小豆、花生、其他豆类、玉蜀黍、高粱、粟、荞麦、胡麻、苹果、葡萄、牛、猪等，以向日本扩大出口为目的，实行增产奖励。对此，关东军方面的意向是日本从外国输入的农产品，应由满洲供给，代替其输入，以此为限，在满洲对日输出品的增产，也应予以承认。商工省的意见是多方面的，特别应注意的是纤维工业在满洲止于现状的程度，为此要降低关税，对造纸业也只限于承认纸浆工业兼营新闻纸的程度，至于所需要的水泥，在满洲国建设时代决定使用日本的过剩能力（五成开工不足），满洲的水泥工业准于满洲平时需要的自给自足程度，阻止在满洲发展砂糖工业，面粉业也只准予用在满洲产小麦为原料的范围之内，煤在谋求满洲的自给之外，就其向日本出口要加以严密统制，等等。此外，还有降低关税和要求确保日本制品市场等。总之，主张在满洲与日本资本竞争的产业，对其成长要加以全面地抑制。在满洲奖励其发展的只是制盐业和纸浆工业这两个原料产业。"可以说，在为了调整日满经济利害的'适地适应主义'这一点，是《日满经济统制方策纲要》最大的特征。"①

"于是，在满洲，除各种军事的或半军事的工业及其他靠消磨庞大的奴隶劳动力的各种原始的掠夺自然的产业之外，什么也没有得到。换言之，在满洲的适地适业主义意味着对衣料、食品及其他消费手段生产工业的否定，为日本同类工业起了提供腾出来的消费市场的作用。"②

1934 年 3 月 30 日，日本政府通过《日满经济统制方策纲要》，内容包括统制方针、一般统制纲要、统制方法和事业统制纲要四项。这样一个使伪满经济从属于日本的纲领性文件，由于内容过于露骨，只是作为内部文件，完全保密，唯恐外界知晓。使之法制化了的是 1935 年成立的日满经济共同委员会。

五、关于一般企业的声明（1934 年 6 月）

1932 年 8 月 8 日上任的关东军参谋长小矶国昭宣称"在满洲国绝对不允许日本资本家进入"，"阻止了日本资本家的对满进入，形成对满洲产业发展的不利状况。"③ 日本民间资本出于对经济统制的恐惧，对于向伪满投资裹足不前，这不利于当地经济的发展。为了鼓励日本资本家向伪满投资，关东军又通过伪满政权在 1934 年 6 月 28 日发表《关于一般企业的声明》进一步明确统制事业的范围："国防上重要的事业、公共公益事业及一般产业的根本基础产业，即对交通

① 满洲史研究会．日本帝国主义下的满洲．御茶の水书房，1972：53-54.
② 内ヶ崎虔二郎．经调资料：第 93 编　日本经济の现态及日满经济の联关に关する研究．满铁经济调查会，1935：125.
③ 古海忠之．忘れ得ぬ满洲国．经济往来社，1978：105.

通信、铁钢、轻金属、金、煤、石油、汽车、硫酸铵、苏打、采木等事业讲求特别的措施，关于其他一般企业，虽然按照事业的性质，有时会加以某种行政的统制，但大体上欢迎民间广泛地进入经营。"指定了国营、公营或特殊的事业22种，须经认可的事业24种，可以自由经营企业的事业20种。进而在1935年6月发表了《对工业企业家的希望》，鼓励民间资本进入伪满洲国。然而，截至1936年，"日本民间资本没有改变疑虑逡巡的态度，在对满进入上没有可观的东西。"①

第三节　日满经济共同委员会

关东军特务部的撤销和日满经济共同委员会的设立

伪满洲国的经济统制本来是由关东军特务部主持的。这是一个不伦不类的机构，它的存在不仅在日本官制上缺乏根据也使伪满洲国所谓"独立"的假象难以成立。到了1935年，随着伪满政权各种经济行政机构的充实，发挥它在经济统制上的作用一事也被提上日程。因此，在日本调整其驻满机构，完成了日本关东军在东北的一统天下之后，为满足日本资产阶级、垄断资本的要求，进一步装点伪满洲国"独立"的假象，也是为了预防当有第三国承认伪满洲国之时，提出同等待遇的要求，关东军于1935年6月撤销特务部，而代之以设立日满经济共同委员会。

1935年7月15日，日本与伪满政权签订了《日满经济协定》。决定在长春设立一日满经济共同委员会（第一条），此委员会关于日、满两国提携之重要事项及监督日满合办特殊公司之重要事项，应两国政府之咨询，具陈意见（第二条），在必要时，委员会得对日满两国政府建议关于两国经济合理的融合之一切事项（第四条）。

日满经济共同委员会的委员有日本的关东军参谋长、驻满日本大使馆专任首席参事官、关东局总长及日本政府特别任命者一名，伪满洲国方面为外交部大臣、实业部大臣、财政部大臣和国务院总务厅长官，由关东军参谋长任委员长。这个委员会的目的在于：第一，将原来以关东军为中心对东北各种经济问题的支配，改为由关东军和伪满政权协商解决，即使令伪满洲国（实际只是由日本政府派来的日系官吏）参加经济问题的决策；第二，根据日满议定书的精神在经济问题上实现日满一体合理融合，将东北进一步纳入日本帝国主义的经济体系。

---

① 满洲帝国政府. 满洲建国十年史：310.

伪满洲国总务厅总揽经济统制事务，成为伪满洲国的最高经济统制机关。同年11月在总务厅内设企划处作为总务厅长官的"顾问机关"或"智囊"，掌管涉及产业、经济、民生等国家政策的起草工作。

关于日满经济共同委员会和日本对满事务局的运作。在满洲方面，是关东军、伪满洲国政府或满铁，有时是关东局提议，日满经济共同委员会将这各个有关方面的综合成熟意见以适当的手段送往日本方面，列入日本政府对满事务局的会议。对满事务局将经济共同委员会附议的问题，作为日本的国内问题，进行审议。事情轻易者，在事务官会议决定；事情重大者，在次官级会议决定；更重大者在阁议决定。根据这些决定，由日本外务大臣通过全权大使移转伪满洲国政府。在新京召开日满经济共同委员会再行审议对满事务局已决定的要项，作出答复。①

可见，在关东军特务部撤销之后，日本对伪满经济统制的操作在形式上已经由日本内阁的各对满政策委员会→陆军省→关东军→伪满政权的系统，更改为日本内阁→对满事务局→日本驻满全权大使→日满经济共同委员会→伪满总务厅的系统了。不过，关东军拥有的对伪满洲国的内部指导权一仍其旧。

应当指出的是，就日本来说日满经济共同委员会所代表的并不是日本和伪满洲国这两个方面，而只是代表日本在"满洲"的一方，即日本在满洲的统治机关，包括关东军、日本大使馆及其监督下的伪满洲国、满铁、关东局、关东州厅等。

所以，日满经济共同委员会只是个形式上的存在，实际的经济统制是由伪满总务厅在关东军指导下施行的。因此，"咨询的事项涉及相当广泛，但事实上是在有关行政官厅相互间进行适当处理，所以提到委员会的议案极少。"②"作为实际问题，委员会是礼节的存在，不过是将经关东军、陆军省的渠道由对满事务局事务官会议通过的东西在形式上交付会议而已。"③

第四节　特殊公司制度的建立

日伪将经济统制作为其殖民统治的根本方针之一。其着眼点在于以国家名义将所有重要经济部门严格掌握起来，实行"国家统制"。规定对"具有国防或公

---

① 社团法人日满中央协会. 日满经济恳谈会议事要录. 1939：101-102.
② 冈野鉴记. 满洲经济建设的指导原理. 建国大学研究院，1939：15.
③ 佚名. 满经（一）ノ（3）日满支政治经济机构ノ检讨，1938.

共、公益性质的重要事业，以公营或特殊会社经营为原则"。这种经济统制就是以国家名义，用行政管理办法促进垄断的形成，弥补资本力量的不足。

经济统制主要是靠特殊公司来推行的。日伪为贯彻其经济统制政策，实行了所谓特殊公司制度。按一个行业一个公司的原则设立特殊公司或准特殊公司进行经济统制和开发是其基本方针。特殊公司是指：① 就特定的公司制定了特别法的公司；② 根据日本同伪满签订的条约所设立的公司。准特殊公司是指在设立时虽然没有制定特别法，而当设立认可之时接受附款命令的公司、在公司的定款中规定了政府干涉权的公司、政府出资的公司三种。在是否有特别准据法这一点上两者是不同的，而在其作为国策代行机关的性质上以及政府对公司的经营进行干涉这一实质性方面，并无区别。它们都在不同程度上带有执行统制政策的职能而区别于一般企业。

特殊公司法首先宣布的是设立特殊公司的国家目的，"明确规定事业的'统制''助成''健全发展'、产品的'改良增殖'、资源的'开发''确保'、供给的'圆滑''普及''指导''促进'等国家的、公共的、全体的目的。"① 特殊公司的设立，除个别例外，都是由伪满政权（实际是关东军）任命设立委员，处理一切有关设立事务，设立委员制定的章程须经政府认可。对特殊公司，政府或多或少都要出资，甚至明确规定出资的种类和限度。特殊公司的总公司一般均设在伪都新京（长春）。特殊公司的股东有严格限制，股份皆为记名式，不能任意转让。

对于特殊公司，由伪满政府赋予对一个行业的独占权，在给予各种优惠的同时对公司行使广泛的监督权。监督的内容包括：附带业务的认可；股份让渡的监督；干部兼任的认可；业务及财产状况的监督；金库及文书物件的检查；营业计划及状况的报告；各营业年度事业计划的认可或查阅；干部的选任、解任、章程的变更；利润的处理；公司债的募集、合并及解散决议等的认可；业务监督的命令；军事上公益上以及产业的开发统制上的命令；股东大会决议的取消；有违法行为或违反命令的干部的解任；此外的事业或经营的委托；受托的认可；对重要财产的让渡或提供担保的认可；重要投资或融资的认可；废止事业的全部或一部的认可；等等。涉及广泛的方面。

特殊公司并不一定全是半官半民企业，有些特殊公司的股份就完全由官股组成。至于在特殊公司中日本垄断资本和日伪政权所起的作用，有人根据私人资本的投资被给予一系列的优惠，并且特殊公司在筹资上需依靠垄断资本操纵的银行团认定："在这种联合中，从本质上说，起主导作用的是垄断资本，而不是日伪

---

① 高田源清. 满洲国策会社法论. 东洋书馆，1941：72.

政权。"① 这种观点对于后来在 1937 年成立的满洲重工业开发株式会社也许是妥当的，不过对于多数特殊公司来说则是值得商榷的。第一，在特殊公司中，私人资本所占比重不是很大；第二，特殊公司从筹备到设立，关东军始终在起主导作用并由它一手操办；第三，伪满政权对特殊公司行使广泛的命令权和监督权；第四，特殊公司必须执行伪满的国策；第五，特殊公司的首脑人选是由关东军物色和任命的，多为退役军人或原满铁干部。实际上尤其在初期，代表日本政府和军部的关东军对于特殊公司拥有极大的发言权，私人垄断资本则望尘莫及。

满铁是日本设在东北的最大的国策公司即特殊公司。满铁对交通、煤炭、钢铁的垄断，是伪满实行特殊公司制度推行经济统制的重要条件。事实上，最大的公共事业是铁路，而所谓国有铁路的委托经营，就是关东军将伪满"国有铁路"交给满铁这个在东北的日本最大特殊公司经营。当然，满铁是日本法人，不归伪满政权管辖，这使它严格区别于伪满法人的特殊公司。

到 1936 年年底，伪满已有特殊公司 19 个、准特殊会社 10 个，它们的数量虽然不到新成立的伪满法人 173 家公司的 1/8，但其资本总额却占 2/3。

这些特殊公司独占国防重要矿产资源的矿业权，统制煤炭、黄金、铅、锌的开采和买卖，为日本军火工业提供钢铁、铝、镁等基本原料，组装日本关东军所需汽车，统制全"满"的电气经营，生产硫酸铵、硝酸铵、苏打等基本化工原料和军用航空汽油。

特殊公司的设立

伪满的特殊公司、准特殊公司以 1932 年 6 月满洲中央银行的设立为开端，当年还有根据日"满"协定设立的满洲航空及奉天造兵所。1933 年有根据日"满"条约设立的满洲电信电话，还有大同酒精，后者是根据 1933 年关东军特务部制定的《北满酒精会社设立纲要案》，由东拓系的昭和酒精会社合并徐鹏志所有的广记酒精公司而成立的准特殊公司。还有满洲化学工业及大安汽船。1934年是特殊公司开始大发展的开端，这一年有满洲石油、同和自动车工业、满洲炭矿、满洲采金、满洲电业、满洲计器和满洲棉花的设立。

关于满洲石油会社的设立，是 1933 年 6 月特务部决定设立纲要案，进而经11 月的专卖制度实施案而具体化者，是以石油采掘、精制、贩卖的独占和排除外国石油公司为目标。1934 年 11 月公布石油专卖法。

同和自动车会社的设立是根据 1933 年经特务部决定的《日满自动车会社设立纲要案》，暂先以汽车的组装、贩卖、修理为主，以在伪满洲国内确立作为重要军需产业的汽车工业，以备战时需要为目的。

---

① 解学诗. 伪满洲国史新编. 北京：人民出版社，1995：315.

　　满洲炭矿会社的设立是 1934 年 2 月制定法律，在 5 月实现的。将原东北政权所有各煤矿全部网罗在内，除满铁系统的抚顺、烟台煤矿和大仓组的本溪湖煤矿外，它是担任全满煤矿开发和生产的极为重要的特殊公司。资本当初是 1 600 万日元，也是特殊公司中最大的一个。

　　满洲采金会社的设立是在 1932 年 11 月决定设立方策，1934 年 3 月制定法律，在 5 月设立的。主要为开发北满沙金，独占吉林、黑龙江、兴安三省的矿业权。其采金全部提供给满洲中央银行。经调会在制定采金会社设立方案的同时，进行了大规模的金矿调查。

　　总之，在 1935 年以前，围绕所谓“国内治安维持”，特殊公司和准特殊公司的设立是以“首先造出国防机构、基础产业作为第一课题”。①

　　其后，特殊公司接续出现。

　　1935 年有奉天工业土地、满洲油化工业、满洲矿业开发、本溪湖煤铁公司、满洲火药贩卖。

　　1936 年有满洲兴业银行、满洲生命保险、奉天造兵所、满洲计器、满洲轻金属制造、满洲曹达、满洲盐业、满洲林业、满洲拓植、满鲜拓植、满洲弘报协会、日满商事。

　　1937 年有满洲火灾海上保险、满洲重工业开发、满洲合成燃料、满洲鸭绿江水力电气、东亚矿山、昭和制钢所、满洲豆秆纸浆、满洲畜产、满洲瓦斯、满洲图书、满洲映画协会、满洲拓植公社。

　　1938 年有满洲油化工业、满洲矿山、满洲飞行机制造、东边道开发、满洲镁工业、满洲共同水泥、满洲电气化学工业、满洲房产、满洲叶烟草、满洲粮谷。

　　1939 年有吉林铁道、昭和制钢所、满洲自动车制造、满洲石炭液化研究所、协和矿山、舒兰炭矿、满洲工作机械、吉林人造石油、日满商事、满洲硫安工业、满洲特殊制纸、满洲柞蚕、新京食粮品储藏、满洲特产专管公社、满洲生活必需品、满洲书籍配给、满洲事情案内所。②

　　1940 年有兴农合作社中央会、商工金融合作社中央会、满洲重机制造、满洲资源爱护协会、满洲特殊铁钢、满洲电业、满洲谷粉管理、满洲大豆化学工业、满洲麻袋。

　　1941 年有满洲投资证券、满洲火药工业、满洲炭素工业、东满殖产、日满企业、北满产业、满洲农产公社、满洲造林。

---

①　野野村一雄. 满洲におけ特殊会社、准特殊会社について. 满铁调查月报，1939（12）：10.

②　事情案内所，在当时指的是旅行社之类的机构。

第二章
伪满国有经济的形成

第一节　侵占东北铁路，收买中东路

伪满国家资本来源于以"处理逆产"名义侵占的原中国国有、公有财产和没收的奉系军阀官僚资本及部分民族资本。这些原本是抵制日本经济侵略的中坚力量，日伪则使它们变为经济侵略的铺路机。

日本侵占东北后，第一步就是夺取东北的经济命脉。

首先，在关东军的授意下，满铁开始全面霸占东北铁路及其他水陆交通设施。

1931 年 10 月 10 日，关东军向满铁发出了《关于铁路委任经营及新线建设的指示》，要求满铁抓住时机攫取东北各铁路的经营权，并着手修建日本觊觎已久的各条铁路。满铁遂即拼凑了伪东北交通委员会，作为东北铁路的新管理机构，接管并经营东北各铁路，派出两名理事和三名高级职员充任顾问进行操纵。

1932 年 2 月 25 日，关东军做出将东北铁路全部委托满铁经营的决定。3 月 10 日关东军司令官与满铁总裁签署了《关于满洲国政府的铁道、港湾及河川的经营及新建等事宜的协定》。关东军将伪满洲国的铁路、港口、河川包括附带事业委托满铁经营；委任满铁总裁为关东军最高顾问，委托业务主要负责人为关东军顾问。就在这个协定签订的当天，在关东军的威迫、利诱下，刚刚就任伪满洲国执政的溥仪在一纸卖国文契上签了字，将伪满洲国的国防及维持治安委托日本，其中第二项写道："敝国承认，贵国军队凡为国防上所必要，将已修铁路、港湾、水路、航空之管理并新路之布设均委诸贵国或贵国所指定之机关。"这就成了关东军攫取东北全部铁路、港湾、河川、航空等的管理及新建权的依据。除航空交由另行设立的满洲航空会社承担外，铁路、港口、水路及其附带的国有汽车等事业完全交给满铁经营，满铁则拿出一部分经营这种事业的利润，充作关东军的经费。

1932 年 4 月 11 日，日本政府通过《关于帝国对满蒙新国家的具体援助及指导之件》，决定"鉴于新国家的铁道及其他交通机关在帝国及新国家的国防及经济上的必要性，决定将其管理实权由我方把握"。同时，作为具体实行办法，通过了《关于满洲国铁道、港口、河川处理方针》。[①] 5 月 9 日，日本政府以"绝对机密"的指令批准了关东军和满铁的协定。

日伪为了掩人耳目、欺骗世人，又在 8 月 17 日，由关东军司令官和伪满洲国国务院总理签署了《满洲国铁路、港湾、水路、空路等管理及线路敷设管理协定》，作为关东军拥有伪满"国有"铁路、港湾、水路、空路等管理和敷设权的法律根据。1933 年 2 月 9 日，又由满铁和伪满洲国交通部签订了《满洲国铁道借款及委托经营契约》等一系列文件，完成了满铁霸占东北地区全部中国铁路所必需的法律手续。

日伪标榜铁路国有，将原东北交通委员会管理的中国铁路在伪满洲国国有的名义下一律交满铁经营。就这样，在东北的最大一笔中国财产，价值 6.3 亿余元的奉山、沈海、吉海、吉长、吉敦、呼海、齐克、洮昂、洮索及四洮 9 个铁路局管辖的 2 949.6 公里的铁路及其附属财产，包括 272 辆机车、354 辆客车、3 604 辆货车；皇姑屯、长春、松浦三家工厂；东北航务局、东北航运处、松黑两江邮船处、东北造船所、东北商业学校及其所有船舶 134 艘。此外，还有营口码头、葫芦岛港等。连同其收入被作为 1.3 亿余日元满铁贷款的抵押，全部进入满铁掌握之中。

1933 年 3 月 1 日，满铁开设铁路总局于沈阳，经营原来分属 9 个铁路局的中国铁路干线和支线共 18 条，总长 2 939 公里，称为"国线"（见表 1-2-1）。

表 1-2-1　满铁侵占东北铁路一览表

1933 年 3 月

路局名	路线名	区间	里程/公里
奉山路局	奉山铁路	奉天（沈阳）—山海关	419.6
	营口支线	沟帮子—营口	91.1
	北票支线	锦县—北票	112.6
	葫芦岛支线	连山—葫芦岛	13.2
	大通支线	大虎山—通辽	366.2
			（包括郑通支线）

---

① 参见日本外务省档案，W27，IMI149，第 41～43 页。

续表

路局名	路线名	区间	里程/公里
	货物营业线	奉天总站（沈阳北站）—皇姑屯	2.8
沈海路局	沈海铁路	沈阳—朝阳镇	447.4
			（包括吉海铁路）
	西安支线	梅河口—西安（辽源）	67.3
吉海路局	吉海铁路	吉林—朝阳镇	
四洮路局	四洮铁路	四平街—洮南	571.4
			（包括洮昂铁路）
	郑通支线	郑家屯—通辽	
洮昂路局	洮昂铁路	洮南—昂昂溪	
齐克路局	齐克铁路	齐齐哈尔—泰来	143.4
	讷河支线	宁年—拉哈	48.0
	中东支线	榆树屯—东昂昂溪	5.0
吉长路局	吉长铁路	吉林—长春	338.1
吉敦路局	吉敦铁路	吉林—敦化	
	奶子山支线	蛟河—奶子山	10.0
呼海路局	呼海铁路	新松浦—海伦	220.1

所有这些，名义上是伪满洲国的国有财产，实际上却归满铁支配，被利用来实现日本的国策，为日本垄断资本充当开路先锋。满铁经营这些铁路获得的利润，主要用来充当关东军所需经费。因此，这部分所谓国有财产，实质上是关东军的摇钱树。

满铁是一个日本国策公司，毫无疑问，这些铁路成为日本统治中国东北的经济基础，而伪满政权却无权过问国有铁路的经营，也不能从其经营弥补财政。因此，不能说它就是伪满政权的财政基础。我们不能将伪满政权同日本侵略者画等号，更不能将关东军、满铁及其他在东北的日本机构也一股脑儿归在伪满政权的旗号下。

在东北，除旅大租借地（日本称为关东州）外，不归伪满洲国政权管辖的地方还有关东军的驻地和日本驻满机关、满铁、朝鲜银行、横滨正金银行、东洋拓植会社以及在名义上属日满合办的满洲航空株式会社等。这些都属于日本政府管辖范围，伪满政权无权过问。除南满铁路及其附属地由满铁会社直接管理，伪满政权不能干涉之外，交通、通信、航空这些在军事上关系重大的部门也归关东军管理，即由日本直接掌握而不交给伪满政权。

第二节　侵占东北厂矿

关东军占领沈阳成立伪临时奉天市政府的同时，立即派人侵占了奉天的电灯厂、兵工厂、迫击炮厂、纺纱厂、火药厂等官方企业和东北电信管理处。原东北官营、官商合营以及有张学良、杨宇霆等人股金的工厂企业也被作为敌产没收。

在全中国也属规模空前的东三省兵工厂、著名的辽宁迫击炮厂等军事工业大厂；设备较新规模很大的北宁铁路皇姑屯工厂以及东北大学铁工厂、大亨铁工厂、华北机器厂等机械工业大厂，闻名的辽宁纺纱厂、辽宁被服厂、辽宁粮秣厂、纯益缫丝公司等官办或官商合办的轻工业大厂，以及肇新窑业、惠临火柴公司、八王寺汽水公司、东兴色染纺织公司等民族资本的大中型企业，还有东三省官银号造币厂等特殊企业，都被日本占领军接管。于是，日本在东北控制的工业部门就由轻工业扩展到军事、机械、建材等部门。

原东三省兵工厂被改名为奉天造兵所，并吸收大仓财阀和三井财阀的投资，扩大了规模。原辽宁迫击炮厂于 1934 年 3 月被改为同和汽车工业股份公司，装配汽车。原东北大学铁工厂被并入满铁皇姑屯工厂，1934 年毁于火。原大亨铁工厂被改组为满洲机器厂。原辽宁纺纱厂，被伪满政权接收，随后加入日本锺渊纺绩株式会社资本，变成所谓日"满"合办的奉天纺织厂。对大型民族资本企业肇新窑业厂，1932 年强行没收公司股本中张学良所有的 2 260 股出让给日本人。由日本人掌握管理大权。对八王寺汽水公司，在 1935 年没收原辽宁省储蓄会所有的 6 000 股股金，以日本控制的商工银行取而代之，派日本人主持营业。

日伪还以国有名义侵占了原东北矿务局所属的资本总额为 1 100 余万元的复州、八道壕、尾明山、阜新、西安、鹤立岗、北票七大煤矿，充作伪满政府的实物出资作价 800 万元，与满铁联合设立满洲炭矿株式会社。

以西安煤矿为例。1931 年 12 月初，关东军电召因在皇姑屯事件中炸死张作霖而被撤职的原关东军高级参谋河本大作，要他尽快接收西安煤矿，同时监视东边道握有 3 万兵力的于芷山的动静，进行诱降工作。

1932 年 1 月 1 日，河本大作携带伪奉天省长臧式毅的命令，在于芷山的协助下，强行接收了西安煤矿。1932 年 12 月，按原股本每百元以 60 元价收买了 12 名私有股东的全部股票。1933 年 5 月，满洲炭矿株式会社成立，河本大作就任理事长，西安煤矿划归满炭管辖。1933 年 8 月，又通过伪满矿山局夺取了包括附近 15 个矿区的开采权。①

类似情况还有满洲采金、满洲电业、满洲矿业开发等株式会社的设立。截至 1936 年 7 月，伪满洲国对新设特殊、准特殊公司的实物出资合计为 3 750 万元。

此外，还继承了奉天纺纱厂、本溪湖煤铁公司、穆棱煤矿公司、扎免采木公司、海敏采木公司、鸭绿江采木公司、开丰铁路、奉天商工银行等的官股 1 814 万元。三者合计为 5 564 万元。这些就成为工矿业中最早的伪满国家资本。控制这些资本的，首先是关东军特务部，1935 年移交伪满总务厅。

第三节　侵占东北金融机关

"九一八"事变后，日军在占领沈阳、长春、吉林等城市的同时，就抢占了东三省官银号、边业银行、吉林永衡官银钱号和辽宁省城四行号联合发行准备库、中国银行、交通银行等金融机构。强令停业，派兵把守，严加监视，切断了各行号与外界的联系，并大肆掠夺。其他金融机构的现款、基金也全被查封。

东三省官银号库存金条、边业银行大宗资产以及张学良寄存黄金七八千两和古董、刻丝、画等全被劫夺。不仅关东军动用了银行保存的财宝，而且，曾任伪沈阳市长的赵欣伯还利用职权侵吞了巨额财富，遭到关东军中某些人的追逼，不得不要求出任伪满洲国驻日公使躲到日本。于是，后来在 20 世纪 70 年代有了一场轰动一时的关于赵欣伯遗产的官司。

10 月 15 日关东军允许官银号及边业银行重新开业，并向东三省官银号、边业银行和吉林永衡官银钱号，派了监理官。

11 月 20 日，日军进占齐齐哈尔，黑龙江省官银号也落入日军之手，同样派了监理官。

伪满傀儡政权成立之后，首先，以政府名义接管了资本总额号称 4 000 万元的东三省官银号（合并四行号联合发行准备库）、吉林永衡官银钱号、黑龙江省官银号和张学良的边业银行。

第四节　侵占东北海关和专卖事业

在伪满的经济统制中，伪满的财政预算占有极其重要的地位，通过财政预算

---

① 安田勇造 . 掠夺西安煤炭资源//孙邦 . 经济掠夺 . 长春：吉林人民出版社，1993：345.

实行国民收入的再分配，将以关税、税收手段收集的民脂民膏用于维持伪满政权，镇压民众的反抗和发展日本需要的军需重工业。关于伪满财政预算的掠夺和剥削的本质，早就有人做了透彻的揭示。"所谓伪'满'的预算，实是在暴力压榨之下，东北民众被迫逐年为日人负担对于他们自己实行统治、镇压、剥削和掠夺的一种巨额的血腥经费。这样，则所谓伪'满'的预算，便蕴藏着两种意义：（一）伪'满'预算的负担者是我们东北的同胞，尤其是东北一般劳苦的同胞；（二）伪'满'预算的支出，完全开销在统治、镇压和剥削东北民众，以及掠夺东北的资源上面。"[①]

侵占海关，夺取关税

伪满政权初期的财政收入主要依靠关税和专卖。

关税本是东北财政收入的重要来源，对于海关，日本占领者采取了"第一步派日本顾问驻关，监察政务，第二步封锁税款，不准汇往上海，第三步武力驱逐中国各关员，第四步自1932年7月1日全体没收东三省的海关，归伪满洲国支配之下。"[②] 先后强占了大连、滨江（哈尔滨）、山海关（营口）、安东、珲春、延吉、奉天、大黑河等海关。1932年9月，声明将中国关内作为外国对待。1932年10月将海关改称税关。当年中国财政部声明，由于东北的海关被劫夺，我国因此损失3 900余万元的关税收入（见表1-2-2）。[③]

表1-2-2　伪满洲国的关税收入　　　　　伪满国币：千元

	1933 年	1935 年	1937 年
A 输入税	57 260	71 942	91 464
B 输出税	13 776	9 712	12 000
C 转口税	1 054	28	518
D 赈灾附加税	2 937	3 082	4 083
E 吨税	592	1 030	404
F 合计	75 619	85 794	108 469

资料来源：山本有造."满洲国"的研究.京都：京都大学人文科学研究所，1993：366.

盐税与专卖

盐税是东北四省的又一主要财源，日本占领东北之后，首先查封了中国的盐务机关。由伪满政权接管了原来东北黑龙江和吉林省的盐的专卖，替代原来的吉

---

① 陈彦之.伪满今年度预算的剖视.东北，1940，1（3）：16-17.

② 王维新.东北在我国经济上的价值.北平：外交月报社，1934：321.

③ 同②：321.

黑榷运局，在伪财政部内设榷运署，统管盐的收买、贩卖、搬运、缉私等一切专卖事务。作为盐的收购机关在营口设采运局，从营口、盖平、复县等地盐场收购盐并办理其运送事务。1934 年 7 月 1 日接收原由官银号经营的有关呼伦贝尔盐的一切权利，又在海拉尔新设榷运局，专门经办呼伦贝尔盐。作为贩卖机关，在各地有盐仓（38 处）及办事处（14 处）。作为零售机构有特许商的盐店（约5 000 户）。

盐税作为伪满洲国的主要财政来源之一，税率相当高。

1934 年 3 月 1 日盐价下调后，在各地的零售价格平均约为一担 12.50 日元。其构成为：盐的原价占 2%，各种运费占 12% 左右，盐税 45% 左右，专卖利润20% 左右，盐店费用及利润 21% 左右。比起盐的原价，盐税和利润真是高得惊人，而其负担主要是劳动人民特别是农民。伪满盐的专卖数量在 1934 年约 150万担，其售价约 1 700 万日元，其中 65% 以盐税和专卖利润的形式进入伪满洲国财政，12% 左右归于承担运输的满铁。可是，向日本出口的工业用盐，盐税却低得出奇，一担只收 0.05 日元，不到国内盐税的 1%。从 1931 年到 1936 年，单是盐税一项，总计即达 1 650 万日元以上，最多的 1932 年为 436.2 万日元，1936年度为 260 万日元。[①]

1935 年主要盐田的面积和产量如表 1-2-3 所示。

表 1-2-3　1935 年主要盐田的面积和产量

盐田名	面积/町步	产量/斤
营盖场	5 964	293 427 218
复县场	4 146	269 016 719
庄河场	2 382	33 847 520
锦县场	650	27 322 052
兴绥场	814	28 333 026
盘山场	687	8 568 299
总计	14 643	660 515 834

注：1 町步＝0.99 公顷。

盐田总面积 1.64 万町步，年产量约 6.6 亿斤，换算约 40 万吨。

其销路中主要者为官盐 13 100 万斤、商盐 20 100 万斤、输出盐 12 500 万斤、零盐 400 万斤、渔盐 180 万斤、工业盐 64 万斤。

①　松崎敏太郎．满洲产业经济论．丛文阁，1940：382-384.

鸦片专卖

鸦片专卖是日伪的又一项财政收入。伪满洲国的鸦片专卖造成了烟毒的泛滥，这种行径招致中国人民的非难和国际舆论的强烈谴责。当时苏联人就曾经揭露："满洲的广大土地被非法地播种了罂粟；鸦片和鸦片制品的秘密零售业异常地兴隆，采此业者，主要的还全是些日本人和高丽人。……1937 年从 1 月到 7 月在哈尔滨所发现的 1937 具路倒中，有 1485 具是受麻醉品毒害而死去的。在那时，中国国民政府正厉行对毒品的禁种禁吸政策，相反，日本侵略者却用尽各种方法奖励这种杀人的生产事业的发展。"①

受到国际舆论谴责的日本侵略者，为了掩饰其不齿于人类的丑行，也由于开始实行大规模的有计划的经济掠夺，以及即将实行征兵制度，需要强壮的劳动者，乃于 1937 年宣布"鸦片十年断禁"方针，宣称从 1938 年开始，在以后的 10 年中禁绝鸦片的吸食。还宣布伪公职人员、军人、学生绝对禁止吸食鸦片，否则开除公职、军籍、学籍等。

石油专卖

1934 年 11 月 14 日日伪宣布实行煤油专卖，1935 年 4 月付诸实施，美国亚细亚煤油公司及美国标准真空公司都相继被迫停业。当年 11 月 9 日英文北平时报"Peiping，Chronicle"的社论，就揭露："日本军阀的计划在于统制伪满全国的经济生活，使其在战时可成为日本之仓库、兵工厂和储粮所。"②

火柴专卖

"九一八"事变前，东北实行过火柴专卖制。"九一八"事变后，10 月 8 日，日本火柴业者出头召集同业会议，成立东北火柴联合维持会，从 12 月 1 日起，实行火柴公卖制度。所谓公卖，实即专卖的翻版，不过是把原来由中国地方政府控制和保护的制度，变成了由日本资本家操纵和控制罢了。按生产能力确定年产量中国 12 厂 70 万箱、瑞典系统 16 万箱、日本系统 14 万箱。而当时东北的年需要量不过在 35 万～40 万箱。结果是日本企业不断提高产量，迫使中国各厂降低产量。伪满又于 1936 年 12 月 24 日公布《火柴专卖法》，规定火柴的生产及进口，均由政府统一收购。对火柴的销售，由指定的代理店经营。同时，以各火柴厂为会员，组成满洲专卖火柴工业组合。由该组合控制原材料的分配和各厂生产比例的安排，以及产品的收购调拨等。

伪满各种专卖的决算收入如表 1-2-4 所示。

---

① 德金．论满洲现势．丘琴，译．反攻，1940，9（2）：16.
② 小默．日本在伪满之经济上备战．世界知识，1935，1（8）：364.

表 1-2-4　伪满各种专卖的决算收入

种类	年份					
	1931	1932	1933	1934	1935	1936
盐专卖	1 000	4 362	4 144	3 500	900	2 600
鸦片专卖	未	368	467	4 000	2 019	8 858
石油专卖	未	未	未	未	1 869	4 376
硝矿专卖	—	—	—	100	75	废
总计	1 000	4 730	4 611	7 600	4 863	15 834

注：（1）1935 年度为半年份。

（2）"未"为未实施，"废"为废止。

资料来源：松崎敏太郎. 满洲产业经济论. 丛文阁，1940：384-385.

第三章
满铁的交通和产业垄断

第一节　满铁的扩大与改组

从 1931 年日本占领东北到 1937 年满洲重工业株式会社成立，这一阶段可以说是满铁的黄金时代。满铁在关东军和伪满政权的支持下，不仅实现了对东北铁路的统一经营，而且通过投资伪满特殊公司和准特殊公司垄断了东北的重要工业和矿业部门，在其他经济部门也拥有极大的势力，掌握了东北的经济命脉。

满铁的地位

"九一八"事变后，关东军成为伪满洲国的太上皇，在东北地区军事上独自称霸，政治上可以随意操纵伪傀儡政权，但是在经济上处于垄断地位的却是满铁。关东军在东北实行经济统制，进行掠夺性的经济开发，建立军事重工业，不能不依靠满铁。满铁经济调查会委员长十河信二即曾致函关东军参谋长桥本虎之助，主张"满洲国的基础产业、需要扶植的国防产业和对整个经济组织有重大关系的事业、具有公共性质而又不作为日本或满洲国营的事业，原则上集中到代替国家的机关满铁手中，实行监理的统制，以收到实际的统制效果最为上策"。

满铁所炮制的一个文件中也说："事变后急剧且广泛的产业开发，众所周知是以铁路的新设、改良、铁、煤的增产为中心，围绕其他军需工业的建设而进行的。这些建设尽管其指导的意识形态色彩各异，而现实建设的行程，与其说是满铁起决定作用毋宁说是由于它的几乎全面地参加而完成的，这是任何人也否定不了的。"[1]

日本政府对满铁的监督机关即日本拓务省，也认为既然日本政府不可能直接出面经营东北的经济开发，而交给三井、三菱等资本家集团也会受到为资本家利

---

[1]　满铁调查部. 满洲五个年计划立案书类：第四编：第一卷　资金部门关系资料，1937：284.

益服务的指责，所以也主张："关于满洲的经济开发以满铁为中心是最合理的。"①

满铁的改组

事变后，关东军虽然在伪满洲国国有铁路、港口、河川的委托经营方面对满铁拥有监督权，然而对于满铁本身的固有业务则很少有发言权。日本政府是通过拓务省直接监督满铁的经营。为了控制满铁，从拓务省夺取对满铁的监督权就成为关东军的首要目标。1932 年 9 月 1 日，关东军司令部在其一个重要文件《关于实行日满经济统制的基本必要条件方面的意见》中，就有分解满铁和加以统治的意见："为了力求发展满洲的一般产业，满铁将来应根据业种适当地加以划分，以便于对它的统制。到上述划分之前，为了不陷入由满铁垄断的弊害，应由驻满日本最高统制机关加以适当统制。"② 这就是将分解满铁一事让诸日后，而将解决对满铁的监督权问题摆在首位。及至 1933 年 3 月 16 日，关东军特务部提出一份《满铁改组方案》，要求：将满铁经济调查会并入特务部，成为关东军的经济参谋部；将满铁改组为控股公司，称作满洲产业开发株式会社；将满铁属下企业及其直系或旁系公司中经营基本产业的公司，都作为满洲开发株式会社的子公司，并使之分别独立经营；经济参谋部不仅领导控股公司，而且直接领导各子公司。这个方案不仅要将满铁的监督权从拓务省手中夺过来，而且要将满铁对下属企业和子公司的监督管理职能转到关东军手里，将满铁架空，使它的任务仅限于筹集资金。

关东军要改组满铁的消息一经泄露，日本的政界和财界都大吃一惊，满铁的公司债立即滞销，同时满铁的股票价格开始下跌，日本对"满"投资出现危机。满铁社员会掀起一场反对满铁改组的运动，加之日本拓务省、大藏省、议会和日本商工会议所等各方的反对，关东军的这个改组方案遂被迫搁置下来。

遭到挫折的日本军部，一面修正其国家社会主义的形象，消除其不许财阀进入满洲的口号的影响，积极鼓励日本私人资本向东北直接投资；一面积极促进日本对满机构的改革。在军部的策动下，1934 年 9 月 14 日，日本冈田内阁决定，将日本驻"满"机构改为"二位一体制"，废除关东长官，在关东州设置州知事并置于驻满大使管辖之下；关东军司令官仍兼任驻满全权大使。对满铁、满洲电信电话会社、关东州和铁路附属地行政等的监督权赋予驻满大使。在驻满大使手下主持行政事务的行政事务局（关东局）局长由关东军参谋长兼任，行政事务

---

① 十河信二. 日满经济恳谈会特别委员会第一回会议概要追记//载经济调查会. 立案调查书类：第 1 编：第 1 卷 满洲经济统制政策，1935：592.

② 经济调查会. 立案调查书类：第 1 编：第 1 卷 满洲经济统制方案，1935：26.

局长属下的监理部长由关东军交通监督部长兼任，警务部长由关东军宪兵司令官兼任。于是，对满铁的监督权实质上就由拓务大臣转到关东军司令官手中。

1936 年 8 月，满铁实行机构大改革，其中最重要的变革是设立铁道总局、产业部和商事会社三事。新设铁道总局，实质上是将大连的铁道部和铁道建设局以及清津的北鲜铁道管理局并入奉天的铁路总局，实现关东军渴望已久的铁路一元化。将原有的经济调查会和计划部废除，将之与地方部的产业业务合并新设产业部，掌管关于产业的调查研究、产业扶助以及附带事业。其目的是在"满洲产业开发"上充当主要角色，并且积极向华北扩张。产业部的任务是：① 协助关东军和伪满洲国综合开发满洲经济，同时以其在满洲取得的经验和技术用于华北的开发；② 统制满铁内部各个产业机构；③ 作为经济调查委员会的主要支柱。

满铁强调其收益的重要性，满铁还向伪满政权隐瞒其收益的真实数字。

1936 年 8 月，经济调查会制定的《满洲产业开发永年计划企业对策（觉书）》中，关于满铁的地位和作用有如下描述：①

一、作为对满输入资本的主导管道，满铁的作用正益加重要，满铁的收益成为其担保。

二、国防的非经济的新线的维持、建设。

三、国防的非营利的重工业的维持、开发。

四、以上二者为眼前的重要国策，以此等为中心的广泛的培养、辅助政策的实行。

五、华北产业开发的任务。

六、在满洲社会经济机构中满铁的重要性是决定性的。

七、满铁营业的不振是动摇满洲社会经济机构的根本。

（一）满铁（包括总局）的附带事业及其关系公司（79 社）在满洲的矿、工、商、交通等的地位是决定性的。

（二）作为生产资料市场的满铁、作为消费资料市场的满铁的各个地位是决定性的。

（三）从而作为日本商品的市场，又作为满洲市场制品的市场，满铁是决定性的。

（四）并且作为综合性企业的满铁会社，其铁道事业、附带事业及关系公司，在经营上有着密不可分的关系。

---

① 南满洲铁道株式会社调查课. 满洲五个年计划立案书类：第一编：第二卷　满洲永年计划资料，1937：193-194.

第二节　从铁路总局到铁道总局

一、铁路总局

垄断伪满洲国的全部现代化地面交通，是"九一八"事变后满铁经营事业的主要特征。

1931年3月1日，满铁于沈阳设铁路总局，经营所谓伪满洲国国有全部已成和新建铁路、港口、水运及其所有附属事业。附属事业是指属于铁路、港口、水路经营的土地、矿山、学校、医院、旅馆、苗圃等，以及将来适合附属于主体事业经营的上项事业、汽车营业、小运搬业、仓库营业、林业等事业而言。满铁抽调了1000余名社员，并招收大批日本人组成了铁路总局的各级机构，接管了原有分属九个铁路局的中国自营铁路的干线和支线共18条，总长2939公里。

铁路总局为实现"国防及开拓"目标，在1934年4月1日，将原来的九个路局合并为新京、奉天、哈尔滨、洮南四个铁路局，并新设哈尔滨水运局统辖水运业务。在调整中，统一了规章、制度，从铁路总局成立到1934年12月，在铁路总局系统安插的日本人员工达6000余人，掌握了各级机构的实权。

1935年3月，满铁又接管了以伪满洲国名义收买的原中东铁路的干支线1732.4公里，连同新建铁路在内，铁路总局管辖的"国线"总长达8857.3公里，是满铁自有铁路即所谓"社线"营业里程的6倍多。

除铁路总局外，满铁还根据日本政府的指示，接受朝鲜总督府的委托，经营位于朝鲜北部的铁路和港口。1933年10月1日，在朝鲜清津开设了北鲜铁道管理局，经营"北鲜线"。在大连本社还有经营"社线"的满铁铁道部和负责新线建设的铁道建设局。

二、铁道总局

1936年10月，满铁将铁道部、铁路总局、北鲜铁道管理局和铁道建设局等机构合并为一体，在奉天设立了铁道总局，下辖五个铁道局和两个铁道事务所以及铁道学院和铁道研究所。各铁道局下又设有铁路监理所并辖有学校、医院、农场、工厂、苗圃、种畜场、警犬训练所、汽车管理所等。铁道总局管下还有哈尔滨林业所、哈尔滨造船所，皇姑屯、新京、松浦、齐齐哈尔、大连等地铁道工厂及北满经济调查所和输送委员会。

铁道总局统一经营铁路、国有公路汽车运输，北满水运和海港、河港。此外，还经营与水陆交通密切相关的仓库、旅馆业，并通过国际运输会社、大连都市交通会社、大连汽船会社等控制短途运输、城市公共交通和海运业。

三、运费改革

"九一八"事变后，虽然满铁已经消除了竞争对手，然而它原有"社线"的运费并无大的变化。在其经营的"国线"也沿用原有旧制。在农产品价格暴跌的情况下运费在其中占极大比重，加重了北满农村的衰退。一时对于运费的高昂，可以说是怨声载道。

由于大豆价格惨落，哈尔滨特别市道里商会、道外商会、哈尔滨日本商工会议所、黑龙江绥化县农会和黑龙江商会五个团体要求对商民疲敝实行救济，在向关东军司令部、参谋长、伪国务院、伪实业部、伪财政部提出的申请中，摆在第一位的就是要求降低运费。"北满的疲敝怎么说运费高也是第一原因，那么运费高到什么程度呢？如表所示，河豆从三姓经哈尔滨到大连的运费，四成是原价，六成是运费诸费。铁豆从泰安镇到大连的运费，原价约占三成，运费诸费占七成。"如表 1-3-1 所示。

表 1-3-1　以哈尔滨为中心各地市价和运费①

地名	市价	滞货数	1 普特运费
绥化	40 钱	750	12 钱（到哈尔滨）
海伦	30 钱	400	20 钱（到哈尔滨）
泰安	31.5 钱	1 250	61 钱（到大连）
克山	27 钱	400	64 钱（到大连）
富锦	31 钱	1 100	24 钱（到哈尔滨）
佳木斯	35 钱	900	20 钱（到哈尔滨）
三姓	39 钱	1 200	18 钱（到哈尔滨）

注：1 普特=16.38 公斤。

满铁的高运价政策，成为北满农村经济衰败的主要原因。特别是哈尔滨的农产品加工业尤其是油坊受到的打击最大。在关东军的要求下，为了刺激北满大豆的出口，满铁对齐齐哈尔以远的齐北线各站与哈尔滨以远的滨北线各站运往南满三港或北朝鲜三港的运费开始实行减价，并实施远距离递减制。

直到 1936 年 2 月，在各方面的压力下满铁对运费进行了一次全面改革。在"国线"实行统一运费制。修改远距离递减制，在"社线"扩大折扣率，在"国

---

① 井藤荣. 建设期满洲の经济方策，1934：21-22.

线"，将远距离递减制扩大至所有线路。修改海港发到特定运费，将北满地区发往大连与北鲜三港的货物运费普遍降低。又制定低廉的内地开发特定运费与中等数量托运的货物折扣运费。

满铁的这次运费改革对东北经济的影响极大。远距离递减制的施行，有利于日伪掠夺北满地区的农产品，对以哈尔滨为中心的北满民族工业则极为不利。1935 年，哈尔滨铁路局发送大豆到达哈尔滨市附近者为 11%。1936 年则降为 5%，同期到达北鲜三港者则由 4% 猛增为 32%。[①] 哈尔滨的油坊所需的原料大豆价格提高供应减少，竞争力大为削弱。面粉工业也是一样。因此，这一运费的施行使因"新线"铁路的建成已遭到打击的以哈尔滨为中心的北满经济圈更形瓦解，为日伪统治下的所谓"全满市场"开辟了道路。

内地开发特定运费对掠夺北部边远地区的资源起了重大作用。1935 年滨北线各站发送大豆为 25 万余吨，1936 年增为 42 万余吨，增加了 68%。北黑线南下的林产品在同期更由 0.8 万余吨激增为 7.1 万余吨。[②]

北满发到海港特定运费的施行，使得东北北部地区在很大程度上成为北鲜三港的背后地。1935 年拉滨线与滨绥线发送的大豆，分别只有 9% 与 16% 到达北鲜三港，而 1936 年则分别增加为 82% 与 81%。[③] 通过北鲜三港，东北北部地区在经济上直接同日本联系起来，加速了对经济掠夺的步伐，促进了"日满经济一体化"。

四、公路汽车运输

伪满将公路称为国道，1933 年 3 月公布国道局官制，由关东军特务部继承国道建设筹备事务，制订第一次实施计划。建设路线总计 9 883.2 公里，在 1935 年 11 月，竣工路线 6 674.4 公里，在建路线 1 696.7 公里，未着手路线 1 512.1 公里。[④] 这些都是着重"治安及国防"的军事及警备道路。

1933 年 1 月 31 日，满铁以公路运输同铁路经营有重大关系作为理由，向关东军司令官提出《关于经营汽车运输业问题》的申请，要求经营伪满洲国计划修筑的 6 万公里公路网中的总计约 2.5 万公里的特殊汽车路线。同时，关东军在军事运输上也需要满铁的协助，在铁路达不到的地方要求满铁并辟汽车路线。同年 3 月 20 日，满铁首先开通了北票到朝阳间 40 公里的第一条汽车运输路线。到

---

① 满铁产业部. 满洲经济年报：下，1937：318.
② 同①：322.
③ 同①：319~320.
④ 南满洲铁道株式会社经济调查会. 满洲五年计划立案书类：第四编：第一卷　资金部门关系资料，1937：447.

1933 年 9 月完成了关东军为进占热河而指定的任务。

1933 年 11 月 24 日关东军交通监督部长发给满铁总裁的《关于作为国线附带事业应使满铁经营的汽车运输事业的决定、统制、监督的手续之件》规定：①

一、汽车路线的决定，由军和交通部进行协议决定之。

二、军认为有必要作为国线附带事业经营者，由军通知交通部进行协议。

三、交通部认为有必要作为国线附带事业经营者，由交通部通知军进行协议。

四、作为国线附带事业委托给满铁经营的汽车事业的行政事项准据水运由交通部统制之。

五、前项经营事项由军代行之。

由满铁选定 25 000 公里作为特殊汽车路线。

伪满洲国交通部根据关东军的指示方针，将公路交通事业的经营主体分为国营与民营。即以治安、国防或在产业开发上的重要道路为路线者，可以代替铁道的干线路线，同已成铁路平行或添附路线、铁路预定线及其他国策上必要的路线作为国营，其他路线则作为民营经营。

国营路线使令满铁经营，其他委诸民间企业适用特许制度。

1933 年 11 月 28 日，关东军向满铁发出了《关于汽车运输营业的指令》，正式决定由满铁"经营国营汽车路线作为满洲国国有铁路的附属事业"。同时指令满铁经营安东至城子疃等 17 条国营汽车路线。②

国营路线由满铁铁路总局（铁道总局）经营，完全不计亏盈。

由于日伪主要着眼于军事运输，关于长途汽车事业的准据法令，起初只是援用中国的原有法令辅之以部令。1937 年 3 月才公布了汽车运输事业法。

到 1936 年 7 月，其汽车运行路线长度如下：

民营路线总长	4 423 公里
国营营业路线总长	4 874 公里
国营停运路线总长	954 公里
国营未开业路线总长	15 746 公里

在 1936 年 3 月东北共有汽车约 1 万辆（包括摩托车 1 200 辆），每年以 30%的速度递增。

---

① 南满洲铁道株式会社经济调查会．立案调查书类：第 14 编：第 4 卷：第 1 号　满洲特殊自动车交通事业方策，1937：36.

② 同①：37.

五、松黑水运

在东北境内作为交通网之一部的河川，有松花江、辽河及黑龙江三大河流，其中松花江在水运上的价值尤为重要。其支流有嫩江、呼兰河、牡丹江，所经区域，农产丰富，从哈尔滨以下，可容 1 000 吨轮船，实为交通经济的枢纽。

铁路总局成立后，接收了原东北航务局、东北江运处、东北造船所、东北商业学校、广信航业处、松黑两江邮航局等机关及其船舶、码头设施、工厂及附属于工厂的土地、建筑物、机械器具等所有设施。从此，以松花江为中心的北满河川水运事业即为满铁所控制。铁路总局纠集了哈尔滨民间船东 61 人组成哈尔滨航业联合会，统制北满的水上运输。

1935 年，满铁接收了中东路，在哈尔滨铁路局内设水运处。1936 年修改了航业联合会章程，强化了水运处的统治地位。这一年，联合会在松花江、黑龙江、嫩江、乌苏里江经营的航线达 13 条。1937 年 3 月 31 日拥有各种船只（包括客船、客货船、曳船、驳船、风船）共 317 艘、119 491 吨，其中官船 123 艘、47 311 吨，民船 194 艘、72 180 吨。[①]

第三节　军事铁路网的兴建

"九一八"事变后，关东军立即催促满铁加速实现其酝酿已久的铁路网计划。当年就有人指出："日本在满的交通敷设的军略上的作用是有三方面的：（一）使满洲与日本和朝鲜的交通得到捷径，俾从日鲜往满的军事运输神速；（二）建设交通网到苏联及外蒙的边界，以便将来对苏联作战；（三）延长满洲的交通网到'西蒙'的边界，以控制察绥。现在日本在满的铁路、汽车路及其他的交通设施，都是直接或间接向着这几方面进行的。"[②]

满铁按照关东军的指令，以修建伪满洲国国有铁路的形式，完成了其多年策划的"满蒙铁路网计划"。依据关东军司令官同满铁总裁的协定，第一次建设线为敦化—图们江线、拉法站—哈尔滨线、海伦线—克山；第二次建设线为通辽或锦县经赤峰至热河线、长春—大赉线、延吉—海林—依兰—佳木斯线。

满铁修建的第一批铁路是敦图路（敦化—图们江）、拉滨路（拉法—哈尔滨）和海克路（海伦—克山）。敦图路于 1933 年 2 月完成，同年 9 月正式营业。

① 佚名. 南满洲铁道株式会社第三次十年史：1256.
② 小默. 日本在伪满之经济上备战. 世界知识，1934，1（8）：366.

拉滨线于 1934 年竣工。至此，日本梦寐以求的日"满"最短路线遂得以实现。从此，日本可以用最快速度经日本海和朝鲜将军队直接运往哈尔滨，增强了日本在北满的军事存在。这不仅巩固了日本在北满的占领和统治，而且在哈尔滨截断了中东路，使中东路在军事上降低作用，在经济上受到包围。

1934 年 3 月 30 日的《纽约时报》曾引苏联新闻报的话，谓日本在满的铁路计划是有"火药气味"的。

海克线的修筑不仅将齐齐哈尔和哈尔滨连接起来，使满铁控制下的铁路形成循环路，而且由于该路通过谷仓地带，使这一地区出口的农作物完全由满铁吸收，对中东路是重大打击。

这三条铁路的开通，再加上满铁对北鲜铁路、港口的经营，极大地提高了日本掠夺北满和吉林东部丰富资源的能力，并有利于向北满倾销日货。

1933 年 12 月，关东军要求满铁修建总长 3 646.3 公里的第二次线和第三次线。这些铁路线除个别例外，在 1937 年"七七"事变前全部建成。

锦承线是满铁为配合关东军进犯热河，统治热河，由金岭寺通往承德的铁路，1936 年 6 月全线开通，不仅为掠夺热河资源打下了基础，还为日后修筑承古线，形成日本由东北进犯华北的第二条运兵路线创造了条件。1935 年 9 月建成的叶柏寿至赤峰的铁路则是为配合关东军进一步侵略内蒙古而铺设的。

根据关东军对苏联备战的要求，满铁还修建了齐北线（齐齐哈尔—北安）滨北线（哈尔滨—北安）和北黑线（北安—黑河），1935 年 11 月北黑线全线开通。该线的建成等于将南满铁路向北部边境延伸，形成南北纵贯的交通大动脉，对日本帝国主义掠夺东北资源和准备进犯苏联，具有重要意义。

图们经牡丹江至佳木斯的图佳线是南北纵贯"东满"地区的大干线。它的开通不仅对于日军在"东北满"边境地区修建军事基地有重大作用，而且拦腰截断中东路，使中东路在军事上丧失作用，在经济上损失巨大。此路由地形上说是穿过长白山地区到松花江平原，并进而深入小兴安岭的南段，其功用是席卷东北之东北部各地的资源，如长白山地和兴安山地的木材、鹤岗的煤炭、松花江平原号称"北满谷仓地带"的依兰等县的小麦等，均可利用此路运到吉会路转到罗津港。图佳线还是从日本寒带地区移民"东满"的捷径。

长春经大赉至白城子的铁路是吉会路向"西满"的延伸，该线又与白阿线连接形成横断东北中部通往蒙古的干线。四西线、梅通线、通辑线（通化—辑安）则连成通往朝鲜的第四条干线，又是西达内蒙古的东西横断铁路。这些铁路既是重要的军事铁路、运兵干线，又是掠夺沿线农林牧产品和矿产资源的经济掠夺干线。

满铁大力兴建新铁路线，为日本的扩大侵略和掠夺开辟了道路，也为日本土木建筑业者带来巨额利润，并为日本的重工业提供了发展的机会。反之，铁路的修筑却给东北人民带来巨大灾难。满铁以极低的价格强行收买农民赖以为生的土地，残酷地役使筑路工人。

新建铁路的开通，使农产品的流通途径发生变化，使哈尔滨的火磨、油坊等民族工业，因原料供应发生困难而遭到打击，以哈尔滨为中心的北满经济圈开始遭到破坏。另外，牡丹江市则从一个小集镇变为新兴城市，佳木斯也因水陆联运而发展为中心市场。

第四节　满铁的子公司及其产业垄断

一、满铁的关系公司

1931 年"九一八"事变后，直到 1937 年满洲重工业株式会社成立前，满铁参与了关东军在中国东北发展军事工业的一系列活动，包括起草计划、勘察、设计、施工、投产；从资金、人力直到技术，满铁是其主要承担者，为日本在东北军事工业的建立打下了基础。

这一阶段，全东北新设公司总共有 455 家。其中，满铁关系公司只有 29 家，然而这 29 家公司却占额定资本总额的 52.7%、实收资本总额的 54.4%。在这 29个公司中有 21 个是拥有统制特权的特殊、准特殊公司。这不仅说明它们规模之巨大，而且显示了其地位之重要。1937 年 3 月底，全东北共有满铁关系公司 67个，它们分布在金属冶炼、机械、化工、轻纺、建材、采煤、采金、海运、仓库、托运、公交、航空、邮电、电业、农林、金融、商业等各种部门，分别在其中占统治或优势地位。特别是其中的特殊公司和准特殊公司控制了工矿业等重要产业，同满铁直接经营的铁路、煤矿等一起垄断了东北经济的命脉。

从 1933 年到 1937 年 9 月单是满铁新设的工矿业关系公司就有 14 家，注册资本都在四五百万日元以上。如表 1-3-2 所示。

表 1-3-2　1933—1937 年满铁新设的工矿业关系公司

类别	公司名称	设立年月	注册资本/万元	满铁出资率/%
矿业	满洲炭矿	1934.5	8 000	50
	满洲采金	1934.5	1 200	41.7
	满洲铅矿	1935.6	400	50
	满洲矿业开发	1935.8	500	50

续表

类别	公司名称	设立年月	注册资本/万元	满铁出资率/%
准军需工业	昭和制钢所	1933年重设	10 000	100
	同和自动车工业	1934.5	620	46.7
	满洲电业	1934.11	9 000	50
	满洲轻金属制造	1936.11	2 500	56
基础化学工业 和原料工业	满洲化学工业	1933.5	2 500	51.7
	满洲石油工业	1934.2	1 000	25
	满洲盐业	1936.4	500	20
	满洲曹达	1936.5	800	25
	满洲合成燃料	1937.8	5 000	10
	满洲豆秆纸浆	1939.9	1 000	10

资料来源：满铁总裁室监理课．事变后设立セラレタル满铁关系会社概要，1937.

　　满铁作为日本的头号国策公司，本身就是超级特殊公司。伪满初期设立的许多特殊公司也多是以满铁和伪满政权为主吸收日本财阀资本设立的。因此，在1937年前，伪满的特殊公司多是满铁的关系公司，属于满铁资本系列。在19个特殊公司中满铁的关系公司占了13个，满铁投资额占这些公司实收资本总额的40%强，在10个准特殊公司中满铁关系公司占了8个，满铁投资额占这些公司实收资本总额的60%以上。[①]

　　满铁新设的这些特殊公司和准特殊公司都是所谓日满合办企业。这种合办和"九一八"事变前的中日合办根本不同，它是满铁与伪满政权国家资本的联合。在形式上，它是满铁出资金和技术，伪满政权出土地、厂房和矿权又吸收日本财阀资本或同行业资本所组成，满铁和伪满政权是它的大股东，而实质上，支配大权完全属于代表日本政府和军部的关东军以及听命于他们的伪满洲国的日系高官。伪满国家资本在名义上虽然属于伪满洲国财产，可是它并不归傀儡皇帝和汉奸大臣们支配，它的支配权掌握在关东军及其领导下的伪满洲国总务长官及实业部、产业部的日本人高级官吏和特殊公司首脑的手中，后者又多为日本退伍将官。在这些特殊公司中，满铁虽然占有大股东地位并通过其推荐的经理人员主持其经营，然而其权力已经受到相当的限制，因为这些公司同时要接受伪满政权（实质是关东军）的监督，服从伪满洲国的各种经济法令，主要为推行经济统制政策和变东北为侵略战争的基地服务。

---

　　① 满铁总裁室监理课．满铁关系会社调书，1940：6.

二、昭和制钢所的钢铁垄断

从 1916 年起，满铁就经营鞍山制铁所。1929 年又设立全额投资的子公司昭和制钢所，在朝鲜的新义州开始建厂。"九一八"事变后，日本为了在东北确立军需工业的基础工业，生产钢铁材料，需要在东北创办炼钢工业，于是在满铁的策动下，经日本陆、海军的同意，1932 年 12 月，日本政府确定了将制钢所改设鞍山的方针。并且决定以鞍山制铁所原有三座高炉年产 40 万吨铣铁为标准，安装昭和制钢所已准备的设备，施行铁钢连续生产，以达到年产钢坯 20 万吨、钢材 13.3 万吨和生铁 79 600 吨的目标。日本政府于 1933 年 4 月 12 日批准昭和制钢所开业，次日日本大藏大臣通知给予昭和制钢所向日本出口的钢铁以每吨 4 日元的奖励金。5 月 31 日，鞍山制铁所由满铁分离，6 月 1 日昭和制钢所宣告开业。

昭和制钢所开业后，即推行其炼钢计划。在继续炼铁的同时，集中全力建造各种炼钢设备。1935 年 1 月第三座高炉点火，同年 4 月 1 日炼钢厂与初轧厂开工生产，6 月 1 日各轧钢厂也投入生产。按预定计划实现了铁钢连续作业。到 1937 年年初，第四高炉（600 吨）从 5 月 7 日，两座 150 吨平炉及第二小型钢材厂从 7 月份开始投产，使昭和制钢所的生铁年产能力增加到 70 万吨，钢锭生产能力增加到 58 万吨。此外，它还有铁矿开采能力 311 万吨，石灰石开采能力 92 万吨，选矿设备能力 106 万吨，炼焦设备能力 72.5 万吨，以及生产硫氨、焦油、苯、萘、硫酸、润滑油的工厂和窑业设备。[①]

三、满洲炭矿株式会社的煤矿垄断

1933 年 3 月 12 日，关东军司令部通过《满洲煤业统制纲要案》，决定设立日满合办满洲炭矿株式会社（简称满炭），满洲炭矿会社资本定为 1 600 万元，由伪满洲国和满铁各出资半数。这个满洲炭矿会社设立后，直接经营复州、八道壕、尾明山、阜新各煤矿，同时参加经营鹤立岗、西安、北票各煤矿，逐步收买它们的股票，还要努力控制穆棱、密山、扎赉诺尔煤矿，新开发的重要煤矿区的矿业权也交给该社。总之，除满铁直属煤矿外，所有煤矿都要置于满洲炭矿会社统制之下。1934 年 5 月 6 日召开了满洲炭矿株式会社设立大会。从此以后，东北的煤矿就分为满铁和满炭两大系统。由于满铁是满炭的大股东，满炭的理事长和多数理事是满铁派出的，所以它也处在满铁的控制之下。当时抚顺煤占全满煤产量的 3/4，年产约 800 万吨，而满炭属下各矿年产煤仅 120 万吨。

---

① 苏崇民. 满铁史. 北京：中华书局，1990：662-663.

满炭一设立，即设立阜新矿业所，将孙家湾和新邱两矿纳入自己名下，并着手开发高德、太平、五龙和平安各矿区。1936 年 9 月和 11 月，又分别着手开发和龙煤矿和田师傅煤矿，1937 年 4 月收买北票煤矿，6 月收买鹤岗煤矿，7 月收买西安煤矿，使满炭系统煤炭产量逐年增加。1937 年全年产量已达 226.7 万吨，在煤炭总产量中的比重也逐年增大。

关东军特务部内设煤业统制委员会，除谋求与日本煤炭销售机构的联系外，还就出煤限度、销售区划、销售价格及根据煤质选择用途，做出决定。[①]

四、满洲电业株式会社的电力垄断

从 1932 年 3 月起，关东军特务部着手研究和制定处理东北电力的方案。经过与满铁的磋商，1933 年 6 月 7 日，关东军司令部通过了满洲电力事业合并方针，决定将日本方面的南满洲电气株式会社及其他主要电力事业和"满洲"方面的官厅、中央银行或公共团体的投资或经营的一切主要电力事业合并一起。对各地小电力事业则使合并公司投资进行统治，至于自家用电力，只限于不得已的情况。合并公司为日满合办的满洲国特殊公司，伪满洲国政府对合办公司的监督应与在满日本最高统治机关协议施行。将来新设电力事业使合并公司直接经营或使之进行统治。[②]

1934 年 11 月 1 日，伪满洲国法人满洲电业股份有限公司（后改称株式会社）宣告成立，简称电业，额定资本为 9 000 万元。满铁通过南满电气和营口水电掌控了电业资本的 65.7%。由于拥有巨大发电能力的抚顺煤矿、鞍山制铁所和本溪湖煤铁公司的自用发电站不在合并之列，所以电业的发电能力起初为 13.4 万千瓦，只占全部发电量的 34.5%，供给灯数为 152 万盏，占全东北的 47.9%。到 1936 年度下期，共有发电机 65 台，发电设备总容量已超过 20 万千瓦，半年的发电总量接近 3 亿度。

五、满洲采金株式会社的金矿垄断

1933 年 1 月 17 日，由满铁出资 60 万元，在关东军特务部下设满洲采金事业调查部，同年 5 月派出 6 个调查班，调查各地金矿埋藏情况。

1933 年 10 月 31 日，关东军特务部制定了《满洲采金会社设立纲要》，决定设立日满合办的满洲采金株式会社，开发东北的砂金和金矿。该社于 1934 年 5 月 15 日成立，是伪满洲国特殊法人，设立资本定为伪币 1 200 万元，其中伪满

---

① 满铁经济调查会. 立案调查书类：第 5 编：第 6 卷：第 2 号 满洲炭矿株式会社设立方策，1936：11.
② 满铁经济调查会. 立案调查书类：第 6 编：第 18 卷 满洲电气事业及瓦斯事业方策，1935：21-22.

政权 500 万元、满铁 500 万元、东拓等 200 万元。伪满政权将特别国有矿区内的国有金矿区的矿业权全部给予该社。该社须接受伪满政权的严格监督，而执行监督必须事先同关东军协商，实质上该社的生产和经营完全在关东军的直接监督下，生产的黄金完全交售给伪满洲国中央银行，作为日币和伪满国币的黄金储备，是关东军购置军火设备的重要外汇来源。1936 年度经办的金量已上升到 970 万元（3 444 205 克）进入正规经营。"其所以取得如此良好成绩，是由于直营矿区的小石头作业所、依桦勃金矿局和观都金矿局的产金增加，和对逢源、八车力、兴安等承包矿区有效的管制。"①

六、满洲轻金属制造株式会社

东北拥有优质的矾土页岩，满铁曾利用它进行生产金属铝的试验。1932 年 10 月 9 日关东军要求满铁利用烟台（今辽阳市灯塔乡）所产矾土页岩，在奉天附近筹办企业，进行半工业性质的试验。② 满铁经过试验，制订了年产 4 000 吨铝的计划送交关东军，关东军于 1936 年 5 月 1 日制定了《满洲轻金属制造株式会社设立纲要》，并着手创立。同年 11 月 2 日，由伪满洲国发布了《满洲轻金属制造株式会社法》，同月 10 日设立了额定资本 2 500 万日元（实收 1/4）的会社。其中满铁投资占 56%，为最大股东，掌管该社经营，奠定了制铝工业的基础。

该社总店设在抚顺县望化村小瓢屯。该社有免除铝的出口税、原料开采不受妨害、租矿费低廉等特权。

七、同和自动车工业株式会社的汽车垄断

为了在东北统制汽车市场，促进日本国产汽车的发展，排挤欧美汽车。关东军于 1933 年 11 月 11 日制定了《日满自动车会社设立纲要方案》，决定设立以装配、销售和修理日本国产汽车以及制造车体为主要业务的汽车公司。结果，在关东军主持下，以原迫击炮厂的土地、房屋作价 20 万日元，充作伪满政权的实物投资，由满铁投资 290 万元，日本 7 家汽车制造商投资 310 万元，于 1934 年 3 月 26 日设立同和自动车工业株式会社。该社为日满合办的伪满洲国特殊法人，受到特别保护，占据垄断地位并享受各种优待，同时接受关东军和伪满洲国的监督。该社计划平均每年装配汽车 800 辆，修理 2 000 辆，在奉天设总店和工厂，在新京、哈尔滨和齐齐哈尔设分店和修理工厂。该社在战时有按指定价格交售军

---

① 满铁总裁室监理课．事变后设立セラレタル满铁关系会社概要：111.
② 满铁经济调查会．立案调查书类：第 6 编：第 1 卷　满洲工业开发方案的总括，1935：124−130.

车的义务。①

八、满洲航空株式会社的航空垄断

日本出于侵略中国的野心，早就企图染指东北的航空事业，攫取东北的航空权，在"九一八"事变前，一直未能得逞。"九一八"事变后，日本就迫不及待地在东北办起了航空事业。

1932 年 8 月 12 日，日本政府做出《关于满洲航空之件》的阁议决定，将侵略意图暴露无遗并载明了其具体措施。内容如下：

帝国政府素来认为获得满蒙的航空权乃是急务。昭和五年 11 月 18 日阁议决定关于本件开始同中国方面当局交涉。据此，再三以张学良政权为对象，关于设立日满合办航空会社问题进行交涉，终于未能实现，以至于去年 9 月的满洲事变。事变后，帝国政府在去年 11 月 11 日阁议上，决定为确立获得在满蒙的航空权的基础，并使关东军所属部队相互联系确实起见，在军联系的名义下暂先使日本航空株式会社在大连、奉天、长春间及京城、平壤、奉天间开始定期航行。自那以来，按军事飞行的名义以应付当前的要求。随满洲国的出现，在四周状况进展对我方有利的今日，认为将上项军事飞行向常设事业机关交接以赋之于恒久性是紧要的。

满蒙的航空经营在完成欧亚联络航空、产业开发、对中国本部获得航空权的准备等帝国航空政策的推行上有所帮助，在这种考虑下期其无憾当然是必要的，同时，鉴于满蒙的特殊位置和形势，必须以吻合国防上的要求为最大的方针。从而将上列事业机关置于帝国政府的完全的指导监督之下进行经营是绝对必要的。同时，鉴于对满对外关系，将之作为满洲国法人的日满合办会社，将其实质性的指导并监督权由我方把握为适当。又，本航空事业，鉴于其本来的使命，将来可以预期更加扩大，因而有必要使其尽量容易并迅速实现。此际决定作为补助金，暂时由满洲国政府和满铁支给，开始其事业。

计开

使满洲的航空事业吻合帝国国防上的要求，作为设施及经营的根本方针，并有助于帝国航空事业的进展及满洲国的经济发展。

一、满洲的航空事业组织日满合办株式会社（以下暂称满洲航空会社）担任其设施及经营。

二、满洲航空会社的资本金暂定 350 万日元，其预定出资区分如下，暂不分红。

---

① 满铁总裁室监理课．事变后设立セラレタル满铁关系会社概要：75-85.

满洲国政府　　　　　　100 万日元

（机场、着陆场等实物出资）

满铁　　　　　　　　　150 万日元

民间　　　　　　　　　100 万日元

三、为补助满洲航空会社收入的不足，需要补助金，预定支出区分如下：

满洲国政府

大同元年　　　　　　　银 40 万元

大同二年　　　　　　　银 100 万元

大同三年　　　　　　　银 140 万元

大同四年以后　　　　　银 170 万元

南满洲铁道株式会社

昭和七年度　　　　　　50 万日元

昭和七年至昭和十六年度的 9 年中间，在无其他办法时，每年 50 万日元。

四、满洲航空株式会社的指导监督及有事之际的管理权，使满洲国政府委托驻满帝国最高机关（过渡期为关东军司令官）。①

---

① 参见日本外务省档案，W27，IMT149，88-92.

第四章
伪满洲中央银行与金融统制

第一节　关东军与伪满币制的选定

伪满的货币本位问题

"九一八"事变前，东北货币种类繁多。除"四行号"、机关、团体、银炉发行货币外，较大商号也自由发行私帖，还有外国货币混杂流通。币种之复杂，流通区域之割据，对于日本帝国主义在东北建立殖民地金融体制、输出资本、发展贸易、掠夺财富，都是不利的。因此，除铁路之外，关东军首先抓了统一币制的问题。决定发行伪币，收兑原有各种货币。

为了统一货币，首先需要解决货币本位问题。东北的货币制度原本是银本位制，日本则实行金本位制。为了更有效地统治殖民地，在日本殖民统治者内部，曾就伪满洲国究竟应该实行什么样的货币本位问题进行过相当激烈的争论。以土方成美（原帝大教授）、木村增太郎（法政大学教授）为代表的日本经济学家以及朝鲜银行的首脑主张实行金本位制。其理由是：继续沿袭银本位，会妨碍日本的对满投资和资源开发，为确保日本在满权益，以金本位统一是有利的。而以满铁理事首藤正寿为首的在东北工作多年的谋士们则主张实行银本位，其理由是："第一，满洲经济同华北的以银为基础的货币经济有密切联系，同时，不能忽视满洲民众对银有着根深蒂固的执着和希冀。第二，为统一紊乱的通货，对在满洲自古以来一直惯用的银本位，照旧承袭，不仅可以防止由于统一通货引起的经济不稳，而且可以使给予民心安定上的坏影响止于最小限度。"[1] 他们特别重视1929 年在大连交易所曾经在特产交易上一度强行实施金本位，结果是有名无实，不可能排除银本位的教训。

---

① 满洲经济研究会．满洲国经济十年史．大学书房版，1943：24-25.

1932 年 1 月 27 日，由首藤正寿起草了《关于满洲货币及金融的意见书》上报关东军司令官和日本大藏大臣高桥是清，以此为基础统治部制定了决定草案《货币及金融制度方针案》。这个方案在 1932 年 2 月 5 日获得通过。这是一个向金本位制过渡的方案。它主张："鉴于现状，立即实行金本位制是困难且危险的，因而要等到新政权能确实运用其职能且财政基础稳定时实施。作为过渡期的政策是以现大洋票为法货，以此为基准设定收回旧纸币的比率，实行旧纸币的整理统一。"在同时通过的《货币及金融制度方针案理由书》中，列举了不应立即实行金本位制的理由，结论是"即时实行金本位会破坏在满民众经济，引起财界的混乱。"①"统治部的方针，一言以蔽之，是以满洲建国之日为目标，设立满洲中央银行。在国外适应对上海的汇兑，在国内实行限制兑换，维持法币通货价值，同时采用银块本位制，用现大洋票强行币制统一的方案。"②

不过事情并未就此结束。金本位论的主唱者是关东军顾问朝鲜银行副总裁铃木穆。在他的主持下，同年 4 月 3 日，又由特务部第一委员会提出了《关于实现日满币制统一的纲要案》。其主张是"货币的单位称为圆，一圆同日本金币一圆等价"，要求发令后三个月实施。理由为"诱引我国资本促其活动的最大障碍是两国通货制度的不同"。因此，决定断然实行既定方针，以"除去日满经济联系上的最大障碍"③。这个由铃木穆主持制定的方案在 4 月 8 日特务部联合委员会上遭到伪满洲国方面的星野、竹内两个司长和满铁经济调查会代表的强烈反对。他们认为日本资本对满投资的减少，不单是本位制的问题，必须考虑当时的萧条等普遍的经济形势。结果，这个方案被束之高阁。

同年 6 月 29 日，关东军避开伪满方面的当事人，又召开了特务部联合研究会，按铃木穆和参谋长小矶国昭的旨意通过了《关于实现日满币制统一之件》。这个决定随即遭到伪满政权、伪中央银行的当事人和日本银行、日本大藏省的强烈反对。特别是日本大藏大臣高桥是清坚决主张维持银本位制。

他们认为将货币制度视为日本投资的最大障碍是大错特错，"资本不去满洲是因为事变后各种情况混沌，企业核算不确实"，"现在不是可以实行日满币制统一之时"④。铃木穆不久病死，这场争论遂告结束。

总之，伪满洲国应当采取什么货币本位，完全是以日本的利益为依归。参加制定货币金融政策的是清一色的日本人，有日本军部、关东军的军人、老牌侵略机构满铁会社和朝鲜银行的高级职员、日本的经济学家、日本大藏省、日本银

---

①　满铁经济调查会.立案调查书类：第 25 编：第 1 卷：第 1 号　满洲通货金融方策，1936：250-263.

②　满洲史研究会.日本帝国主义下的满洲.御茶的水书房，1970：164.

③　满铁经济调查会.立案调查书类：第 25 编：第 7 卷：第 1 号：续　满洲通货金融方策：509-514.

④　同③：589-594.

行、日本财界的代表人物和日本派到伪满的高级官吏。不论是主张金本位还是银本位，都是从日本的殖民统治、日本的经济利益、日本垄断资本的要求出发的。像这样经济政策上的重大决策，完全由日本人一手包办，根本没有中国人哪怕是形式上的参与。

伪满的货币制度是一个强加在东北人民头上的，以巩固日本的殖民统治、服务于日本的经济掠夺需要、压榨东北人民和掠夺东北财富为目的的货币制度。

第二节　伪满洲中央银行

一、伪满洲中央银行的设立

关东军占领东北后，立即策划建立金融统制中心。从 1932 年 1 月起，关东军统治部就着手中央银行的设立和币制统一方案的起草工作。同年 1 月 15 日到同月 20 日，在奉天大和旅馆召开了咨询会议。2 月 5 日决定货币及金融制度方针纲要，据此，制定货币法、中央银行法及其他相关法规。

1932 年 2 月，统治部改称特务部，没收边业银行，解散辽宁省城四行号联合准备库，迈出合并四行号设立伪满洲中央银行的第一步。

3 月 15 日，在长春召开了中央银行创立准备会议。决定设立满洲中央银行，合并各官银号以及边业银行。议定了货币法、满洲中央银行法、同组织办法、旧货币整理办法和定款草案。"5 月 6 日，满洲国从朝鲜银行借款 2 000 万元成立。这本来是朝鲜银行从三井、三菱借入的，再将它借给满洲国政府，该政府又将它贷给中央银行，中央银行将它转入准备金。"①

6 月 6 日，伪满国务院通过《货币法》《满洲中央银行法》及其组织办法，11 日公布。伪满洲中央银行 7 月 1 日开始对外营业。

伪满洲中央银行是在日本关东军统治部一手策划下，由满铁、朝鲜银行、正金银行的金融专家参加，利用东北原有金融机构的资金、财产、设备、人员拼凑和炮制出来的。

伪满洲中央银行是伪满洲国的"国家银行"，它是在政治上、经济上、组织上完全依附于日本帝国主义的殖民地银行，是日本掠夺我国东北物资资源、盘剥东北人民、谋取最大限度利润、支持侵略战争的工具。它的殖民地银行性质和职能作用，集中表现在以下几个方面：

---

① 枥仓正一. 满洲中央银行十年史，1942：72.

（1）伪行接受日本关东军的全面控制。它为关东军提供军费和筹措军需物资，是日本帝国主义执行侵略政策和战争政策的御用工具。

（2）日本银行在伪行内设有参事室，名曰办理日本国库业务，实为监督该行的行动。伪行在日本东京设有办事机构，资金不足即向日本银行无限制透支。伪行实际上是日本银行设在我国东北的特殊分支机构。

（3）伪行执行的方针政策，都直接或间接取决于日本大藏省。它按照日本银行的旨意，实行严厉的货币、信用管理，统制金融。通过推行日伪"货币一元化""金融汇兑一元化"，为日本垄断财团输出资本，建立殖民地经济体制铺平道路。

（4）伪行是伪满傀儡政权的金融机关。它参与伪政权反动经济金融方针、政策和掠夺计划的制订；它垄断货币的制造和发行，独占我国东北金融市场。

（5）采取强制措施，摧残、兼并我民族资本，全面控制经济金融，扶植垄断企业，支持侵略战争。

（6）伪行的组织机构、主要职位的人选，完全受日本大藏省及关东军控制。该行的正、副总裁实行日本人和中国人轮换制，实际上是日本人独揽大权。

伪行成立初期，资本金定为伪币 3 000 万元，将接收的各银行核价为实缴 750 万元。又通过朝鲜银行向三井及三菱银行借入 2 000 万日元作为发行伪满国币的准备金。可见，其从开始设立就依附于日本金融资本。

伪行的总行设于新京，在沈阳、吉林、齐齐哈尔、哈尔滨设分行，在县以上城镇设支行、办事处。开业当时总分支行处共 128 个单位，机构遍及全东北。

二、大兴公司的设立及副业的处理

伪满洲中央银行设立时，还继承了旧官银号的附业，共有总店 63 家，分店 70 处，投资总额共 3 800 余万元，其从业员也有 5 500 人之多。其中，首先是大粮栈 24 家，投资 1 700 余万元，收购全满大豆总上市量的大半，当年经办量超过 200 万吨，占首要地位。其次是当铺，有 22 家投资 550 余万元。此外，还有估衣铺（指出售旧衣的铺子）、钱铺、杂货买卖业、运送业、代理业、印刷业、电气、自来水、制粉业、制糖业、制盐业、林业、矿业、毛皮贸易、制丝、布业、原油、酿造业、烧锅、油坊、航运业等涉及 22 种行业。[①]

满洲中央银行设置中央实业局，作为附业的统制机构，对于这些附业分别作了处理。首先是为了日本大特产商人的利益，将附属的粮栈全部关闭不再经营。其次，是同年 7 月 1 日，将附业中的当铺、酿造业、油坊、杂货、代理业等独立

---

① 满洲帝国政府．满洲建国十年史：507-508.

营业，设立大兴股份有限公司，资本 600 万元，全额缴齐，成为伪满洲国盘剥劳动人民的主要金融机构之一。

大兴公司创业时的营业种类及店数如表 1-4-1 所示。

表 1-4-1　大兴公司创业时的营业种类及店数①

业　　种	总柜	分柜	合计
当业	29	21	50
当业、烧锅兼营	2	4	6
当业、烧锅、油坊、杂货兼营	1	0	1
当业、杂货兼营	1	0	1
啤酒、烧锅兼营	1	1	2
油坊、代理业兼营	1	1	2
钱庄、特产代理业兼营	1	0	1
运送、代理业兼营	1	0	1
钱庄、杂货、代理业兼营	1	0	1
合计	38	27	65

"大体到康德元年末，将钱庄兼特产代理业、运送兼特产代理业、烧锅、杂货业等加以整顿，逐步倾注主力于当业。……当铺逐年扩充，在康德三年末全满有 91 处 184 店的营业所。创业三年有半，营业所数达三倍强。随之贷放额也逐年增加，创业三年最高，当款余额倍增。"②

在 8 月末将特产物处理完毕，粮栈全部关闭，中央实业局自然结束。还有 16 店移归投资课管理。"其中的各地电灯厂，其后基于满洲国的电业统制，逐步合并于其统制圈内。又制粉业为后来设立的日满制粉株式会社所收买。吉林自来水向吉林市公署、盐碱厂向榷运局分别移管。又库玛金厂向满洲采金会社、广信航业处向哈尔滨航业联合局交接。"③

除了当铺被一再扩大之外，其他事业都被摧残肢解，扫除了日本资本扩张的一大障碍。

三、颁布《货币法》强行收缴原有各种货币

1932 年 6 月，伪满政权颁布了《货币法》，规定"货币的制造及发行权属于

---

①　枥仓正一．满洲中央银行十年史，1942：123.

②　同①：123.

③　同①：122.

政府，使满洲中央银行行使之"，同时规定"以纯银的重量 23.91 克为价格单位，称为圆"，设定货币基准。"满洲中央银行对纸币发行量须保有相当于三成以上的银块、金块、可靠的外国通货或在外国银行的金银存款"，采用了准备金制度。这期间发生的变化是将"初期的银块汇兑本位制度，变为银汇兑管理通货制度。"[1] 还规定限期收缴原有各种货币并禁止流通，以伪满币代替之。

日伪统一和收缴货币的过程，是盘剥中国人民，掠夺财富的过程。

伪满大同元年（1932 年）6 月 28 日第 3 号财政部令规定的新旧货币兑换率如下：

（1）东三省官银号发行的兑换券（不包括天津券）　新货币 1 元 = 1 元
（2）边业银行发行的兑换券　　　　　　　　　　　新货币 1 元 = 1 元
（3）辽宁四行号联合发行准备库发行的兑换券　　　新货币 1 元 = 1 元
（4）东三省官银号发行的汇兑券　　　　　　　　　新货币 1 元 = 50 元
（5）公济平市钱号发行的铜元券　　　　　　　　　新货币 1 元 = 60 元
（6）东三省官银号发行的哈尔滨大洋票（有监理官印）

　　　　　　　　　　　　　　　　　　　　　　　新货币 1 元 = 1.25 元
（7）吉林永衡官银钱号发行的哈尔滨大洋票（有监理官印）

　　　　　　　　　　　　　　　　　　　　　　　新货币 1 元 = 1.25 元
（8）黑龙江省官银号发行的哈尔滨大洋票（有监理官印）

　　　　　　　　　　　　　　　　　　　　　　　新货币 1 元 = 1.25 元
（9）边业银行发行的哈尔滨大洋票（有监理官印）　新货币 1 元 = 1.25 元
（10）吉林永衡官银钱号发行的官帖　　　　　　　新货币 1 元 = 500 吊
（11）吉林永衡官银钱号发行的小洋票　　　　　　新货币 1 元 = 50 元
（12）吉林永衡官银钱号发行的大洋票　　　　　　新货币 1 元 = 1.30 元
（13）黑龙江省官银号发行的官帖　　　　　　　　新货币 1 元 = 1 680 吊
（14）黑龙江省官银号发行的四厘债券　　　　　　新货币 1 元 = 14 元
（15）黑龙江省官银号发行的大洋票　　　　　　　新货币 1 元 = 1.40 元

该令自同年 7 月 1 日起施行。

伪行在收缴"旧币"时，故意压低原有货币的兑价。当时，按时价是官帖 360 吊兑钞票 1 元，而钞票已内定与伪币等价流通。但是，所定兑换率竟是官帖 500 吊兑伪币 1 元，压低近 30%。其他各种原有货币的兑价也莫不如此，使人民蒙受重大损失。

当时，在伪满境内流通的旧通货有币种 15、券种 136，其发行量换算伪满国

---

[1]　满洲史研究会 . 日本帝国主义下の满洲 . 御茶の水书房，1970；166.

币约 14 200 余万元。到 1935 年（伪满康德二年）6 月末交换延期期满为止累计回收 13 820 万元，回收率为 97.2%（见表 1-4-2）。

表 1-4-2　伪满康德二年八月末旧纸币回收额如下　　　单位：千元

币种别	继承额	回收额	回收率
东三省现大洋	36 308	35 853	98.7%
哈现大洋	11 654	10 913	93.6%
汇兑券	18 993	18 517	97.5%
铜元票	1 146	554	48.3%
边业现大洋票	7 348	7 219	98.2%
哈大洋票	9 473	9 342	98.6%
吉林官帖	20 620	20 022	97.1%
吉大洋票	6 973	6 893	98.8%
吉小洋票	236	149	63.0%
哈大洋票	3 862	3 830	99.2%
江省官帖	4 867	4 628	95.1%
江省大洋票	11 914	11 604	97.4%
江省四厘债券	2 471	2 409	97.5%
哈大洋票	6 363	6 275	98.6%
总计	142 234	138 214	97.2%

资料来源：满洲经济研究会．满洲国经济十年史．大学书房版：30-31.

对于营口过炉银和安东镇平银采取了特殊办法。对于营口过炉银，于 1933 年 11 月下令停止流通，逼迫四家银炉（永茂号、世昌德号、公益银号、永惠兴号）停业，交由临时拼凑的过炉银整理委员会评价。再将四家银炉所有债权债务，按过炉银四两折合伪币一元的比价，交由新设的营口商业银行继承清理。在清理借贷中，以低的兑换比价兑换、清债捞取利益。对于安东镇平银，于 1933 年 4 月禁止其输出境外，并乘镇平银价猛跌之机，禁止其流通，由伪行以伪币 100 元兑换镇平银 70.2 两的比价，强行收兑，捞取了白银 500 余万两的利益。接着，停止了大、小银洋的流通，强行以 1 元伪币兑现大洋 1 元，90 元伪币兑现小洋 100 元的比价兑换。

四、两种货币制度并存及伪币同日元的等价操作

伪满洲中央银行不制造单位一元的银铸币，只发行不兑换的银行券，即以纸币作为无限制法定货币。所以，它只是一种不兑现的纸币制度。在 1932 年 9 月

10 日发行五角券，同年 11 月 10 日发行十元券，12 月 12 日发行一元券，1933 年 4 月 10 日发行百元券，6 月 1 日发行五元券，共计五种。为维持其银行券的价值，对外将其纸币价值同上海的银汇兑相联结，对内以现大洋的平价卖出作为稳定币值的手段。

伪满中央银行成立时继承的旧纸币额，换算伪满国币为 142 204 881 元，截至 1934 年 5 月末，已经回收 126 933 262 元。为了稳定伪币的价值，在开初几年，伪满中央银行采取了紧缩方针。从总体来看，从 1932 年 7 月起到 1934 年 5 月止，平均通货发行量有减少的倾向，如表 1-4-3 所示。

表 1-4-3　1932—1934 年伪满中央银行伪国币平均发行量　　单位：元

年　月	平均发行量
1932. 7	142 049 025
1932. 12	141 308 588
1933. 1	153 435 344
1933. 6	117 763 374
1933. 12	118 989 186
1934. 1	126 263 851
1934. 5	108 554 389

在此期间发行的铸币，截至 1934 年 5 月有 10 185 630 元，加上此数，仍可看出通货发行的紧缩政策。[①]

而与之并存的朝鲜银行则在东北大肆发行金票，使日本金票的流通量急剧增大。在 1932 年 7 月，伪满国币的发行额为 14 204.9 万元，朝鲜银行券的发行额不过 7 100 万元，而到了 1933 年 9 月，相对伪满国币的 11 800 万元，朝鲜银行券的发行额达 11 600 万元，超过了伪满国币的发行额。实际上是两种本位货币在流通。就这样，在东北实际上仍然存在两个中央银行和两种货币制度：一个是满洲中央银行及其银本位国币制度，另一个是朝鲜银行及其金本位的金票制度。

伪满国币对日元的比价波动很大。1932 年 7 月，平均伪国币 100 元兑换日元 72.60 元，1933 年 7 月以后伪国币价值高出日元，1934 年 10 月中旬伪国币 100 元兑换日元 122 元强。[②]造成这种情况的主要原因是美国的白银政策。1934 年 4 月起美国实行抬高银价政策，引起银价高涨，伪满中央银行随即停止现大洋的卖出，代之以卖出大连正金银行发行的钞票，"为维持国币市价，中央银行最

---

① 中西仁三. 满洲经济杂记. 京都：满洲修文馆，1944：4-6.
② 山本有造. "满洲国"の研究. 京都：京都大学人文科学研究所，1993：6-7.

常用的方法是用钞票（正金银行发行的银行券）回收国币，通过钞票维持国币同现大洋的等价。"[1] 由于作为银本位纸币的伪满国币价值上升，日本金票下跌，比价变动无常，对日本的投资、日"满"的贸易、日"满"集团的形成都很不利，货币比价的波动又赋予日"满"贸易以投机性，妨碍其正常发展，特别是担心将来银价下落带来的损失，使日本对满投资增加风险。因此，日本的一些经济学家要求：第一，降低伪国币的价值；第二，采用金本位制。

本来，伪满中央银行就是靠日元贷款设立的，它的银准备的大部分也是由金票和金存款构成，银不过占很小部分。于是，开始了伪国币同上海汇兑连锁制的分离，转向同日元连锁的工作。到了1935年，伪满国币兑日元的行情接近102～103元。同年7月，决定通货价值同银分离中止银币兑换，采取管理通货办法，同时进行伪币同日元等价的操作。1935年9月伪币与日元显示等价。终于在1935年11月4日，由伪满政权和日本政府发表了《关于维持日满通货等价的声明》，明确了伪满国币同日元连锁与日元等价的方针。"于兹，完成了满洲的编入'日元集团'"[2]，促进了"日满一体化"的进程。在等价操作阶段，伪中央银行在通货发行上是比较慎重的。1934—1937年，纸币增发不过17 900万元，其中大部分为回收朝鲜银行券。

在伪满元同日元实现等价之后，朝鲜银行券就成为伪满金融统制的累赘。1935年12月6日，伪满中央银行同朝鲜银行缔结业务协定，开始回收朝鲜银行发行的金票。1937年朝鲜银行从伪满洲国撤出，伪满中央银行才成为名副其实的中央银行。具有讽刺意义的是，在1934年以后反对同日元等价的恰恰是曾经积极主张金本位制的朝鲜银行。

五、打击并限制中资金融机构

日伪为了建立殖民地金融体系，独占东北金融，从伪中央银行建立伊始，即采取种种手段打击摧残东北原有的金融体制和金融机构。1933年11月9日，伪满公布《满洲国银行法》，同时以伪财政部令公布银行法施行法及关于外国银行法例。以"指导、诱掖民间银行，促进其发达"为借口，强行整顿私营行庄。

第一步，强令所有行庄在1934年6月末以前登记，经批准发给营业执照，方准继续营业，而对申请继续营业的169家银行（71行）、储蓄会和钱庄，给予营业许可的只有88家，不许可营业的59家，因合并而减少7家，不予受理的15家，有将近半数被强行砍掉（见表1-4-4）。

---

① 山本有造．"满洲国"的研究．京都：京都大学人文科学研究所，1993：244.

② 同①：225.

表 1-4-4　申请及许可的细目

	申请数	许可数
中国方面银行		
中国银行支店	13	13
交通银行支店	8	8
其他	8	2
合计	29	23
国内方面银行		
国内银行	12	12
储蓄会	4	2
钱铺	124	51
合计	140	65

资料来源:《满洲国经济十年史》第48页。

　　第二步,对已被批准营业的 88 家,又在资本构成和资本金额上严格限制。要求在一年内一律改组为股份公司,不准独资经营。并规定资本金不足 10 万元,实收资本不足半数者,不准营业,又砍掉了 27 家。结果,只余 61 家。

　　东北三省对关内的资金往来,向来都是由中国系统的银行行号办理,日伪为切断中国银行、交通银行等与关内总行的联系,使其脱离总行独立经营,在长春设中国银行、交通银行两个总管理处,进行严密控制,从此这项业务就只能由日本的正金、朝鲜银行承揽。"对中国系统银行的正常营业也严加限制。如:三五万元的存款要查明存户姓名、住址;每笔汇款要填写申请书,即或批了也要核减汇款额;每笔放款要经批准,并大大缩减数额等。1937 年日军还借口汇兑问题,诬陷中国银行吉林支行经理接济地下工作人员,派兵到银行查账。威胁要封闭吉林支行直至总行另派经理才作罢。"[①]

六、白银的走私出口

　　由于美国银价攀高,从 1933 年秋季起,伪满现银开始大量流出,到 1935 年 4 月左右,每月流出 400 万元到 1 000 万元,平均每月 600 万元。起源于 1933 年秋某银行将镇平银撤回朝鲜。随之现银的出口便盛行起来。伪满是禁止白银出口的,现银的流出全靠走私。起初走私的是镇平银,其次是小洋钱,后来是现大洋。走私是经过安东和图们,经过安东的占 90%(《大阪每日新闻》1934 年 4 月

---

①　谢恩立. 中国银行长春分行:1913—1948. 吉林金融史志,1988(1):22.

27 日）。有人看到从奉天到安东的火车的守车上满载成袋的银元。走私的现银，经由朝鲜运到日本，再向美国出口。从事走私的主要是七家日本商社，其中特别有力者为三家，还有约 20 家小商社。他们雇用朝鲜人从事现银的收买和走私。

1934 年度朝鲜向日本出口的白银为 496.3 万元，比 1933 年度的 34.3 万元多出 400 余万元，而朝鲜的白银产量不过 50 万～60 万元，估计这 400 万元的大部分都是从伪满走私过来的。① 据《大阪朝日新闻》1935 年 4 月 28 日报道，每日约有价值 60 万元的银块，巧妙地避过伪满安东税关和安东警察署的严密监视走私出去。又据《东京朝日新闻》5 月 2 日报道，仅只流向新义州经由日本输出美国的银块就达 200 万元。其中从关内向东北走私的估计占半数。所以，伪满洲国的现银流失额在 1 000 万元至 1 500 万元之间，估计民间收藏的现银大部流失。由于白银的走私，在安东和新义州的朝鲜人大约获得上百万元的搬运手续费，经营的钱庄获利更多，经手的日本和美国商社则获得莫大利益。②

值得注意的还有 1935 年的由华北向伪满的白银走私。走私的方向是由华北经伪满、日本运往美国。由于银的差价，"由天津或秦皇岛流入当地（山海关）的大洋通过兑换店运往奉天，再经大连或安东运往日本。当地的走私一日平均30 万元左右。最近为此目的新开设的兑换店有好几处。它的走私方法是由走私的专业者进行。专业者包括带枪的警戒班、担任观察的侦察班（前卫及后卫）、搬运班和负责同官宪联系的联络班等，是大体有 500 人左右的团体。货主在山海关将货卖给走私专业者，再在越过长城线的满洲国方面由他们手中买回。或按相反的程序。"③

显然，在关东军严密统治下的伪满洲国，如此巨大规模的猖狂走私活动，没有关东军的纵容和默许，是难以实现的。

---

①　佚名．东京银行通信录：94.
②　松崎敏太郎．满洲产业经济论．东京丛文阁，1940：60-64.
③　财政部．康德二年 2 月满支国境经济事情：92.

第五章
日本资本对东北的扩张

第一节　日本对伪满投资

满铁渠道和伪满洲国渠道

伪满洲国的成立为日本资本向东北的输出，大开方便之门，日本的投资骤然增加。

日本投放东北的资金首推满洲事件费。这是日本的军费开支，来源于日本国库。从1932年到1934年间，满洲事件费共达63 154.2万元。这显然是一笔巨额资金。不过所谓"满洲事件费"属于侵略军的军费开支，不属于资本输出即投资之列。它虽然能促进日本对东北的商品输出，增大资本家的利润，却不属于资本输出。

在此期间，日本对伪满洲国的投资，以满铁募集的公司债及收缴股金为主，伪满洲国的国债募集为辅。"除事变以前的满铁渠道之外，开辟了新的满洲国渠道。满洲国渠道中包含通过满洲中银及后来的满洲兴业银行的资金投放，而以满洲国国债的募集为主流。"①

满铁筹集的资金三年合计35 466.2万元。其中，股金缴纳12 200万元，公司债增加额度20 051.2万元。伪满洲国的借款和国债合计6 000万元。日本资本投入满洲的主要渠道仍然是满铁。资金的投向也以满铁经营的铁路运输业占压倒优势。

在关东军的不许财阀进入满洲的指导思想以及一行业一公司、限制利润的规定等实行国家垄断的阻碍下，一般私人资本的直接投资数量不大。"在一般资本

---

① 山本有造.""满洲国""の研究.京都：京都大学人文科学研究所，1993：217.

家看来，所谓国家统制，不过军部的代表名词。这是不利于资本家的，也就是说，这无异把资本家的宝贵资本，送给外行的军部去挥霍，去糟蹋。在锱铢必较的资本家，是不能容许这样的事情的。"[1]

从伪满洲国成立的 1932 年到 1936 年，日本的对伪满投资总额达 11.6 亿元。其中 60% 以上是通过满铁进行的（见表 1-5-1）。

自从 1933—1934 年发生流产的"满铁改组"事件之后，以满铁为导管流入的资金开始减少，满铁也为资金不足而苦恼。从 1936 年起，日本经济也几乎达到完全开工状态。为扩大生产力，对长期资金的需要紧迫，资本市场告急，满铁自身在资金筹措上出现困难，甚至不得不卖出部分所持关系公司的股份。

1936 年 8 月，日本广田内阁将支持对满投资列入七大国策。1937 年 2 月，日本政府对满事务局为了给满洲产业开发五年计划筹资，制定了《对满投资积极的助长方策纲要案》，目的在于排除伪满在日本发行有价证券时日本方面在金融上的障碍。"要使日本外汇管理法给予在满洲国全领域运用上的便益。使大藏省预金部、简易保险局等对这些公司（特殊公司）积极融资，采取必要措施。"[2]这一切都是为日本资本投资东北修桥铺路。

表 1-5-1　日本对伪满投资的渠道及其地位的演变

年度	投资会计/%	政府/%	满铁/%	其他会社/%
1932	97 203（100）	20 000（21）	65 000（67）	12 203（12）
1933	151 245（100）	30 000（20）	81 200（54）	40 045（26）
1934	271 675（100）	10 000（4）	166 000（61）	95 675（35）
1935	275 598（100）	71 400（19）	146 340（65）	60 858（16）
1936	262 995（100）	38 600（14）	133 205（51）	91 190（35）

资料来源：1971 年满洲国史编纂刊行会编著的《满洲国史各论》的第 489～490 页。

第二节　日本财阀扩大投资

"九一八"事变前后几年，日本国内投资领域缩小，三井物产、三井银行经常产生过剩资金，作为回避风险处理过剩资金的一种手段是对满铁的巨额投资。

---

[1]　韩幽桐．日寇对我东北经济榨取之强化．反攻，1939（5（6）、6（1））：20.

[2]　对满事务局．对满投资积极的助长方策纲要案二关スル第一四一部事务官会议议事录，1937（昭和十二年）.

三井物产是实行股份投资，1929 年、1932 年、1933 年三次投资总额达 400.1 万日元。当然，对三井物产来说，这种投资还有通过强化同满铁的关系，抓牢满铁这个大主顾以及巩固对抚顺煤的销售权等商业方面的考虑。三井银行对满铁的投资则是通过购买公司债实现的。该行购买满铁公司债始于第一次大战期间，而从 1927 年到 1933 年则集中进行，这一期间购入满铁公司债 2 800 万元。这不仅是回避风险处理过剩资金的办法，还有利于维护日本的高率利息。

"九一八"事变后，三井财阀对伪满的第一笔大额投资是同三菱财阀联合各出 1 000 万元作为贷款，用于伪满洲中央银行的设立。这是日本政府接到伪满政权的借款请求而向三井、三菱要求的。但是，借款不是由三井、三菱直接向伪满洲国提供而是通过朝鲜银行间接进行的。1932 年 4 月 30 日由三井合名、三菱合资同朝鲜银行缔结借款契约，二者各出 1 000 万元，提供给伪满洲国。这是一种迂回的投资。随后，在 1933 年 8 月又"顺应国策"认购了满洲电信电话株式会社（资本 5 000 万日元）股份面额 50 万元（缴纳 1/4）。接着，1935 年 12 月满洲拓植株式会社（资本 1 000 万元）设立时又出资其 1/6。1936 年满洲航空株式会社增资之际又出资 140 万元。所有这些，都属于国策性投资。"三井合名之向上列国策公司出资，虽说是具有来自政府的强制分摊的性质，但不限于此。因为是国策公司，给予了在一定期间的红利补偿等种种特殊保护，可以回避投资的风险，考虑到将来巩固在满洲的三井全体的事业的立脚点，获得对这些公司供给资材的权利，可以起到促进旗下公司特别是三井物产的利益，这些是响应出资的理由。"①

三井物产的在"满"投资，在 1934 年以前，除满铁相关投资外在 10 万日元以上的投资只有奉天造兵所和满洲化学工业两件。奉天造兵所是应军部的要求在 1932 年由三井物产和大仓商事联合设立的兵器制造公司。此事是日本陆军方面向奉平组合提议的，由陆军提供原奉天兵工厂的土地、房屋、机械器具等一切设备，由奉平组合的出资者投资，设立兵器制造公司。奉平组合本是由三井物产、大仓商事、高田商会联合经营钢铁和武器的组合。结果，是由三井物产和大仓商事各出 100 万元设立了株式会社奉天造兵所。② 要知道这正是在关东军标榜"不许财阀进入"伪满洲国的时期所发生的事，所以，有人指出："奉天造兵所的例子，说明在陆军（关东军）内部对财阀的态度是不同的，其主流同军部打出的幌子不同，从制造"满洲国"时起就有利用财阀经济力的意图。"③ 在这里，

---

① 中村政则. 日本の近代と资本主义：国际化と地域. 东京：东京大学出版会，1992：58.

② 同①：58.

③ 同①：58-59.

日本财阀和日本军阀携起手来，找到共同的利益。这也揭示了所谓关东军不许财阀进入满洲的虚伪性。表面上说的是一套，背地里做的又是一套。

三井物产在"满洲"的投资，从1934年起明显扩大，这一年，投资的公司有奉天制麻、满洲石油、日满制粉、满洲大豆工业和满洲制糖五个株式会社。这是由于关东军和伪满洲国已放弃了"不许财阀进入"的幌子而极力招徕日本资本家投资的结果，何况参与特殊法人的经营投资的风险小并有利于维护原有的利益，确保原材料、资材的供给和产品的销售权。

不过，直到1937年前，三井物产的投资主要还是在轻工业部门。例外的是水泥工业。因为日本国内实行水泥生产统制，三井的傍系公司小野田水泥遂向"满洲"发展，1935年5月和三井物产联合设立满洲小野田水泥（资本500万元）。随后，三井物产又同满洲小野田水泥联合出资设立哈尔滨水泥，目的在于垄断伪满的水泥市场。

本来是对满铁集中投资的三井直系金融机关，三井银行、三井信托、三井生命，从1933年开始扩大对"满洲"的投资。三井银行到1936年为止购买了昭和制钢所公司债和伪满洲国铁道公债。三井信托则以1933年决定购买100万元大连汽船公司债为开端，到1936年为止，投资有大连汽船公司债500万元、满铁公司债201万元、伪满洲国国债150万元和北满铁道公债260万元。三井生命到1935年只有满铁公司债和股份75万元，数额不大。1936年对满铁的投资增加50万元而且购买了满洲生命保险、满洲电业、南满瓦斯和满洲化学工业四个公司的股份，虽说都不超过20万元却为以后扩大投资打下了基础。三井系统"将投资对象扩大到满铁以外的国策公司是起因于满铁公司债利息率的低下。三井银行从1935年到1938年卖掉满铁公司债约2 300万元，三井物产也从1933年到1937年放出约420万元的全部满铁股份。"①

如同三井财阀一样，三菱、住友等财阀也加强了它们对满洲的投资，不过也多为购买满铁股份或公司债以及伪满洲国公债、特殊公司债等迂回曲折的形式。

第三节　日本工业资本在东北的扩张

日资纺织工业的发展

"九一八"事变后，原来萎靡不振的各种日资工业企业，像注射了兴奋剂一样，活跃起来。

---

① 中村政则. 日本の近代と資本主義：国際化と地域. 东京：东京大学出版会，1992：60-61.

首先，在纺织工业方面，原属奉系军阀资本的辽宁纺纱厂被伪满政权接收，随后由日本钟纺资本参加，成为钟纺系统的日"满"合办奉天纺纱厂。到 1937 年该厂实收资本增至 4 171 千元。

1933 年由民族资本设立的营口纺织会社（资本 100 万元），因朝鲜纺的参加而改组，1937 年实收资本 800 万元成为最大的纺织公司。

日资的内外棉会社金州支店工厂、满洲纺绩会社辽阳工厂（实收资本 3 750 千元）和福岛纺绩会社（资本 1 500 千元）都扩大了规模。新设的日资的纺织公司有满洲制丝会社（1936 年，资本 4 250 千元）、恭太莫大小会社（1936 年，资本 3 775 千元）、东洋轮胎（1938 年，资本 1 000 万元）、东棉纺织（1939 年，资本 500 万元）。

这些纺织厂的总纱锭达到 48 万锭，为"九一八"事变前 13 万锭的 3.69 倍。它们都获得了高额利润。而且这是在采取"就同日本棉业的关系，尽可能在满洲国实行限制的方针"① 的情况下实现的。

面粉工业

日本资本在东北扩张的一个典型是面粉工业。日本资本的扩张同时就是民族资本的衰落。

日本国内制粉界的垄断资本，立意要垄断和控制东北的制粉业。因此，日本制粉会社、增田制粉所、日满制粉会社、大阪制粉会社、三菱商事会社和三井物产会社等大财团，在 1934 年联合成立日满制粉株式会社，投下大量资本。首先，用收买的办法将军阀经营的哈尔滨东兴和庆泰祥等面粉厂搞到手。接着，买下了美国资本经营的永胜一、二、三厂。又以欺骗的办法占有了哈尔滨广信升制粉厂，以租赁和收买的办法控制了民族资本的忠兴福制粉厂，用压倒的优势主宰北满的制粉业。

制糖工业

早在 1917 年在东北曾有日本资本的南满制糖株式会社设立，在奉天和铁岭修建工厂，由于经营失败，在 1926 年和 1927 年相继关闭。"九一八"事变后，在 1933 年为昭和制糖所收买，1935 年设立满洲制糖株式会社（资本 1 000 万元），1936 年 4 月，奉天工厂开工，当年生产甜菜糖 4.9 万担、甘蔗精制糖 13 万担。在北满，1934 年 3 月，以阿什河工厂为基础设立日本资本的北满制糖株式会社（资本 200 万元）。年产糖五六万担，占全满消费量的 4%。二者合计生产能力为 50 万担占全满砂糖需要量的 40%～50%。

---

① 社团法人日满中央协会．日满经济恳谈会议事要录，1939：95.

啤酒工业

东北的啤酒工业，在"九一八"事变前，主要是俄国人在北满经营的，年产量达 10 万到 15 万箱。事变后，随中东铁路的转手，多数俄国人撤回本国，北满对啤酒的需要顿时减少，原来的旧式工厂大部分不得不停业，只剩欧林塔尔啤酒、大兴制酒厂等生产 5 万箱内外的二级品。另一方面由于日本人的大量迁入，对进口啤酒的需要逐年激增，1936 年的输入量达 50 万箱。于是，啤酒工业突然走向勃兴，1934 年在哈尔滨以 150 万元的日本资本设立大满洲忽布麦酒株式会社，1935 年有以大日本麦酒为背景的哈尔滨麦酒会社的设立，北满啤酒界遂为日本资本所控制。另外，1934 年在奉天由大日本及麒麟麦酒共同出资设立满洲麦酒会社。1936 年又有亚细亚麦酒会社的设立。①

掠夺林木的纸浆工业

1934 年日本同澳大利亚发生贸易纠纷，特别是羊毛交易上的龃龉，使日本痛感发展羊毛的代用品人造丝及人造羊毛的迫切性，而其原料纸浆的需要量为 20 万吨。其中仅有王子制纸系统能供给 4.5 万吨左右，其余大部要靠进口。于是日本商工省同人造丝业者举行官民恳谈会，就增产纸浆问题进行审议，结果是对关东军提出交涉，谋求在中国东北利用三井系资本和三菱系资本发展纸浆工业。

1935 年关东军根据日本有关方面的要求，通过了《纸浆工业许可纲要》。

（1）满洲的纸浆工业限于满洲纸浆股份有限公司、日满纸浆制造股份有限公司、满洲纸浆工业股份有限公司、东满洲人绢纸浆股份有限公司（全是申请用的假名）四公司，予以许可。

各公司纸浆的产量以年产额各 1 万吨为限，提示将来可许可年产额到 1.5 万吨。

（2）对第一号所列四公司的纸浆原料木材，以实业部的通牒，由命令各公司所调查的区域供给。但按出材及其他关系，各地区的原木也可彼此融通。②

于是"以供给纸浆原料为目的，对有关地区（面积约 340 万町步）实行航空调查的结果，则该地区内的立木地面积约 295 万町步，蓄积约 23 亿石……可供给原料木材的林地面积约 72 万町步，蓄积约 696 百万石，其中杉松的蓄积约 1 亿 9 千 1 百万石。……结果，作为纸浆原料木材能以供给的数量约百万石。"③

就这样，东北成为日本纸浆的供应来源，东北的森林遭到更大的浩劫。三井

---

①　满铁调查部. 满洲五个年计划立案书类：第二编：第八卷　杂矿工业关系资料，1937：292.

②　国务院总务厅企划处. 满洲经济建设ニ关スル资料：169.

③　同②：170-171.

和三菱两个巨大财团则垄断了东北的纸浆工业。

水泥工业

水泥是重要建筑材料，由于军事工程、重工业、水电站等工程的需要，伪满洲国的水泥工业发展很快。"满洲的洋灰制造工业一向极其幼稚，只有关东州周水子的小野田水泥工厂一年生产 15.6 万吨。然而"九一八"事变后业界一变，全满各地勃兴的土建工程对水泥的需要激增。昭和八年以后以大同水泥株式会社为先驱，由三井、三菱系大资本经营的水泥工厂相继新设，现在（1936 年）全满水泥工厂为 8 个，年生产能力达 87 万吨。"① 由于需要量不到 60 万吨，经过激烈的销售战，不得不于 1936 年成立满洲洋灰协会作为业者间的自治统制机关，实行自治的生产限制。

机械、器具工业

在机械、器具工业方面，日本资本也有明显发展。"最引人注意的乃是由于日本的该界最高权威三菱资本和技术的进入以及作为原有现地制造厂的大连机械及满洲工厂的增资扩充，出现了大型综合工厂。并且它们的各种制品之中特别值得注意的有内燃机和工作机械。……前者表现为以日本该界的权威三菱重工业及三菱电机为中心的三菱关系四公司的协同出资设立的满洲机器股份有限公司和由在大连现在的大连机械制作所的增资向该业的扩展，后者也是日本五大工厂之一的池贝和奉天当地的满洲工厂合作新设了机械工厂。"②

满洲机器股份有限公司地处奉天市铁西，设立于 1935 年 11 月 20 日，资本300 万元，缴纳 150 万元，生产机器、锅炉、内燃机、电动机、变压器及各种发条等。生产能力为：精密加工品 360 吨、普通铁工品 840 吨、发条 2 400 吨。

满洲工厂地处奉天大东门外，设立于 1934 年 5 月 22 日，资本 150 万元，是收买已故杨宇霆经营的大亨公司铁工厂而设立的。1937 年增资为 1 000 万元，实缴 610 万元，成为东北民间最大工厂，与日本五大制造厂之一的池贝的技术相提携，两者各出半数，计出资百万元新设工作机制造工厂。此外，该厂也向飞机及汽车的部件方面发展。

"属于普通机械器具的还有满洲滚筒制作所，车辆制造业有同和自动车，精密机械器具有满洲计器及东京电气大连办事处，造船业有大连汽船船渠工厂的改组扩充。"③

---

① 满铁调查部．满洲五个年计划立案书类：第二编：第八卷　杂矿工业关系资料，1937：308.
② 同①，1937：183–184.
③ 同①，1937：189.

工业地区的设定

伪满洲国还根据经济建设纲要，于 1933 年 3 月 1 日设定奉天、安东、吉林及哈尔滨四大工业地区，同年 9 月决定在奉天扩大、强化所谓铁西工业地区。满铁与伪奉天市政当局合作，攫得 420 万坪土地，立即出租了 100 万坪，作为实施机关设立了伪满洲国法人奉天工业土地股份有限公司，当初资本 250 万元，不久就增资为 550 万元。1937 年 8 月移归伪奉天市公署管理。日本及当地的大、中企业陆续进入铁西，形成了伪满首屈一指的一大工业地带，烟囱林立，黑烟滚滚。到 1940 年 8 月，有工厂 233 家，投资 1.2 亿元（见表 1-5-2）。

"此外，奉天的工厂地带也有的在原附属地、皇姑区、大东区中，全部工厂数昭和六年度为 349 家，而昭和十三年度增加为 1 980 家。其细目为日系 554 家、满系 1 426 家，后者虽占压倒多数，而其大半为小规模的家庭手工业。投资额也由昭和六年度的 5 600 万元增加为昭和十四年度的 30 200 万元（仅法人）。"[1]

表 1-5-2　1931 年 9 月—1936 年奉天市设立的日资工厂统计表

工业种别	工厂数	投资额/元	1936 年度生产额/元	生产能力/元
金属工业	19	11 493 000	14 900 000	33 300 000
机械、器具工业	10	16 734 000	6 100 000	19 700 000
窑业	7	460 000	377 000	632 000
纺织工业	2	1 020 000	2 030 000	2 370 000
化学工业	8	865 000	715 000	1 590 000
酿造业	15	6 174 000	2 274 250	7 975 000
食品工业	14	5 044 000	5 041 000	15 002 000
烟草工业	4	450 000	2 100 000	8 240 000
杂工业	25	2 419 000	5 679 640	13 572 000
计	104	44 659 000	39 216 850	102 381 000
事变前既设工厂及事变后设立工厂计	151	99 609 000	86 877 250	199 848 000

资料来源：沈阳市人民政府地方志编纂办公室．沈阳地方志资料丛刊：第三辑，1984：81.

在北满，日本的工业资本也有很大发展。从 1932 年到 1936 年 4 月，在北满的日本法人公司和伪满洲国法人公司有 56 个，分为 12 行业。注册资本 2 669.98 万元，缴纳资本 1 587.48 万元。其中，日本法人公司资本对伪满洲国法人公司资本的比例为 2∶1，而且伪满洲国法人公司资本中的现金出资几乎全是日本的

---

[1]　奉天商公会．满洲建国十周年纪念//奉天产业经济事情，1942：191.

输出资本，而当地资本主要采取实物出资的形式。[①] 事变后日本在北满的新投资为 1 110.38 万元，从行业上看，酿造工业和食品工业各占 30%，其次为窑业、商业和交易所信托业。

第四节　日本商业资本在东北的扩张

一、日本商业资本的扩张

"九一八"事变后，在全东北日本人经营的商店数量和规模迅猛增长。据关东局 1934 年日本人物品销售业的业态调查，调查业者数 3 254 家（当年物品销售业者数为 3 517 家，3 254 家是营业在一年以上者），投资额 54 387 064 元，营业额 173 511 790 元，采购额 150 651 428 元，营业费 12 496 720 元，收入额 10 971 845 元。较 1927 年的调查数 3 084 家，投资额 44 205 606 元，营业额 99 044 769 元，营业费 7 913 079 元，收入额 5 039 503 元，都有明显增加。[②] 同 1927 年相比，1934 年的每家平均投资额增加 16.6%，而平均营业额增加 66%，平均收入额增加 106.3%。

中国商人的经营费一向比日本商人少得多，再加上中国零售商的多角经营，库存少，周转快，所以在竞争上，本来中国商人占有优势。"但是，燃料、农业用品、工业用原料、机械、器具、汽车、自行车等业种完全被日本商人所垄断。"[③]

奉天日商的发展

"九一八"事变后，中国的批发商走向衰落，代之以日本的大厂家直接在东北设支店、特约店、代理店，进行推销。日本生产金属器具的大工业公司，在奉天都没有工厂，但先后开设支店推销其产品的有：大仓商事、斋藤省三商店、三机工业、施密特商店、日本包装制作所、原田商事、满洲明工社、三井物产、山武商会、汤浅蓄电池制造；开设办事处和事务所的有：浅野物产、朝日干电池、大阪电气商会、冈谷商店、冲电气、后藤风云堂、清水贸易、自动车商工、岛津制作所、高田商会、日本兴业、日本自动车、日本打字机、日本蓄音机器商会、日本特殊钢、日立制作所、古河电气工业、明电舍、森川制作所、山中电机等大

---

① 哈尔滨铁路局北满经济调查所．满洲事变后ニ於ケル邦人ノ对北满投资ノ动向，1936：2.
② 林正道，岩田公六郎．满洲帝国经济全集：17　消费组合篇．满洲国通信社，1940：262.
③ 满铁产业部．奉天商业实态调查经纬报告，1937：34.

企业。其他工业部门也是如此。

以可以看作商情晴雨表的百货店来说，在奉天 1932 年 11 月有日本资本的满蒙毛织百货店，1935 年 11 月有七福屋百货店（后来的三中井百货店）开业，后来大连的几久屋百货店也到奉天开店。奉天作为进口日本商品的中继、配给市场，贸易额年年增加。

二、所谓"满洲景气"

"九一八"事变后，在日本人中间广泛流传"满洲景气"一说，似乎在世界各国都处在深刻萧条之中，唯独"满洲"经济却处于繁荣状态。实际上所谓的景气只存在于在东北的日本资本系统经济之中，是在日元势力下的经济，即以城市为中心的军事工业和土木建筑业以及满足日本殖民者需要的商业，特别是旅馆、饮食店、酒吧及以日本游客为对象的商店。而在当地的中国人经济、民族工商业，特别是农产品加工工业（油坊、面粉厂）以及以中国人为对象的商店，还有地方的农业，则异常萧条。二者的并存就是当时经济状况的一大特征。这首先是由于日伪切断了东北和关内的传统的经济联系所致。

当时就有中国和日本的学者揭穿"日本军人及其御用学者政客曾称此为'满洲景气'。……在最近数年内，一切有军事价值的铁道、公路、港湾、航空路，皆在满蒙各地敷设起来；兵工厂、洋灰制造、制铁等企业，亦相次增设。同时，傀儡皇帝的皇都与皇宫，高级汉奸与'客卿'的美轮美奂的官衙大厦，'新国家'表现在'物资文明'上的一切排场，以及为适应成千成万大小统治者享乐需要而设置的大娱乐机关、大旅馆等，通为'满洲景气'的内容。总之，造成满洲'景气'局面的建设，大抵是限于军需工业，建筑及土木关系的产业。"[①]"构成满洲好景气的实体的乃是不正常的军事景气，具体地说是由日本的满洲驻兵权行使上所产生的异状的经济消费的高涨以及由于各种事业建设所产生的消费景气，不仅不是普遍的，也不是生产的景气。"[②]

日本的建筑商是这一景气的最大受益者。据全满土建协会公布数据，在 1930 年工程承包额 550 万元，1933 年跃升为 1.04 亿余元，1934 年度 1.5 亿元（其中纯民间建筑工程费约 4500 万元），1935 年度、1936 年度稍有减少，在 1937 年度为满洲开发五年计划的第一年度，重新上升为 1.62 亿元。[③]

长春是伪满首都，而伪满的国都建设投资占伪满全部投资总额的 1/5 以上，引

---

①　王渔村．日"满"经济的调和与对立．新中华杂志，1936：4-5.

②　井藤荣．建设期满洲の经济方策，1934：26.

③　满洲事情案内所．满洲产业概要，1942：52.

起当地对建筑材料的需要量激增，长春地方砖瓦工业迅速发展。1933 年到 1937 年是长春土木建筑业空前兴盛的时期。满洲土木建筑业协会会员，在 1931 年前只有 16 人，1935 年为 46 人，1937 年为 100 人。1937 年 9 月末，承包土地建筑工程总额 7 165 万元，比上年增加 1 560 万元。

第五节　民族工商业的衰落

一、民族资本工商业的衰落

"九一八"事变后，民族资本遭到的第一个重大打击就是日伪对大型企业的强行接管与没收。

东北被日本占领后，在民族资本工商业企业中与奉系官僚资本有密切联系的部分遭到不同程度的打击和损害。一部分被作为敌产遭到没收或关闭，一部分股份被压价收买或丧失权利。有的民族资本被以经济统制的名义排挤或兼并，还有的被迫抽走了资金。唯有依附于日伪统治势力和日本资本的一小部分民族资本才有所发展。最有代表性的东北民族工业油坊、面粉厂、缫丝厂等明显衰落。

在奉天，日军侵占了较大的民族资本工厂，中小工厂则纷纷休业倒闭。开业者勉强维持，产值大幅度下降。从此，民族工业再也没有恢复到事变前的规模和水平。1931 年 11 月 25 日奉天商工会议所对奉天小西边门外工业区作了调查，事变前，商工业者约 2 400 家，事变后停业者已达 500 余家。其中工业方面 210 家。如长兴、万兴、盛昌各主要铁工厂几乎全部停工。城内各中国工厂，采取解雇员工降低工薪的办法也难以维持营业，纷纷倒闭。[①]

根据《经济年鉴》和《奉天市工业汇编》的记载，在 1933 年奉天市中国私人工厂总数为 1 102 家，其中，1931 年前设立的为 463 家，1932 年设立的为 639 家，资本总额 1 837 398 元，平均一个工厂只有 1 667 元。[②] 可见其资本之薄弱。又据《奉天市内工厂调查表》，在 1934 年奉天市中国私人工厂合计 1 510 家（其中资本 1 000 元以上者 351 家，500 元未满者 917 家），资本总额 6 826 162 元，职工人数 18 248 人。[③] 新增加的都是中小工厂，特别是以手工操作为主的家庭手工业

---

① 沈阳市人民政府地方志编纂办公室．沈阳地方志资料丛刊：第三辑　清末至解放前沈阳工业史料，1984：82-85.
② 奉天市工业汇编.
③ 沈阳市人民政府地方志编纂办公室．沈阳地方志资料丛刊：第三辑　清末至解放前沈阳工业史料，1984：88-89.

工厂。"还有作为家内工业织大尺布的工厂约有三百家，其中有一半关闭。"①

1937 年民族资本工厂又减少为 727 家，而日本人的私营工厂则由 72 家增加为 104 家，投资总额由 15 267 000 元猛增为 59 927 630 元。

根据奉天总商会的调查，在 1931 年 8 月末，奉天（沈阳）全市有民族工商业者 14 596 户，事变之后的 11 月份只余 7 862 户，有 6 700 余户倒闭歇业。1934 年 5 月末调查奉天市内工商业者数上升为 13 549 户。② 户数虽然有所恢复，但是，"事变后歇业的商家每十户资本合计达十万元而新开的商家十户合计资本不过五千元到一万元的程度。"③

1934 年年底，民族资本商户已有 20 982 户，超过了 1930 年年底的 20 909 户。④

奉天工商业户数的恢复，还得益于外地商家的移入。1934 年，由于奉天所占的特殊地位，成为日货倾销的中心，各地商号有向该地集中的倾向。"全满的满人输出入贸易商移动到奉天的显著增加。营口及安东县方面在这一年半之间迁来的，营口方面有日洋杂货商 15 家、茶商 12 家、染料商 12 家、花纱布商 4 家、其他约 8 家，合计 51 家；安东方面有花纱布商 30 家、杂货商 16 家、其他 16 家，合计 62 家。其总资本额达 350 万元到 400 万元的巨额。"⑤ 1934 年 "在奉天海龙城之间沈海沿线的商人约有三分之一破产。对输入品的需要减少了三分之一到二分之一。"⑥

在哈尔滨，"九一八"事变对经济界的打击特别严重。哈尔滨是北满的经济中心，北满的农业危机特别深刻，大豆价格猛跌，农村困苦异常，给当时是北满特产大豆集散地以及金融中心的哈尔滨以灾难性的打击。《满洲日报》曾以《北满经济恐慌，原因是农民的疲弊，倒闭者相继的哈市财界》为题报道："北满农民的穷困对其经济中心哈尔滨的经济界也有了重大影响，哈尔滨现在是呻吟在从开市以来前所未有的不景气之中。去年底倒闭者 120 户，其后，到本年（1934 年——引用者）2 月中的倒闭者，中等以上的商店 118 户，还有好不容易渡过旧年关，处于不能继续原来营业的三百数十户，再有元宵节以后从中等以上商店解雇的失业店员达到三千数百人。——作为该市的一流百货店兼贸易

---

① 日满实业协会. 满洲大豆暴落とその対策，1934：23.

② 同①：2.

③ 同①：6.

④ 朝鲜银行调查课. 昭和十年 3 月调查报告：第 10 号　最近に於ける满商侧商业资本の移动に就いて，1935：8.

⑤ 同④：9.

⑥ 同①：23.

业者多年在北满财界执牛耳的帛和昶，因为难以筹措 40 万元资金终于暴露破绽，眼下正在破产大甩卖之中。"①

另有材料说明，哈尔滨（包括付家甸）的倒闭户数，在 1932 年为 544 户，资本额 200.4 万元，1933 年为 494 户 475 万元，1934 年为 1 748 户 127.8 万元。还有人估计哈尔滨的民族资本抽回关内的有 2 亿元。1935 年 12 月末，哈尔滨民族工商业合计 6 461 家，资本总额是 90 785 021 元。到了 1936 年 6 月，工商业者数增加 461 家，资本总额却减为 90 769 021 元。

此外，长春在 1932 年到 1934 年的三年之中，倒闭撤离数为 55 家，资本 44.5 万元。营口在这三年中华商撤走 530 户，资金 355 万元；锦州 3 年中撤走 40 户，资本大洋 63 万元；开原三年闭店 22 家，资本金 85 万元，铁岭也有 20 余家。②

不过，在 1937 年以前，日伪的经济统制还主要限于国防、公用及重工业部门，随着经济的恢复和日本投资的增加，铁路的修筑，城市建设的发展，矿业和林业掠夺的加强，人口的增长，同人民生活息息相关的民族工商业特别是小型企业，不仅有所恢复，甚至在某些地区、某些行业在一段时期内在数量上还有一定的发展。有材料说明，1937 年，在沈阳、哈尔滨、长春三地的 1 463 家中小企业中，"九一八"事变后开业的占近 50%。③

二、油坊业、北满油坊的衰退

东北的油坊业"以昭和六年满洲事变为契机突然出现衰退。即昭和七年全满豆饼生产量约 5 700 万块，比头年激减 500 万块，8 年为约 3 800 万块，又激减了 1 900 万块，昭和十年终于到了 3 200 万块，减少到最盛期的半数以下。"④"豆饼和豆油的输出减退给予油坊界以致命的打击。另一方面，由于事变后的融资难、伴随接收北铁对北满油坊保护政策的废止等，终于使满洲油坊界呻吟在萧条的深渊。现在（1936 年）全满的油坊数虽无正确调查，据说大体在 420 家内外，一昼夜生产能力 43 万块，但其中开工工厂在 130 家，日产约 24 万块，不过表现为工厂数的 30%，日产量的 56% 的开工状况。"⑤ 如表 1-5-3 所示。

---

① 佚名. 满洲日报, 1934-04-19.

② 朝鲜银行调查课. 昭和十年 3 月调查报告：第 10 号　最近に於ける满商侧商业资本の移动に就て, 1935：3-10.

③ 姜念东. 伪满洲国史. 大连：大连出版社, 1991.

④ 满铁调查部. 满洲五个年计划立案书类：第二编：第八卷　杂矿工业关系资料, 1937：304.

⑤ 同④：306.

表 1-5-3　全满各地油坊变迁一览表①

（1936 年 5 月）（据大连油坊联合会调查）

地方别	1913		1929		1933		1936	
	工厂数	日产能力	工厂数	日产能力	工厂数	日产能力	工厂数	日产能力
大连	87	308	59	218	50	149	45	173
安东	25	45	26	54	23	37	22	36
营口	29	42	22	39	20	33	14	29
南满各地	416	128	297	130	238	88	289	90
哈尔滨	42	87	40	83	43	94	24	57
北满各地	7	5	28	46	28	38	28	38
计	606	615	472	570	402	439	422	423

注：日产能力为豆饼 1 千块单位。

　　在北满，"九一八"事变之前，由于满铁和中东路对北满大豆运载的争夺，抬高了北满大豆的价格，北满油坊在竞争中处于不利地位，产量逐年下降。1930年哈尔滨地区各油坊的豆饼产量为 1 909 万块，豆油产量为 348.7 万普特②，消耗大豆 565 113 吨，已在走向衰退。"九一八"事变后，形势骤变，1934 年大豆价格跌至每斗只值 0.25 元，二普特大豆才能换一普特煤，20 普特大豆只能换 2丈布或半普特食盐。五马一车，二人执鞭，往返三天，全车大豆价值除路费外所剩无几，"由下江（富锦）运大豆至哈市，每火车运费千元上下，则三火车大豆价值只抵一车皮运费价值。"③农民只好不装不卖，把大豆用作燃料，断绝了油坊的原料来源。及至 1934 年 7 月，哈尔滨的油坊开始处于全休状态，像这样历经数月的长时期全休一事，在北满油坊是从来没有过的。1935 年，哈尔滨油坊处于濒死状态。④

　　1934 年，豆饼产量减为 371.8 万吨，豆油产量减为 66.9 万普特，消费大豆106 473 吨。分别为 1930 年的 19.5%、17.4% 和 18.8%。⑤豆饼、豆油的出口数量分别下降为 1930 年的 26% 和 4%。⑥

　　1935 年，满铁对中东铁路的接管更给了北满油坊以致命的一击。满铁所实行的运费政策，其目的之一，就是排挤以哈尔滨为中心的民族资本油坊工业的发

---

① 满铁调查部. 满洲五个年计划立案书类：第二编：第八卷　杂矿工业关系资料，1937：306-307.

② 1 普特＝40 俄磅≈16.38 千克。

③ 哈尔滨档案馆藏的《哈尔滨工商会刊》第一、二期。

④ 哈尔滨档案馆藏的《哈尔滨工商会刊》第一、二期第 1 页。

⑤ 中西仁三. 满洲经济杂记. 满洲修文馆，1944：54-55.

⑥ 同⑤：55.

展，而扶植以大连为中心的日本资本的制油工业。

哈尔滨的油坊在北满工业中占有最重要的地位，它的兴衰对各个方面都给予很大影响。哈尔滨油坊全部开工时使用职工人数约为 2 100 人，1933 年和 1934 年平均为 860～1 000 人，如果加上事务人员及职工家属总共 3 000 人左右。[①] 哈尔滨油坊的死活对北满经济来说是一个非常严重的问题。

三、北满面粉工业的衰退

粉坊是东北三大土著工业之一，早在 1920 年哈尔滨地区民族资本的机器制粉工厂已达 20 余家，并成立了哈尔滨火磨同业公会。由于小麦生产不稳定，原料入手困难，加上外国廉价面粉的竞争，而几经兴衰。1932 年东北共有民族资本面粉厂 32 家，除其中 3 家设在长春之外，其余都在北满，特别是哈尔滨有 12 家。由于日本军队的侵占，造成土地荒芜、交通阻塞、社会动荡，1932 年又发生大水灾，小麦连年歉收，原料短缺，再加上日本面粉和美国面粉的倾销，在 1933 年和 1934 年，"日本面粉输出额的约 92% 是输往满洲国的，满洲国输入面粉的约半数（46.83%）是来自日本的。"[②] 面粉业遭受致命打击，使大多数厂家处于停产或半停产状态。北满面粉的产量，由 1930 年的 21 万吨，降为 1933 年的 14.9 万吨，哈尔滨民族面粉厂开工厂家，由 1932 年的 11 家降为 1934 年的 9 家。

1934 年，伪满政权为实行面粉自给政策，对小麦和面粉采取奖励输出、压制输入的方针，提高了小麦和面粉的进口关税，又降低了小麦的运费，面粉工业才得以起死回生。然而，就在当年，在日本政府和关东军的支持下，日本垄断资本财团在哈尔滨成立了一个规模特大的面粉公司，名为日满制粉株式会社，下属 11 个面粉厂，日产量达 4 万余袋，而当时民族资本的最大面粉厂双和盛和天兴福，两家合起来也不过 1.23 万袋，其余小厂加起来只及其 1/5。

四、民族电力工业的毁灭

"九一八"事变前，东北的电力工业已有很大发展，特别是以哈尔滨为中心的北满地区，兴办了不少小型民族电力企业，为当地提供电力。日伪打着统一管理东北电力事业的幌子，由满洲电业会社强行接收中国自办的哈尔滨电业局等电厂，满洲电业哈尔滨支店又对哈尔滨周围县、镇的发电厂采取强制收买的办法，进行兼并，于 1936 年到 1938 年先后将五常、呼兰、双城、绥化、阿城、西集

---

① 哈尔滨事务所产业课商工系．哈产商工资料：第 15 号　哈尔滨油坊ノ存续性并保护ノ是否ニ就テノ研究，1935：24.

② 满洲电业株式会社调查局．调查局资料：第四号　哈尔滨制粉工业，1937：36-37.

镇、安达、巴彦和一面坡九个县、镇的发电厂和供电所收归哈尔滨支店管辖。这些县、镇发电所的装机容量为 1 246 千瓦，年发电量为 160 万度。1932 年 6 月，齐齐哈尔唯一的黑龙江省城电灯厂被归属于北满电气株式会社。1937 年，佳木斯的景增源电灯厂并入满洲电业。富锦东兴德火磨电灯厂于 1939 年被满洲电业吞并。克山电业公司于 1939 年被满洲电业合并。牡丹江地区的志诚股份有限公司、耀华电灯公司、宝成电灯公司、裕民电灯厂福盛电灯股份有限公司，从 1933 年到 1936 年先后被日伪侵吞。日伪侵吞电力事业之后，将各支店的上层人物全部换成日本人，从支店长、课长、所长以至财务、技术方面的雇员，以上职务全由日本人担任，日本人总揽了一切行政、技术、生产和财务权力，技术性较强的工种也全为日本人包揽，民族电业遂告灭绝。

五、哈尔滨木材市场的衰落

原来在北满的林业中，苏联经营者掌握主要势力，在风俗习惯上同南满大不相同，这就为哈尔滨商人的中间介入提供了有利条件，哈尔滨商人保持着在交易上的优势地位，哈尔滨木材市场的集散量和交易量相当大。从 1927 年到 1930 年的四年中，平均每年木材上市量全北满为 352 123 吨，哈尔滨为 121 727 吨，占 35%。

然而，在满铁接管了中东铁路之后，苏联势力后退，日本势力扩张，北满的林业情况发生变化，伪满森林管理机关的设置，在交易上也已经没有哈尔滨商人介入的必要，作为木材的交易集散市场的哈尔滨的价值逐年递减。1935 年，全北满木材上市量下降为 305 850 吨，哈尔滨上市量下降为 87 438 吨，仅占 29%。无论是绝对数量或所占比重都明显下降，哈尔滨的木材商遭到毁灭性的打击。

总之，民族工商业的衰落，固然有着多种原因，如世界经济危机的影响和北满大水灾，然而最根本的乃是日本帝国主义的侵略。第一，日本军队和伪满政权直接侵占了一部分较大的民族资本企业。第二，日本军队所到之处，烧杀掠掳，无所不为，特别是在广大农村，实行“集团部落”政策，造成赤地千里，又强行侵占大片土地，使人民流离失所，土地荒芜，农村经济几于破产，购买力极端削弱，使民族工商业失去市场。第三，伪满洲国中央银行成立之后，停止信用贷款，日本各银行也纷纷停止信贷，几乎只是回收贷款，民族资本苦于资金不足。1934 年，沈阳“市内有较大商家 600 余户，对于旧借款，找不出任何融通办法”①②。第四，是繁重的课税，业者反映：“现在是苛敛诛求，有在各方面课以

---

① 满洲国协和会奉天地方事务所经济事情研究所．经济资料：第八辑　事变前ヨリ现在ニ至ル奉天市内满洲侧商工业ノ消长，1934：6.

② 北满经济调查．北经经济资料：第 33 号　康德三年上半期に於ける哈尔滨满人商工业兴废の概况，1936：1，70.

重税的倾向，有的课以过去税金 20 倍的税，原来只交 20 元的一下子飞到了 400 元，这样事例很多。"① 第五，对关内贸易削弱。由于伪满政权对关内采取高关税政策，民族资本工商业进出口贸易受很大打击。第六，日本商业资本势力的发展。日本商人从日本直接输入商品，大阪等地的大企业直接开设分支机构，再加上输入组合的活跃，如在 1936 年哈尔滨商户总数为 5 753 户，较 1933 年的 9 287 户少了 3 534 户，而日商户数却由 347 户增加为 800 户，资金达 12 000 万元，民族商业户数由 7 604 户减少到 4 754 户，资本 1 000 万元，仅为日商的 8.3%。这表明在 1932 年以后的三四年里，日本商业资本完全占领了哈尔滨市场，民族资本不仅被从批发环节中排挤出去，在零售市场上也困难重重。可见，民族工商业的衰落主要是日伪的排挤、打击政策的结果。

---

① 铁路总局. 满洲国有铁道沿线产业视察团座谈会记录：上　综合座谈会编，1934：150.

第六章
贸易的殖民地化

第一节　日本垄断东北的进出口贸易

一、对日贸易由出超变入超

"九一八"事变后，东北与日本贸易的突出特点就是东北的对日贸易由出超转为入超。同时，日本在东北的进出口贸易特别是进口贸易中所占比重迅速增大。日货完成了对东北市场的独占，这对于日本转嫁经济危机起了极大作用，而且由于利用东北的出超弥补日本的入超，还在一定程度上改善了日本的国际收支。日本前此由于对内、对外市场衰落所造成的恐慌局面，由其对东北贸易的独占，而得到了某种程度的缓和。

20世纪30年代东北的贸易有三大倾向：① 贸易额特别是出口额的长期减退；② 对日贸易特别是对日输入的绝对的和相对的扩大以及对关内贸易的绝对的和相对的衰落；③ 贸易收支向入超构造的转化。[①]

1932年总输出额为 618 156 637 元，1933 年降为 448 477 605 元，减少16 900 余万元。1932 年总输入额为 337 672 748 元，1933 年上升为 515 832 425元，增加了 17 800 余万元。结果是由出超转为入超。[②] 出口的减少反映了以农业为中心的中国民族产业的疲敝和萧条。进口的增加则反映了经销进口商品的在满日本人工商业者的繁荣。二者形成鲜明的对照。东北的主要出口商品大豆、谷物、油脂、籽仁、纺织纤维以及燃料、矿砂、金属等的出口额都在减少，而主要进口商品棉布、棉花、毛和麻及其制品、金属及矿砂、杂货、砂糖、烟草及其他

---

① 山本有造. "满洲国"の研究. 京都：京都大学人文科学研究所，1993：202.
② 中西仁三. 满洲经济杂记. 满洲修文馆，1944：34.

都在增加。

东北经济在全盘殖民地化过程中表现的显著倾向，就是它对中国本部的经济关联，日行减弱或割断，对于过去欧美各国特别是俄国的经济关系，亦渐失去其"半殖民地"的属性，而同时对于日本，则日益走上隶属的依附的道路。[①]

20世纪20年代年年产生巨额黑字的东北贸易，在1933年转化为赤字以后，也年年地产生巨额的赤字。

二、关税的殖民地式调整

经济调查会第四部关税班在1932年4月起草了《日满的关税政策方针》及《租借地关税制度改正》两个文件，前者在经济调查会通过后，送交关东军特务部，后者没有通过，只作为参考资料。在《日满的关税政策方针》中关于伪满洲国关税率的原则，主张：① 原则上采用自由贸易主义，否定保护关税；② 以日满为同一经济圈，按照日本为工业地区，满洲为资源供给、日本制品消费地区的原则；③ 当前只以伪满的关税率为研究对象。为防止遭到列国的报复，而否定了实行日满关税同盟及对日特惠关税。

采取这种主张的背景是：① 确保关税收入，关税是伪满洲国财政的最大财源，任何导致关税减收的措施，都要避免；② 维持、扩大同日本的分工关系，即作为日本工业品的销售市场和日本的资源供给地的地位；③ 获得"列国的好感"，即在对外关系上特别避免引起同中国和美国的关系恶化。[②]

伪满政权成立之后，首先于1932年9月，宣布中国为外国，对关内贸易课以进出口税，切断了东北与关内的传统的正常经济联系。结果，伪满对关内的贸易开始萎缩，而日本商品的输入则明显增加，日本商品的市场迅速扩大。

1932年10月6日，关东军特务部出台《关于满洲国关税一般方策纲要案》。该案由13个项目组成，主要有：国定税率，签订《日满关税协定》，关税改正分为当前和根本两个阶段，顺应日满经济统制方针和有利于日满贸易等。这个特务部方案经过修改于1932年12月12日作为关东军司令部方案，上报日本陆军省，由陆军省添加自己的修正意见提交日本政府的日满产业统制委员会。

1933年1月，由关东军、日本驻满大使馆、伪满政权、满铁的有关人员设置关东军特务部通商关税调查委员会，制定最初的关税率改正具体案。那是以削减输出税和降低输入税为中心的大规模改正案，日本的各个商工会议所及在满日本人商工会议所的各种要求大都被采纳。但是该草案遭到伪满洲国财政部的反

---

① 王渔村 . 东北经济之殖民地化 . 新中华杂志，1936，4（12）：107.

② 山本有造 ."满洲国"的研究 . 京都：京都大学人文科学研究所，1993：334.

对。在关东军特务部召开的同驻满日本大使馆、关东军、满铁关系者的联合研究会上，提出了限制改正规模的异案《财政部关于关税改正的方针》（2月22日）。主张"鉴于在现在及不远将来的财政状态以及关于满洲国产业经济根本方针未定的现状"，1933年度止于暂时性改正（输入税降低19种，提高2种，输出税降低2种），至少用2年的准备期间，在整理国内税的同时实施根本性改正（第一次）。1933年3月11日又以非正式声明表示"输入税率及其征收方法暂按现行不变"，继续沿袭原来的关税方针。只是在同年4月14日，将征收关税的货币单位改用伪满国币。

1933年4月20日，日满产业统制委员会在对陆军省方案的文字做了部分修改后，通过了《关于满洲国关税改正一般方策纲要》。"该纲要作为日本政府关于满洲国关税改正的基本方针，不需要再进行阁议决定。还有，作为对满洲国方面传达该纲要的方法，采取了不是一次出示全文，而是每次指示以必要事项，谋求（通过日系官吏）贯彻的方针。"[1]

关于上述日本政府的《满洲国关税改正案》，5月上旬由关东军交给伪满洲国，要求予以实施。但是由于关税收入占伪满财政收入的40%，伪满不敢贸然做出重大变动。以确保财政收入为中心，出于产业保护和税率均衡的理由，对该案提出若干重要修正意见，开始实施第一次关税率暂定改正。

1933年7月22日，公布《海关进口税中改正之件及海关出口税的税则中改正之件》，对35种商品的输出入税实行减免。主要是针对：① 有显著排外（排日）的色彩者；② 有显著的产业保护的色彩者；③ 主要生活必需品之特别高税率者；④ 国内产业开发上特别必要者；⑤ 为实现国内城市计划认为确实必要的建设材料；等等。

后来，日货输入激增，关税收入超出预期，伪满对财政基础有了自信，终于在1934年实行第二次改正。

1934年8月下旬，关东军特务部向伪满洲国财政部秘密出示了关于日满关税协定的"现地日本案"。满洲国财政部也向关东军提示了其第二次关税改正方针，包括：

1. 就一般关税，废止转口税（为振兴沿岸及松花江的航运），废止在哈尔滨的输入税二重课税，赈灾附加税编入关税本税。

2. 就输入税，纠正棉织物关税中的从量税同从价税的不均衡，国内税（统税、酒税、盐税的一部）对关税的附加，为产业振兴的改正，减轻有碍输入的高率关税等。

---

① 山本有造.《满洲国》的研究. 京都：京都大学人文科学研究所，1993：342.

3. 以畜产物为中心，减免杂谷、木材、煤、甘草等的输出税。①

结果，将关东军司令部的《日满关税协定方针纲要》和伪满洲国财政部的《满洲国第二回输出税率改正案》及《同输入税率改正案》一起拿到日本政府日满产业统制委员会审议。在委员会审议时由各省要求降低关税的，追加了丝棉交织缎子、丝绸（含人造丝）、鲍鱼、干鱼、海带、啤酒、草袋、珐琅铁器。

伪满洲国的关税第二次（暂定）改正案于1934年11月22日起实施。

此次改正涉及输入品118品目，输出品23品目。特别是输入品中的大宗棉、纱、布全部实行改正，此外罐头、果实、清酒、伞、胶靴、棉布胶底鞋、新闻纸等都降低了关税，显然这些均与日货有关。此外，还附带废止松花江的转口税、松花江航运洋货课税制度，这两项措施在为日货开拓北满市场上作用极大。在输出税率方面，无税及免税者为大部分畜产品、木材等，油、煤实行减税，而输出的大宗特产物依然如故。

第二次改正确立了伪满的新的关税体系，适应日伪的财政和产业政策，迎合了日本资本的要求，"这次改正以后，伪满的关税制度便变成了纯殖民地的关税制度。"②

第二次（暂定）改正实行约一年后，1935年12月，实行了小规模的关税改正。随昭和制钢所制钢工厂的完成，关于铁钢及其副产物化学品等，做了输出关税的减免（第三次暂定改正）。接着，在1937年12月，制定集关税改正大成的《关税法》，实施了关税的根本改正。以"日满贸易的顺利化"或对生活必需品的注重，还有应付由高关税引起的逃税（走私）等为理由，降低日本重要输入品（丝绸、人造丝、棉布、海产物、钟表等）的关税，对输出税也实行大幅度的调整。③

"其结果，伪满关税不得排日，必须媚日，不许保护土著产业，只需优待日本产业，不许阻止生活必需品之输入，而一任劣货倾销。总之这种关税改正，在于破坏东北原有的关税体系，摧残土著产业，而为着日本商品、资本、劳力市场的形成和扩大大开方便之门。"④

表1-6-1为"满洲国"初期的主要岁入财源比率。

---

① 山本有造."满洲国"的研究.京都：京都大学人文科学研究所，1993：355.
② 佚名.暴日对东北贸易及其政策.东北，1940，2（4）：13.
③ 同①：357.
④ 同②：12.

表 1-6-1　　"满洲国"初期的主要岁入财源比率　　　　　单位：%

类别/年度	1932	1933	1934	1935
租税　关税	34.2	38.9	40.5	32.7
国内税	16.6	19.5	21.7	19.0
盐税	12.3	10.5	10.3	6.6
小计	63.1	68.9	72.5	58.3
专卖利益金	3.1	2.9	5.1	4.8
国债金	24.1	4.6	…	3.8
剩余金	…	12.7	13.8	21.5
其他	9.7	10.9	8.6	11.6
合计	100.0	100.0	100.0	100.0

资料来源：山本有造."满洲国"の研究.京都：京都大学人文科学研究所，1993：334.

三、日货对东北市场的独占

从 1932 年到 1937 年，伪满洲国的贸易总额有所增加。不过不是出口的增加，而是由于输入增加的程度，远远超过其输出历年减退的程度。

伪满进口的增长主要是生产资料的迅猛增加，这是由于日本在东北大肆兴建军事设施、铁路以及大量资本输出的结果。"其主要而显著增加的项目，为机械、铁、车辆、铁制品、电线、水门汀，包括木材以及科学仪器等；以 1934 年与其前一年度由日本输入的价格比较，机械一项，几增加三倍，铁增加八成，水门汀增加一倍以上，车辆、木材、电线及铁制品等亦均增加八成以至一倍以上。……军需工业品需要突增，而生活必需品的需要缩减。"[1]

由于日本各类移民的猛增，对消费资料的需求也成倍增加。"关于输入，鲜明的表现为生活必需品（纤维品、杂货、加工食料品）需要的扩大及由对中国依存向对日依存的转换。"[2]

伪满初期的主要输入品，最高额为小麦，其次为铁及钢、棉织品、机械工具、车辆、麻袋、木材，此外还有毛织物、丝织物、茶、米、稻、砂糖、纸烟、烟叶、挥发油、灯油、纸及水泥等。如果将其划分为衣料品、食料品、建设用品、原料品及其他，则在 1933 年、1934 年两年，其数量和分配如表 1-6-2 所示。

---

① 王渔村.日"满"经济的调和与对立.新中华杂志，1936，4（14）：5.

② 山本有造."满洲国"の研究.京都：京都大学人文科学研究所，1993：203.

表 1-6-2　根据用途划分主要输入品类别表　金额单位：伪满币元

品目	1933 年		1934 年	
	价额	百分比	价额	百分比
衣料品	85 234 203	26.1%	88 574 377	22.4%
食料品	82 099 937	25.2%	78 876 732	20.7%
建设用品	88 204 905	27.0%	142 628 890	36.0%
原料品	31 973 285	9.8%	24 817 133	6.2%
其他	38 662 438	11.7%	60 995 101	14.7%
计	326 203 768	100.0%	395 892 233	100.0%

同 1933 年相比，1934 年进口总额增加近 7 000 万元，其中生产资料、基建材料所占比重明显增长而消费资料所占比重则明显下降。在 1934 年建设用品占 36%，如果再加上其他之中的挥发油、纸、麻袋所占 11.7% 以及原料品 6.2%，则合计共占 53.9%，这反映了日本资本输出的势头。

从 1935 年到 1937 年，进口总额上升 47%，全制品在进口总额中的比重由 46% 提高为 53%，同期食品及嗜好品则由 20% 下降为 12%。而全制品的总价格提高 67%，食品及嗜好品则降低 12%。同一时期，原料品以更快的速度增长，提高 147%，所占比重由 4% 上升为 7%。[1] 全制品占输入总额的半数，在输入部门处于举足轻重的地位。在全制品中机械及工具、车辆及船舶约占 25%，其中，机械及工具 1937 年比 1935 年增长 97%。增长迅猛的还有棉布和靴鞋。[2]

还要考虑到走私，特别是人造丝的走私。"现在（1936 年）满洲市场的日本产人造丝布的地位占全部需要的约 9 成，处于垄断状态……输入到满洲国的人造丝布（主要对象是满人）估计每年约 2 000 万元，据说其中 70% 是经由关东州州境，30% 是经由安东的走私品。正当课税品极少，在计数上无须考虑。在奉天有力的日本人人造丝布经办业者全是大阪、福井县等有力会社商店的分店、办事处或驻在员。"[3]

伪满进口的棉纺织品、丝织品、人造丝、电气用品几乎完全来自日本，进口的车辆及船舶、机械及工具，日本也占相当大的比重，连面粉和砂糖平均也占 55%～65%。唯有日本不生产或生产量极小的棉花、棉纱、烟草、挥发油和灯油才分别由印度、关内和美国等地输入。

---

① 满洲中央银行调查课．满洲输出农产物概况：20-21.

② 同①：20-21.

③ 东京日满实业协会．日满经济情报：调查资料　在关东州境取缔走私的影响，1936.

"日本对东北市场的独占的增强增大，当然是东北贸易对日本的依存性的增大，换言之，即殖民地化的加深。"①

四、日本垄断资本对大豆贸易的全盘垄断

"九一八"事变后，原东北军阀势力下的官商大粮栈被撤销，日本大出口商向地方的渗透愈加深入，它的势力扩展到东北各地。"三井物产以大连支店为核心出口基地，以新京支店、奉天办事处、哈尔滨办事处为首，配置了锦州派出员、雄基驻在员、营口办事处、齐齐哈尔派出所、牡丹江派出员、安东出差员、清津出差员等。三菱也一样，以大连、哈尔滨为中心向全满撒下收购网。而且，三井有三泰栈，三菱有六合社这样的同一资本系统的直系粮栈遍布各地的配置网。加之，三井、三菱在从铁路沿线以外的内地粮栈收购之际，都特别广泛地利用国际运输为收购代理人。"② 在 1939 年 11 月，日伪实行"特产专管体制之前，它的支配网已经达到完备的程度。"③

农产物的流通机构是以特产交易所为中心运转的。即围绕哈尔滨、新京（长春）及大连三个交易所，由粮栈、特产商、油坊及其承包供货的内地小粮栈、地主富农层所形成。"在资本方面，通过特产商，形成日本资本的霸主地位，担负起中央大粮栈的业务。在机构方面，以交易所为中心，以特产商之大粮栈—地方粮栈—生产者的形式，原封继续存在。"④

以通辽为例，在 1935 年通辽有粮栈 50 余户，而资本金合计只有约 40 万元，1 万元以上的不过 14 户，其余都是小资本。资本较大的十几户粮栈兼营代理店，代理营口、四平街、奉天、山海关及大连等地的特产商，用那些老客的资金实行代理收购。当年粮栈购买粮食约 40 万石，支付资金 4 679 000 元，而其中粮栈自有资金只有 41 万元，其余占 68% 是老客的委托购买资金，23% 是特产金融机关的融资。⑤

根据满铁调查部对开原、铁岭、郑家屯、吉林、克山、绥化、佳木斯七处特产集散地所在粮栈的调查，从 1938 年 10 月到 1939 年 7 月，特产商从粮栈购买的总量为 351 727 吨，其中日商为 166 372 吨，占 47.3%，单是三井系统就占 18.5%，三菱系统占 0.5%，其他日商包括日清制油、国际运输、瓜谷商店以及开原的日本中小特产商，后者多是以每车 8 元至 10 元的手续费代三井、三菱收

买。可见三井资本（包括三泰栈）在特产交易中占有多么重要的地位。特别是在吉林，三井资本占到44%，在佳木斯更占到82%。[①] 如果在总交易量中扣除纯粹的当地交易，日商所占比重就更大了。因此，满铁的调查报告认为"以三井资本为核心的日商势力对地方市场的支配也是决定性的"。[②]

以有名的大豆之乡五常县为例，县城内私人开设的粮栈和兼营特产物大豆的商号，由1934年的17户增加为1935年3月末的46户（兼营者11户）。1934年日本特产商有三井洋行、三菱公司、益发粮栈、三泰粮栈、千业、佐贺等，1935年又增设了日清制油、宝隆洋行。这8家特产商向当地粮栈派出差员，驻在地方粮栈，从事收购工作。

地方粮栈与日本特产商之间，既有贸易往来，又有资本联系。从1934年起，日本特产商就向地方较大的粮栈征缴和预收费用，大粮栈还代特产商从各小粮栈筹集一定数额的资金，地方粮栈与特产商之间的矛盾加剧。1934年11月，日伪在五常县组建了粮业公会，制定了《同业公会章程》，规定了收发运特产物的程序及质量等级，地方粮栈从购销中提取利润的限额以及保存加工、工人搬运、车辆运输等费用标准。"规定地方粮栈就地收购大豆每石10元，低于当地市价零售价的38.3%。加上税金、杠力、过筛子、检斤、缝口等费用及减量消耗，再加上限定的利润等，向日本特产商售出价格每石为11.22元。日本特产商的各种费用定为1.64元，日本特产当局的接受价格为12.86元，仍低于当地市场零售价的26%。"[③]

这就保证了日本特产商的廉价掠夺，严重地损害了农民和当地民族资本的利益。

五、农产品出口的衰退

"九一八"事变后，东北经济的一个突出现象是特产出口的衰退和农产品价格的暴跌。主要原因是中国市场的抵制和日本对豆饼需要的减退。以1929年大豆出口指数为100，则在1934年出口欧洲的指数为104，出口日本的指数为88，而出口关内的指数只有24。如果同1932年比较，则对欧出口增加了20%，对日出口持平，对关内出口则下降了87%。

东北本是一个正在发展中的地区，1927—1931年的五年间，在东北出口总额之中，农产品占79%，畜产品占2%，林产品占2%，水产品占1%，矿产品占

---

① 满洲中央银行．康德三年4月通辽に於ける特产资金に就て：55-57.

② 同①：55.

③ 肖君山．日本侵略者大肆掠夺五常县农业特产物//伪满史料丛书：经济掠夺．长春：吉林人民出版社，1993：193.

11%，工业品占 2%，其他占 3%，以农产品为大宗。伪满洲国成立之后，1932—1937 年的六年期间，在其出口总额中，农产品占 78%，畜产品占 2%，林产品占1%，水产品占 1%，矿产品占 12%，工业品占 3%，其他占 3%。可以说，出口结构基本未变，仍以农产品为大宗。然而出口总额则由平均每年 63 852.7 万元降为 48 772.3 万元，几乎下降了 1/4。①

伪满的输出品以大豆为大宗，以下顺次为豆饼、煤、粟、豆油、落花生、生铁、大豆以外的豆类、混合饲料、柞蚕丝、高粱、绵织丝等。

在农产品价格暴跌的情况下，出口不仅没有增加反而明显减少。1932 年总输出额为 618 156 637 元，1933 年降为 448 477 605 元，减少 16 900 余万元。输出的减退是以大豆三品为首的农产品及其加工品出口的锐减，这反映了东北特产的三个基本市场日本、德国和关内市场趋于狭隘。

大豆产量有半数向国外输出，其中 61% 向欧洲，21% 向日本，14% 向关内，4% 向其他国家。出口的主要市场在欧洲，输往欧洲的大豆有七成内外是在德国消费，其次是丹麦二成，英国一成强。由于世界经济危机的影响，这些国家禁止或限制输入，使大豆的出口受阻。豆饼出口原以日本为主，以中国关内为辅，由于日本农村购买力减退和普及化肥以及中国关内的抵制而一再减退。豆油的出口向欧洲有所发展，旋因欧洲制油工业的发展和原料的转换而蒙受打击。豆饼的出口从事变前的 160 万吨减少为 1935 年的 85 万吨，豆油的出口由事变前的 14.5 万吨激减为 1935 年的 6.6 万吨。

1936 年起，大豆三品的出口有所恢复，主要是增加了对日本和德国的出口，但远未恢复到"九一八"事变前的水平。

六、伪满（包括关东州）与朝鲜的贸易

东北与日本殖民地朝鲜的贸易额，在 1926 年为 9 900 万元，以后逐年减少，1930 年为 7 000 万元，减少 29%。东北对朝鲜每年都有巨额出超，一般为朝鲜出口数的两倍左右。"九一八"事变后，情况发生变化，贸易额年年增长，由 1931 年的 4 400 万元，增加为 1936 年的 13 000 万元，增加约 2 倍，特别是朝鲜对东北的输出，由 1 000 余万元增加为 6 500 余万元，增加了 5 倍强。并且从 1933 年起变入超为出超。② 不过，在朝鲜的出口货物中约有半数是日本产品的代销贸易。朝鲜向东北出口的主要是大米、原木、棉织品、人造丝织品和糖粉等，东北向朝鲜出口的主要是小米。东北在朝鲜出口的总额中占 85%～93%，在朝鲜的进

---

① 满洲中央银行调查课. 满洲输出农产物概况：25.

② 朝鲜银行调查课. 朝鲜对满洲的推移与其的将来，1937：1-3.

口总额中占 54%～69%，可见朝鲜对东北的依赖程度。[①]

第二节　削弱同关内贸易联系

一、关税壁垒对关内的损害

东北经济与关内经济向来密不可分，东北所需劳力主要依靠华北，东北大豆的销售和生活必需品的供应又依靠华中。"九一八"事变前，内地对东三省的贸易输入占 32%，输出占 25%。内地输入东北之货物全是熟货，如棉纱、绸缎以及其他工艺品；同时东北输入内地的物品多系原料如大豆、高粱、小米、煤炭与木材等，"在此种商业往还之中，内地虽站在入超的地位，可是有利而无害。"[②] 事变之后，日本的统治破坏了这一切关系。1932 年 9 月，日伪宣布对关内贸易课以进出口税，切断了东北与关内的传统的正常经济联系，使东北同关内的交易遭受毁灭性的打击，东北从日本的进口额剧增而从关内的进口额则锐减。事变后，1932 年到 1933 年，输出由 23.6% 跌至 9.5%，输入由 20.9% 跌至 12.2%。[③]

伪满的国境关税对华北农民影响极大，原来食粮不足部分靠东北输入，由于设国境关税使粮价上涨，再加上运输困难，物资不足愈加严重。华北本是向东北大量移民做工的地区。如蓟运河沿岸一带十年九涝，农民靠移民做工获得生活费，这类地区在华北还有很多。由于伪满限制华北移民，断绝了一部分人的生计。

在长城沿线两侧的河北省和热河省有着密切的经济联系、相互依存的经济结构，这两个省之间的贸易本来是中国国内地区性自给自足的贸易。然而，伪满洲国从 1932 年开始，在长城沿线各口设置税关，用关税壁垒破坏其相互依存的经济关系。结果"以热河省为最大主顾的河北省的重要产业手工土布遭受致命的打击。河北省东北 17 县土布年产量为 400 万匹，其中半数 200 万匹是供给热河省的。关税墙壁将此半数淘汰。——此外苇席、棉制品、面子、油类等的生产也走向衰落。以热河省为对象而发展起来的长城沿线集散市场，凋落之色浓厚，林南仓、玉田、遵化、蓟州、平谷、二河、密云的各集散市场减少 30% 的交易，

---

①　朝鲜银行调查课. 朝鲜对满洲の推移と其の将来, 1937：68.

②　王维新. 东北在我国经济上的价值. 北平：外交月报社, 1934：314.

③　同②：316.

已出现倒闭的商店。"① 这对于从 1929 年以来受世界经济危机打击的冀东及华北经济更是雪上加霜。

对华中和华南也有极大损害，"在九一八前，东北四省每年消费之茶叶，向由福建浙江运往东北，经营口茶庄，输入四省内地，每年约销 500 万斤，价值约 400 万元上下。自九一八事变以后，内地输出东北茶叶日减，1932 年 9 月，伪国海关增加茶叶入口从价税十分之三，所受打击太大，以往独占东北市场的我国茶商，乃陷不可救药的悲境。代华茶而起的有台湾茶叶，经日商三井洋行之手，运到大批台茶，以沈阳为中心，在东北倾销。"②

"江苏南通县有大小四十余家工厂，专织纱布运销东北，直接间接靠此吃饭者有 60 万人之多。自九一八以后纱布运销东北完全停止，南通的经济情形，受了无穷的打击。"③

还有，东北每年需要内地大批的国产纸张，营口、大连、安东等处，每年消费纸量相当可观，自从日伪征收关税，国产纸张难以与日货竞争，被逐出东北市场，使关内造纸业遭受沉重打击。

二、日货对华北的海上走私

正常的边境贸易被扼杀，而走私贸易却猖獗异常。

日本对中国的经济侵略的手段之一是公开的大规模的走私。从 1933 年 4 月起中国政府提高进口税率，日货的走私贸易盈利甚丰。以大连这个自由港为据点，以帆船为运送工具，向华北方面走私，在当时是公开的秘密。帆船可在渤海沿案多处卸货。主要途径有二：一为在大沽附近登陆经天津进入内地，一为从滦河河口登陆暂先集中乐亭。

大连税关为鼓励走私改变了对华北贸易帆船的处理，只要求提出一纸文件即可出帆，华北农村破产购买力普遍降低，种种因素促进了海上走私。走私是大规模的有组织的集团走私。走私物品主要是人造丝、砂糖以及棉布、棉织品、毛织物、海产品、香烟、铁材、食品、陶器、胶底鞋、电气材料、工业药品等税率高需求大的物品。在 1933 年的走私数量据说相当于中国进口额的一成，约 13 460 万美元，其中华北部分为 7 000 万美元。据满铁弘报课的估计，大连对华北的走私金额大体为：

① 满铁资料课．满支国境贸易ノ检讨，1935：72-73.
② 王维新．东北在我国经济上的价值．北平：外交月报社，1934：318.
③ 同②：319.

人造丝	900 万美元
砂　糖	700 万美元
其　他	400 万美元①

1934 年，由于华北经济的萧条，部分税率的下调和取缔的加强，走私数量有所下降。伪满财政部以天津海关的调查为基础对 1934 年度的走私数量核算② 如下：

人造丝	600 万元
砂　糖	700 万元
其　他	200 万元
合　计	1 500 万元

从 1934 年起在非武装地区的冀东开始走私贸易，规模愈来愈大，从大连以 100 吨到 2 000 吨的轮船满载商品到冀东海岸。当时，在天津日本租界进行走私贸易商社的仓库鳞次栉比。使正当商人亏累不堪，使民族工业备受打击。仅从 1935 年 8 月到次年 3 月，使中国海关损失关税约 2 500 万元。

1936 年 3 月伪冀东自治政府开设查验所以相当于中国关税 1/4 的验收费使走私合法化。从当年 5 月起，凡是比较容易输送的货物都经由冀东入境，日本人将这种走私美其名为"冀东特殊贸易"。满铁产业部曾派人调查，当年 3 月至 5 月，有关业者推断其进口数量，砂糖为 70 万袋、人造丝为 6.3 万袋、纺织品为 2 万袋。全部进口额按大连市价在 1 500 万元到 2 000 万元之间。③ 实行走私贸易的"当初是日本人约 400 人、朝鲜人过千人、中国人极少。"④

三、伪满华北间的边境走私

不仅在海上，陆路的走私也十分猖獗。

伪满与华北之间的走私贸易有热河、关东州、营口等各种路线而以热河路线占据压倒的地位。

中国方面虽然也在长城各口设关，但对陆路输入的东北土货实行无税通关。所以"中国海关的长城线设关对长城两侧的两地间贸易没有带来任

---

①　满铁弘报课. 北支ヲ中心トスル密输状况. 经济情报周刊，1936（11）：89.
②　财政部. 满支国境经济事情，1935：87-88.
③　满铁产业部. 产业调查资料：第 11 篇　冀东特殊贸易的实状及北支向特殊贸易品的最近大连に于ける状况：5，8.
④　同③：22-23.

何变化"。①

伪满的关税壁垒将地区贸易变为国际贸易，但是，历史上形成的资本和运输系统是非常紧密的。在伪满对华北的贸易总额中，输出的比重由 6.69% 升为 15.24%，输入的比重由 12.03% 升为 18.60%。②

1933 年以后，由于华北物资的极端不足和伪满棉制品的异常昂贵，加上两地通货膨胀的发展，两地物资的差价极大，为求得高额利润，伪满对华北的走私异常活跃。单是山海关地方（热河西南地带）的走私对正常贸易的比重就达到输出超过 60%、输入超过 100% 的巨额。③

走私大体依赖骡马进行，由于交通不便，规模较小。走私的路线分为九门口附近、义院口附近、界岭口、冷口附近和山海关附近，其中以山海关最为重要。"这主要是由于在日本商品中，中国关税重的商品即人造丝、砂糖、卷烟纸、盐等，为逃避中国的高关税，在奉山线万家屯车站卸货，运到绥中县东罗城。从该地向河北省秦皇岛方面走私，从那里用火车运往天津卖给中国商人，或者在该地收买这些商品在山海关或秦皇岛卖掉。资本主要来自天津、奉天、秦皇岛及其他各地的大店东（中国人、满人、日鲜人）。走私及搬运是由专门的走私者（朝鲜人居多，其次是日人和华人）雇佣多数苦力承包的。"④

从北平、天津方面向伪满洲国走私的纺织品、毛皮等也有相当数量，估计其数额为 4 379 万元。⑤

热河省向华北的走私，主要物品是鸦片。热河省一向依赖河北省的棉布等生活必需品，而热河省输出的是牲畜、畜产品及杂粮，前者约为后者价值的四倍，这一入超是靠输出鸦片来补偿的。1934 年度，热河的鸦片产量估计为 1 400 万两，伪满收买数量以 700 万两为限，省内吸食量估计为 400 万两，从而走私鸦片约为 300 万两。⑥

---

①　满铁产业部．产业调查资料：第 11 篇　冀东特殊贸易の实状及北支向特殊贸易品の最近大连に于ける状况：76.

②　同①：76.

③　南满洲铁道株式会社调查部．日满支インフレシヨン调查报告：满洲インフレシヨン调查报告：第二部　资料篇：203.

④　佚名．康德二年度山海关地方密输概况．经济情报周刊，1935（11）：35.

⑤　满铁资料课．满支国境贸易ノ检讨，1935：58.

⑥　同⑤：68.

第三节　控制和利用对第三国的贸易

一、外商的势力与在伪满贸易中的地位

"九一八"事变前后，外商中以美商最为活跃，其次是苏、英、德和丹麦。

美商有石油商 16 家、毛皮商 9 家、机械商 7 家、缝纫机商 4 家，加上其他共 57 家。标准石油公司在大连、营口、奉天、抚顺、安东、吉林、公主岭、铁岭、开原、四平街、新京、哈尔滨设的支店或办事处，掌握伪满输入石油的七成左右。美国货最具优势的是煤油类，此外麦类、皮革、汽车、电气用品等，亦有不可轻视的势力；特别是通过花旗银行，美国金融资本在北满的扩张很醒目。1932 年以后，美国金融资本在哈尔滨俄人经营的主要商社中广泛渗入。

英商有石油 12 家、贸易 10 家、砂糖 10 家、毛皮 9 家加上其他共 57 家。亚细亚石油公司在大连、营口、奉天、公主岭、四平街、开原、新京、吉林、哈尔滨、齐齐哈尔设有支店，同标准石油公司一起称霸满洲石油界。英商经办的商品主要是高级品。英国货最具优势的为烟草，此外汽车、呢绒、机械、五金、砂糖等，也有相当的销路；"九一八"事变后除巨商外，一般英商接连转往中国内地。

德国在东北的商业势力在第一次世界大战时曾被一扫而光。不过后来发展很快。伪满初期有金属机具机械商 26 家、毛织物商 2 家、药品商 5 家、杂货商 3 家、贸易商 1 家，合计 37 家，其中金属机具机械商占压倒地位。有鲁慈洋行、库透及给特昆商会、雅利、禅臣、福华、天利、礼和、世昌、宝利洋行经办机械类、贵金属、钟表、汽车及玩具等。德国货以五金、机械类最具优势，染料、果子、玩具等，也与日本品竞争。

法国资本在"满"有杂货商 3 家、食品 2 家、机械器具商 2 家、药品商 2 家、贸易商 1 家、汽车贩卖商 1 家、玩具商 1 家，合计 12 家，其中以杂货类为主的化妆品、流行品的贩卖商居首位。

俄国资本系统则有毛皮商 11 家、贸易商 8 家、杂货商 6 家、食品商 4 家，加上其他合计 35 家。其中，秋林洋行在哈尔滨有总店，在大连、奉天、满洲里有分店，从事洋杂货物的交易；慈尔信莫利洋斯基在满洲里和海拉尔经营对蒙贸易。还有苏维埃系统的商业机构，贸易商 9 家、机械商 6 家、食品商 4 家，加上其他共 32 家。此外，还有代表苏联的经济机关名为谷类粮种海外出口销售股份公司，资本为 500 万卢布，经办东北谷物的出口。又在奉天设苏联煤油公司，管

理南满 11 个代理店，贩卖石油。① 俄国货的煤油类、食料品、杂货、化妆品等
因地理的关系而有相当的销路。

外国货占优势的是煤油、药品、染料、面粉、麻袋、砂糖等，日本货占优势
的是棉织品、纸、铁、钢、杂货等。"九一八"事变前，奉天市的染料市场完全
由德、英、美等西洋货垄断。事变后，日本势力急剧扩张，逐步侵蚀西洋货占有
的地盘。到了 1936 年，除高级染料外，人造染料、泥状蓝的普通品完全由三井、
山田、大阪合同贸易株式会社及其他日本货所垄断。

各国在东北的投资如表 1-6-3、表 1-6-4 所示。

表 1-6-3　"九一八"事变前后各国在东北投资比较表②　　单位：千元

国别	1931 年	1934 年
日本	1 616 966	2 036 896
苏联	590 000	465 015
英国	39 590	39 590
美国	26 400	26 400
法国	21 086	21 086

表 1-6-4　欧美各国对伪满投资额概算表③

（1935 年）　　　　　　　　单位：日元

国　别	件数	金额
英国	77	58 691 300
德国	44	11 607 000
美国	68	11 311 000
白俄罗斯	114	7 489 000
波兰	17	4 879 000
法国	25	3 434 500
捷克	13	856 300
意大利	10	685 000
苏联	30	677 500
拉脱维亚	6	510 000

续表

国　别	件数	金额
希腊	10	307 000
丹麦	4	275 000
立陶宛	10	204 000
印度	5	185 000
瑞士	3	160 000
白俄罗斯	1	20 000
罗马尼亚	1	15 000
土耳其	1	10 000
瑞典	1	1 000
国籍不详	4	4 528 500
合计	444	103 795 800
未计入宗教、学校、其他社会投资估计（1%）		104 833 800

二、伪满与德国的贸易协定

对德贸易在伪满对外贸易中仅次于日本和关内，占据第三位。特别是在出口方面，1932 年德国占出口总额的 11.9%，1933 年占 14.8%，最少的 1935 年也占到 7.8%。

从 1932 年到 1935 年，伪满对德国的出口逐年减少，1935 年输出额只是 1932 年的 44%，而从德国的进口额则逐年增多，1935 年是 1932 年的 2.26 倍。输出的减少主要是大豆出口的减少所致。除大豆三品外伪满对德主要输出品还有荞麦等杂粮、花生及麻子等。输入的增加主要是金属和矿砂、机器工具、车辆、船艇和染料等。如表 1-6-5 所示。

表 1-6-5　伪满洲国对德国输出入状况　　　　单位：日元

年度	输出	输入	出超
1932	74 072 930	6 511 046	67 561 884
1933	66 394 721	10 579 129	55 815 592
1934	53 310 482	12 485 641	40 824 841
1935	32 798 720	14 741 785	18 056 935

伪满对德国一直是出超，不过它的数量却逐年下降，在 1935 年还有 1 805 余

万元的出超。同期，日本的对德贸易却年年入超，1932 年入超 62 392 313 日元，1935 年高达 94 051 222 日元。[1] 日本向德国出口的是原料品、粗制品、家庭手工业品，而从德国输入的是化学工业品、制造工业品。进口额经常为出口额的数倍。日本要依靠伪满增加对德国的输出来抵补其贸易入超。因此，伪满急于扩大对德国的出口。而其出口赖以获取外汇的主要是大豆等油料作物。

原来德国是进口东北大豆的主要西方国家，每年从东北购入 100 万～150 万吨大豆。但 1934 年以后，由于德国外汇枯竭，不得不限制大豆的购买量，1935 年只购入 50 万吨。大豆输入的减少，在德国引起人造黄油的短缺，而豆饼粉的减少又影响牛奶的生产，德国需要增加大豆的输入。而当时按德国的经济状况，伪满如果不增加德国商品的输入，德国就不能增加大豆的输入。

1935 年，德国远东经济视察团访问了伪满新京和日本东京，同日本和伪满进行了关于调整满德贸易的交涉。1936 年 4 月 30 日在东京签订了《满德通商协定》。"协定的大要是德国方面负有购入大豆及其他满洲产品一定额（满洲方面主张 1 亿日元）的义务，对此，满洲方面负有购买德国产品一定额（德国方面主张 2 500 万日元）的义务，在满洲方面的购入义务额中包括关东州贸易及在满日本商社的购入品。"[2] 其要领为：德国外汇管理局许可在一年期间内，以 1 亿元为限，按伪满产品的到着地价格进行输入；对其支付的 3/4 即 7 500 万元使用外汇，其余 1/4 即 2 500 万元用德国马克。也就是说大豆输入金额的 1/4，由德国商品的对满输出来支付。满德贸易的结算则由横滨正金银行居中进行。

这个协定虽然名为"满德协定"，实质上没有日本的中间介入是不能成立的，因此它实际上是日"满"德三方的贸易统制协定。"这一协定的缔结，显然意味着德国在事实上承认了满洲国。"[3] 协定由 1936 年 6 月 1 日起实施，有效期间一年，可以延长。这个协定并没有改变当时的大豆交易制度，可是德国的大豆购买量可以比 1935 年增加约 33%。总之，德国每年购买伪满国币约 1 亿元的大豆，其中的 3/4 用外汇支付，1/4 用马克支付，充当德国商品对满输出的结算。无疑，这对伪满和日本经济的发展具有重大影响。

在"满德协定"的第一年度（1936 年 6 月至 1937 年 5 月），伪满对德输出总额增长为 5 300 万元（其中 3 700 万元为大豆），对德输入总额为 1 300 万元（其中 400 万元为机械类），出超 4 000 万元。到了 1937 年 5 月，又决定将满德协定延长三年。

---

[1] 总裁室弘报课.弘报资料：第 14 号　满独贸易协定ノ意义卜其ノ实绩，1937：10.

[2] 参见满铁文书，昭和十年至十一年度，甲种、总体、监理、关系会社监理、一般，第 150 册ノ21，第 10 号《满独贸易协定ニ关スル件》。

[3] 总裁室弘报课.弘报资料：第 14 号　满独贸易协定ノ意义卜其ノ实绩：2.

三、法、英对"满"投资内幕

关东军关于伪满利用外资的问题是采取了排斥的态度。认为"外资导入和外国资材导入有紧密之处,但在方法上也有多少相异之处,也有的是在一起的,但对进入满洲的外国机械进行利用的是日本的技术人员,外资只在不得已时最少限度地进入。"①

英国资本

1935 年年初,英国产业联盟日满调查团的彭比、赛里格罗、路凯克和皮格泰等一行使节曾经访问过日本和伪满洲国,他们在归国后发表的报告中歪曲事实以讨好日本,对伪满洲国极尽美化之能事。报告说:"满洲国居民享受安全有条理之统治,不复罹昔日军阀之暴虐剥削。税则合宜,执行允当,币制稳固,人人乐其乐而利其利。至于交通运输、内河航业、食物统制、保健卫生之整顿,学校之林立,经国大计次第实施,均有实效可睹,堪为工业品之销售市场。新国之奋腾方兴未艾,虽仍有险阻,当前不难逐渐铲平,商业繁荣可立而待,裨益于彼邦上下及他国通商者多矣。"调查报告认为在伪满洲国"英国工业确为有机可乘","英国工业之首先机会应为准备重要货品以供应新国之迅速开发。关于此点彭比卿于某次会晤满洲国当局时提出英国工业助满洲国开发之合作意见并接受书面答复承诺此项合作。……本团与满洲国当局力图双方之积极合作,英国今后须多购满洲之农产物品,本团已首肯协助矣"。"此外复成立一种协定使英国钢铁向日满输入以应 1935 年之需要,此节已转达英国钢铁联盟矣。"②

这个调查团同日伪方面达成谅解,"决定如果价格及支付条件意见一致,则使英国产业适当参加满洲国的开发事业及由该联盟业者进行斡旋,英国更多地购买满洲农产品。"③ 其实,日本并不欢迎英国投资和分享它的工业品市场,只是出于政治上的需要,虚与委蛇,使英国打错了算盘。

"然而后来因满洲方面几乎没有要求英国产业界协助,反而有使之产生失望不满之虞。因该使节使英国朝野酿成的对日满的某些好意消散一事,从大局上看不利,在英日关系上是个遗憾。"④ 关东军和伪满洲国为了缓和英国方面的失望,

---

① 社团法人日满中央协会. 日满经济恳谈会议事要录,1939.

② 满洲帝国外交部. 英国产业联盟日满调查团报告书,1937:6-7.

③ 关东军参谋长致满铁总裁,关参平经第 536 号,昭和十一年 9 月 22 日《满英经济关系二关スル件》,满铁文书,昭和 10—11 年度,甲,总体,监理、关系会社监理,一般,第 150 册 21,第 24 号,《满英经济关系二关スル件》。

④ 关东军参谋长致满铁总裁,关参平经第 536 号,昭和十一年 9 月 22 日《满英经济关系二关スル件》,满铁文书,昭和 10—11 年度,甲,总体,监理、关系会社监理,一般,第 150 册 21,第 24 号,《满英经济关系二关スル件》。

遂要求满铁在购买机械类之时，首先和英国经济联盟接洽，算是对它的回报。

法国则有远东企业辛迪加、法国经济发展协会和布鲁塞尔莫帕恩公司三个公司联合同满铁合作设立日法对满事业公司。该公司以居间介绍或代理为主要业务，本身也承揽事业。详见拙著《满铁史》第十二章第六节。

四、协助日本制裁澳大利亚

1936 年，日本和澳大利亚发生贸易纠纷，为报复澳大利亚，日本要求伪满洲国采取同一步调，停止进口澳大利亚的小麦、面粉、羊毛和大米。伪满为此制定了《贸易紧急统制法》，并于同年 8 月 22 日制定《关于根据贸易紧急统制法，实施限制输入的方针》，规定"关于小麦和面粉的输入，暂对澳洲生产或制造者加以禁止的限制"，"关于羊毛的输入，当前对于澳洲生产者除经由日本内地再输入者外，不予许可"，"关于大米的输入，对其他国家生产者，今后根据情况加以适宜地调整……"

在禁止澳大利亚产品进口的同时极力促进日本产品的进口。日本陆军省在当年 7 月 24 日还应允由日本政府采取下列措施对伪满的协助予以补偿："一、免除作为硬化油原料的豆油的关税，同时对豆饼（用作肥料及饲料者）按现行无税搁置；二、根据昭和九年 3 月 30 日阁议决定《日满经济统制方策纲要》，就满洲国的小麦、面粉及羊毛的增殖给予协助；三、协助将澳洲以外所产廉价小麦、面粉按照需要输入满洲；四、采取措施使关东州与满洲国的协助同一步调。"[1]

在日澳通商纠纷解决之后，日本撤销了对澳大利亚通商上的限制，同时要求伪满洲国解除对澳大利亚产品的特别限制。但是，仍旧要求伪满洲国"继续对小麦、面粉、羊毛和大米的输入实行许可制，为保护满洲国的该业及稳定国民生活加以运用。"[2]

五、伪满对苏联的国境走私

在伪满和苏联的边界，贸易口岸很多。"九一八"事变前走私盛行。

在东宁，事变前走私出口的是一般杂货、生活必需品，走私进口的是以烟草、鱼类、毛皮为主。1932 年走私出口的有少量鸦片、黄表纸、豆油、香油、胶靴等，进口有苏联纸币、金卢布、银钱等。又有该地商人同抗日武装合作，"由苏联走私东宁及附近地区所用全部食盐"。[3]

①　国务院总务厅企划处．满洲国经济建设二关スル资料：538.

②　同①：542.

③　牡丹江铁道局资料系．牡局情报资料：第 16 号　东部满苏国境密输史，1938：19.

在绥芬河，对苏走私以输出鸦片为重点，1933 年 1 月 24 日伪满绥芬河国境警察队没收走私鸦片 19 起共 1 530 两，26 日又没收 5 起 348 两，合计 1 878 两，可见一斑。[1]

在密山，对苏输出谷物（主要是大豆）一年 2 000 车，输入石油 4 000～5 000 箱、盐 8 万卢布左右，其次是砂糖和火柴。据伪满 1933 年的调查，走私进口品有盐 2 万斤、石油 300 箱、棉 1 300 斤、大布 900 匹以及砂糖、火柴、卷烟等；走私出口品有大豆 3 000 石、粟 4 000 石、稻 200 石和高粱 300 石。抗日队伍也在密山地区利用走私，"由苏联补给武器弹药而输出虎林、密山地区的特产物，进行交换。"[2]

因此，关东军和伪满政权对国境的贸易实行最严厉的取缔。1934 年以后，由于实行事实上的国境封锁，在边境城镇"倒闭者续出，人口激减，蒙受极大冲击。"[3]

---

① 牡丹江铁道局资料系. 牡局情报资料：第 16 号　东部满苏国境密输史，1938：20-21.

② 同①：24.

③ 同①：24.

第七章
日伪统治下的东北农村

第一节　封建土地所有制的延续

农村的社会性质

东北农村本来就是封建土地制度占统治地位，少数地主占有大片土地，大量佃农无地或只有零星土地，自耕农不占主要地位。日伪在东北农村的统治，政治上继续依靠原有的保甲组织和土豪劣绅，经济上沿袭原来的租税制度，继续依靠地主对农民的剥削获得粮食和农业原料。在地主经济中继续保留传统的扛活、吃劳金、耪青、长工等封建剥削方式。唯有在准备日本移民的地区，大片土地被东亚劝业会社（后来是满洲拓植会社）侵占，土地易主，在那里是日本移民团管理下的变异的土地制度，而从伪满洲国整体来说土地制度并没有什么变化。

根据伪满政权的农家经济调查，到 1939 年，完全没有土地者，北满是63.2%，中满是 48.9%，南满是 32.5%，他们大部分是佃农或雇农。反之，大中地主的户数仅占总户数的不到 20% 却占有土地 70% 以上，北满情况尤其严重，大地主的户数仅占 2.9% 却占有全部土地的半数。土地所有的分配状况见表 1-7-1。

表 1-7-1　土地所有的分配状况①　　　　　单位：%

		大土地所有	中土地所有	小土地所有	零星土地所有	无所有	计
北满	户数	2.9	11.2	10.5	12.2	63.2	100
	面积	50.0	37.9	10.0	2.1	—	100

---

① 兴农部农政司调查课. 康德七年版农家经济调查报告：9.

续表

		大土地所有	中土地所有	小土地所有	零星土地所有	无所有	计
中满	户数	0.2	16.7	17.5	17.6	48.9	100
	面积	3.2	69.0	22.3	5.5	——	100
南满	户数	4.2	14.8	15.5	33.0	32.5	100
	面积	40.4	35.9	13.7	10.0	——	100

租佃关系

对于土地的租佃制度，日伪采取了保护的态度。伪满产业调查局的农村实态调查的内容之一就是关于租佃的事项（见表1-7-2）。这项调查是从北满开始的，"其调查对象是北满农家约600户，涉及17县。在约600户农家中，有租佃关系的农家是二百数十户。其租佃关系也有各式各样。"[1]

表1-7-2　1934年调查部落租佃关系户数[2]

地方别		全部落合计	地主方面户数	佃户方面户数	地主佃户合计
北满	实数	681 户	100 户	225 户	325 户
	比率	100%	14.7%	33.0%	47.7%
中满	实数	401 户	78 户	168 户	246 户
	比率	100%	19.3%	41.7%	61.0%
南满	实数	569 户	66 户	167 户	233 户
	比率	100%	11.8%	29.5%	41.3%

地主方面的户数只占全户数的11.8%至19.3%，相反佃户方面占29.5%至41.7%，佃户户数超过地主户数的一倍多。地主、佃户合计户数占总户数的41.3%至61.0%，即约占半数。地主所有土地的大部分是为了出租，佃户耕种土地的大部分是从地主处租入。

在北满不耕种者占全户数的23.8%，加上耕种面积不到1垧者合起来为49.4%，约占户数的一半。而耕种面积50垧以上的占5.2%的农户，耕种面积占27.8%，耕种面积100垧以上的农户只占2.3%，耕种面积也占27.8%，二者合计只占户数的7.5%，而耕种面积却占55.6%。[3] 其中多为租种他人土地者。

---

① 产业部大臣官房资料科. 农业政策审议委员会速记录，1937：63-64.

② 五十子卷三. 满洲帝国经济全集10：农政篇前篇，满洲国通信社出版部，1939：326.

③ 同②：321-322.

"参酌各种条件，可以说自耕和佃耕的实际情况是北满5比5、中满4比6、南满6比4。"[1] 从北往南，农家经营的面积逐步变小，零星的自耕农愈益增多，在农户中，同租佃有关的比率逐渐变小。

租佃的种类可分为定租、分租、耪青、白租四种，其所占比率为定租43.3%、分租44.8%、耪青8.8%，分租与定租大体是1∶1。从内容上看，定租在交纳实物时由不足2石到9石，分租是由2成到5成，以分租的4成居多。实际地租量，分租的4成与定租的3石余，分租的3成与定租的2石大体相当。总的看来，以36%左右的占多数。此外，还有相当多的附加义务，甚至残存有劳动地租。[2]

作为地租的除谷物、现金外，还有押租，即租定金或保证金。还有茎秆的贡纳，在地主有吉凶祸福时的劳力服务以及送礼品、修理房屋等事。

雇农

在农村的雇佣层，劳动力的需要者是富农和中农（户数仅占16.8%而耕种面积占85.58%），他们雇佣着年工的88.97%、月工的68.72%、日工的88.78%。其中富农层的户数不过占2.5%，而雇有全部年工的40.45%、日工的43.61%（《农家概况篇》，第64页）。

雇佣劳动力的主要供给者是纯雇农及半雇农。两者合起来占年工的96.1%、月工的85.6%、日工的90.6%。其余还有城市的工人（《农家概况篇》，第66页）。

雇农分为定雇（大体相当于年工，包括耪青）和不定雇（月工、日工）及两者的中间型。

年工，普通从一月或二月起至十一月或十二月止，约十个月，住在雇主家。

年工的一种是耪青，采取由雇主给予部分收获物的形式，其量不定。而地夥和半青半夥则是由雇主给予一定面积土地的谷物并规定谷物的种类。粮夥和钱夥则是规定给予一定量的谷物或现金。其中钱夥在定雇中占绝大多数，是最现代化的形式。

月工是季节雇，期间为从一月到数月。给予以一月为单位。

日工是临时雇，主要在农忙期，工资一日一定额，以现金支付，其没有身份束缚，但在长期的农闲期处于半失业状态。

---

①　兴农部农政司调查课. 康德七年版农家经济调查报告：11.

②　堀经夫. 满洲国经济的研究. 日本评论社，1942：89-94.

第二节　地籍整理和商租权合法化

一、实行地籍整理夺占大片土地

日伪对东北的土地，首先是实行"土地整理"，以国家名义将大片土地占为己有。

1932年（大同元年）5月，伪民政部内设土地局，作为研究土地政策以至土地制度的准备机关。进而，在1935年（康德二年）8月设临时土地制度调查会，以土地局为主体，网罗各部有关者及日伪权威人士，审议确立土地制度的方针及其实施方法。该调查会通过了《关于地籍整备事业及土地制度确立纲要（案）》，从1936年起着手地籍整理事业。所谓地籍整理不外是："对满洲国内的土地首先确定地籍区划并对土地进行调查测定，就各笔土地决定其地目、面积、地价，审定土地权利，制定地籍簿、地籍图。"①

1936年（康德三年）3月26日伪满制定《地籍整理局官制》，同时公布实施土地制度调查会官制、高等土地审定委员会官制及地方土地委员会官制。临时土地制度调查会改组为土地制度调查会，同时民政部土地局也改组为地籍整理局。

日伪实行的地籍整理，具有明显的军事和经济目的。

第一，确认和保护地主阶级土地私有制，笼络地主阶级，作为其进行殖民统治和掠夺的重要条件。

第二，使日本在东北霸占的土地合法化。

第三，为剥夺农民土地和奴役农民提供依据。

第四，以土地为标准，向农民搜刮租税。

第五，为无限制地掠夺土地创造条件，进行移民侵略。

第六，最大限度地掠夺农产品。

经过这一番整理，零星的取得不必说，占东北之大部的蒙地也被伪满政权所占有。像这类夺取土地的情形，最主要的有以下几项：②

一、没收旗地与私产。旗属公产一律划归官有。至于私产没收多从抗日反满的东北官吏、军人及其他个人的私产。这项数目是很大的。此外，东省特区的全

---

① 满铁总裁室弘报课. 满洲に于ける土地制度，1938：18.
② 方石. 伪满地政与东北土地问题. 反攻，1945，17（3，4）：20.

部以及从前未丈量的皇产、边外的封禁地，一律划归国有。……

二、军事设施与交通线之占用。

三、移民占用地。

四、为占荒与开荒。此项土地大于日本全国耕地，占东北旱地之半数。

二、日本人土地商租权合法化

1931 年以前，日本人在中国东北采用各种手段掠夺土地，都是利用"商租"的名义。到了"九一八"事变前夕，由于中国官民的抵制，所谓商租权已处于摇摇欲坠的状态。

伪满政权一成立，立即为日本移民取得土地大开绿灯。首先是使商租权合法化。在日本人县参事官的操纵下，由县一级伪政权发布布告称："现在门户开放，欢迎各国投资，凡有地而无力耕种者，可随便出租于外人。"① 其办法为：②

（一）有田欲出租者，即可立永租合同，一租三十年。在此期内，不准中途撤租，致农业上受无形损失。

（二）此时非旧军阀时期，农民勿须存盗卖国土之戒。

（三）租时须得村长四邻具结，并须有契纸为证；如系村会中公地，村董须一律具结。

（四）出租之时，须呈报县署，派员监察指导，划清界限，以免纠葛。

于是，在辽阳、沈阳、铁岭、开原、本溪、凤城、海城等县，日人纷纷强购土地，"由昭和大亨等公司出面，在浑河太子河沿岸一带，大圈民地，每亩给价二三十元不等，且所给又非现款，苟有违抗者，即加以妨害稻田之罪名。各县农民，以生计行将灭绝，纷纷有反对之表示，辽阳且发生聚众持械请愿之风潮。辽阳之峨嵋庄八里庄一带之十万亩土地，日人已定为初步之稻田试验场。"③

在"辽河下游（盘锦地区）1932 年 1 月 8 日伪盘山县公署成立，紧接着日本帝国主义掠夺土地就开始了。首先，以维护治安为名，施行集家并村，一些零星的小村落被迫拆迁毁掉，造成许多无人区，大片土地荒废。其次，以'没收'官有土地为名，强行霸占土地。1933 年年初，强行'没收'1925 年前后东北军张学良、沈鸿烈、鲍英麟在中央屯一带开发的水田，即营田公司约五千天④的大片土地。再次以伪满洲政府的名义强行接收土地。1933 年，日本帝国主义以伪满傀儡政府的名义，派遣东亚劝业公司前来'接收'，'接收'的土地中包括水

---

① 王雨桐. 最近之东北经济与日本. 新中国建设学会出版科，1933：48.

② 同①：48.

③ 同①：49.

④ 天是当时东北南部的土地计量单位，一天地等于十亩地。

田3 333天、宅地137天、杂地1 530天。之后，是满鲜拓植株式会社进驻营田公司旧地，并以中央屯为驻地，起名荣兴。南满洲农事株式会社、株式会社新义农场也陆续进驻辽河下游地区。由于辽河下游地区地理条件是有天然的优势，1936年日伪政府下令朝鲜地主集团之平安农场株式会社、天一农场总部前往该地区，在哈巴台东北大房身西北设平安农场分场、三养社天一农场。据不完全统计，至1936年上半年，共进驻日本帝国主义5个殖民掠夺机构，霸占开发的土地约八千天地左右。"①

土地商租权通过《日满议定书》作为日本帝国主义在满洲强夺的"特殊权益"的主要内容之一而复苏，而面对这个以土地商租权设定这一名称下的殖民地的土地掠夺，给以最终保证的，不是别的正是商租权整理事业。所有日本人在各个时期以各种名义和手段占有的各种土地权利，被统统称为土地商租权。

根据伪满洲国的国内法，关于土地的权利，有土地所有权、地上权、典权、抵押权、赁借权等详细规定，而唯独日本人的土地商租则笼统地作为土地商租权的一种特别权利而存在，并且围绕土地商租权引起各种土地纠纷。

关于商租权，关东军伪满政权各方就以下各点取得一致："第一点是在日满两国间关于商租权实行实质性的商定，关于商租权完全遵从满洲国的法令；第二点，满洲国方面就契约期间30年有'无条件更新约定'的商租权，以之视作所有权，关于契约期间不满30年的商租权，制定满洲国民法中视为与之类似权利的法规；第三点是各个土地商租权该当满洲国民法上的那种土地权利，由日满两国派员组成的共同调查机关进行审定。"② 据此，由伪民政部土地局制定了名为《商租权审定法》的法案。

与此同时，日本政府于1935年8月9日通过了《关于帝国在满洲国治外法权的撤废及南满洲铁道附属地行政权的调整乃至转移》的阁议决定。对此，1936年6月10日签订了《关于日本国臣民在满洲国的居住及满洲国的课税等日本国满洲国条约》。根据这个条约的第一条，日本人在满洲国可以自由居住往来，从事农业、工商业、其他公私各种业务以及职务。同时，日本人以和满洲国人完全同一资格，取得了土地所有权及其他满洲国的国内法上承认的一切土地权利。进而，该条约的附属协定中，明确记载"满洲国政府为将日本国臣民所有的商租权按其内容变更为土地所有权和其他有关土地的权利，应迅速采取必要措施。"③ 于是，商租权整理成为日本加给伪满政权的条约上的义务。为了这种商

---

① 孙福海．伪满时期日本帝国主义对辽河下游地区的农业掠夺//中国东北地区经济史专题国际学术讨论会论文集．北京：学苑出版社，1989：348.
② 满洲史研究会．日本帝国主义下的满洲．御茶水书房，1972：378.
③ 日本外务省．日本外交年表并主要文书：下卷：342.

租权整理，作为基本法规制定的是《商租权整理法》和《商租权整理法施行令》（1936 年 9 月 21 日发布）。《商租权整理法》第 1 条规定："本法中所称的商租权是指在帝国的领域内日本国臣民所有的一切土地权利而为康德三年 6 月 30 日以前所设定者。"[①] 就这样，在伪满洲国内日本人所有的"一切土地权利"都成为商租权整理的对象，都被作为土地权利承认了。只要是日本人在事实上取得的权利，不管是用什么名义用什么方法，"作为商租权设定反对运动的对抗策，日本人用种种非法手段夺取的土地权利，全部作为土地商租权被公认，成为商租权的整理对象。"[②]"这件事意味着日本帝国主义在满洲事变前为使满洲殖民地化《确保作为基础要素的土地权利的取得》这一土地侵略行为，在新的土地商租权的概念下，作为既成事实由满洲国政府给予公认。"[③]

就这样，日本人在伪满洲国内所有的一切土地权利，经过商租权整理，有的变为所有权，有的变为地上权、典权、抵押权、赁借权等伪满洲国民法上的权利名称，获得了法制上牢固的保障。

"到申告期截止的 1937 年 9 月 20 日，申告商租权者 7 327 人，申告件数 68 515 件，申告面积 9 632 402 垧。其中，日本人的申告数为 2 799 人，申告件数 18 890 件，申告面积 6 083 259 垧。日本人申告者数是申告者总数的 38.2%，日本人申告件数是申告总件数的 27.5%，但日本人的申告面积却是申告总面积的 63.2%。这说明日本人申告者 1 人的平均申告面积比朝鲜人大得多。日本人申告者 1 人的平均申告面积是 2 173 垧，而朝鲜人不过是 18.2 垧。申告者中申告了巨大面积的是日伪法人组织。大宗申告者是满洲拓植公社、满鲜拓植会社、满铁会社、东洋拓植会社、昭和制钢所、满洲兴业银行等国策代行公司。其中满洲拓植公社的申告件数多达 3 万余件。就这样数以百万垧计的良田就变成为日本人的合法的财产。"详见表 1-7-3。

表 1-7-3　民族别商租权申告者数、申告件数以及申告面积

	申告者数/人	申告件数/件	申告面积/垧
日本人			
法人	251（3.4%）	11 202（16.3%）	5 655 643（58.7%）
个人	2 548（34.8%）	7 668（11.2%）	427 616（4.4%）
计	2 799（38.2%）	18 890（27.5%）	6 683 259（63.2%）

---

① 国务院法制处．满洲国法令辑览：第三卷　土地建筑物篇：2-15.
② 满洲史研究会．日本帝国主义下的满洲．御茶水书房，1972：383.
③ 同②：383.

	申告者数/人	申告件数/件	申告面积/垧
朝鲜人	4 463（60.9%）	11 696（17.1%）	81 040（0.8%）
满洲人	65（0.9%）	37 927（55.4%）	3 468 103（36.0%）
合计	7 327（100.0%）	68 515（100.0%）	9 632 402（100.0%）

注：本表系根据满洲国地籍整理局《商租权整理中间报告书》（1937）第33～35页制成。表中的满洲人是当时对伪满洲国内中国居民的称谓。

第三节　移民用地的掠夺和武装移民试验

一、掠夺移民用地

"九一八"事变后，在关东军的占领下，日本人特别是东亚劝业公司开始大规模强行购买日本移民用地，日本人占地面积逐年扩大。

首先，由关东军同伪满洲国之间成立《关于满洲国土地开拓关东军满洲国间的协议》。

其中，规定要"确立土地的保留开拓计划"，特别要"招致日本人移民，以资开发满洲国产业，并同开拓农地一起收容参加满洲建国的关东军官兵或其牺牲者的遗属。"[1] 关于收买土地，规定："……五、民有地商租的场合，主要由关东军担任，满洲国政府对之协助给予便利。六、开拓土地的决定，在现地实行，暂由吉林及黑龙江两省开始。七、民有土地商租的代偿原则上以现金交付同地照交换，但根据情况可止于契约。"[2]

关东军在黑龙江省和吉林省收买土地是由东亚劝业公司办理的。在关东军的武力支持下，东亚劝业公司伙同伪满基层政权，强制农民交出土地，作为日本移民用地。

"日寇在收地时，是用'指山买陌''跑马占圈'的野蛮方法进行的。例如看好了一个地区，便指定南自河、北至山、东自沟、西至道以内的土地统统没收，命令伪县公署召集这一地区的土地所有者拿着地照到县公署交照给钱。地价

---

[1] 国务院总务厅企划处．满洲国经济建设二关スル资料：39.

[2] 同[1]：39.

规定每顷五、六元甚至五、六角的。即此区区的地价，农民也经常得不到手。"①
1934 年地价见表 1-7-4。

表 1-7-4　1934 年地价表②

区别/项目	宅基地/（元/丈²）	园地/（元/垧）	耕地/（元/垧）
密山地区	1.20	320	95
凤凰地区	0.80	210	60
半截地区	1.10	305	106
哈达地区	1.20	350	20
杨木岗区	0.90	230	45
平阳镇区	1.00	295	90
王家烧锅区	1.00	260	70

日伪强制收买征用土地，造成大量土地废耕，农民流离失所。在牡丹江地区由于日军大肆抢占移民用地，以至有日本人"来到东部地区甚至连猫脸大的播种地也看不到。判明了（中东铁路）东部线的村落几乎正在崩溃。"③

二、武装移民试验

"九一八"事变前，日本对东北的移民是以满铁为主体进行的，有所谓退伍兵移民和大连农事会社移民，基本上以失败而告终。因此，在日本普遍流行着"满蒙移民悲观论"。"九一八"事变后，日本人大量涌入中国东北，除不断增多的关东军外，还有充任伪满洲国各级官吏和特殊公司职员的公职人员以及从事工商业活动的城镇居民，也有少数农业移民。

1932 年，日本人搞起了武装移民试验。推进移民的首先是日本陆军特别是关东军司令官本庄繁和他的参谋班子以及日本的法西斯分子加藤完治、石黑忠笃和满铁农事试验所的宗光彦。加藤等人向日本拓务省呈交了《满蒙殖民事业计划书》，并与关东军商妥，以日本在乡军人为主募集移民。这是一个共计募集 10 个团、5 000 人的移民计划。由关东军驻依兰特务机关长东宫铁男大尉负责现地安排，加藤完治负责在日本国内的募集和运送。在他们的推动下，日本拓务省于 1932 年 3 月在东京召开了满洲移民问题恳谈会并以加藤等人的移民计划为基础

① 王子衡. 北京：伪满时期经济掠夺的三光政策//孙邦. 经济掠夺. 长春：吉林人民出版社，1993：38.

② 密山县志编纂委员会. 密山县志. 北京：中国标准出版社，1993：220.

③ 铃木小兵卫. 满洲の农业机构. 增补第 6 版. 白杨社，1938：262.

制订了《满蒙移殖民计划》，同年 8 月日本国会通过了"第一回试验移民费"预算 20 余万元。

第一次试验移民于 1932 年 9 月开始，从在乡军人中选拔了 492 人，进行训练之后，于 10 月 14 日到达佳木斯，1933 年 3 月到达永丰镇，建立了"弥荣村"移民团。这次移民实行军队编制，由日本陆军步兵中佐市川益平任大队长。全大队除每人配备步枪一支外，还配备有重机枪 4 挺，迫击炮两门，所以叫做武装移民。第二次武装移民是在 1933 年 7 月进驻桦川县七虎力附近建立"千振村"，团长宗光彦。第三次是 1934 年 10 月进驻绥棱县瑞穗村，团长林恭平。第四次是 1935 年 9 月进驻密山县城子河和哈达河，团长佐藤修。第五次是 1936 年 7 月进驻永安屯、朝阳屯、黑台、黑台信浓 4 地。5 次移民共计 2 900 户，7 260 人。武装移民是这个时期移民的主要形式，因此，这个时期又被称为"武装移民时期"。在此期间还移入了"集合移民" 4 个团，208 户，766 人。

为了推进移民，日本拓务省于 1935 年 10 月，组成"海外拓务委员会"，并在东京成立了"满洲移民协会"。这之前在东北伪满民政部设立了拓政司，1936 年 1 月和 9 月又先后成立了满洲拓植株式会社和满鲜拓植株式会社，作为推行移民政策的具体实施机关。

三、移民的目的及生产方式

移民是日本的侵略国策，它绝非民间行为，而是有计划、有组织的国家行为。其目的是改造"满洲国"的"国民性"，在东北培植日本之"实际势力"，掠夺中国资源，支持侵略战争，并永久占领东北三省。

根据日本关东军制定的《满洲移民纲要案》，日本移民的目的在于："在'满洲国'内扶植日本的现实势力、充实日'满'两国的国防、维持'满洲国'治安。"具体来说：第一，日本移民首先被用于镇压东北人民的抗日斗争，移民团首先被布置在抗日武装活动频繁的地区，全副武装的移民团不仅接替日军的警备任务，还多次配合日军对抗日武装的围剿。第二，日本移民具有明显的直接的军事目的与关东军的军事战略和军事部署密不可分，是作为关东军对苏联防卫和进攻作战的辅助和后备力量，主要分布在靠近苏联的北方地区。又作为保护铁路和维持治安的协作力量，被配置在铁路沿线。第三，日本移民是为缓和日本的国内矛盾迁出国内的贫苦农民，增加在东北的日本人口作为日本殖民统治的社会基础，最终目的还是支持侵略战争。第四，掠夺东北的土地资源。日本移民声称开发荒地，实际上日伪当局确定所谓"开拓地"时，并不分什么生地、熟地，而是划大片一律归日本人所有。大量强占中国农民的已有耕地，使他们因此而流离失所或家破人亡。何况荒地也是中国的资源，也不能任人开垦和践踏。第五，剥削和奴役中国农民。"开拓团"占有的土地，其中的大部分是租给中国农民或雇佣中国农民耕种。日本移民先从中国农民手中抢走土地，再利用这些土地去强占中国农民的劳动。[①]

为了掩饰日本移民的侵略性，日本的辩护士们说，日本移民为中国东北带来了先进的生产方式，从而促进了东北的农业近代化。这真是弥天大谎。

第一，当时日本农业仍是以小自耕农为主体的封建生产方式，毫无先进可言。

第二，当时日本农业生产技术和工具与中国东北并无太大差别。日本移民只会种植水田，还不得不向中国当地农民学习耕作旱田技术。

第三，日本移民侵略打破了东北从20世纪末开始的农业现代化进程。原有机械农场遭到摧残。日伪剥夺农民土地归日本移民所有，东北农民成为伪满"国家"农奴和日本移民的佃农，这是生产方式的严重倒退。[②]

第四节　制造无人区与集团部落

从1933年开始，在桓仁、通化、辑安、临江、抚松、长白等抗日武装活跃的地区，主要是山区，日伪用并大屯的办法，企图完全切断游击队同人民的联系，断绝其粮草来源。日伪烧掉分散居住的农民的房屋，迫使其放弃耕地，设置无人区，将他们驱赶到所谓"集团部落"，严密监视起来。相当于全部人口的十分之一的农民，被烧掉房屋强制驱赶到指定地点建设集团部落安置新家。仅在吉林省东部的桓仁等六个县就烧掉及迁移36 484户（其中烧毁房屋18 915户），占总户数107 433户的34%。最严重的桓仁县甚至高达66.5%，迁移人口272 981人，废弃耕地549 319亩。详见表1-7-5和表1-7-6。

表1-7-5　关于因设定无人地区烧掉房屋及迁移调查表（康德四年1月）[③]

县名	总人口	总户数	烧掉户数	迁移户数	烧掉及转移户数		
					人口	户数	占总户数的%
桓仁	205 810	24 131	7 509	8 564	136 090	16 073	66.5
通化	172 348	25 855	6 534	4 477	73 405	11 011	42.5

① 杨玉林. 日本移民侵略学术研讨会综述. 东北沦陷史研究，1997（2）：80-82.
② 同②：80-82.
③ 吉林铁路局产业处. 通化ヲ中心トスル经济事情，1937.

续表

县名	总人口	总户数	烧掉户数	迁移户数	烧掉及转移户数		
					人口	户数	占总户数的%
辑安	133 278	19 147	1 860	2 753	32 659	4 613	24.1
临江	106 066	17 907	1 866	1 595	20 412	3 461	19.3
抚松	43 229	9 277	554	196	3 690	750	8.1
长白	60 488	11 116	592	684	6 725	1 276	11.5

表 1-7-6　因设定无人地区废弃耕地及减产调查（康德四年 1 月）[1]

县名	农家户数	耕地亩数	每户平均亩数	烧掉及迁移户数	废弃耕地亩数	废弃地对总耕地的%	每户平均废耕地%	废弃耕地减产估计/石
桓仁	26 811	516 642	19.3	16 073	115 513	22.3	7.2	288 783
通化	24 028	672 420	28.0	11 011	328 670	49.0	29.8	827 675
辑安	16 697	257 567	15.4	4 613	79 984	31.0	17.3	199 690
临江	13 579	307 519	22.6	3 461	6 972	2.3	2.2	17 430
抚松	4 696	77 182	15.3	750	7 780	10.1	10.0	19 450
长白	7 302	112 839	16.4	1 276	10 400	8.2	8.2	20 000

这种集团部落涉及伪满的许多省份。从 1933 年搞起，1936 年和 1937 年搞的最多。

集团部落到 1939 年累计达 10 170 个。此外，还有年度、地点不详的集团部落 3 863 处，如表 1-7-7 所示。

表 1-7-7　集团部落[2]

年度	个数	所属	经费
1933	8	间岛省（延吉、和龙、珲春）	不详
1934	36	间岛省内	不详
1935	1 172	奉天、安东、滨江等各省	不详
1936	3 361	各省	444 568
1937	4 122	各省	1 553 600
1938	1 923	各省	937 200

①　田中武夫. 橘朴与佐藤大四郎. 龙溪书舍，1975：137.

②　佚名. 满洲国警察小史：235.

续表

年度	个数	所　　属	经费
1939	88	各省	不详
累计	10 710	…	…

农民们不但得不到任何补偿，而且要承担修建部落围墙等强制劳动。这种集团部落以 100～150 户为一个单位，每户 100 坪[①]，公共地按 15 户的份额，干线道路宽 8 间（1 间 = 1.818 米）两条、支线宽 5 间 8 条，总面积约 220 平方米，用 8 座炮台和壕、土墙、铁丝网等武装起来。

由于实行强制集中手段，农民的人身自由也受到严重伤害，1934 年在伪奉天省抚顺县马郡村，"在集家部落内，据说由于住宅不良不足，致使大量人生病、几乎到了每户有一个死者的程度。"[②] 农民遭受的苦难不胜枚举。

还有，更严重的是"军事用地，主要为东自吉林省牡丹江的绥芬河，西至黑龙江省的满洲里，长达一千多公里与苏联接壤的国境地带，宽约 20 公里内划为'无住地区'，即不许人民来往居住的禁地。这地区的面积数字不详，或有估计为五百多万公顷的。在这地区里的居民，土地被没收、房屋被烧毁，毫无代偿地被驱逐出境，流离死亡者不计其数。日寇此举，对内是以坚壁清野的方法，包围肃清抗日联军所恢复的失地，对外则修筑军事碉堡防御苏联。"[③]

第五节　农业生产的萎缩

一、日伪的农业生产政策

伪满政权的农业生产目标，首先，按照关东军的需要，将国防资源的开发摆在第一位。"昭和七年（1932）的所谓满洲建国以后，前往满洲的日系官僚所关心的，在农政方面来说，当初不是高粱、大豆、粟、玉蜀黍等原有的普通作物，而是大米、小麦、燕麦、苜蓿、洋麻、亚麻、棉花等所谓特用作物的增产。增产第一主义是他们政策思考的支柱。这是一贯不变的。"[④] 其次，是出口农产品的增产，不过并没有认真采取增产措施。在世界经济危机笼罩下，在农村遭到日军

---

① 坪为日本面积单位，1 坪 = 3.305 7 平方米。

② 满洲帝国协和会中央本部调查部．康德十年度农村分会实态调查报告书：13.

③ 王子衡．伪满时期经济掠夺的三光政策//孙邦．经济掠夺．长春：吉林人民出版社，1993：37.

④ 田中武夫．橘朴与佐藤大四郎．龙溪书舍，1975：137.

铁蹄的蹂躏下，一般农作物的改良增产不过是纸上谈兵愚弄群众而已。唯有在棉花及其他原料作物方面少有进展。

棉花和小麦的增产

由于大豆生产过剩，大豆价格暴跌，伪满推行作物的调换。使农民减少大豆的耕种，在南满用棉花，在北满用小麦来代替。这是从日伪的经济统制和自给自足来考虑的。在关东军、伪满洲国、满铁、铁路总局的督促下，从单一种植向多角经营转变。

中国东北的棉花栽培以位于北纬 41 度的辽阳县为中心，加上南满铁路沿线的海城、盖平，奉山线沿线的黑山、锦县、北镇以及锦承线沿线的义县、朝阳等共 8 县，为主要植棉地区。特别是辽阳占全东北棉花产量的约四分之一。1931 年前，东北的棉花种植面积约 3 万公顷。在 1933 年，伪满洲国制定了关于增产棉花的 20 年计划，同年设立满洲棉花协会，作为政府代行机关同满铁、关东州的试验机构合作，指导、奖励棉花栽培，普及改良种子，斡旋联合销售等。又使令棉农组成棉花耕作组合。后来将棉花协会解散，又新设满洲棉花会社作为棉花的经办机关。1936 年棉花种植面积增为 8.2 万公顷，实棉产量达 5.7 万吨，换算皮棉 1.6 万吨。[①]

在北满，同是市场作物的小麦和半市场作物的粟得到发展。

特殊作物为日本军事上所需要，日本每年也需要亚麻原料约 1 500 万斤。伪满输送谷物每年需要麻袋约 4 000 万个（价值约 1 000 万元），其中自产在 350 万个左右（约合 86 万元），其余大部分依靠输入。作为麻袋的原料，每年需输入印度黄麻五万七八千斤（83 万元）。

在北满，满铁鼓励种植亚麻取得一定的成绩。1934 年 4 月，设立日满亚麻纺绩株式会社，当年在呼兰、海林、绥化、双城堡、克山、乌吉密河、海伦等地种植面积合计 1 996 町步（1 町步＝9 917.4 平方米）。

二、春耕贷款

面对农村的困窘，农业生产的滑坡，为应付农业危机，伪满采取的对策，首先是发放春耕贷款。这是以地契作抵押，在播种期贷给春耕资金，拟在秋收后回收。1933 年起，由伪满中央银行贷放。贷放额为 1933 年 1 268 万元，1934 年 1 557 万元，合计约 2 800 万元。这是一种应急救济办法。"由于金额少，贷放期间短，手续繁琐等因，贷出并不顺利。例如，据庆城县的调查，贷放总件数中 62% 是 20 元以下的小额贷款，再有 20～50 元的占 35%，50 元以上的贷款不到 3%。并且，

---

① 满铁调查部．日满支三国经济ブロック国内ニ於ケル棉花自给方策ニ就イテ，1939：42.

为了这少量贷款，农民们远道来到县城，再由于繁琐的手续必须在那里住一宿，去掉这些费用，已所剩无几。"① 由于这种贷款主要被用于生活、交税和还债，用于农耕的很少，因此回收极其困难。1935 年 4 月起终止春耕贷款，理由是返还成绩极差。在 1935 年 1 月，贷款 2 800 万元中只返回 850 万元。由于抵押的地照被没收，"结果，满洲农民是以一垧地 8 元或 10 元，不足实际地价的几分之一的少数，丧失他们的土地"。

这一贷款数额同需要相比显然过少，对农业生产作用不大。不过有人认为"春耕资金贷付特有的社会意义在于防止地租的下落"（大上末广）。也就是说，有利于稳定地主经济。

"九一八"事变后的五年平均种植面积和平均总产量，分别比"九一八"事变前三年下降 2.5% 和 15.8%，如表 1-7-8 所示。

表 1-7-8　"九一八"事变前后种植面积与产量的比较

年代	平均种植面积/公顷	对前期的减少率/%	平均总产量/吨	对前期的减少率/%
1919—1931	13 307 855	—	18 537 320	—
1932—1936	12 996 826	2.5	15 587 305	15.8

资料来源：《满铁调查研究资料第 66 编昭和十六年满洲农产统计》。

三、金融合作社

在日伪统治的初期，对于农村，除继续维护封建土地制度外，并没有一套完整的经济政策。针对当时的农业危机，首先提出的是发展农村的金融合作社。先是伪奉天省自治指导部制定《农民金融组合设立方案》，认为急需在农村设置庶民金融机关，根据伪满中央的方针，决定"暂先在沈阳县及复县实验性的开办两处，前者在大同二年（1933 年）3 月，后者在同年 5 月开业。其后在大同三年（康德元年）在奉天省内有 8 社、吉林省内有 2 社、黑龙江省内有 1 社，各个都达到开业的阶段。"② 对每个金融合作社都是由伪省公署给予无息贷款 2 万元并予以经费补贴。"金融合作社的任务是通过农村金融的疏通，救济农民，恢复农业生产。首先以地主、富农层为主要救济对象，极力防止他们废耕为当务之急。这也是带有使在农村社会有政治势力的地主、富农成为新国家的积极支持者的政治意

① 田中武夫. 橘朴と佐藤大四郎. 龙溪书舍，1975：264.
② 滨江省兴农合作社. 合作丛书：第二辑　满洲农村合作运动论丛：上卷：附录　满洲合作运动小史：6.

义。"① 伪满财政部将金融合作社的性质，界定为"金融合作社是国家设施的一端"，"是所谓国家机关的别动队"。②

为了严格监督各地金融合作社，伪奉天、吉林和黑龙江三省分别设立了金融合作社总社，并于 1934 年 8 月在伪满财政部监督下设金融合作社联合总处。随后，伪满于同年 9 月公布了《金融合作社法》和该法施行规则。同年 12 月，伪财政部大臣发下金融合作社联合会设立许可，同时废除了金融合作社联合总处。12 月 17 日，设立金融合作社联合会。

金融合作社主要是以原有农会为母体，合作社干部主要是选任当地的实力人物地主、富农。放款又以地照为抵押。所以，金融合作社的社员主要是地主、富农。它成为伪满政权与地主富农相结合的意在垄断农村金融的组织。

伪满采取一县一合作社的方针，1934 年度新设 39 社，1935 年度新设 30 社，1936 年度 21 社，1937 年度 4 社，1938 年度 20 社，到 1938 年度末共达 127 社。伪满的主要县、旗都设置了金融合作社，从 1937 年起，在合作社事务所之下又有分所的设置。到了 1939 年 8 月共有事务所 125 个、分所 209 个，总数达 334 个。③ 由于是以县为单位，所以每个社的规模都相当大。金融合作社虽然可以自由加入，但每一股定为 5 元，只有地主、富农有能力参加，而与广大贫雇农无缘，并且它的抵押贷款制度也将无地的广大农民拒之门外。

金融合作社发放的贷款都是一年以内的短期贷款。主要是抵押贷款，以地照和村长提供的担保证明作为抵押，贷款限额为 300 元。此外也有部分保证贷款，是使社员 10 人左右组成连带保证团体与之签订连带保证合同后贷给，限额为 150 元。后来根据金融合作社法，贷款限额为无担保最高 20 元，有担保最高 500 元。贷款收取高额利息，在 1934 年 12 月，短期抵押贷款月息高的达 1 分 6 厘（沈阳、辽阳等奉天省 8 县），低的也有 1 分 2 厘（黑龙江省克山县），短期保证贷款月息最高是 1 分 8 厘（奉天省沈阳县等 8 县和吉林省额穆县），最低是 1 分 5 厘（黑龙江省克山县）。④ 起初是比照当铺的利息（当铺的利息最低为月利 2 分 5 厘，最高一成余）后来逐步降低到二分之一左右。短期抵押贷款的利息，在 1935 年 2 月以前为日息 5 钱 3 厘到 6 钱，经过五次降低，在 1938 年 5 月 20 日以后降为日息 3 钱。1937 年开始实行小农贷款，由保长负责，使农民结成组，

---

① 滨江省兴农合作社. 合作丛书：第二辑　满洲农村合作运动论丛：上卷：附录　满洲合作运动小史：31.
② 田中武夫. 橘朴と佐藤大四郎. 龙溪书舍，1975：142-143.
③ 佐久间正春. 金融合作社七年史，1939：131.
④ 同③：41.

实行贷与。小农贷款的限额是 50 元，日息 3 钱 8 厘。[①] 金融合作社的小农贷款实际上也主要是以地主、富农为对象，因为贫雇农几乎没有可能参加联保组织。地主、富农借到贷款后又以高利转贷给贫苦农民，助长了农村高利贷的猖獗。战后，有人揭露："金融合作社等于帮助地主、富农的中世纪榨取。"[②]

金融合作社联合会在 1934 年 12 月有会员 13 社，会员出资 6 500 元，贷款 1 417 608 元，存款 17 108 元，借入款 1 587 150 元。1937 年，金融合作社共发放贷款 15 098 524 元，其中担保贷款 12 527 890 元，占 82%，其余属于特别保证贷款。当时金融合作社有 107 个，社员数为 300 061 人，即每社平均 2 804 人。只占全区户数的 6.06%。到 1939 年 6 月，有会员 125 社，会员出资 62 500 元，贷款 103 314 316 元，存款 2 656 745 元，借款 91 685 445 元。[③]

"与金融合作社的设立相前后，在日满集团经济的要求下，制订了棉花、洋麻、柞蚕、烟草、绵羊、产马、渔业等生产计划。为完成计划，在全满各地按农产物种目，设立了农事（生产）组合。它几乎没有协同组合的职能，莫如说是各县或省行政机关的分支，是生产统制机关。"[④]

橘朴的新重农主义与农村协同组合运动

伪满的农业合作社运动是由一部分日本人发起的，它的指导思想是所谓新重农主义。新重农主义是以大陆政策指导者自居的橘朴的主张。新重农主义的核心是将地主、商业、高利贷三位一体的制度合理合法地解消，扫除农村的封建桎梏，它的着眼点是农村的贫农层。其目的是稳定农民生活，笼络劳动农民以便消灭农民的民族意识和对抗农民中的抗日运动。橘朴关于合作社运动的目标和动机写道："我们发起这个运动的动机是组织适合华北及满洲农村条件的农民运动，据此积极方面是显示东洋农业民族解放的全貌，消极方面在于克服从西洋思想吸收的民族主义或社会主义的农民运动。"[⑤] 绥化合作社运动的指导者佐藤大四郎在其《绥化县农村协同组合方针大纲》的开头就写道："今日土豪仍以压倒的优势实质上支配着农村，由我方对他们的恶行进行牵制，从而争取该国抗日人民战线运动的基干部队、革命核心的贫农层。据此扩大有效对抗急速发展中的赤色势力的社会基础。"[⑥] 这就是他们积极推进农村合作社运动的根本动机。

在农村反对民族主义和共产主义，同中国共产党抗日联军争夺对劳动农民的

① 佐久间正春. 金融合作社七年史，1939：129.
② 田中武夫. 橘朴与佐藤大四郎. 龙溪书舍，1975：145-146.
③ 佐久间正春. 金融合作社七年史，1939：196.
④ 滨江省兴农合作社. 合作丛书：第二辑　满洲农村合作运动论丛：上卷. 1940：32-33.
⑤ 山本秀夫. 橘朴. 中央公论社，1977：264.
⑥ 同⑤：264.

领导权，以巩固日本帝国主义对中国东北的占领，这是伪满农业合作运动的主要使命。不过北满农事合作运动的指导者佐藤大四郎等人认定当时农村的实情是"立于半殖民地半封建这一二重规定之下，这意味着劳动农民群众一方面处于封建的高额地租的重压之下，并且由于同资本主义经济直接结合又处于其直接或间接的威胁之下，这二者互相重合，农民生活被极端压迫，阻碍农业生产力的发展"。所以，他认为农业政策的当前目标"必须放在封建性的纠正这一点上"。"合作运动的对象必须从地主富农层进一步扩大到中、贫农层，特别是后者。"[①]这就种下了日后合作社运动被关东宪兵队认做共产主义运动而被镇压的根源。

第六节　农民的贫困化和农业危机

一、沉重的租税负担

东北的农村历来是比较富裕的，所谓旱涝保收，即使雇农也能维持最低的生活水平。饥荒在东北农村并不多见。但是，日本的占领改变了这一切。本来在世界经济危机的笼罩下，东北大豆销路锐减，农村经济遭受到严重打击，农村的状况开始恶化。在这种情况下，日本的占领和侵略军的暴行，对于东北农民来说无疑是雪上加霜。日伪军所到之处，烧杀抢掠，土地荒芜，人民流离失所。再加上北满空前的大水灾，引起农民的群众性的废耕，出现饿死、冻死的情况。农村从根本上发生动摇。

农民不堪忍受的还有伪满的苛捐杂税。在黑龙江省的相关情况如下两表所示。

1933 年对农产品的课税，每一垧地摊派的负担如表 1-7-9 所示。

表 1-7-9　每一垧地摊派的负担　　　　单位：元

地租	0.500 0	马贼讨伐费	0.130 0
自治费	0.037 0	省立中学校	0.012 0
计（以上省税，向县交纳）			0.679 0
保甲税	0.600 0	警备费	0.267 0
学费	0.037 1	实业费	0.012 0
保卫团费	0.320 0		

①　滨江省兴农合作社. 合作丛书：第二辑　满洲农村合作运动论丛：上卷. 1940：5-6.

续表

计（以上五税为地方税）	1. 236 1
合　计	1. 915 1

此外，在农民卖粮时，还须缴纳：

卖粮补助学费	2% 粮款
补助警备费	1% 粮款

再看当时农民种地的成本，每种一垧地的开支如表 1-7-10 所示。

表 1-7-10　每种一垧地的开支

人工费	12. 00 元	耕种费	10. 00 元
诸税	2. 00 元	计	24. 00 元

其收获一垧作为大豆 4 石，一石的价值换算 3 元，则

每垧	12. 00 元	搬运其他	3. 00 元
计	15. 00 元		

资料来源：日满实业协会．满洲大豆暴落とその対策，1934：34-36.

农民每种一垧地的开支是 24 元，而卖粮收入只有 15 元。如果是佃户，还必须对地主交纳 1 元 50 分的租金。

在吉林省，根据满铁的调查，租税占各类农民收入的 10% ～20% 。详见表 1-7-11。

表 1-7-11　吉林省永吉县南荒地大同元年度（1933）
农民经营别屯民的租税及公课平均负担表①

农家种类	租税及公课负担							租税及公课负担对总收入的百分比/%
	现物收入/元	现金收入/元	总收入/元	国税/分	县税/分	公课/分	总额/分	
地主	35. 20	70. 00	105. 20	527. 79	657. 68	200. 00	1 385. 47	13. 17
自耕农	69. 35	43. 00	112. 35	877. 37	494. 22	875. 35	2 246. 95	20. 00

① 满铁经济调查会．满洲の一农村に於ける农民の租税负担，1934：7.

农家种类	租税及公课负担							
	现物收入/元	现金收入/元	总收入/元	国税/分	县税/分	公课/分	总额/分	租税及公课负担对总收入的百分比/%
自耕兼佃农	331.11	170.98	502.09	1 728.40	790.38	2 643.90	5 162.68	10.28
地主兼佃农	337.01	237.00	574.01	2 796.41	2 353.75	3 525.50	8 675.96	15.11
佃农	544.26	238.40	782.66	2 016.59	800.00	5 076.72	7 893.31	10.09
农业工人	—	74.25	74.25	531.42	—	100.00	631.41	8.50

关于农民在日伪统治下面对难以负担的捐税，那种上天无路、入地无门的困境，有一份名为《对吉林省东境方面农民的影响》（吉林事务所长报、吉事资8第899号，9.7.15）①的调查报告。其中保留了农民活生生、血淋淋的血泪控诉。这位当地的农民告诉满铁的调查人员："我们在过去三年，自己所有耕地的十分之五，由于兵匪的连绵而放弃，十分之一以上为这些匪贼掠夺或强制充当食粮，现在勉强获得十分之四的收获。而收获谷类的价格只不过是原来的约三分之一，加上没有买主，正艰辛地维持生活，不要说四季的被服，大多数的有住房者，在寒天中没有钱修缮。此外，大多数住房被舍弃，或被匪贼和讨伐军烧掉，无家可归者正向市中找租房避难。然而，满洲国的征税官吏，按所有耕地的全部面积分摊，年初未交纳部分也一并强制索要。我们对于这种要求，想将所有能变为金钱的物品统统卖掉或将仅有的谷类如草芥一样卖掉，以便应付，可是没有人买，想卖牛马抵充，可是其大部分全被匪贼拉走，只剩下一两头，虽然明知明年的耕种会立即陷入困境，因实在不堪强制压迫，决心卖掉以达到纳税目的，可是，又无买主。对这种实际情况无论如何诉说，官吏根本不听，仍按县参事官的命令坚持强要。最后许可暂时延期，还威胁地留下话，说若到期不交将由警察立即拘禁，方才离去。到期未能交纳者即派警官加以拘禁。因此，想尽一切办法达到部分纳税的目的，请求警察免去对主人的拘禁。警察对此强索拘禁中的饭费和手续费，一日收取3元到5元的不合理费用，不交就不放人。我们今后在当地已无力从事农业，除舍弃土地离家另寻乐土之外别无出路。无论怎么想卖掉房屋土地，在现在的状况下，不要一分钱也没人接受。这个禁令，据说也是现在县公署

---

　　① 满铁经济调查会. 满洲の一农村に於ける农民の租税负担，1934：7.

或县公安局内勤务的日系官吏下的命令。"[1]

二、大豆跌价对农民的打击

在经济危机的影响下，特产输出的减退，引起特产价格的暴跌。日伪的通货紧缩政策更是火上浇油。大豆的行市，1929—1930 年平均每百斤 5 元 67 分，在 1934 年 2 月激降至最低 2 元 96 分。谷物类价格，新京批发物价指数，以 1932 年 7 月为 100，1933 年 12 月降为 70.5，1934 年 3 月又降为 65.2。

谷物价格的跌落使农民陷于极端贫困的状态，特别是北满的谷仓地带，主要农产品大豆价格跌的最猛，1934 年 4 月跌到 54%。价格下跌超过 25% 以上的有大豆、豆油、豆饼、玉蜀黍、高粱、粟、小麻子、小豆和面粉等。而进口的杂品价格却上升了 10% 左右。[2] 在 1933 年卖 "剩下的大豆，当时 1 元 7、8 角钱的，到夏天变为 8、9 角钱，到秋天变为 5、6 角钱，进入今年变为 3、4 角钱，终于未能卖出。滨北地区 1 俄尺＝3 英尺的木材必须用 2 普特大豆交换，煤要加倍，盐几乎要出 20 倍。由于卖了豆也买不了东西，穿着破烂衣服，用烧大豆代替烧煤，这就是北满地方农民的现状。"[3] 1933 年本来就是歉收，而且农产品价格低落，农民为获得必需的货币收入，连自己的口粮也拿来卖了。滨江省呼兰县孟家村孟家屯的商品化率，小麦是 88.7%，大豆是 85.8%，一向不卖的粟也达 20%。[4]

农民赖以获得现金的大豆价格一跌再跌。在北满已经到了与其将大豆运到市街出卖不如作为燃料或干脆扔掉更为划算的地步。伪满政权虽然也搞了春耕贷款和组织特产共贩会一类应急对策。但前者杯水车薪无济于事，后者与其说是救济农民莫如说是加重了农民的负担，这种反面效果很强，实质上是以失败而告终。

一份北满农民穷困状况的总结

满铁在 1933 年对北满农村做了调查，对北满农民的贫困状况作了如下总结：

一、在北满农民生计调查中，调查县 14 个，调查户数 22 户，收支平均每垧地为国币（损）3 元 20 分。其中收支的损益，属于（益）者是 7 户最高 4 元 62 分，最低 66 分，属于（损）者是 15 户最高 87 分，最低 19 元 12 分，即三分之二以上是损。

二、在拜泉地方农家的核算（国币）中，一天地平均收获 3 石（43 普特），

---

① 经济调查会第二部　地方部农务课．昭和九年 6 月满洲大豆生产关系对策参考资料其ノ三（北满农民穷迫ノ实情、农家租税负担例）：24—26.

② 中西仁三．满洲经济杂记．满洲修文馆，1944：32—33.

③ 井藤荣．建设期满洲の经济方策，1934：25.

④ 南满洲铁道株式会社调查部．北满农业机构动态调查报告：第一编．株式会社博文馆，1942.

在克山的生产成本每普特44分6厘，这同克山市价比较，每普特损28分6厘，每天地损12元29分6厘。在拜泉，每普特损25分，每天地损10元75分。

三、各地区数字如下：

（1）在齐齐哈尔地方

耕种10垧地的自耕农（4人家族），扣除直接费用后收入江省大洋（黑龙江省当时使用的大洋票）90分，减去生计费112元25分，不足为11元5分。

（2）在泰安镇

每10垧地（去掉生计费）以国币计亏损：

自耕农　　　　59元50分

佃农　　　　　88元25分

（3）在吉林省东境方面

正为纳税而苦恼。

（4）在宁安县

自耕农	（400垧）	每10垧	哈洋①	-12.65元
自耕兼佃农	（50垧）	每10垧	哈洋	53.20元
佃农	（10垧）	每10垧	哈洋	100.00元

四、甘南县及龙江县的调查

自耕20垧、出租60垧

损益　　　　-74.28元，现金收支　　　　-186.97元

自耕20垧

损益　　　　-301.44元，现金收支　　　　-503.20元

自耕30垧、出租45垧

损益　　　　-777.41元，现金收支　　　　-802.60元

以上任何地方最近农家的收支都是亏损。②

三、农民的负债

满铁哈尔滨事务所从1934年2月21日到3月14日，同其他机关合作，实行1933年度特产实收调查时，同时进行了农民生计调查。其调查范围是呼海、齐克、北铁西部各线及松花江下游地方的各背后地，有呼兰、绥化、庆城、海林、拜泉、明水、依安、克山、讷河、龙江、安达、青冈、兰西、肇

---

①　哈洋为哈大洋券的简称，指1919—1931年间由交通银行、中国银行等六家银行发行的大银元兑换券。

②　经济调查会第二部地方部农务课. 昭和九年6月满洲大豆生产关系对策参考资料其ノ三（北满农民穷迫ノ实情、农家租税负担例），1934：39-41.

东、巴彦、木兰、通河、汤原、依兰、桦川 20 个县。调查户数是 100 垧地以上的耕作农家 8 户、50～100 垧地农家 2 户，50 垧地以下农家 13 户，合计不过 23 户。这项调查的一般归结是，农民一人一年的耕种面积是 7 垧地（约 5 町步），一人一日主食费 3 分 1 厘，副食费 2 分 1 厘，饭费合计 5 分 3 厘，一人一年衣服费 2.80 元。尽管这样贫困，一年之间一农家支付的工资（雇工工钱）达 55.09 元。①

满铁经济调查会编 1935 年版《满洲经济年报》分析了伪满初期东北农民的惨状。刨除日军的占领因素，认为根本问题是几乎占农民九成以上的中、贫农，首先被具有半封建特征的土地所有关系压垮，几乎经常收不抵支，处于半饥饿状态。大部分农民在农产品销售和生活必需品购买两方面处于流通机构商人高利贷兼地主、富农的支配之下，使他们成为债务隶农。农业生产力的停滞也起源于债务隶农的贫困。

"满洲农民平均各家的负债约为 420 元。一年支付利息平均约为 80 元，占各农家平均总所得的约 1 成 6 分。这里说的总所得包括生活费、捐税负担费、负债利息等未扣除前的总额。这说明两点。第一，满洲的自耕农由于借用低于其土地价格一成的金额，而必须将总所得的一成五以上作为利息支付。第二，是在这些农民的生产方法之下，不能存在作为利息的剩余，如果扣除利息，收支计算只能经常处于亏损状态。"②

又根据 1932 年的报告，在梨树县负债农家数的比率达全体农家数的 60%，在长春附近 15 户农家中，"没有负债的只有大地主侯芝芳一家，他出租 48 天地自种约 30 天地，其他 14 家，包括有六七十天地的大地主们，全都有负债"。对此做过深入研究的铃木小兵卫断定："满洲农家的 70% 至 90% 是负有债务的。"③也有人估计当时农家负债的总额超过 5 亿元。④

从负债的固定化情况看，"在北满大同元年以后为 69.34%，事变前为 30.66%。在南满大同元年以后为 50.29%，事变前为 49.71%，都比事变前负债的固定率高。"⑤

根据康德元年（1934 年）到康德三年（1936 年）的农村实态调查，在北满，调查农家 681 户，其中负债户数 411 户，约占 6 成，负债金额 92 222.56 元。

---

① 南满洲铁道株式会社经济调查会. 经调资料：第 93 编　日本经济的现态及日满经济的联系に关する研究，1935：51.

② 铃木小兵卫. 满洲の农业机构：增补第 6 版，白杨社，1938：442-443.

③ 同②：443.

④ 五十子卷三. 满洲帝国经济全集 11：农政篇后篇. 满洲国通信社出版部刊行，1942：3.

⑤ 同④：8.

在南满，调查农家 569 户，其中负债户数 261 户，约占 4 成 5，负债金额 78 658.55 元，许多农家因负债过多而走向没落。①

四、农民的流亡和灾难

农业生产的危机，给广大农民带来很大灾难。连拥有土地二三十垧的中流农民，生产、生活都发生困难。大量的贫农更不得不弃离土地，沦为难民。据调查，1934 年，仅伪奉天、安东、吉林三省即有难民 118 万多人，难民占全县人口 30% 以上的县就有：清原、柳河、宽甸、通化、长白、磐石、舒兰 7 县，其中舒兰县难民占全县人口的 70.6%。北满情况同样严重。1933 年伪黑龙江省难民即达 33.2 万余人。广大贫苦农民彷徨在死亡线上，吃虫食草、卖儿卖女，景象极为悲惨。连日伪报纸都连声哀叹东北真是"饥饿地狱"。② 在黑龙江沿岸的村落中，甚至有连牛、马、犬、鸡等家畜也见不到的地方。

1935 年 2 月 4 日的《满洲日报》报道了东满农村歉收后农村的惨状。报道说："第二区东安村已经将草根树皮吃光，现在是连续发生杀狗吃或卖掉子女以期摆脱饥饿者，十五六岁的儿童按一人 25 元，妙龄子女七八十元到一百元，接连不断地被卖掉。"③ 1935 年 6 月 15 日，《满洲日报》以题为《面对饿死等待救济的 60 万农民，春耕种植面积只是去年的一半，安东省的穷状》报道："安东省内农民的穷迫，如屡次报道，吃草根树皮和家犬，卖掉爱子勉强糊口，其中不断有为摆脱饥饿之苦而自裁者。艰辛地继续生存者，由于营养不良得了怪病而面对死亡，凄惨的人间地狱的情况，越发充满全省。"④ 同年，日本东北帝大诊疗班的报告中关于农民的健康状况写道："100% 的沙眼患者、众多肺结核患者、全面的严重营养不良"，所有这一切是由于普遍的贫穷。⑤

由于严重缺粮，吉林省农民直到 1936 年还在大批出卖和宰杀耕牛，并已宰杀大半。

面对日伪的暴行，农民在忍无可忍的情况下，纷纷起而抗争。1932 年 5 月的一期《满铁调查月报》载文有如下记述："去年珲春县一带由于前所未有的不景气，断粮者接连出现。2 月 25 日穷民 7 000 余名到县城策划请愿，县长虽

① 五十子卷三．满洲帝国经济全集：11 农政篇后篇．满洲国通信社出版部刊行，1942：10.
② 解学诗．伪满洲国史新编．北京：人民出版社，1995：332.
③ 松崎敏太郎．满洲产业经济论．丛文阁，1940：195.
④ 满洲史研究会．日本帝国主义下的满洲．御茶の水书房，1972：181-182.
⑤ 田中武夫．橘朴与佐藤大四郎．龙溪书舍，1975：137.

然亲自解释，研究善后，需等待十天，因听不进去有不稳形势，公安队及警察当局予以解散，饥民不得已留下代表数名而退散……"① 这当然不止是吉林省的个别现象。1932 年 3 月的《满铁调查月报》也曾透露"在辽宁省各地接连发生几百、几万农民成群要求救济的运动。"②

---

① 满铁调查月报，1932：246.

② 铃木小兵卫. 满洲の农业机构：增补第 6 版，白杨社，1937（昭和十三年）：262.

第二篇●

有计划的经济掠夺及全面经济统制（1937—1941）

　　从 1937 年"七七"事变到 1941 年太平洋战争爆发这一时期是东北殖民地经济进一步深化和发展的阶段，也是日本帝国主义者将东北作为"以战养战""以华制华"的根据地，有计划大规模地掠夺东北战略资源，推行第一个产业开发五年计划，实行全面经济统制，变东北为其侵略战争的物资供应基地的时期。

　　1937 年春起，列强海军军缩条约开始失效。军备竞赛达到了白热化的阶段。紧张的国际局势反映到各国的经济政策和贸易政策上，表现为自给自足的经济封锁政策的普遍推行。所谓《日德防共协定》的成立，使日本帝国主义者与欧洲政局结成了微妙的关联，也加深了日本同苏联之间的倾轧和对立。苏联经济建设的成功和西伯利亚军备的增强则成为日本的一大威胁。

　　日本在海军方面要和英法竞争，在陆军方面要准备对抗苏联，又要在对华关系上进一步实行侵略和扩张。在经济上急需摆脱列强的扼制建立自给自足的体系。加紧掠夺东北资源，在东北发展军事工业就成为日本的重大国策。

　　当时，日本政府和军部通过关东军及其操纵下的伪满政权，已经在东北全境实现了全面的殖民统治。东北的铁路、公路、航空、航运、电信电话等近代交通通信设施完全为日本的南满铁道会社、满洲航空会社、满洲电信电话会社所掌握，东北的金融业也被置于伪满洲中央银行和日本的朝鲜银行的控制之下。东北的进出口贸易完全为以三井物产为首的日本垄断资本所垄断，东北的农村完全在金融合作社、大兴公司和日本大粮栈的控制之下。东北已彻底沦为日本的经济附庸，被纳入日本资本主义经济体系中。日伪的目标已经从建立和维持其殖民统治秩序即所谓"治安第一"转向实行有计划大规模的经济掠夺。将所谓"经济发展"摆上了首位。

在这一阶段，日伪推行了"产业开发第一个五年计划""百万户移民计划""北边振兴计划"，当时称为"三大国策"。所谓"三大国策"是互相联系、互相制约的，其共同目的就是变东北为侵略战争的基地，即战略物资的供应基地、兵源的补充基地及进攻中国关内和防范乃至进犯苏联的前哨阵地。

为实现五年计划，发展军事工业，日本军部和关东军的一个重大举措就是勾结日本日产财阀成立满洲重工业开发株式会社。同时，施行重要产业统制法，加强了产业统制。

五年计划的执行，需要大量的资金、资材、劳力，于是，全力引入日本资金，设立多个特殊公司，发展对外贸易特别是对德贸易，实行贸易统制、金融统制、粮谷统制和劳动统制。

到了1940年，由于各种经济矛盾的加深，不得不转而采取重点方针，实际上是放弃了建立军事工业体系发展生产力的努力，全力集中于掠夺资源。

第一章
五年计划和物动计划

第一节 产业开发五年计划

一、关东军的满洲国第二期经济建设纲要

从 1935 年起，日伪的目标就开始从所谓"治安第一"向实行有计划的经济掠夺转变，"经济发展"被提上了日程。1936 年年初，关东军指令满铁经济调查会拟订长期的产业综合开发计划。同时，从关东军参谋升任日本参谋本部作战课长的石原莞尔，主张日本应该实行以增进国力为中心的国防方针，针对苏联国力的增强和苏联红军装备的改善，强调日军需要实行机械化并扩充空军。他委托满铁在东京成立了"日满财政经济研究会"。这个研究会按照石原的意图拟订了一个以生产力扩充计划为中心建立日本总力战体制的《增进国力计划》方案，建议为了准备对苏作战，需要在日本、伪满洲国和华北的范围内，急速开发进行持久战争所必需的产业，尤其是在伪满洲国更应坚决而迅速地进行。

日本陆军参谋本部根据石原的建议，于 1936 年 6 月 20 日拟定了《关于对满洲国的要求》，其中强调"促使满洲的产业飞跃发展，开发进行持久战争所必需的产业，生产军需品。"[1] 随后，陆军省与关东军联系，确定了《满洲开发方策纲要》，并于 8 月 3 日下达给关东军，作为制定"开发满洲"各种方案的基础，使"开发满洲"同加强日本在东北的军备相结合。纲要要求"满洲经济开发"使大和民族及殷实的日本资本参加，并要求伪满洲国制定长期的财政与开发计划。

关东军在 8 月 10 日通过了《满洲国第二期经济建设纲要》。这是一个将日

---

[1] 佚名. 现代史资料（8）：中日战争（1）. みすず书房：680.

本在东北侵略活动的重心转向经济掠夺的总纲领。它要求以 1940 年、1941 年为期，"增强日满共同防卫上所必要的诸设施的实现"①，将经济开发的重点置于军需产业；以在有事之际大陆上军需的自给自足为目标，凡是国防上必需的产业，尽量在东北开发，特别要致力于铁、煤、石油、电力等基础工业的开发；尽快确立农业政策，农业、畜牧业都以满足军需为目标。② 还决定了积极指导奖励日本人移民，统制朝鲜人移民，限制山东、河北移民的方针。要求伪满洲国根据这一纲要起草产业五年计划、财政五年计划、农业政策大纲、关于指导监督特殊公司及准特殊公司的具体方案、关于移民准备的各种具体方策、关于行政机构调整的方策、关于供给制度调整的方策。

满铁经济调查会也于当年 8 月完成了《满洲产业开发长期计划》。

在此期间，伪满洲国也曾以产业部临时产业调查局为中心，进行了东北资源的调查工作，为制订长期的大规模的经济掠夺计划做了准备。

二、五年计划的出笼

1936 年 6 月，在汤岗子温泉，集合了关东军、伪满政权和满铁的有关人员，以陆军省方案作为基础制定了成为满洲产业开发五年计划的基础的计划原案。同年 11 月，关东军司令部通过了《满洲产业开发五年计划纲要》。12 月，提交日本对满事务局，开始同日本政府交涉。

由于所需资金高达 25 亿元，而当时日本的一般会计岁出总额不过 24 亿元。

对于这个过于庞大的数字，日本大藏省不表赞同，在农林、商工两省也有人反对。翌年 3 月在大藏、商工两省带有保留下，对满事务局勉强予以通过，却未能通过日本内阁这一关。最后，是在实施原案时每一事项都要分别履行所需手续的谅解之下，决定姑且推进。③

1937 年 1 月 25 日，关东军司令部通过了《满洲产业开发五年计划纲要》的最终决定案。该计划从 1937 年 4 月起付诸实施。三个月后爆发"七七"事变。

《满洲产业开发五年计划纲要》以 1937—1941 年为期，其方针定为："根据日满经济统制方策纲要，有事之际，置重点于必要资源的现地开发并尽可能谋求国内的自给自足和日本不足资源的供给，确立满洲国将来产业开发的根基。"④

五年计划是包括工矿、农牧、交通以及移民等方面的综合性计划。工矿是主体，占全部投资的 55%。工矿中又以建立兵器、飞机、汽车、车辆等直接关系

---

① 国务院总务厅企划处. 满洲国经济建设ニ关スル资料：第二回，1938（康德五年）：30.
② 同①：30.
③ 古海忠之. 忘れ得ぬ满洲国. 经济往来社，1978：113–116.
④ 国务院总务厅企划处. 满洲国经济建设ニ关スル资料：第二回，1938（康德五年）：45.

军备的机械工业和开发铁、液体燃料、煤炭、电力等重要基础工业，特别是以军事上必需的铁、液体燃料为重点，再加上与以上两类相关的铝、铅、锌、金、石棉、盐、小苏打、纸浆、肉类加工等共计 18 种。拟定在五年期间各种重要工矿产品的生产能力分别扩大 2 倍到十几倍。例如，煤的产量扩大为 2 倍，生铁的设备能力扩大为 2.98 倍，钢锭的设备能力扩大为 3.45 倍，钢材的设备能力扩大为 3.76 倍。电力、黄金、盐的生产能力都扩大 3 倍左右，而液体燃料、铅、锌等则扩大为 5 倍到十几倍。不过，这个五年计划不包括与人民生活紧密相关的轻工业，也没有将扩大生产所必需的劳动力问题纳入计划。

五年计划中农牧方面的重点是尽量增产大米、小麦、燕麦、麻、棉花等与军需有关的农业资源以及着重也是为了军需的马、绵羊的增产、改良。交通方面除既定计划外，要增加为产业发展所必需的设施。

伪满产业开发五年计划从策划到最后完成，完全是在日本军部主持下，由关东军、满铁以及伪满洲国的日系高官一手包揽的，而计划的最后审定者则是日本政府。

产业开发五年计划首先是一个战略物资的掠夺计划，是日本侵略者变东北为其战略物资供应基地的计划。因此，它是一个对中国东北进行全面掠夺的计划。

产业开发五年计划是一个以发展重工业为中心的计划，将开发钢铁、煤炭、石油等作为重点，而忽视轻工业和农业。实际上，这是以牺牲轻工业特别是农业为代价的片面地发展重工业特别是军事工业的计划。

五年计划还是一个从属于日本国民经济军事化的计划，它以建立日本需要的军需工业为主要目标，实现"日满一体""日满分工"，使东北经济的发展为日本的侵略战争服务。关于这一点，伪满的日本高官西村说得很露骨："这个满洲国的产业五年计划，它的实质是以日满为一体的国防计划，直截了当地说它是日本的国防计划也很恰当。"①

日本的方针本来是不允许东北发展机械工业，以便使东北在技术上永远依赖于日本，做日本的经济附庸，但是军需工业、矿业和交通运输业的发展，要求为其服务的附属工业有起码的发展。因此也不能不发展一些必需的机械工业。

生产的畸形发展，国民经济的严重失调，是实施军事掠夺的产业开发五年计划的必然恶果。这种重工业的发展，不能为轻工业和农业的发展奠定物质基础，而是建筑在掠夺轻工业和农业的基础之上的。伪满的第一个五年计划将以生活必需品为中心的轻工业、手工业的开发完全弃置不顾，连生活上所必需的黄酱、酱油、锅盖，甚至木屐也由日本输入。

---

① 西村淳一郎．日满经济恳谈会议事要录，1939：80，186.

第二节　五年计划的修正

一、修正五年计划

伪满开始执行五年计划的当年，爆发了"七七"事变，对军需物资的需要骤然增加。同时，在1937年5月，日本陆军省也规划了重要产业五年计划，将重要产业振兴的一般目标分为日、"满"两个国别，添加了满洲产业开发当初计划没有列入的工作机械和船舶等项目，此外，生产目标也比当初计划大得多。这成为事变后，日本政府向伪满洲国的正式要求。根据这一要求，对当初计划在第二年度以后，不得不很快地大幅度地予以修正、扩大，重新推敲，翌年2月策定了修正计划。

原来的计划被称为当初计划，扩大后的计划被称为修正计划。这个修正计划是以建立"日满一体的自主经济"为宗旨，强调所谓"日满分工的因地制宜原则"，这与当初计划强调的"自给自足"原则又有所不同，当初计划首先强调满足当地的需要，即关东军的需要，其次才是供给日本的不足；而修正计划则是将东北经济完全纳入日本经济体系之中，使东北经济的发展完全从属于日本战时经济的需要。

修正计划的特征是：① 为圆满地供应日本所需原料资源，加速扩大铁、煤、电力、液体燃料等原料资源的生产能力。② 正式确立军需工业，以汽车和飞机为其核心，扩大了汽车和飞机的生产指标。开发项目也由18种增加为21种，增加了铜、化肥和机械3种。③ 更加突出了工矿业的地位，新增投资完全用于工矿业，使工矿业投资比重由原来的54%上升为78%。[①]

修正计划经过日本政府审议后又作了部分改动成为最终决定计划，这就是1938年9月改订的修正计划。其中最大改动，就是将修正计划中增加的工作机械年产500台（目标5 000台）压缩为308台，显示了日本垄断资本扼制东北机械工业使东北工业永远依附于日本的意图。此外，它还降低了发电设备、纸浆、硫酸铵、黄金的指标，提高了煤、铅、铜的指标，增加了氧化铝和烧碱两个品种，如表2-1-1所示。

---

① 满铁调查部．满洲统制经济资料，1938（昭和十三年）：71—79.

表 2-1-1　伪满洲国产业开发五年计划
修正矿工业部门计划表

品种	单位	1937 年度末		1941 年度	
		设备能力	设备目标	生产目标	对日输出
铁	千吨	850	4 850	3 325	1 225
钢锭	千吨	580	3 390	2 027	5 454
钢材	千吨	424	1 770	1 038	
重油	千吨	75	231.9	170.4	160.9
挥发油	千公斤	15 000	703 800	254 800 (15 500)	145 500
煤	千吨	14 554	31 610	31 610	6 000
发电	千	—			
铝	吨	—	30 000	30 000	11 700
镁	吨	32	3 000	3 000	500
纸浆	千吨	5 510		270	
黄金	千克		103	33 277	
铅	吨	1 859	50 592	46 152	39 157
锌	吨	2 575	50 525	50 525	46 431
铜	吨	21	6 103	3 971	
机械	台	—	308	500	
硫酸铵	千吨	181 457	403 970	393 990	310 000
汽车	辆	—	30 000	30 000	3 000 (限于朝鲜)
飞机	架	—	5 000	500	
盐	吨	334 549	910 560	910 560	450 000
小苏打	吨	36 000	72 000	72 000	30 000
石棉	吨		5 000	5 000	3 000

注:

1. 1937 年度末设备能力栏内的煤、硫酸铵、盐为实际产量。

2. 重油、挥发油中未包括抚顺煤液化工厂的产量,1941 年生产目标栏内括号内数字为满洲石油公司用进口原油生产目标。

3. 汽车、飞机均以外国资本及技术为主体。汽车中有 2 000 辆军用车,另预定输往华北 3 000 辆、华中 10 000 辆,飞机 5 000 架中预定输往关内 1 000 架。

资料来源:满铁调查部:《满洲统制经济资料》,极秘,第 80～120 页第 22 表修正矿工业部门计划表。

二、修正五年计划所需资金

从五年计划所需资金来看,当初计划投资是 28.7 亿元,修正计划则为 49.6

亿元，即增加 70%。而该修正计划的投资已除去第一年的数额，实际是四年计划投资，如果加上第一年的投资，则修正计划的实际投资总额为 52.5 亿元，与当初计划相比又增加了 80%，按修正计划每年平均额为 12.5 亿元，而当时伪满洲国财政预算的岁出总额不过 5.86 亿元。可见，不论从当时东北的产业发展水平还是从伪满洲国的财政经济状况，甚至从日本经济的积累水平来说，五年计划对资金的需求都是过大的负担。详见表 2-1-2 和表 2-1-3。

表 2-1-2　第一次产业开发五年计划所需资金实绩累年比较表

(一) 总括表

单位：百万元（四舍五入）

部门	对比	总计	1937 年	1938 年	1939 年	1940 年	1941 年
矿工业	预定	5 103	197	598	1 165	1 400	1 743
	实绩	4 126	226	586	1 017	1 196	1 101
	比率	80.8	114.3	97.9	87.2	85.4	63.1
交通通信	预定	896	146	151	203	206	190
	实绩	1 720	217	175	429	472	427
	比率	192.1	148.7	116.6	210.8	229.7	214.6
农畜林开拓	预定	588	76	109	120	138	145
	实绩	1 069	71	171	308	273	246
	比率	181.7	93.4	156.3	255.4	198.2	170.1
总计	预定	6 587	419	856	1 488	1 744	2 078
	实绩	6 915	514	932	1 754	1 941	1 774
	比率	104.9	122.4	108.6	117.7	111.3	85.3
扣除重复部分实绩		6 708	513	914	1 714	1 863	1 704

资料来源：经济部金融司于康德十一年 9 月发布的极秘文件《金融情势参考资料》，第 30 页。

表 2-1-3　实际筹措地别细目（扣除重复部分）

筹措地	总计	1937 年	1938 年	1939 年	1940 年	1941 年	备考
国内	2 689 (40)	209 (40)	428 (47)	759 (44)	757 (40)	536 (31)	
国外 （日本）	4 019 (60)	304 (60)	486 (53)	955 (56)	1 106 (60)	1 168 (69)	括号内数字表示百分比
合计	6 708 (100)	513 (100)	914 (100)	1 714 (100)	1 863 (100)	1 704 (100)	

资料来源：经济部金融司于康德十一年 9 月发布的极秘文件《金融情势参考资料》，第 32 页。

第三节　五年计划的执行

一、五年计划的执行与受挫

《满洲产业开发五年计划纲要》从其出笼之日起就孕育着无法克服的矛盾，随着计划的执行，各种矛盾日益充分地暴露出来。这个计划的各项指标本来就是脱离东北的经济发展水平及其承受能力的，它的资金、资材和技术无一不是主要依靠从外部引进。根据伪满洲国产业部 1938 年 7 月制定的修正工矿业部门所需资材表，在所需资材价值总额 338 120 万元中，需要由日本进口的"对日期待物资"为 152 785 万元，约占 45%，需要由英、美等第三国进口的物资为 129 645 万元，约占 38%，而准备在当地解决的只占 17%，可以说计划的基础极为薄弱。并且它的最终产品主要是用于战备和战争，因此，随着计划的推行，再生产的能力只能愈益削弱。

日伪为了迅速发展军需工业，摊子铺得很大，连续大量的固定资本投资，引起资金和各种建设材料的紧缺，生产资料价格上涨。另外，随产业大军的扩大，对消费品的需求大增，而民用工业的被抑制，从日本进口民用品的被削减又使生活用品奇缺，引起生活资料价格的猛涨，其中上涨最多的是粮食和被服等劳动人民维持生活的必需品。结果是工人的实际工资下降而名义工资上升，劳动力再生产条件遭到破坏，引起劳动力的不足，流动率上升，熟练程度下降，导致劳动生产率普遍降低。

日伪政权为筹措五年计划所需资金采取了信用膨胀政策，由伪满洲中央银行无限制地印制伪钞，再由伪满政府以投资、兴业银行以贷款的形式交付特殊公司使用，其结果是通货膨胀，物价飞涨，破坏了计划的基础。为了向第三国购买技术装备，增加大豆等农产品的出口用以换取外汇，采取行政手段压价收购大豆、粮食和油料作物。结果，进一步扩大了工农业产品的剪刀差，导致农产品商品率的下降和农业生产的萎缩，破坏了整个国民经济的基础。结果，资金、资材、劳力都陷入极度紧张状态，形成恶性循环。最后不得不放弃其确立军需工业的奢望，倾注全力于矿产资源的掠夺以保证日本战时经济对原料的需求。原来扩大生产力的计划不得不转化为以有限的设备强行最大限度的掠夺，这特别表现为极力扩大劳动力队伍和增加劳动强度，实行最野蛮的奴隶式劳动纪律。其结果是劳动条件更加恶化，工人生活更加悲惨，劳动生产率不断下降，掠夺矿产资源的指标也难以达到。

《满洲产业开发五年计划纲要》从 1937 年 4 月 1 日开始执行。由于各种基本条件的欠缺，资材入手困难、技术劳力的不足，加上对资源调查的不充分和计划过于依赖外部条件，在其执行的第一年就困难重重。煤炭液化、酒精、汽车、飞机等新建部门都未能按计划着手进行。只是由于调动了多年积蓄的力量，其余各类产品第一年度的指标才大体上完成了八九成。其中，生铁为 95%，钢锭为89%，煤为 97%。

1938 年，日伪开始执行修正后的五年计划。除生铁、钢锭和钢材完成设备指标、钢材完成生产指标外，其余各品目的生产指标，除送电外，都远未完成，煤的生产指标只完成 92.5%，欠产 148 万吨。

1939 年进入五年计划的第三年度，受到日本物资动员计划的制约，向日本要求的物资被迫做了压缩；另外，为响应日本的《生产力扩充计划大纲》的要求，再次修改计划提高指标。但是，当年 5 月发生了诺门罕日苏边境战争，8 月起美、英和加拿大相继禁止向日本出口废铁、航空燃料、铜和钢铁等重要物资，9 月德国发动欧洲大战，海上通路受阻。在技术装备上完全依赖进口的五年计划，除资金困难外又遭遇了更难解决的器材困难，本来依靠从德国进口的装备不得不转而依靠日本，而日本由于陷入长期消耗战，处于物资极度短缺状态，不仅难以满足伪满的要求，反而向伪满提出了更多的要求。再加上劳力供应也日益紧张，使计划指标难以实现。除钢铁、盐和石棉的生产指标超额完成，钢板、重油、苏打灰完成设备指标外，其余各项指标均未完成，特别是关系全局的能源工业——煤炭和电力部门欠产甚多，影响甚大。煤炭的生产指标只完成 90.9%，欠产 196 万吨，主要是抚顺、西安（今辽源）、北票等大矿的优质煤。电力设备指标只完成 87%，送电设备指标只完成 86%。其他如生铁生产指标只完成58.1%，钢锭是 79.5%，硫酸铵是 49.7%，铝是 60%，铅是 23%，锌是 16%，黄金是 25%。[①]

进入 1940 年，实际上五年计划已经停止执行，而是按照临时制定的物资动员计划安排生产。由于日本侵华战争长期化，从日本获得建设资材越来越困难，日本对"满关"的输出，从 1940 年 7 月起开始激减。加之欧战的扩大，从第三国进口资材几乎绝望。在资金方面也由于日本起债市场的疲软，获得或导入日元资金日益困难。"这一年，对日物资需要的过多和对满投资供给的顶峰相重叠，满洲的对日收支记录了前所未有的大赤字。由于日本的要求，被迫大幅度地改变

---

① 参见抚顺矿务局日伪档案《产业开发第一次五年计划实绩总括表，矿工部门》。

经济政策、经济计划。"①

为此，在经济计划方面，对外放弃原来的对第三国依存的方针，确立"日满华"整体的综合经济，实施使其紧密联系的种种方策，从这一观点出发所有的经济计划都被修改。对一向的政策、方针、组织等重新进行研究，关于财政、开发、资金、劳务等各种计划，实行重点改组。

1940 年 5 月，伪满总务长官星野直树做了彻底重点主义的声明，从根本上改变了经济建设的方针：① 放弃了综合开发方针，转而以开发少数重点部门为目标；② 从追求扩大生产设备能力转向以现有的设备尽量扩大产量；③ 放弃在东北建设重工业的方针，追求最大限度地向日本供应基础资料。这就宣告了以工矿业为主体的五年计划的失败。

实施重点主义以至高度重点主义的结果，是只有极少数的军需生产企业，获得继续融通资金的援助，而其他产业经营则完全陷于资金枯竭的苦境。从此，伪满产业界更加畸形地发展下去。一方面是供应战争需要的产业疯狂地发展，另一方面是一般人民日用必需品制造业的极度衰退。

二、五年计划执行的结果

从五年计划的执行结果看，第五年度的生产指标，煤完成 76.4%，重油完成 66.5%，电力、铝、盐和硫酸铵勉强完成或接近完成生产指标的一半。原计划大量供应日本的生铁、钢锭、挥发油、铝、锌、纸浆等，多在 30% 上下，生铁最高也只有 41.5%，而最低的挥发油不过 5.0%。日伪曾寄以莫大希望，以之作为外汇重要来源的黄金生产指标只达到 7%，较 1936 年产量还低 41%。至于原计划中准备建立的汽车工业和飞机工业这种军需工业的核心，则完全成为泡影。从整体上看，不用说修正计划完全失败，就是当初计划的指标也远未达到。详见表 2-1-4。

表 2-1-4　改订五年计划主要工矿业产品生产指标完成情况

品种	单位	1936 年度产量	1941 年度生产指标				1941 年度产量较 1936 年度增长/%
			改订计划	物动计划	实际产量	完成比率/%	
生铁	千吨	648	3 415	1 516	1 417	41.5	119
钢锭	千吨	364	2 027	560	561	27.7	54
钢材	千吨	174	1 038	509	459	44.2	164
煤	千吨	13 549	31 610	25 500	24 147	76.4	78

① 山本有造."满洲国"をめぐる对外经济关系の展开//山本有造."满洲国"の研究.京都：京都帝国大学人文科学研究所，1993：198.

续表

品种	单位	1936 年度产量	1941 年度生产指标				1941 年度产量较 1936 年度增长/%
			改订计划	物动计划	实际产量	完成比率/%	
重油	千吨	66	170		113	66.5	71
挥发油	千公斤	9	255		13	5.0	44
发电	千千瓦	443	2 012 (2 318)	1 119	1 069	53.1	141
送电	千瓦	286	4 851	3 452	2 584	53.1	141
铅	吨	780	46 252	10 016	9 540	20.6	1 123
锌	吨	954	50 525	5 985	3 800	7.5	
铜	吨	—	3 971	1 234	538	13.5	298
金	千克	3 976	33 277	3 290	2 761	7.0	-41
铝	千吨	—	15	8	8	53.3	
硫酸铵	千吨	183	394	249	190	48.2	4
盐	千吨	357	410	658	536	58.9	50
纸浆	千吨	10	270	98	79	29.3	690

资料来源：

1. 康德九年 8 月《产业开发第一次五年计划实绩总括表，矿工部门》，抚顺矿务局，日伪档案，生/1942/170。

2. 满铁调查部极秘文件《满洲统制经济资料》第 86～114 页。

五年计划执行的结果，经济结构发生变化，工业比重上升，农业比重下降。在工业部门内部产品结构也有很大变化，化学工业、金属工业和机械器具工业增长较快，而食品工业、纺织工业增长较慢，结果重工业、化学工业所占比重由 1936 年的 11.9% 上升为 1940 年的 42.3%，而食品工业和纺织工业所占比重则占 54% 下降为 30%。详见表 2-1-5。

表 2-1-5　工业总产值中各种工业所占比重的变化

	1936 年	1940 年	产值增长率
工业总产值	100.0 %	100.0 %	6.3 %
纺织工业	20.9%	11.6%	3.5%
食品工业	33.1%	18.4%	3.0%
金属工业	6.9%	23.4%	21.0%
机械器具工业	3.0%	7.7%	15.9%
化学工业	2.0%	11.2%	34.4%
其他	34.1%	27.7%	

资料来源：满洲产业调查会．满洲国政指导综览，1944（康德十一年）：546-547.

第四节　企划委员会及国土计划

一、伪满洲国企划委员会

日伪为实行五年计划，在 1937 年 7 月伪满洲国行政机构改革之际，曾设企划会议作为重要政策的综合审议机关。随中日战争的长期化，为建立准战时体制，推行扩大了的五年计划，又于 1938 年 7 月 14 日设置企划委员会，对产业、经济及其他在统制运营上的重要施策进行综合审议。企划委员会是以产业开发计划及战时下的物资动员计划为中心的重要经济规划的统一的设计审议机关，就伪满洲国的产业开发来说是其经济参谋本部。该委员会在伪国务总理大臣的监督下，由伪总务长官任会长。它的委员分为一般委员和特别委员。一般委员由伪国务总理大臣从有关官厅的简任官中任命，特别委员由伪国务总理大臣从有关官厅的简任官、特殊银行、公司理事或富有经验的有识之士中任命或委托。除上述委员外，关东军的有关军官可随时列席会议，根据需要，协和会中央本部部长也可列席。委员会的干事长由总务厅企划处长担任。委员会审议决定的结果移交有关机关，督促其实施。

企划委员会设置各种政策委员会，同时根据需要在各政策委员会下还可设分科会就特定事项进行调查、计划或审议。首先于 1938 年 8 月 3 日设汇兑委员会，负责审议外汇运用管理上的重要方针及计划。同年 8 月 25 日设物资物价委员会（1939 年 8 月 10 日起划分为物资委员会和物价委员会），审议及起草有关调整重要物资的供求、物价对策等重大方针及计划。9 月 10 日设劳务委员会，审议并制定有关劳动力供求调整、产业技术人员的培养以及与之有直接关联的各种重要事项。9 月 22 日设金融贸易委员会，在金融方面负责审议资金统制标准的决定及变更，选定重要产业的范围，关于国内资金的供求对策和其他金融政策的必要事项；在贸易方面，负责审议有关同外国的贸易协定及其他增进贸易方策的必要事项、有关进出口统制及其他有关贸易政策的必要事项。1939 年 1 月 5 日设产业开发委员会，负责审议并制订产业开发计划以及计划产业和其他重要产业的统制开发措施。1939 年 3 月 3 日设开拓委员会，负责审议开拓用地的整备、改良和修整以及有关处理开拓农民和当地农民的重要方针及计划。此外，还有为筹集军用物资，负责审议并制定有关物资及劳动力的各种需求的联系、供应和价格调整的主要方针及计划而设置的整备委员会。总之，企划委员会成为伪满经济统制的最高中心机关。

在伪满的省一级也从 1939 年起设省整备委员会作为全省经济的审议立案机关和军需及民需物资的筹措和调整机关，也设有分科会，还有下属的市、县、旗调整委员会，层层贯彻经济统制。例如，"在龙江省结成省整备委员会，齐齐哈尔市（省内各县旗）是调整委员会，以物资物价两对象为中心，使之参加经济统制运营的协作指导。"[①]

二、工业地区与国土计划

日伪统治初期为防止工厂的乱设，设定了奉天、安东、吉林和哈尔滨四个工业地区。到 1939 年，又将工业地区分为以奉天为中心的奉天工业地区、以哈尔滨为中心的北满工业地区、以牡丹江为中心的东满工业地区、以佳木斯为中心的三江工业地区、以安东为中心的安东工业地区、以吉林为中心的吉林工业地区、以锦州为中心的锦州工业地区、以通化为中心的通化矿工业地区。工业部门的重点是集中在以奉天为中心的南满工业地区。即以奉天为核心包括抚顺、鞍山、本溪湖、辽阳、苏家屯、铁岭、海城、大石桥、营口和瓦房店各城市，拥有各类工厂约 80%。特别是奉天的铁西地区集中了重工业、化学工业和轻纺工业的大工厂。资本在 1 000 万元以上的就有满洲矿业开发株式会社奉天制炼所、满洲电线株式会社、满洲住友金属工业株式会社、满洲机器株式会社、协和工业株式会社、东洋轮胎工业株式会社、满洲制糖株式会社奉天制糖所、满日亚麻纺织株式会社奉天纺织工厂和满蒙毛织株式会社。

1939 年 12 月，为使各项重要国策的推行互相保持有机联系，立足于科学的合理性，伪满国务院企划处提出《综合立地（选址）计划草案》，开始了国土计划。1940 年 2 月 26 日伪满国务院通过《综合立地计划策定纲要》，决定从 1940 年起用两年时间完成综合调查及综合计划。1940 年 6 月 25 日，在企划委员会下增设了综合立地委员会，同年 10 月 4 日完成了《综合立地计划调查纲要》。此前在 1940 年 5 月 10 日企划委员会干事会决定了《综合立地计划指导方针》《南满重工业地区计划策定纲要》《北边地区计划策定纲要》。

《综合立地计划指导方针》，其目的在于关联土地最高限度地发挥人与物的综合能力，其具体原则为：① 在各地区确立自给自足经济；② 振兴地区产业；③ 确立军需产业；④ 确保交通通信；⑤ 涵养民力；⑥ 确立狭义国防体制；⑦ 确立地区计划之基本方针。

《南满重工业地区计划》是伪满国土计划的重要组成部分。

---

① 齐齐哈尔铁路局总务课资料系．齐齐哈尔二於ケル物资配给统制ノ现状：上　配给机构篇，1941（昭和十六年）：28.

1942 年 6 月 1 日伪满洲国总务厅企划处制定《南满重工业地域计划书》。该地区范围包括：奉天市、抚顺市、本溪湖市、辽阳市、营口市、鞍山市、沈阳县（苏家屯、文官屯）、本溪县、海城县、辽中县、辽阳县、抚顺县。共有土地面积 2.1 万平方公里。在 1940 年度，人口 482 万，其中城镇人口 204 万、农村人口 277 万。有旱田 9 210 平方公里、水田 240 平方公里，宅地 760 平方公里（其中包括工业用地约 30 平方公里）。

按此计划，要将重、化学工业生产增加为 1940 年度的 5 倍，轻工业增加为 3 倍，矿业方面，煤增加 66%，铁矿增加 400%，工业用地增加为 4 倍。农村人口由占 60% 减为 40%，城镇人口则上升为 60%。水田面积增加为 1 000 平方公里。

为此，要发电、治水，为工业用水、运河用水、灌溉用水，在浑河上游抚顺以东修建水库，在太子河上游辽阳以东修建水库。在鞍山至营口开运河（中间利用原有河川），灌溉 14 000 平方公里。

铁路除原有者之外增设辽溪线和安东—大东港、营口—河北线。

新修 460 公里汽车专用路、530 公里国道、540 公里省道。

扩建营口港为年吞吐 1 000 万吨港。[①]

1943 年 8 月，根据伪《奉天省地方综合立地计划》，以抚顺市为中心有关邻接县区域被指定为化学工业地区。[②]

第五节　北边振兴计划的执行

1938 年前日本在东北的投资主要集中在南满，至于北满尤其是在边境省份，则出于军事考虑，经济活动受到严格限制。

首先将北满的开发提上日程的是满铁。满业的设立，使满铁不得不从重工业部门撤了出来并撤销了产业部，后来又不得不将在华北的事业移交华北开发株式会社。满铁的注意力遂转向北满，认为开发北满经济，不仅紧密地配合关东军的对苏战备，而且可以培养铁路货源增加铁路收入和在战时条件下保证就地筹措物资。于是，满铁于 1938 年 8 月设立北满调查委员会，打出了配合伪满洲国产业开发五年计划的招牌，特别突出了对关东军的肉食供应，确定了《北满地方铁路沿线开发五年计划（农畜林业）》和《东满地区军需肉食资源涵养计划》。

---

① 参见抚顺日档，办/1942/331，企划处：康德九年 6 月 1 日《南满重工业地域计划书》。

② 参见抚顺日档，昭和十年 8 月 31 日，抚市企第 48 号，《化学工业地区会议开催ノ件》。

1939 年，在五年计划之外日伪又追加了北边振兴计划。北边振兴计划，是根据 1938 年春关东军的指令，动员了南满铁道会社、满洲电信电话会社、满洲电业会社和满洲航空会社等有关特殊会社，综合起草的对苏联的战备计划。1939 年 1 月伪满洲国的火曜会议和国务院会议通过了这个计划。

实行北边振兴计划的地区主要是与苏联邻接的国境地区的 8 个省，即间岛、牡丹江、东安、三江、黑河、北安、龙江和兴安北省。

北边振兴计划的内容主要是加强和充实国防力量（如修建军用工事、军用铁路网等），整合交通和通信（如军用铁路、电话电信、航空路线等），同时要增强运输力量，加强城市建设，特别是电气、给水防水和各种防卫设施的完备、农畜产的增产、物资的配给、日本移民的迁入、防疫设施的普及、扩充适应军事需要的行政机构和各会社团体等。

其之所以需要一个北边振兴计划，是由于在国境驻屯军队、警察，又有军事设施，但与之配套的政治、经济设施却极端欠缺，认为必须在这些地区谋求国防和经济的一元化，使纸浆事业等进入兴安岭的最西方、海拉尔方面、大黑河方面和佳木斯方面就是一个表现。关于矿业、山林事业，从来日本都由于国防关系而加以遏制，现有所缓和。农产品加工问题，也被列上日程。

1941 年 3 月 2 日火曜会议通过的《边境开发计划纲要》，又决定在边境的间岛省、牡丹江省、东安省、三江省、北安省、黑河省、兴安东省、兴安北省、兴安南省、兴安西省 10 省实施国防建设的基本设施。包括道路、警备通信、理水、给水、都市计划、物资的筹措及集聚搬运材料、防卫、保健防疫、福利设施。经费定为 4 亿元。期间为 1942 年 1 月 1 日起的五年。[①]

第六节　物资动员计划

1939 年以后，伪满的经济运行实际是围绕着物资动员计划进行的。伪满洲国的物动计划实质上是日本国物动计划的组成部分。日本的物动计划是在"七七"事变之后，日本政府企划院为了调配军需资材，从 1938 年 1 月起开始实施的。这个计划不仅以满足军需为目的，还将日本、伪满一体化的生产力扩充计划也加了进来。

1938 年 7 月初，日本根据改订的物资动员计划，要求伪满增加日本所需原

---

① 参见《边境开发计划纲要》（康德八年 3 月 2 日火曜会议），见《康德八年 经济计划纲要》，第 8～10 页。

料的供给和外汇资金的协助并减少对日本的依赖，以日"满"一体改订物资及资金动员计划为目标，在东京召开了日"满"经济联络会议，要求伪满洲国全面修正和强化其物资供求计划。接着在 7 月 23 日又在伪都新京召开时局经济会议，为配合日本方面强行战时统治，伪满洲国给予积极协作的方针，将物资动员一体化和资金一体化提上日程。前者以统制煤、钢铁、纸浆等原料的对日供应和钢材、机械类、生活必需品的对"满"供应，为其内容；后者，作为物资动员的保证，以改善日"满"为一体对第三国的汇兑资金收支为目标。

这样一来，在日本的物资动员计划的统一构成之中，满洲物动计划被纳入进去，使日"满"经济一体化迈出了决定性的一步。伪满对于一切经济部门的统制，以急速的步调与日本国内的经济统制同流合污了。

物资动员计划是指由政府对国内物资实行动员，即对所需物资实行国家统制。物动计划不是统制生产出来的成品而是统制各种原材料。伪满物动计划将对物的需求划分为 7 类，区别对待。① 军需，指东北日本驻军的直接需要，须优先确保；② 准军需，指属于日军预算所需要者，如交通通信事业，须保证供给；③ 官需，指官公署的需要，包括伪满官厅、日本关东局、大使馆的需要，除为完成重要国策所必需者外，要极力抑制；④ 特需，指产业开发五年计划扩大生产力所必需部门的需要，须优先确保；⑤ 准特需，指五年计划执行上辅助部门的需要；⑥ 重要民需，指在国民生活上占据重要地位部门的需要；⑦ 一般民需。在物资分配上，是以牺牲民需来保证军需和特需。

从 1939 年 1 月起日本和伪满就物动计划订了协定，将伪满物动完全纳入日本物动之中。从该年 4 月 1 日起伪满开始实行正规的物动计划。

首先，由伪满政府根据各部门各公司各官厅所报各种原材料的需要量加以汇总后，估算伪满境内生产量、由外国进口量和日本可供给量，经过需要量和供给量的平衡，制定伪满洲国物动计划草案，然后拿到日本与日本各方交涉，大体决定后，日本方面还要经阁议决定。以钢材为例，1939 年度伪满钢材总需要量为180 万吨（其中，单是满铁一家就要求 44 万吨），预计伪满自产钢材 28.9 万吨，从外国进口 4 万～5 万吨，向日本要求供应 50 万吨，此外还要求以产品形式输入 15.5 万吨，即要求日本总共供应 65.5 万吨。然而日本只能供应 45 万吨钢材和 12 万吨钢制品，即日本承允供应的总共只有 57 万吨。也就是说自产、进口加上日本供应总计约为 90 万吨，只及各方要求的半数。①

如果说最初物动计划还从属于产业开发五年计划的要求，是以完成产业五年计划为中心制定的，那么，从 1940 年起，伪满实际上放弃了既定的五年计划，

---

①　满铁总裁室文书课．第二回部所长会议议事录：17-19.

而以执行被纳入统一的日本物动计划中的伪满物动计划为目标，已经完全脱离了其长期计划。

物动计划指标远低于五年计划指标，然而即使是这大为降低的指标也还是未能实现。1940年度生铁产量只是五年计划指标的48%、物动计划指标的65%；煤炭产量只是五年计划指标的80%、物动计划指标的87%。铅和锌的物动计划指标分别降为原计划指标的约1/3和1/4，而实际产量相距甚远。

五年计划的第五年度即1941年到来前，日本政府在1940年11月5日发表了《日满华经济建设纲要》，伪满洲国也相应地发表了《日满华经济建设联系纲要》，它要求"今后特别谋求矿业及电气事业的划时期的振兴，同时根据日满间因地制宜的宗旨发展重工业及化学工业"，并明确了"满洲国"作为原料和食粮的供应基地的性质，在物资、劳力、资金的分配上进一步实行高度重点主义。其具体的实施方策规定将向基础产业的煤炭部门分配物资列为第一位，对其他重点部门优先配给，而要极力抑制新建或扩建事业，以追求产量的扩大为主要目标。第五年度计划执行的特点是物动计划指标被大力压缩，一般低于前一年度，即使如此，还是普遍没有完成，至于五年计划指标则已完全弃置不顾了。

在1941年，物动计划的方针是："置重点于最重点的生产力的优先扩充和调整它的不平衡。"原则上不允许事业的新设或增设，将全部开发能力，尽量用于煤及电力的开发促进，首先实行彻底的煤的优先扩大生产，钢铁、液体燃料、非铁金属、重化学工业、工业盐等各种事业，则依靠来自日本的特别援助，以期完成其扩充计划。绝对确保对日生铁供应数量，在非铁金属方面，由于日本方面要求迫切，将满洲铅矿、杨家杖子的铝、锌、硫化铁矿及钼的采矿、选矿以及锌、钼铁的精炼计划，隆化矿业的萤石采掘，满洲石棉的石棉增产等，列为特别物动。①

①　资金统制课. 康德八年度物动、劳务并资金计划说明听取要旨，1941（康德八年）.

第二章
满洲重工业株式会社的资源掠夺

第一节　日产财团和满洲重工业株式会社

一、满洲重工业株式会社的设立

日本的对"满"投资，起初主要是通过满铁进行的。到了 1936 年，由于满铁本身也陷入资金困难之中，需要另辟投资途径。同时，五年计划的执行更需要管理和技术人才。于是，向来标榜反对财阀的关东军和趾高气扬的日本军部，也不得不向日本的大资本家低头求援，对日本财阀作出让步。结果，是决定将鲇川义介领导的日本产业株式会社（简称日产）全部搬到东北。

从 1936 年秋起，关东军就邀请多名日本著名资本家到东北视察。日产的鲇川义介也在当年 11 月做了视察，并对东北表示出了浓厚的兴趣。

日本参谋本部从当时的国际形势考虑，强烈要求发展汽车工业和飞机工业。军务局也同意将其中的一部分在满洲建设，并考虑从美国和德国分别引进汽车工业和飞机工业的技术和投资。

1937 年 5 月，军务局就飞机及汽车工业进驻满洲的问题，敦请鲇川出马。

5 月下旬，鲇川表示："为了产业开发，不仅我本人而且有必要将优秀的技术和资材移驻满洲。为了发展飞机和汽车工业，同时综合开发同该项事业密不可分的钢铁、煤炭、轻金属工业等项事业，才会是有效率的。现在，我决心率全部日产移驻满洲。"①

1937 年 6 月 17 日陆军中央当局向关东军传达了关于"移驻日产，起用鲇川，综合开发"的方针。由于这要改变从前设想的一种事业一个特殊公司的经

---

① 　片仓衷．回忆の满洲国．经济往来社，1978：30-45.

济统制方式，关东军并未表示赞同。在伪满政权中的部分日本人高官对于推翻原有的经济统制方式，也不肯接受。

担任过伪满总务厅次长的古海忠之回忆道："在日本，像日本产业会社这样的大工业公司移驻满洲也是一个大问题，进行了激烈的争论，但对旨在大量增产汽车、飞机的鲇川日产的移驻，陆军省全面赞成，商工省也紧跟，还有，从主张导入外资方面，大藏省也决心赞成。"[1]

1937 年 7 月 7 日的卢沟桥事变，促进了该计划的完成。

1937 年 10 月 12 日，《满洲重工业确立纲要》经日本政府阁议决定，10 月 26 日伪满洲国政府的国务院会议也予以通过。

日本产业会社于 1937 年 11 月，召开临时股东大会，决定将总公司移驻伪满洲国，先是移转到位于新京满铁附属地的满蒙旅馆。当年的 12 月 1 日，日本撤销了在伪满的治外法权，日产自动地成了伪满洲国法人。12 月 27 日，改称满洲重工业开发株式会社（简称满业），在同伪满政权等额出资之下，改组为资本 4.5 亿元的特殊法人，鲇川义介为总裁。

1937 年 12 月 20 日，伪满公布满洲重工业开发株式会社管理法。其大要如下：

（1）满业对满洲国的铁钢业、轻金属工业、汽车制造业、飞机制造业、煤矿业及金、锌、铜及其他矿业投资，担任其经营的指导。

（2）资本定为 4.5 亿元，政府持有表决权股份总数的二分之一。

（3）分红对实收资本达到年 7 分 5 厘之前，按对政府所有股份一、对政府以外所有股份二的比例分配。

（4）总纯益如不足年 6 分之时，在此法施行后的十年期间内，由政府补给其不足额。

（5）以股金额的二倍为限，可以募集公司债。[2]

鲇川义介的日本产业株式会社之所以被军部选中，不外乎是由于日产财阀是新兴的以军需产业为中心而发展起来的垄断资本。它本来就与军部关系比较密切，它的发展是同日本对外扩张的侵略战争政策紧密相关的。对于日本军部来说，新兴财阀要比三井、三菱那种老财阀更容易控制。并且日产财阀有数万大众股东一事，似乎更容易为曾经标榜反财阀的关东军所接受。从鲇川义介和日产方面来说，这也正是他们同军部进一步勾结向东北扩张，借以摆脱在日本面临的越来越大的困难，利用伪满政权给予的优惠条件，大肆发展的机会。

① 片仓衷．回忆の满洲国．经济往来社，1978：110．
② 古海忠之．忘れ得ぬ满洲国．经济往来社，1978：111．

这个后来垄断东北重工业经营的满业，它的酝酿过程完全是日本军部一手操纵秘密进行的，不要说伪满的汉奸大臣，就连一向消息灵通的满铁社员也被蒙在鼓中。由于有过满铁改组问题的教训，此次军部方面特别小心，可以说是蒙蔽了天下人的耳目。就连满铁总裁松冈洋右这个不穿军衣的军人也被排除在外。

满业的成立至少说明以下几个问题：

（1）关东军操纵的伪政权已经放弃其经济统制原则之一的拒绝财阀资本的直接投资，而改变为积极欢迎财阀资本，在资金、技术和经营人才、经营方式上依赖财阀资本。这是一个重要信号，此后日本新老财阀都加紧了在东北的投资步伐。

（2）日伪基本上已修正了一行业一公司主义的统制原则，开始实行一个公司的跨行业的综合经营。

（3）由军方、日伪政权对重工业部门特殊公司的行政命令式监管，为满业的经营性的管理所代替，重视企业的管理和效益。

（4）将汽车工业和飞机工业提上日程，企图建立自给自足的军需工业体系。

（5）改变对资本利润的限制，由伪满政权保障财阀资本投资的利益。

满业的成立意味着日本国内产业资本家在东北的产业开发上取得了相当大的发言权，说明日本军部与产业资本的进一步紧密结合。

正如关梦觉先生在当时就一针见血所指出的那样："'满洲重工业开发会社'由鲇川主持，这说明了日本军阀用枪杆打出来的天下，究竟是为了何人！"[①]

同时，满业的设立结束了满铁的经济垄断地位。满铁不得不根据关东军、关东局和伪满洲国商定的《关于满铁持股出资的调整方案》（1937年11月13日），将它持有的重工业部门子公司的股份转让给伪满洲国，从重工业部门退了出来，从而实现了关东军策划已久的满铁改组。

满铁移交的重工业子公司如表2-2-1所示。

表 2-2-1 满铁移交的重工业子公司

	资本金		满铁控股	
	额定	实收	认购	实缴
昭和制钢所	100 000	82 000	100 000	82 000
满洲炭矿	80 000	32 000	40 000	16 000
满洲轻金属	25 000	6 250	14 000	3 500
日满镁	7 000	3 500	3 500	1 750

---

① 关梦觉. 日寇榨取东北经济的新阶段. 反攻，1939，6（6）：14.

续表

	资本金		满铁控股	
	额定	实收	认购	实缴
同和自动车	6 200	3 200	2 900	1 450
满洲铅矿	4 000	4 000	2 000	2 000
满洲采金	12 000	7 175	5 000	2 500
合计	234 200	138 125	167 400	109 200

二、日本产业会社投资的真相

满业设立之初，日本政府和伪满政权都宣称，满业是日满合资，伪满洲国政府出资 22 500 万元，另由日产大众股东出资 22 500 万元，合计 4.5 亿元，全额缴齐。而事实上，在当时日产的自有资本一分钱也没有投入东北，它同满业在东北的经营并无直接关系。满业是个控股公司，在伪满的新京设有总公司，在日本东京设有分公司。总公司支配其设在东北的子公司，分公司则支配在日本的原日产所属各子公司。虽说一个是总公司，一个是分公司，但"此两者的业务截然分开，实质上完全作为另外的公司经营。"[①] 二者在财务上互相独立，分别核算。分公司向总公司提供的资金是作为贷款处理，由总公司还本付息。

在分别核算的情况下，满业东京分公司对满业总公司所起的作用就是提供贷款。这种贷款的数量也是有限的。1938 年 11 月为 1 641 万日元，1939 年 1 月增加为 7 566 万日元，1940 年 11 月增加为 15 622.3 万日元。[②]

然而，就在同一期间，满业东京分公司以其所持子公司的股票为担保，在日本举借了低息贷款，1938 年 11 月为 8 741 万日元，1939 年 11 月为 14 421 万日元，1940 年 11 月为 15 386 万日元。[③] 将这个数字同上述对总公司的贷款数相比较，不难看出，满业成立后的前三年，满业分公司即原日产只是将其在日本国内的借款转贷给新京总公司，而日产自有资本基本并未动用。

可见，所谓日产的移驻基本上是一种假象，鲇川一伙仅凭空口的承诺，就将满业的控制大权掌握在手，包揽了东北重工业，窃据了公司首脑地位，享受了特殊待遇，支配了伪满十几亿元的资金，并且以低息的国内借款转借给满业总公司从中赚取其差额。正因如此，鲇川一伙并不急于处理掉日产系公司的股份，投入

---

① 满洲中央银行资金统制课. 满洲重工业株式会社ノ现状卜其刷新方策二就テ, 1941（康德八年）: 1.

② 同①: 6.

③ 中央档案馆. 东北经济掠夺. 北京: 中华书局, 1991: 160.

处于资金饥馑状态的满业总公司。

满业的资本名为 4.5 亿元，实际上满业总公司所能动用的只有伪满洲国缴纳的 2.25 亿元。所以满业所需资金主要是靠发行公司债和借款即靠借用资本解决。1941 年 3 月 31 日，满业总公司依靠伪满政权的保证在日本筹集的公司债是 3.1 亿日元，借款 1.49 亿日元，合计 4.59 亿日元，加上满业总公司的子公司在日本发行的公司债 2.14 亿日元，总计为 6.73 亿日元，占满业总公司系统筹资总额 17.22 亿日元的 39%。在东北就地筹措的主要是满洲兴业银行贷款 5.295 亿元，占筹资总额的 30%。而当时东京分公司的贷款只占 9%。[①] 可见，所谓满业投资渠道主要是伪满政权在发挥作用，无论是在由日本或就地筹措，都是依靠伪满政权的保证和支持。满业在经营上产生的一切损失全部由伪满政权承担。伪满政权则通过财政手段用增加税种提高税率，滥发钞票，加重剥削，将这种损失转嫁到东北人民头上。

三、满业引进外资的失败

满业的一个重要使命是引进外国资本、技术和装备，建立汽车工业和飞机工业。关于引进外资问题，古海忠之说："关于满洲重工业的开发特别是大汽车厂的建设，鲇川义介认为包括技术在内的巨额外资导入是必要条件。其目标乃是他平素最亲近的美国。可是，正在日产移驻走向具体化之时，发生卢沟桥事件（1937 年 7 月），国际联盟全会一致通过了谴责日本的决议，日本在世界上更加招风。鲇川想要尽早亲自赴美，游说财界的实力人物，实现外资的导入，但是，就在满业设立的 1937 年 12 月，在扬子江上发生日军误将美国炮舰击沉事件，美国对日舆论一举强硬起来，因此不得不暂时摞置。其后，随中国事变的长期化、扩大化，终于错失了导入美国资本的时机。"[②]

日本侵华战争的扩大直接损害了美、英的在华利益，1939 年 5 月成立的日、德、意三国同盟又同协约国势不两立，1939 年 9 月第二次世界大战爆发，1940 年 1 月日、美通商条约失效，同年 6 月美国实行对日机床禁运，使满业引进美资的设想完全化为泡影。鲇川从美引资的计划失败后，他又将目光转向与日结约的德国，结果还是未能如愿，对此，古海忠之写道："其后，昭和十四年（1939 年）我在柏林逗留时，鲇川亲自来到柏林，同纳粹最高领导交涉，谋求实现满德经济协定特别是关于汽车工业的对满投资，但未能获得正在忙于

①　满洲中央银行资金统制课.满洲重工业株式会社ノ现状卜其刷新方策二就テ.1941（康德八年）：8.

②　古海忠之.忘れ得ぬ满洲国.经济往来社，1978：112.

战争的德国的谅察。"①

日本引进外资和技术，在伪满洲国建立其汽车工业和飞机工业的计划遭到重大挫折，日产的移驻有名无实，关东军的装备自给自足的妄想也泡了汤。

第二节　重要产业统制法与特殊公司制

一、重要产业统制法

1937 年前，日伪的工业统制主要限于重工业，并且只有统制主义的原则。除设立特殊公司者外，采用的是企业的许可制。

根据日本政府的决定，关东军司令部追随日本于 1936 年 11 月 27 日通过了《重要产业统制法纲要》，要求伪满政权制定重要产业统制法。为实行产业开发五年计划，除担当五年计划任务的特殊公司外，对一般企业也要实行统制，使之顺应产业开发的国策。"制定关于产业统制的一般性法规，明确统制的内容，给企业活动以明确的指标，以期在谋求满洲国产业健全急速发展的同时，期望日满两国经济合理的融合。"②

关东军的《纲要》还详细地规定了业别统制方针。

一、原则上使在满洲占有支配地位的特殊公司经营该事业，直接或间接的接受帝国政府的特别保护监督者（阁议决定）③

（一）兵器制造业——株式会社奉天造兵所

（二）飞机制造业——满洲航空株式会社

（三）汽车制造业——同和自动车株式会社

（四）液体燃料制造业

（1）原油的精制——满洲石油株式会社

（2）代用液体燃料制造业

含油页岩的利用——满铁抚顺制油工厂

煤的利用——满铁抚顺石炭液化工厂、满洲油化工业株式会社

（3）酒精制造业——大同酒精株式会社

（五）金属精炼业

---

① 古海忠之．忘れ得ぬ满洲国．经济往来社，1978：112.

② 国务院总务厅企划处．满洲国经济建设ニ关スル资料：173.

③ 同②：168.

（1）铁、钢精炼业——株式会社昭和制钢所、本溪湖煤铁股份有限公司

（2）轻金属制炼业——满洲轻金属制造株式会社

（3）其他金属精炼业——满洲采金株式会社、国立金矿精炼厂、满洲铅矿株式会社

（六）煤矿业——满洲炭矿株式会社、满铁抚顺炭矿、（满洲商事株式会社）

（七）小苏打制造业——满洲曹达株式会社

（八）肥料制造业（硫酸铵）——满洲化学工业株式会社

二、在努力奖励助长的宗旨下，采取适当的行政的乃至资本的统制措施者（阁议决定）①

1. 麻、麻织品制造业；2. 制粉业；3. 纸浆制造业；4. 油坊业、新追加；

5. 毛织物；6. 烟草制造业；7. 制糖业。

三、鉴于我国（指日本）产业的实情，在限制的宗旨下，采取行政的统制措施者②

1. 纺织业及棉织物制造业。

四、谋求合理化者

1. 啤酒制造业；2. 水泥制造业；3. 火柴制造业。

伪满洲国于 1937 年 5 月公布了《重要产业统制法》，扩大了统制范围，规定 21 种重要的轻重工业都必须置于统制之下。与之配合，关东州也在同年 8 月，公布了关东州《重要产业统制法》。

《重要产业统制法》将产业统制的范围从重工业扩展到了轻纺工业，特别是关系人民生计的历来由众多民族资本企业经营的农产品加工工业。本来各种纺织工业、制粉、啤酒、制糖、纸浆、油坊等历来均属自由经营的范围，此次皆被列为重要产业，不经伪满政权许可不许经营。

《重要产业统制法》规定：经营重要产业需经主管大臣的许可，每年要提出事业计划书和事业报告书；主管部大臣得向经营重要产业者发布有关业务的公益上或统制上所必需的命令，认为必要时还可令经营重要产业者报告其业务或财产状况，甚至可令官吏检查其金库、账簿以及其他文件。

对各重要产业部门的主管部大臣，其分工为：兵器制造业与飞机制造业为伪产业部大臣和伪治安部大臣；液体燃料及火柴制造业为伪产业部大臣和伪经济部大臣；其他部门均为伪产业部大臣。

在发布《重要产业统制法》之际，关于重要产业的经营依实业部的声明，

---

① 国务院总务厅企划处 . 满洲国经济建设二关スル资料：171.

② 同①：172.

确立了一公司一行业主义的原则，在其声明书中明确了："指定重要产业，大致按照一产业一企业的原则并通过培养少数强大企业，置于政府的特别指导监督之下。"①

《重要产业统制法》的施行和 1937 年年底满洲重工业开发会社的设立，使一行业一公司的原则作了重大修正，出现了一行业一公司和一行业多公司、一公司多行业并存的局面。1938 年 9 月东边道开发会社的设立进一步否定了一行业一公司原则，而强调地区的综合性开发。

二、特殊公司和准特殊公司

《重要产业统制法》公布之后，特殊公司依然受其特别法的约束，而准特殊公司则要受重要产业统治法的制约。特殊公司与接受《重要产业统制法》许可制度的公司的不同之点，在于对前者日伪政权的监督达到企业的内部，即其组织、构成、营业及财务等的指导、监督。而统制法的适用专限于企业活动的对外关系，对企业经营的内部关系即其组织构成、利润处理、公司债发行等不加干涉。

在对重要产业实行统制的同时，日伪依然利用和加强特殊公司，作为强化经济统制实施产业开发五年计划的重要保证。从 1936 年年底至 1941 年年底，伪满政权以敕令颁布了一大批特殊公司法。不仅在重工业、化学工业部门，而且在与之有关的物资分配部门、农业部门，甚至在文化方面也扩大了特殊公司制度，又将一些普通公司改组为特殊公司，以统制国民经济的一切重要部门。

伪满的特殊公司和准特殊公司从 34 个增加到 74 个。到 1942 年 2 月末，特殊公司和准特殊公司在数量上只占全满企业总数的 1.16%，公司总数的 3.02%；而在资本上，却占全满企业的 69.92%，公司总资本的 72.35%；在实收资本方面所占比重更大，分别为 73.46% 和 77.25%。②

伪满政权对特殊公司的投资，1936 年年底为 0.83 亿元（占 8.4%），1939 年年底增加为 6.045 亿元（占 25.1%），1941 年年底又增加为 8.445 亿元（占 20%），增加十倍多。③ 在资本为千万元以上的特殊公司中，由伪满政府全额出资的有满洲中央银行、土地开发、特产专管、谷粉管理、满洲采金和满洲硫酸铵等；资本占 50% 以上的有满业、矿业开发、航空、奉天造兵所、兴业银行、日满商事等十余个举足轻重的大企业。

---

① 古海忠之. 忘れ得ぬ满洲国. 经济往来社，1978：107.
② 满洲帝国政府. 满洲建国十年史：543.
③ 同②：565-580.

　　1940 年 4 月末，伪满政府出资的公司有 63 个，这些大公司的额定资本总额为 18.2 亿元、实收资本总额 13.38 亿元，其中伪满政府认购额 8.97 亿元，缴纳 6.46 亿元，分别占 49.2% 和 48.3%。1940 年 7 月 15 日，在各特殊公司的额定资本总额 22.28 亿元、实收资本总额 16.98 亿元之中，伪满政府占 35.7%。各准特殊公司额定资本总额为 5.79 亿元、实收资本总额 4.43 亿元，其中伪满政府占 13%。① 详情见表 2-2-2。

表 2-2-2　特殊会社和准特殊会社调查（1940 年 7 月 15 日）　　单位：元

会社种类	额定资本 （实收资本）	大股东	面额	实收金
特殊会社 38 社的总计	2 227 500 000 （1 697 775 000）	日本政府	42 750 000	34 312 500
		满洲国政府	796 072 000	577 697 000
		满洲重工业	768 061 800	593 061 800
		满铁	87 508 000	76 695 500
		满洲兴银	20 739 300	15 608 405
		中央银行	1 171 200	1 134 700
		住友系	2 050 000	2 050 000
		三井系	24 000 000	16 525 000
		三菱系	6 750 000	6 750 000
		大仓系	2 500 000	1 825 000
		东拓	28 750 000	26 750 000
准特殊会社 24 社的总计	578 820 000 （442 583 750）	满洲国政府	75 283 150	64 167 187
		满洲重工业	173 000 000	124 250 000
		满铁	37 371 700	36 121 700
		住友系	2 150 000	2 150 000
		三井系	6 650 000	3 575 000
		三菱系	2 582 500	2 258 125
		大仓系	40 100 000	40 025 000
		东拓	3 462 450	3 237 750
		满洲预金部	29 895 350	25 713 650

　　资料来源：满洲兴业银行总务课信用调查系．总信资料第一号特殊会社并二准特殊会社调．

---

　　①　满洲帝国政府．满洲建国十年史：236.

第三节　满洲重工业开发
株式会社的子公司

在特殊公司中最重要的当属满洲重工业开发株式会社。满业成立后，首先从满铁接收了昭和制钢所、满炭、轻金属和同和自动车四个公司。

昭和制钢所

总公司及工厂设于鞍山，在大连、新京、东京和大阪设有办事处。额定资本2亿元，实收资本1.5亿元（满业77.5%，满铁22.5%）。

工厂设备如下：

制铁设备：铣铁厂、粒铁厂

制钢设备：制钢厂、分块厂

制品设备：第一小型厂、第二小型厂、薄板厂、中板厂、轨条厂

附带设备：选矿厂、骸炭厂、副产物厂、窑厂、工作厂、发电所、热管理所、研究所

满洲炭矿株式会社

满洲炭矿株式会社，额定资本2亿元，实收资本1.1亿元（满业98.9%，伪满洲国0.6%，伪中央银行0.5%）。总公司设于新京，在东京、大阪、大连、奉天、罗津、天津、山海关和青岛设有办事处。详情见表2-2-3。

表 2-2-3　满洲炭矿株式会社一览表

煤矿名称	位　　置	主要设备	备　　考
阜新矿业所	伪锦州省阜新县和义县	发电厂、选煤机、自来水、电车搬运设备	满铁的实物出资
新丘采煤所		电动卷扬机2、压缩机1	伪满的实物出资
孙家湾采煤所		电动卷扬机6、压缩机1	满炭成立时收买
五龙采煤所		泵1、挖土机2、电铲2	同上
大平采煤所		电动卷扬机2、压缩机2	同上
高德开发办事处			同上
平安开发办事处			
八道壕采煤所	伪锦州省黑山县八道壕	电动卷扬机1、压缩机1、泵3	伪满实物出资

续表

煤矿名称	位　置	主要设备	备　考
西安煤矿	伪奉天省西安县	选煤机、自来水、电车轨道	满炭设立时伪满股份投资，1938 年归满炭直接经营
大成采煤所		电动、蒸汽卷扬机 4、压缩机 2、扇风机 1、涡轮泵 5	
泰信采煤所		蒸汽、电动卷扬机 4、压缩机 2	
富国采煤所		电动卷扬机 1、涡轮泵 1	
北票煤矿	伪锦州省北票	电动、蒸汽卷扬机 5、涡轮泵 2、压缩机 4、电扇、发电设备、水洗设备、自来水	满炭设立时伪满股份投资，1937 年 4 月归满炭直接经营
鹤岗煤矿	伪三江省汤原县	电动、蒸汽卷扬机 3、电扇 1、涡轮泵 1、选煤机、发电厂、自来水、煤矿铁路	满炭设立时伪满股份投资，1937 年 7 月归满炭直接经营
滴道煤矿	伪牡丹江省密山县	蒸汽卷扬机 2、选煤机、发电厂、自来水	1936 年 2 月决定开发
复州煤矿	伪奉天省复县五湖嘴	电动、蒸汽卷扬机 5、压缩机 3、涡轮泵 6、轻便铁路、舢板 19、小汽艇 2、配电设备	伪满实物出资
扎赉诺尔煤矿	伪兴安北省扎赉诺尔	电动卷扬机 3 台	1935 年 3 月伪满委满铁，同年 8 月满铁委托满炭代管
和龙煤矿	伪间岛省和龙		1936 年 9 月开凿，1939 年 3 月改称
田师傅煤矿	伪奉天省本溪县		1937 年收买，11 月开凿 1939 年 3 月改称
舒兰开发办事处	伪吉林省舒兰县		1938 年 3 月开凿，1939 年 3 月改称
东宁煤矿	伪牡丹江省东宁县		1937 年 11 月收买，1938 年 4 月设调查班，1939 年 3 月改称
城子河煤矿	伪牡丹江省鸡西		1938 年 9 月设调查班，1939 年 3 月改称
三姓开发办事处	伪三江省依兰县		1938 年 9 月设调查班，1939 年 3 月改称

续表

煤矿名称	位　置	主要设备	备　考
恒山煤矿	伪牡丹江省鸡西		1938 年 9 月设调查班，1939 年 3 月改称

资料来源：满洲重工业开发株式会社．满业卜满洲二於ケル关系会社事业概况．

满洲轻金属制造株式会社

满洲轻金属制造株式会社是特殊法人，成立于 1936 年 11 月 10 日。原由满铁和伪满洲国投资设立，1938 年 3 月让渡给满业。1939 年有额定资本 5 000 万元，实收资本 3 750 万元（满业 98.0%，住友 1.0%，日本电化 0.8%，日满铝 0.1%，日本曹达 0.1%）。该公司于 1937 年 6 月 9 日动工修建工厂，1938 年 6 月完成第一期工程。该厂的制铝原料为矾土页岩，产于烟台、小市和牛心台。产品除金属铝外还有漂白粉、盐酸和硅铁。

该公司于 1938 年 7 月创办了资本为 1 000 万元的子公司满洲镁工业株式会社。同年又向抚顺水泥株式会社投资 250 万元。

同和自动车工业株式会社

同和自动车工业株式会社总公司设于奉天，在新京、哈尔滨、齐齐哈尔、牡丹江设有分公司，在东京、大阪、大连设办事处。额定资本 620 万元（满业 57.4%，日本六大汽车公司合计占 42.6%）。

满业设立的新企业

满业成立之后新设立的企业有满洲矿山株式会社、满洲飞机制造株式会社、满洲镁工业株式会社和东边道开发株式会社。

满洲矿山株式会社

1938 年 2 月 28 日设立，额定资本 5 000 万元、实收资本 3 750 万元，满业持有全部股份。以经营铁、煤以外的金、银、铅、锌和铜等金属矿物的开采、精炼和买卖为主要业务。截至 1939 年 6 月其获得和经营的事业区达 25 处。

所设矿业所有：小石头（沙金）、土门子（沙金）、开山屯（金银矿）、夹皮沟（金矿）分水（金矿）；探矿所有：辉南矿山（金银矿）、万宝矿山（铅、锌、锑矿）、大黑山矿山（金矿）、矿洞沟矿山（铅矿）、芙蓉矿山（铜矿）、庄河（沙金）、都山矿山（金矿）、太平沟矿山（金矿）、穆棱（沙金）、青波浩矿山（金矿）、土山子矿山（金矿）、宽甸矿山（铅矿）、金厂沟梁（金矿）、城北矿山（金矿）、金城洞矿山（金矿）和宝马山矿山（金矿）。

投资的公司有：满洲铅矿株式会社（资本 400 万元全额缴齐）经营伪锦州省锦西县杨家杖子矿山（铅、锌矿）；安奉矿业株式会社（资本 100 万元实收 50

万元）经营伪安东省凤城县青城子矿业所（银、铅矿）；热河矿业株式会社经营伪热河省兴隆县倒流水矿业所（金矿）。

满洲飞行机制造株式会社

满洲飞行机制造株式会社成立于 1938 年 6 月 20 日，额定资本 2 000 万元，实收资本 1 000 万元。该社继承了原由满洲航空株式会社经营的飞机制造修理部门，在原东三省航空处兵工学校旧址。

1938 年 6 月 16 日，根据关东军的决定伪满公布《满洲飞行机制造株式会社法》。

关东军司令部关于设立满洲飞行机制造株式会社的方针是：①

为顺应当前作战准备上的要求，使驻满各航空部队的补给达到顺利敏捷并应付在满及在华北的民间航空输送公司的需要，将满洲航空会社的飞机厂从该公司分离，在满洲重工业开发会社的统治下加以扩大、强化，设立飞机制造公司。

作为平时的标准作业，暂时赋予军用机年产 120 机（同发动机 150 座）、民间机年产约 50 机的新造，相当数量军用机的修理及部件制造的能力，此外须大体完成战时之际能增加大约二倍半新造能力的设施。

日满两国政府按下列要领援助本公司。

1. 日本国政府在如下限度内实行军用机的新造、修理及部件的订货。

自第一年度至第五年度计 47 300 千元。

2. 满洲国政府通过满洲重工业开发会社对本公司交付补助金并实行其他保护。

满洲镁工业株式会社

满洲镁工业株式会社，1939 年 4 月设立，额定资本 1 000 万元，实收资本 500 万元，是作为满洲轻金属制造株式会社的子公司而成立的，以金属镁的制造和销售为主要业务。

东边道开发株式会社

东边道地区被日本侵略者称为东方的萨尔，它原本是奉天省的一部分，即以鸭绿江同朝鲜为界的东部国境一带，包括伪满的安东省全部和奉天、间岛两省的一部分及通化省的大部分。伪通化省是 1937 年 7 月 1 日设立的，包括通化、辑安、临江、金川、长白、抚松、蒙江、柳河、辉南 9 县。经过资源调查，日伪断定此地有丰富的矿物资源，特别是铁和煤。铁矿有大栗子沟、七道沟、老岭、八道江、鞍子河等，仅富矿即含铁品位 50% 以上者即埋藏 1 亿吨以上，贫矿达数亿吨。还有煤，以五道江、铁厂子、烟筒沟、八道江为中心，湾沟、松树镇、水洞

---

① 国务院总务厅企划处. 满洲国经济建设に关する资料：127-128.

沟等到处都有，其埋藏量不下 3 亿吨。特别是炼铁用的黏结性煤埋藏丰富。此外，在大栗子沟附近产有石灰石，在铁厂子附近则有耐火黏土，均为炼铁之原料，而在同一地区产出，实在不可多得。因此，东边道作为炼铁事业基地，具备理想的条件。

东边道地区由于山高林茂，本是东北义勇军最活跃的地区。东北义勇军的斗争，曾迫使日伪一度终止对八道江铁矿的开采，使砟子窑和三岔子煤矿不能开掘。蒙江和抚松方面的煤矿也不能进行精密调查。

1937 年 2 月，在伪都新京设立东边道复兴委员会，并于同年设置伪通化省，又在 1938 年拟就所谓东边道九年交通计划。在该地区大举实行并村和清查户口，对抗日武装进行疯狂扫荡。

1938 年 9 月 14 日，作为满业的子公司设立了额定资本为 3 000 万元、实收资本 1 560 万元（满业出三分之二、满炭出三分之一）的东边道开发株式会社。该公司的设立再一次打破了一行业一公司主义这一统制经济的根本原则，决定由它综合开发东边道地区的矿物资源。并于 1939 年 9 月中旬修通了横断这一资源地带南部的通辑线（通化—辑安），将铁厂子煤山和七道沟铁山连在一起并通往朝鲜的满浦镇。又在东边道的心脏部分修建了纵断的通临线（通化—临江）。日伪在通盘考虑所谓日"满"华三国钢铁事业发展的基础上，决定在通化附近的二道江修建一个大炼铁厂。又在五道江和八道江开采沥青煤，在大栗子沟开采铁矿。还要将铁路由临江修至安东，以大东港作为吞吐港，运出矿石补给已设制铁所，并在安东一带形成一个工业地区。"作为第一期事业，要进行通化省的铁矿石、煤的开采销售和纯铁制造及其产品的销售，作为第二期事业，建设有 50 万吨生产能力的制铁厂，开始制造铣铁的同时，预定完成与它有关的所需各种设备。"[1]

该社下设以下机构：

一、大栗子沟采矿所

矿山位于伪通化省临江县苇沙河村。1933 年、1936 年和 1937 年日伪作了三次调查。1937 年的调查确认其主要铁矿是赤铁矿，埋藏量 7 750 万吨，平均品位 62.48%，是少见的优秀矿山。此外，还有磁铁矿、褐铁矿、菱铁矿等各种铁矿，埋藏量 716 万吨。该社成立后立即着手开发。

二、七道沟采矿所

矿山位于通化县城东南 40 公里处大罗圈沟上游。调查情况与大栗子沟同。

三、铁厂子采煤所

---

① 满洲重工业开发株式会社．康德六年 4 月满业卜满洲二於ケル关系会社事业概况．

煤田位于通化县铁厂子沿浑江到达临江县三岔子，长约 55 公里、宽约 8 公里、面积约 450 平方公里的广大地区。1936 年满炭曾组织通化调查班，并以铁厂子为中心做了准备工作。东边道会社以 1939 年度生产 15 万吨、1941 年以后生产 40 万吨为目标，进行建设。

四、五道江采煤所

煤田位于四道江以北，长约 45 公里，面积约 420 平方公里。

五、八道江采煤所

八道江位于通化东方约 60 公里处，煤田分布在大通沟、小通沟、砟子窑和金坑。

六、烟筒沟采煤所

位于临江县冯蚁河村，煤田约 110 平方公里。

七、二道江制铁

预定地为 400 万坪，其中拟设纯铁厂、铣铁厂、骸炭及选炭厂、中央发电所、中央机械厂等。

第四节　对重工业资源的掠夺

一、钢铁生产

日本的重工业比起欧美先进资本主义国家落后得多，不单机器制造业，在金属材料生产方面也很落后。日本的炼铁业基础薄弱，铁矿石主要靠进口。由于生铁产量少，日本的钢材制造业以废铁为主要原料，废铁也完全靠进口。1937 年，日本的矿石需要量 315 万吨，全部从美国进口。在钢材方面，日本出口品位低的钢材而进口品位高的钢材，反映其钢铁工业技术水平的低下。日本为了确立自给自足的钢铁工业，需要发展伪满洲国的矿业和炼铁业。

日本的如意算盘是利用东北的富矿为原料生产特殊钢的基底金属和生铁，代替进口的废钢，生产日本急需的特殊钢。所以，钢铁部门是伪满五年计划的重点。按修正五年计划要求：到 1941 年度，生产生铁 332.5 万吨，当地需要 208 万吨，富余 124.5 万吨，其中向日本出口 122.5 万吨；生产钢锭 202.7 万吨，当地需要 140.13 万吨，富余 62.57 万吨，其中向日本出口 54.54 万吨。

五年计划还要求在钢铁部门确立钢铁连续制。在昭和制钢所和本溪湖煤铁公司生产生铁和钢，并准备在东边道及其他地区建立制铁所。

昭和制钢所的年产能力，在 1937 年，为生铁 70 万吨、钢锭 58 万吨、钢材

30.5 万吨。到 1941 年度应将生铁年产能力提高到 280 万吨，钢锭年产能力提高到 283 万吨，即分别达到 1937 年度的 4.7 倍和 4.9 倍。这就需要增加年产 700 吨的高炉 4 座、750 吨高炉 4 座、150 吨平炉 18 座及其他辅助设施。为此，昭和制钢所制订了它的第三期到第六期增产计划。第三期的主要项目，两座 700 吨高炉和三座炼焦炉，是在 1937 年上半期完成的。第四期和第五期所需主要设备本来依靠从德国进口，1939 年 9 月开始的第二次世界大战，使这种进口受阻，不得不将第四期计划部分转向日本和美国订货，将第五期计划推迟，第六期计划则完全被搁置起来。1941 年昭和制钢所达到的设备能力为：炼铁厂 170 万吨、粒铁厂 8 万吨、炼钢厂 58 万吨、初轧厂 50 万吨、轧钢厂 37 万吨。但是，由于煤炭不足和质量下降，实际产量远远低于其设备能力。特别是钢锭的产量在 1938 年达到 58.5 万吨之后，直至 1941 年均未能达到这个数字。

本溪湖煤铁公司本来没有炼钢设备，1936 年的生铁产量是 156 593 吨，其中低磷铁 62 854 吨，占 40%。五年计划要求本溪湖也实行钢铁连续生产，决定将低磷铁生产能力提高到 105 万吨，并增加钢锭生产能力 56 万吨。并且制订了宫原城市计划，1939 年本溪湖煤铁公司增资为 1 亿元，"并且以宫原为基地对溪碱支线实行宽轨化，对其附近实现电化计划"① "在宫原产业地开发后的该地，有了股份公司 16 个、合股公司 51 个、两合会社 11 个，共计 78 个公司，其中满系只有 1 户。"②

然而，由于劳力和资金的供应都发生困难，特别是从德国进口装备的落空，在宫原新厂区修建的两座高炉改用日本及第三国设备，完工日期推迟了两年，在第一个五年计划期间没有形成生产能力。准备增建的 4 座高炉和炼钢设备的计划也被搁浅。在 1941 年度，本溪湖煤铁公司的生铁产量是 208 405 吨，其中低磷铁 173 906 吨，占 83%，而钢锭的生产计划则完全落空。至于日本寄予重望的东边道的生铁生产计划也未能实现。

五年计划的指标远未达到。不过钢锭和生铁的产量还是有所增加。1936 年生铁产量是 64.8 万吨，钢锭产量是 36.4 万吨；到 1941 年分别增长为 141.7 万吨和 56.1 万吨，即分别增长了 1.19 倍和 0.54 倍。在五年计划期间生铁总产量是 517.8 万吨，钢锭总产量是 271.5 万吨。伪满生产的生铁，半数以上用于就地炼钢，少数在当地消耗，其余都运往日本。

为了生产这些生铁和钢锭，日伪掠夺并消耗了大量原材料，特别是铁矿

---

① 昭和十七年、康德九年［满洲建国十周年纪念］《奉天产业经济事情》秘，奉天商工公会：69—70.

② 同①：55.

石。详情见表 2-2-4。

表 2-2-4　昭和制钢所与本溪湖煤铁公司的生产情况　　　　单位：万吨

企业	昭和制钢所		本溪湖煤铁公司		合计	
年度	富矿	贫矿	富矿	贫矿	富矿	贫矿
1937	52.55	159.93	20.30	4.21	72.85	164.14
1938	98.45	186.85	25.24	2.34	123.69	189.19
1939	120.19	188.20	25.20	6.88	145.39	195.08
1940	115.18	158.42	30.91	16.84	146.09	185.26
1941	134.38	214.25	39.71	35.94	174.09	259.19
合计	520.75	917.65	141.36	66.21	662.11	983.86

资料来源：① 解学诗，张克良．鞍钢史．北京：冶金工业出版社，1984：289-290．② 本钢史编写组．本钢史．沈阳：辽宁人民出版社，1985：107．

二、煤炭生产

煤是伪满产业开发五年计划的重中之重。日伪对煤资源的掠夺主要靠满铁抚顺煤矿系统和满洲炭矿株式会社系统。此外，还有本溪湖煤矿、东边道煤矿和其他一些独立煤矿。属于满铁煤矿系统的有抚顺、烟台、蛟河、老头沟、瓦房店各矿；满炭系统有阜新、复州、滴道、扎赉诺尔、鹤岗、西安、北票、和龙、田师傅、舒兰、东宁、三姓、城子河、恒山、珲春和宝清、瑷珲各矿；本溪湖系统的有本溪湖、田师傅、牛心台各矿；其他煤矿有鸡西、穆棱、裕东等矿。1936 年度各矿产煤总计 1 354.9 万吨，满铁系统占 75.7%，满炭系统占 15.2%。

五年计划将 1941 年的生产目标定为 3 161 万吨，即增长 2.33 倍。满铁采取维持原有水平的方针，产量的增长主要靠满炭系统。按修正计划，满炭系统 1941 年的生产目标是 1 805 万吨，即较 1936 年度增长 7.76 倍。本溪湖煤是唯一能炼制出优质冶金用焦炭的煤，随生铁增产目标的提高，对本溪湖煤的需求也成倍增加。

煤炭的生产计划未能完成。首先，抚顺煤矿未能维持其生产水平，1939 年以后产量明显下降，1941 年产量为 670.7 万吨，不到计划目标的 70%。由于资金、器材和劳力的紧缺，满炭系统同样未能完成计划。从 1939 年开始，增产幅度更明显降低。1941 年度计划目标是 1 365 万吨，实际产量只有 1 002.2 万吨，只完成 73%。本溪湖煤矿的实际产量为 88.9 万吨，只完成计划的 59%，欠产比例更大。

五年计划的生产目标虽然没有达到，但日伪搜刮和投入了大量资金资材和劳力，开发了新矿，特别是满炭系统的产煤量增长了近 5 倍，全满的煤炭产量还是有了较大增长。煤炭的总产量 1937 年度是 1 420.1 万吨，1938 年度是 1 598.8 万吨，1939 年度是 1 949.7 万吨，1940 年度是 2 113.2 万吨，1941 年度是 2 414.7 万吨。1941 年度的产量比 1936 年度增加了 78%，平均年增长率为 15.6%。从 1940 年起满炭系统的产量已经超过满铁系统占据主要地位。

据伪满洲中央银行资金统制课 1941 年 8 月的一份名为《满炭五年计划及其实绩》的调查报告，到伪康德七年即 1940 年度。其计划的完成情况如表 2-2-5 所示。

表 2-2-5　满炭康德五年以后增产煤及新投资金目标对实绩比较表

单位：数量为千吨、金额为千元

		康德五年	康德六年	康德七年	计	同比例
增煤量						
目标		2 461	4 005	4 300	10 786	1.00
实绩		1 155	2 133	3 093	6 381	0.59
增减		- 1 306	- 1 892	- 1 207	- 4 405	-0.41
新投资金	固定					
	目标	76 137	111 153	72 506	259 796	1.00
	实绩	35 177	99 046	124 237	278 460	1.07
	增减	- 20 960	- 12 107	+ 51 731	+ 18 664	+ 0.07
	流动					
	目标	4 718	8 945	7 914	21 577	1.00
	实绩	23 503	57 221	65 666	146 390	6.78
	增减	+ 18 785	+ 48 276	+ 57 732	+ 124 813	+ 5.78
	计					
	目标	80 855	120 098	80 420	281 373	1.00
	实绩	78 680	156 287	189 903	424 850	1.51
	增减	- 2 173	+ 36 169	+ 109 483	+ 143 477	+ 0.51

资料来源：资金统制课. 康德八年 8 月满炭五年计划及其实绩，1941（康法八年）：15.

1940 年的出煤量较计划减少 440.5 万吨即减少 41%，而新投入资金则增加 14 347.7 元即增加 51%。出煤量减少而所需资金增大，说明计划是多么不切实际。该报告写道："在改订五年计划的康德四年，每吨收入 8 元 285 厘、支出 7 元 611 厘，相抵后利益为 674 厘，而到了康德七年，收入虽然增加 1 元 049 厘而支出增加更多为 2 元 438 厘，结果实际减少收入 1 元 389 厘，为此不得不列入 6

百余万元的亏损。本年度上述倾向更加激化，按公司当局的申请支出比上年度增加 32%，每吨约为 13 元 819 厘。"①报告认为该社出现资金难、经营难的原因，不单是工资和资材的昂贵。而是由于"第一，该社的计划是杜撰的——为此，形成资材资金的浪费……第二，该社资产中暂时与业务运营无关的死藏资产、投资乃至储藏品极大。这加重了利息负担以至融资难。"②

满铁调查部的一项调查报告中则认为满炭之所以完不成计划，首先是由于"新设、补修用机器入手困难"。从到货率来看，在 1940 年度除翻斗车和卷扬机外大体在 70% 以下，"于是高度集约采掘体系形成的程度，经常被机器方面最不足的种类所制约"，问题不止于此，"进货数量的大部分比合同日期远远延迟。从发出订货到实际接到实物的时间几乎都要一年以上，最多的需要 800 天"。此外，还有在物动申请上"在比例上，申请数量的平均 50% 被削减，并且其现品进货又不过是其分配量的平均 50% 的程度。"③ 其次是由于"电力部门建设的迟滞"，1940 年度山场的发电设备，阜新煤矿延滞 15 个月和 18 个月，北票煤矿 11 个月，西安煤矿分别为 5 个月和 12 个月，鹤岗煤矿分别为 7 个月和 12 个月，其他各矿时间更长，这就成为"延迟以至阻碍集约采掘体系形成的重要原因"。④此外，报告还举出了劳动力在量上的不足和质的低下。

问题的根本在于增产计划本身就是轻率的且过大的。这个计划不过是以煤田调查的推定埋藏量为基础，预计到技术到位的增采量，是在各种煤矿设备及其他各种条件能圆满充足的假定下起草的。本来就是勉为其难的计划，在修订时又使它翻了一番，以满足日本准战时经济建立军事重工业的强烈要求。

三、煤炭饥馑

1938 年起，煤炭供应赶不上工业发展的需要，铁路沿线储煤量在 1938 年 9 月份比前年同期减少约 50 万吨。同年 10 月 12 日社团法人满洲工业会提出请愿，要求伪满政权抓紧解决。当时伪满政权曾对"各煤矿和铁路当局分别发出严重警告。……到同年 12 月 15 日日满商事突然断然实行工业用煤减配 3 成 5 分。"⑤

1938 年年底，满洲工业会对工业用煤压缩的影响作了调查。其报告如下：⑥

---

① 资金统治课. 满炭五年计划及其实绩，1941：12.
② 同①：14-15.
③ 新京支社调查局. 满洲炭业生产力扩充二於ケル诸问题：99-102.
④ 同③：105-109.
⑤ 社团法人满洲工业会. 社团法人满洲工业会创立满五周年史，1940（康德七年）：287.
⑥ 同⑤：288-289.

（一）各个行业不得不部分停产或完全停产，甚至有将作业计划实行根本性修正者。

（二）从行业看有纺织、染色等生产机能遭全面破坏，发酵工业使下料中的半成品腐坏，又如制糖业由于作业迁延的结果引起原料的腐坏，遭受致命的打击，不仅如此，还使产品质量下降，生产出次品或全然无法使用的东西。

（三）既然连原有设备都开工不足，新设、增设的不能如愿，已经竣工的也不能运营，是明摆着的。

（四）开工不足引起的减产，不用说在产业计划上出现故障，契约品的解约或交货的迟延带给需要者很大的麻烦，工业家由于减产不仅引起相应的损失，还不得不面对成本的腾贵和职工的清退。

（五）工业用煤配给的减少，影响厂内的暖气设备，引起各种设施的冻结或职工作业能力的低下。

此次煤炭配给的减少，影响是广泛而深刻的，单是昭和制钢所，"由于煤在12月，受到27%的减配，造成铣铁减产2万吨。1月、2月配给减少的结果，新设第七及第八高炉的点火以及第三高炉的复苏不能按预定进行，铣铁减产达64 000吨。"[1]

由于煤炭生产有继续恶化的趋势，伪满炭业统制委员会不得不将小煤矿自由开采的限度由5万吨扩大为30万吨。不过，超出5万吨部分须纳入日满商事的贩卖统制范围。

1939年关于煤的分配，"其细目预定为：铁路300万、昭和制钢所大体300万、煤铁公司56万、电气、煤气194万、各种工业327万、日满军队20万、官厅及其他会社23万、采暖及其他家庭298万。焚料煤90万、煤舱输出煤，输往日本75万、输往朝鲜35万，输出合计105万。"[2]

1941年度，煤的分配大体如下，像昭和制钢所只能运转6成5。

煤	军需	7 000千吨
	准军需	5 000千吨
	生产扩充	8 500千吨（内昭和制钢所1 000千吨）
	一般需要	5 500千吨（内采暖用2 400千吨）
	对日输出	3 000千吨[3]

再看一下1941年奉天的工业用煤配给情况：

---

① 南满洲铁道株式会社调查部，新京支社调查局．满洲炭业生产力扩充二於ケル诸问题：293．

② 总裁室文书课．第二回部所长会议事录，1937（昭和十四年）：66．

③ 资金统制课．康德八年度物动、劳务并资金计划说明听取要旨，1941（康德八年）：57．

"据康德八年上半期（1月至7月）的7个月的结果，在金属机械工业，入手量对需要量占75%到60%，其中统制煤为55%～40%、统制外煤为45%～16%的比率。一般的统制外煤比统制煤质量差，热量不定。至少不确保三四成格外的数量，难以满足其需要。在纤维工业部门，对煤的需要量、入手量的比率是121%到32%，最高最低之间相差悬殊。这是由于统制煤的配给量为52%～22%，而统制外煤的入手量是114%～10%的比率，这个工业部门的操作完全取决于统制外煤的入手情况。在化学工业部门是196%到113%，很丰富，其中统制煤配给量为67%～24%，而统制外煤为172%～46%，表现为高比率。这个部门也和纤维工业一样，统制外煤的入手使煤的供给顺利了。……全都是靠煤质恶劣的统制外煤满足需要的占半数以上。"[①]

对煤的需求的增加首先是采暖的特殊方面即军用方面的增加，于是极力压低一般居民采暖用煤，开展节约煤炭运动，提倡使用代用燃料——薪、木炭、枯草、牛粪和鸟粪。其次是铁路用煤的增加。再有是炼铁用煤的增加，不得不大量输入华北煤。还有生产煤气用煤、生产水泥用煤都超过煤的增产速度。为保证军需工业用煤，极力压缩民用工业特别是民族工业用煤，如烧锅、油坊、食品、纺织、卷烟、制糖等和农畜产关系方面的用煤。

战争的长期化，使资金、资材和劳力均告不足，煤炭生产赶不上对煤炭的需求。日本、伪满、华北都陷入对煤炭的饥馑状态。

四、液体燃料

液体燃料是伪满五年计划中与钢铁并列的最重要部门之一。日本是贫油国，所需石油及其制品几乎全部靠进口，倚赖美英石油垄断组织。因此日本深感缺乏石油的苦恼，甚至提出了"石油一滴贵于血"的口号。由于石油是进行现代战争绝不可缺的动力资源，解决液体燃料的自给问题就成了日本的燃眉之急，而利用东北贮量丰富的煤和油页岩炼制石油就成为日伪关注的重点。抚顺的页岩油提炼事业遂被视为至宝。

由于在东北未能找到新的石油资源，抚顺页岩油就成为唯一的石油资源。五年计划开始时，正值抚顺煤矿扩建炼油厂，新建了日处理原矿180吨的干馏炉60座，1935年5月部分试车，将原油生产能力提高为30万吨。在1941年度抚顺页岩油（重油）实际生产113 243吨、挥发油13 000立升。至于煤炭液化的生产计划则完全落空。

1939年"满洲国人造石油工业有满洲合成燃料的锦州工厂，预定在康德九

---

① 奉天商工公会. 满洲建国十周年纪念：奉天产业经济事情，1942（康德九年）：478-479.

年底完成第一期计划并开工。吉林人造石油工厂也完成了部分设施，此外，抚顺煤液化工厂的试验工厂扩建工程也已完成正进入开工。"①

1941 年 5 月，为确立日满液体燃料自给方策，开发东北的石油资源，实现采油事业化和完成高级润滑油制造设备，决定将满洲石油株式会社的资本由 2 000 万元增加为 4 000 万元。

1941 年 9 月，决定增加吉林人造石油株式会社的资本，由 1 亿元再增加 1 亿元。其目标是"期望在康德九年度完成用直接液化法生产粗油 8 万千升设备（低温干馏炉 2 座及添加氢装置 2 组），同时接着以到康德十年度末完成 30 万千升生产设备为目标。"②

舒兰炭矿株式会社是为供给吉林人造石油株式会社液化原料煤而设立的，以生产 150 万吨煤为目标，资本 1 000 万元。1940 年 11 月根据设立纲要增资 500 万元。1941 年 2 月又决定增资为 3 000 万元，其出资分配为伪满洲国政府 600 万元、满洲炭矿株式会社 1 200 万元、吉林人造石油株式会社 1 200 万元，计划生产 180 万吨煤。

1941 年 12 月决定将满洲石炭液化研究所的资本由 600 万元增加为 1 000 万元，增资股份完全由伪满洲国政府认购。"会社因此项增资到康德九年末建设关于'西阿枯'式气相反应的半工业性试验工厂（1 日处理 10 吨原料），以期到康德十年末完成'西阿枯'式气相反映技术的试验研究。"③

为获得液体燃料，日伪已经竭尽全力。

　　① 　总裁室弘报课．日满支を绕る石炭问题と石炭联盟．满洲トピック解说，1940（昭和十五年），号外第二ノ二号：371.
　　② 康德八年经济计划纲要：97.
　　③ 同②：98.

第三章
贸易统制与汇兑管理

第一节　贸易统制

一、贸易统制法

为了筹措五年计划所需的巨额资金，特别是外汇，伪满洲国开始实行贸易统制。

伪满洲国的贸易统制以 1936 年 8 月施行《贸易紧急统制法》为其准备，而以 1937 年 12 月施行的《贸易统制法》为正式开端。

1937 年度，伪满的进口为 88 741 万元，出口为 64 530 万元，入超达 24 211 万元，单是对日贸易每年就有 10 亿元左右的入超。为推行五年计划，除日本投资外，筹措资金的一个主要办法就是发展对第三国的贸易。因此，尽可能抑制国内消费，控制进口，增加出口特别是向第三国的出口，用所得外汇购入机器设备，就成为迫切需要。

此时，日本率先实行了贸易统制。1937 年 7 月，日本国会通过《贸易调整法》；同年 9 月发布《输出入品等临时措置法》；10 月又发布《临时输出入许可规则》，对商品的进出口实行许可制。追随日本的贸易统制，1937 年 11 月 26 日关东军司令部制定《贸易统制方策纲要》，决定在伪满洲国实行贸易统制，以便和日本贸易的动向和步调合拍。首先对玉蜀黍和蓖麻籽的出口实行许可制，抑制其对中国关内及其他外国的输出，将之转向需要增大的日本。在输入方面，则要求对大米、小麦及面粉、砂糖、烟叶及卷烟以及苏打实行许可制，促进国内生产同时以日本产品替换外国输入品。

1937 年 12 月 9 日伪满公布《贸易统制法》，规定："政府为调节重要物资之供求或价格，认为必要时，得依敕令之所定，指定期间及物品，于海关出口税税则所定之输出税或海关进口税则所定之输入税之外，得课以与其物品之价格同额以内之输出税或输入税，减免输出税或输入税，或从事输出或输入之限制或禁止。"又根据该法以救令《关于根据贸易统制法限制输出及输入之件》（后来简称为《输出入制限令》）限制指定品名的输出或输入。1938 年 4 月，以《钢铁类统制法》为开端的各个物资别单行统制法，广泛地施行于农矿产重要物资。对进出口、生产、配给实行全面的统制。①

进入 1939 年，由于伪满大豆价格上涨而国际市场价格下落，使大豆对第三国的输出锐减，对此伪满采取了应急措施。（1）在 1939 年 2 月，拟以改正贸易统制法的形式，在输出的限制品目中追加大豆、花生等十品目。"其中有以振兴对第三国输出为目标，对发往日本的大豆征收统制料，将之作为振兴向第三国输出的调整基金的计划。然而当 2 月 17 日准备公布时，日本商工省方面因征收统制料会使输往日本的价格上涨，对此强烈反对——于是约定凡有关特产物事项，满洲国政府不经日本的事先谅解，不能实行任何加强统制的举措。"②（2）在特产中央会内设"特产输出振兴协议会"的事务处理机构，执行有关方策。其事业如下："1. 为调整大豆市价及顺利向第三国供货，在海港保有相当的大豆，为上述目的随时处理；2. 为确保向第三国输出特产所需船舱，实行船舱的预约；3. 对特产物的输出支付奖励金（因此项规定对三井、三菱等主要输出商支出了巨额奖励金）；4. 实施其他为增加对第三国的输出所必要的事项。"③（3）1938 年 6 月以后，由于上海日元比价的跌落，"利用这一外汇减价，经由上海向欧洲输出特产激增，再加上当地的需要，对华输出的大豆和豆油激增。当局鉴于这在获取外币上形成重大障碍，终于（根据汇兑管理法）强制解除了到康德六年 3 月 30 日为止未装载部分的对华输出契约。除军需、宣抚工作用者外，决定暂时禁止对华输出，这是为适应向第三国输出这一国家要求的紧急处置。"④（4）伪满当局在取得日本各方谅解之后，于 5 月 25 日按二月方案公布贸易统制法的改正。不过关于对日征收统制料一事则完全销声匿迹了。后来，在确立专管体制的同时，用对日高价格，对外低价格这种二重价格制，作为对外输出补偿制加以贯彻。

二、对日贸易

1937 年以后，伪满对外贸易几乎完全为日本所垄断。五年计划期间，不仅

---

① 山本有造."满洲国"的研究.京都：京都大学人文科学研究所，1993：203.
② 南满洲铁道株式会社调查部.大豆流通机构的变迁，1942（昭和十七年）：62.
③ 同②：63.
④ 同②：63.

对日出口所占比重大增，出口额也增长很快。

1938 年年末，伪满实行了关税改革，这是在确保每年约 1 亿元关税收入不变的原则下进行的一次关税改正。从对日本商品有利的角度调整从量税和从价税，"还有就日本的农村、渔村的特产物，从特别加以保护的考虑出发，实行了税率的降低。"[①] 此外，对同五年计划有关的各种机械及其他资材实行免税，这对日本的经营者非常便宜，当年就有约 1 820 万元的免税。对日本移民直接使用的物品也免税。

在 1940 年对日出口比重由 1937 年的 42.9% 提高为 71.1%，对日出口额由 277 百万元增长为 471 百万元，增长了 70%。同时，对日进口大幅度上升，从 1937 年占 70.7% 上升为 1940 年的 88.8%，进口额则由 627 百万元上升为 1 551 百万元，增长了 147%。与此同时，伪满对日本的入超额逐年增大。这一方面是由于从日本进口的生产资料大增，同时是由于输出品的价格远远落后于输入品价格上涨的幅度。如以 1936 年的价格指数为 100，则在 1940 年输出品为 195，而输入品为 233。[②] 并且，伪满对日本的进出口贸易完全以日本的需要为转移，特别是伪满的出口首先要保证日本的需要。

这一方面显示了伪满经济对日本经济依附程度的加深，同时反映了东北经济殖民地化的加深和日本对东北经济掠夺的加剧。不过，由于通货膨胀物价上涨，上述数字却掩盖了一个真实的情况，即从绝对数量上看，1940 年出口额不但没有增长反而下降了。这是由于东北在日本的占领下农业衰退，可供出口的大豆等农产品产量下降。而从日本的进口在 1940 年即达到顶点，此后也开始减退了。详见表 2-3-1。

表 2-3-1 1937—1941 年东北进出口总额及对日本进出口总额表

单位：伪国币百万元

年度	东北进出口总额		东北对日本进出口总额	
	出口	进口	出口	进口
1937	645	887	277	627
1938	725	1 276	368	936
1939	835	1 816	459	1 437
1940	662	1 746	471	1 551
1941	675	1 409	461	1 199

资料来源：（1）满洲国通信社. 满洲国现势，1943：695.

（2）东北物资调节委员会. 贸易，1948：61.

① 社团法人日满中央协会. 日满经济恳谈会议事要录，1939（昭和十四年）：132.
② 满洲国史编纂刊行会：满洲国史，1970：535.

从 1936 年到 1939 年上半期，农产品出口有所增加，其基本原因可以举出以下两点：（1）日本加强在日元集团内消费资料的自给自足政策，以汇兑管理和输入统制来限制肥料、饲料、马粮、食用原料及其他消费资料用原料从第三国的进口，使伪满对日出口增加；（2）华北的粮食等物资的缺乏以及日元系通货（联银券、军票）的贬值，使对华北、华中的输出增大。

东北农产品的出口在 1939 年达到最高峰，1940 年起明显下降。这一年，伪满向日本出口的大豆、豆饼、高粱、粟、玉蜀黍的绝对数量只分别是 1937 年的 58%、58%、27%、0.004% 和 80%。

1937 年以后，大豆发往日本的比重逐年提高，在实行统制后，90% 以上都是发往日本。①

1940 年伪满洲国主要粮谷输出统计表如表 2-3-2 所示，1941 年的统计如表 2-3-3 所示。

表 2-3-2　1940 年伪满洲国主要粮谷输出统计表　　　　单位：吨

品名	对日本	对朝鲜	对中国台湾	对关内	对其他	合计
大豆	438 821	79 439	33 039	13 789	29 290	594 378
高粱	21 777	11 858		18 890		52 525
苞米	44 188	758		22 976		67 922
谷子	453	59 103		7 851		67 407
稗子	49 348	3 553		79 761		132 642
荞麦	1 833	6 725		1 792		10 350
其他	3 355	20 596		10 003		33 954
合计	559 775	182 012	33 039	155 062	29 290	959 179

表 2-3-3　1941 年伪满洲国主要粮谷输出统计表　　　　单位：吨

品名	对日本	对朝鲜	对中国台湾	对关内	其他	合计
高粱	29 566	29		55 644		85 239
苞米	77 846	2 335 465		79 015		2 492 326
谷子	1 833	94 860		10 132		106 825
荞麦	6 716					6 716
大豆	403 602	41 911	28 877	15 520	1 041	525 951

① 满铁调查部. 资源开发研究会报告书：东亚共荣圈ノ油脂资源ト满洲大豆，1942（昭和十七年）：33.

品名	对日本	对朝鲜	对中国台湾	对关内	其他	合计
小豆、绿豆	21 596	5 968	2 065	887		30 516
花生	8 003					8 003
芝麻	3 415	980				4 395
苏子	3 725					3 725
大麻子	37 706	988		30	250	38 974
亚麻子	3 237	112				3 349
豆油	4 275	400		9 048	27	13 750
其他	595					595
合计	637 115	2 480 313	31 342	170 276	1 318	3 320 364

资料来源：《东北经济掠夺》第 584～585 页。

另一出口大宗，即煤的出口，由于生产计划完不成且当地消费猛增，出口量只有 1937 年的 48%。不过由于生铁较 1937 年增加了 83%，其他工业原料也有所增加。因而，工矿产品出口比重还是有所上升，而农畜产品出口比重则有所下降。

在太平洋战争爆发前，日本所需的 38 种军需工业原料中，有 24 种是靠伪满供应的。不过，在 1939 年以后，资材和劳力均感不足，劳动生产率下降，生产资料的对日供给也开始减退，只有菱镁矿、滑石和盐的出口继续增加，其余主要生产资料煤、硫酸铵、木材等都在减少。

在伪满的进口贸易中，消费资料的进口 80% 来自日本。

日本经济的再生产过程，必须靠轻工业制品的输出与原料及重工业制品的输入，弥补国内资源先天的不足和重工业生产基础的脆弱。这种贸易结构由于国民经济的军事化而愈益加剧。结果是贸易赤字大幅度上升。1937 年度日本对第三国的贸易入超，上升到 96 000 万余日元。对此，用对英、美送出 87 000 万余日元的正货勉强填补。"七七"事变后，日本的生产部门实行战时改组，限制非军事性生产，开始了消费资料的缩小再生产过程。日本为了获取外汇，需要增加对第三国的出口，势必限制在日元集团圈内的出口。1939 年 9 月 20 日公布《关满支向输出调整令》，对向关东州、伪满洲国和关内各地的出口物资实行数量统制，减少对伪满洲国的工业品供应。这对于无论生产资料和消费物资几乎完全依靠由日本进口的伪满洲国来说无疑是一大冲击。然而，由于日本的物价低而伪满的物价高，在高额利润的驱使下，这一年输入伪满的生活资料不仅没有减少反而迅速增加。1939—1940 年伪满贸易收支赤字冲破 10 亿日元大关。于是，在 1940

年8月日本公布了《关满支向贸易调整令》在数量统制之外又加上价格统制。

伪满政权于1940年8月20日通过《对日贸易管理纲要》，决定全面地管理对日贸易。1940年起，除执行物资动员计划外，对物动计划外的物资也制定准物动计划，形成综合两者的对日贸易计划。"消费物资止于必要限度，重点置于生产物资的确保。""禁止奢侈品及不急需品的输入、制造及贩卖。"① 1940年9月5日，"为了实施贸易的全面管理，将全部品目作为统制品目"②，对《贸易统制法》作了改正。不论生产资料还是消费资料，所有物品的进出口都必须经过许可，违者给予处罚。

为确保对日的出口，使令日满商事会社等统制铁、非铁金属、煤、化学药品等的出口，并调整大豆、芝麻、苏子、麻子、棉籽、落花生、油及黍、荞麦、小豆、绿豆、混合饲料、甘草、线麻、青麻、菱苦土、滑石、猪毛、马毛、羊毛、柞蚕丝等的出口统制机构。

在消费品的进口方面，加强了满洲生活必需品会社及各种输入组合等输入统制机构。这一年，除茶叶外，主要消费资料的进口都有所减少，尤其是棉织品减少得最多，再加上原来经由关东州向伪满输出的消费资料，有相当部分由于华北物价的异常昂贵而转输华北，更加剧了这种倾向。

在生产资料的进口方面，1938年以前，日本还处在战时改组初期，伪满农产品的对日和对第三国的输出仍然很旺盛，为满足五年计划的需要，伪满从日本和第三国输入的生产资料都在增加。进入1939年度，由于对第三国输出的减少，钢铁、铝、锡和铜的输入开始下降，伪满进口生产资料转向主要依靠日本。采取了将消费资料的进口止于必要限度，禁止奢侈品及不急需物资的进口，确保生产资料进口的方针。到了1940年由于世界大战爆发，对欧输出断绝，对美关系恶化，加上日本开始进入缩小再生产，生橡胶、煤焦油、染料、麻袋、机械及装置等的输入也开始减退。

三、对第三国贸易

伪满洲国的对第三国贸易可以大致区分为对法西斯国家德、意的协定贸易和对美、英及其他国家的普通贸易。前者是以1936年4月30日缔结的《满德贸易协定》和1938年7月缔结的《日满意贸易协定》为中心，以出口大豆换取为完成五年计划所必需的生产资料的进口。后者，无论在金额上还是品质上都是以对美贸易为中心。由于日美关系日益紧张，美国政府对向日"满"输出生产资料逐步

---

① 枥仓正一. 满洲中央银行十年史，1942（康德九年）：217-218.
② 同①：218.

加以干涉，终于在 1939 年 7 月废除了《日美通商条约》。

1937 年"七七"事变后，伪满对德国的贸易有所进展。伪满推行产业开发五年计划，急需从德国进口机械设备，更加需要发展对德的出口贸易，同时，德国需要扩大伪满大豆的进口和加强同日本的合作。当年 9 月 4 日伪满中央银行同德国的奥特沃尔夫财团签订了 200 万英镑的第一次信用贷款协定。其中 90% 以德国马克支付，相当于满洲特产品输出货款的四分之一，其余 10% 以英镑支付。信贷期间为六年，限于从奥特财团支配下的数个大工业公司定购重工业用的机械类，"由制铁、煤液化及水力发电等开发上所需中选定。"[1]

1938 年 8 月 14 日，双方又修改并扩充了贸易协定。新的协定在维持原有的伪满从德国输入额最高 2 500 万元、最低 1 625 万元（主要是机械类），伪满向德国输出额最高 1 亿元、最低 6 500 万元（主要是大豆）的输入对输出 1∶4 的规模之上，又以 1∶1 的比率追加 4 500 万马克（6 375 万元）的易货贸易。并规定以其中 1 000 万元为限，两国政府可以互相输入一般贸易品。因此，伪满在原有 1 亿元限额之外可以再增加 6 375 万元的出口，获得更多的德国技术装备。《满德贸易协定》前三年执行情况如表 2-3-4 所示。

表 2-3-4　《满德贸易协定》前三年执行情况[2]　　单位：千元

	输出	输入	出超
协定前（1935 年度）	43 647	14 151	29 496
第一年度（1936.6—1937.5）	52 581	13 120	39 461
第二年度（1937.6—1938.5）	54 092	22 098	31 994
第三年度（1938.6—1939.5）	118 795	45 802	72 993

从协定执行的结果可见，伪满对德国的贸易有巨大增长，到第三年度，伪满的对德出口接近 1.2 亿元，为协定前 1935 年度的 2.72 倍。伪满从德国的进口额也达到 4 580 万元，为 1935 年度的 3.24 倍。在这三年的出口总额中大豆占 83%，进口总额中机械类占 54%。[3] 伪满大豆等农产品的出口，不仅使之得以进口德国的技术装备，还弥补了日本外汇的不足。归根结底是东北的农民以他们的劳动产品促成了东北工矿业的发展。

1939 年 5 月协定期满，又对有关细目作了修改并再次延长，以伪满购入德国 1 000 万元杂货以保护德国中小企业为条件，德国同意给伪满以 6 300 万元的

[1]　国务院总务厅企划处 . 满洲国经济建设ニ关スル资料：546.
[2]　满铁调查部 . 满洲经济年报（昭和十四年版）：273.
[3]　同[2]：273-274.

连锁制贷款。① 就在日伪寄更大希望于对德贸易之时，先是日本关东军发动的诺门坎边境战争，一度中断了陆路交通，接着是德国法西斯挑起第二次世界大战使海上通道断绝，仅能依靠西伯利亚陆路运输，迫至 1941 年 6 月德国进犯苏联，陆路通道也完全断绝。从此，对德贸易只能是空中楼阁，再也不能依靠。

在伪满对外贸易中，意大利本来不占重要地位。1937 年伪满对意大利的输出是 264 万元，输入只有 106 万元，只占伪满出口总额的 0.46%、进口总额的 0.12%，微不足道。然而日、德、意三个法西斯国家在政治关系上日益紧密，在意大利参加三国防共协定并承认伪满洲国之后，在经济关系上也有了发展。1938 年 7 月 5 日签订了日满意贸易协定，于当年 9 月 1 日起生效。协定规定日本和伪满同意大利及其殖民地之间建立换货制的贸易体制，实行每年以贸易总额 1.5 亿里拉（3 000 万日元）为基准的补偿贸易。在对意大利出口的 1.5 亿里拉中，伪满分摊 1.2 亿里拉。伪满出口的主要是大豆、花生等农产品。在从意大利输入的 1.5 亿里拉中，伪满分得 6 000 万里拉，主要输入品是机械及部件以及石膏等。协定实施后，从 1938 年 9 月到 1939 年 6 月，伪满对意大利的输出为 924 万元（前年同期为 191 万元），输入为 331 万元（前年同期为 81 万元），分别增长为 4.84 倍和 4.08 倍。后来对意贸易也因意大利参战而无法进行。

对美贸易则由于 1941 年 7 月日本出兵法属印度支那，美国冻结日本在美资产而进入经济绝交状态。从此，所谓"南方圈"贸易成为第三国贸易的主体，不过其数额很小。详见表 2-3-5。

表 2-3-5　1937—1940 年各国及关内在东北地区进出口额中所占比重　　　　%

国别或关内	1937		1938		1939		1940	
	出口	进口	出口	进口	出口	进口	出口	进口
日本	42.9	70.7	50.7	73.4	55.0	79.1	58.1	84.3
朝鲜	6.9	4.4	6.8	4.5	7.5	5.7	11.3	4.5
关内	17.0	4.4	16.8	5.6	20.3	3.7	25.6	4.3
苏联	…	0.1	…	…	—	…	…	…
英国	1.4	1.3	0.8	0.6	0.4	0.3	0.2	0.1
德国	9.6	2.0	7.0	2.9	6.0	2.9	…	…
美国	2.9	6.5	1.6	7.3	1.8	4.8	3.0	4.0

① 社团法人日满中央协会. 日满经济恳谈会议事录，1939（昭和十四年）：130-131.

续表

| 国别或 | 1937 | | 1938 | | 1939 | | 1940 | |
关内	出口	进口	出口	进口	出口	进口	出口	进口
其他	19.0	0.7	16.6	5.7	9.0	3.5	1.7	2.8
合计	100	100	100	100	100	100	100	100
指数	100	100	112	144	129	205	103	197

资料来源：（1）满洲国通信社编《满洲国现势》，1943 年版，第 695 页。

　　　　　　（2）1940 年指数系根据《东北经济小丛书（贸易）》第 36 表数字算出。

注：（1）1940 年的比重为 1—9 月间三个季度的数字。

　　（2）指数栏是以 1937 年为 100，历年出口与进口贸易总额的指数。

四、对关内沦陷区的贸易

　　"七七"事变后，伪满同日军占领下的华北地区发展了贸易关系，为满足日本占领区的需要，东北物资被大量运往关内。1938 年 3 月，伪中国联合准备银行（联银）设立发行联银券，华北地区也被纳入日元圈，伪满对华北的输出成为日元圈内的交易，通过这一渠道已经不能期望获取外币。伪满对华北的贸易收支虽然是黑字而贸易外的收支却是赤字，后者主要是华北工人的劳务送金和返回时所携款。1939 年以后由于后者的增大，伪满对华北不得不实行输出限制和资金限制。

　　随着放弃对第三国依存的方针，强调建立以日满华为整体的综合的自给自足经济。从 1940 年起伪满对关内伪政权控制地区的贸易明显上升。

　　伪满对华北的贸易方针是以贸易上的顺差来弥补贸易外的支出，后者主要是指华工返乡携带的现金和中国财东带走的投资利润。1941 年 2 月在日本、伪满和华北伪政权间签订了《满华北贸易汇兑调整大纲》，据此，对于伪满洲国和关东州的对华汇兑决定实施满洲中央银行的集中制，同年 4 月 1 日开始实施。

　　除正规贸易外，还盛行走私贸易，削弱着日伪的经济统制。

　　1939 年度以后，华北粮食及其他物资紧缺而伪满的棉制品价格猛涨，通货膨胀加剧。由于两地商品的差价甚大，为获取高额利润，走私非常活跃。在伪满同华北之间的走私中有热河、关东州、营口及其他种种途径，其中，热河途径占压倒部分。单是山海关地方（热河西南国境地带），走私对于正常贸易，达到输出超过 60%，输入超过 100% 的巨额。[1]

---

　　① 南满洲铁道株式会社调查部. 满洲ィンフレーション调查报告：第二部　资料篇：203.

据说，在长城线的满华间走私，从满洲向华北年约 1 亿元，从华北到满洲也是约 1 亿元，合计为 2 亿元之巨额。成为这一走私对象的物资，从满洲方面是金、鸦片、猪毛、粮谷类，从华北方面是棉布、棉织品、海洛因及其他。

由"满洲"的走私物品：

黄金——据满洲中央银行调查，1939 年度走私推断额达 2 000 万元，而当年伪满收购到手的国内产金仅 800 万元。

鸦片——热河省的鸦片产量，1939 年度估计为 1 115 万两，而伪满政权收买及省内消费的约 660 万两，其余约 450 万两是走私到华北去了，其价格最低也达 6 250 万元。

猪毛——作为获得外汇的资源之一，伪满方面是将它置于统制之下，1939 年度估计产值为 1 500 万元，而伪满政权收购 900 万元，其余 600 万元，可视为走私。

粮谷类——冀东地区在一般年成民食尚显不足，1939 年是大灾之年，"满洲"方面又实行粮谷统制，结果是走私猖獗，估计有五六百万元。

由华北方面的走私物品：

棉布、棉织品——满洲方面由于统制输入、混用人造棉，纯棉制品价格暴涨。华北货物向满洲走私，1939 年估计达 5 000 万元。

海洛因——作为鸦片的代用品，一年从天津走私约 3 000 万元。

其他——铁制品、橡胶制品、毛皮类、糖精等，年额估计 2 000 万元。[①]

1939 年度伪满洲国热河（山海关）路径走私贸易额如表 2-3-6 所示。

表 2-3-6　1939 年度伪满洲国热河（山海关）路径走私贸易额[②]

品名	走私推定额（a）	同上备考	1939 年度对华输出额（b）	（a）对（b）的比值
鸦片	50 000 000 元	产量的 5 成	不详	—
金	20 000 000	产量的 4 成	—	—
猪毛	5 000 000		95 000	25 倍余
谷物	20 000 000	产量的高粱 6 成	39 842 000	50.020%
		苞米 3 成，粟 1 成		
合计	95 000 000		165 207 000	57.050%
			（对华输出总额）	

①　南满洲铁道株式会社调查部．满洲ィンフレーション调查报告：第二部　资料篇：75-76.

②　同①：75-76.

　　这种巨额走私对伪满的经济统制有极大影响。伪满采取的防止走私办法是："（1）禁止联银卷的国内流通（包括关东州）；（2）限制锦州、热河两省的特产三品、主要粮谷、猪毛和皮革的转移；（3）扩大并强化对华输出组合。"①

五、伪满洲国和关东州的贸易一元化

　　1937年"七七"事变前，日本直接统治的关东州也通过汇兑管理间接地开始了贸易统制。但直接着手贸易统制乃是事变以后的事。即在日本内地公布贸易统制法的同时，依据《关于输出入品等临时措置的法律》（法律第92号），在1938年5月公布关东州临时输出许可规则（关东局令第39号），指定输出品23品目，需要驻满全权大使的许可。

　　1940年，为了适应日本的《关满支向输出调整令》及《关满支向贸易调整令》，确保由日本输入所需物资，伪满洲国和关东州都相应地开始实行贸易统制。伪满洲国于1939年9月25日修改了贸易统制法，12月8日公布追加输出品70品种、输入品54品种为统制品，将输出及输入的限制由生产资料扩大到消费资料和生活必需品，即扩大为全面的许可制。又设立满洲生活必需品株式会社、满洲生活必需品输入联盟及各种商品别输入组合，指定为特定品种的统一的输入机关并赋予在国内的配给权。关东州也在1940年4月15日重新公布《关东州输入许可规则》，对输入许可实行一元统制并调整原有贸易机构结成关东州贸易实业组合联合会。②

　　由于伪满和关东州是分别实行贸易统制，从日本输入的物资在伪满和关东州之间的流通出现滞碍，引起物价的腾贵和物资分配的不均。加之，日本向满、关的输出，在计划上和分配上本是一体的，因而，伪满和关东州在物资的获得和利益的分配上就产生了摩擦和竞争。

　　为避免这种弊端，1940年7月17日签订了《满关贸易调整协定》，决定由满、关双方共同向日本提出所需数量，并由双方协议分配比例。同年8月在日满华贸易整备会议上，决定了对满关输出统一处理的方针，同年11月成立日本东亚输出入组合联合会作为日元圈内一元化贸易统制机关。11月伪满与关东州联合设立临时贸易汇兑局。1941年7月29日发表了《满关贸易机关调整纲要》，在满关贸易一元化统制的宗旨下调整合并消费物资的满关贸易机构，实行"满关一体的有计划的输出入及配给"③。其要领为：① 设立满关贸易联合会；② 解

---

　　①　南满洲铁道株式会社调查部．满洲ィンフレーション调查报告：第二部　资料篇：204.

　　②　满洲生活必需品株式会社理事长室调查课．调查资料：第9辑　关满支向输出调整关系资料，1940（康德七年）.

　　③　康德八年经济计划纲要：215.

散关东州贸易实业组合联合会及满洲输入联盟；③ 联合会统制的物资是满关一体统制机关经办物资及专卖物资以外的消费物资；④ 视满关间的物资流通为配给。

满关贸易联合会成立于 1942 年 1 月 25 日，正式会员有满洲生活必需品株式会社、满关重要日用品组合、满关杂货组合、满关建材组合、满关写真材料组合、满洲音盘配给株式会社（原名满关蓄音机组合）、满洲国消费组合、满铁生计组合、满关百货店组合。整个东北地区的贸易完全归其统制。

第二节　汇　兑　管　理

一、《外汇管理法》的修正

同贸易统制密切相关的是汇兑管理。据满铁在 1935 年的调查，有大量资金从伪满流向关内，"返还苦力所携带的资金和工人寄的钱年约 3 500 万元，中国商人对本国的利润送出额年约 2 000 万元，以上两者合计 5 500 万元，此外考虑由于治安及其他缘由引起的中国资本向本国的撤离，最近由于以上海为中心的各地利息高引起的资本逃避等，满洲中央银行在上海操作所需资金，合计一年约七八千万元到 1 亿元。"[①]

由于 1934 年一年之间就有几千万元的资金抽逃到华北方面，伪满于 1935 年 12 月 10 日实施外国汇兑管理法。主要目的是防止资金的外流，调节日本资本的流入及还流。

1935 年 11 月 4 日伪满元同日元实现等价。从此，伪满被编入日元集团，极大地方便了日本的投资，不过日本的对满贸易也就不能再取得外汇，还要消耗外汇。

由于准备战争，日本的输入激增导致外汇拮据，从 1937 年 1 月起施行输入汇兑许可制。伪满的外汇本来由日本支配，为改善所谓"日满一体"的国际收支，也对外国汇兑实行一定的限制。

"七七"事变后，伪满为有效地利用外汇，以确保《五年计划》所需资材的进口，防止资本流往境外，密切地配合日本的汇兑管理以及《输出入品临时措置法》，于 1937 年 10 月 8 日修改了汇兑管理法，对第三国加强了输入汇兑管理、无

---

① 南满洲铁道株式会社经济调查会．经调资料：第 93 编　日本经济现态及日满经济联关研究，1935（昭和十年）：244.

汇兑进出口管理、证券进出口管理及取得信用状管理，对每月向国外送款 1 000 元以上者适用输入汇兑许可制。"由一向消极地以防止资本逃避为目的向积极地获得产业开发用资材以及通货对外价值这一目标前进。"①

伪满产业五年开发计划的执行，输入设备所需外汇成为一大难题。1938—1939 年后，伪满对第三国贸易也转为赤字，一方面是大豆出口能力下降，另一方面是对从美国进口的依赖程度上升。

1938 年 1 月 19 日关东军司令部通过了《关于康德五年度抑制对第三国输入的文件》，规定在 1938 年度（即伪满康德五年度）对第三国输入由预计的 26 400 万元压缩到 22 300 万元，实行 4 100 万元的输入抑制。② 限制进口的主要是棉花、烟叶和大米，主要是运用输入许可制。被禁止的包括奢侈品、不急需品和可以代用品约 3 000 万元，禁止方法是运用外汇管理法不予许可。③

1938 年 1 月 29 日，日满经济共同委员会通过《关于对第三国关系外汇日满间合作之件》，规定"满洲国政府将满洲国对第三国输出所得外汇极力向横滨正金银行集中"。"满洲国对第三国的输出所得外汇中充当由第三国输入外汇的支付额，以其 60% 为限。"当超过这一限度时所必需的外汇资金由日本供给，届时伪满须将保有金块让渡日本。而且，"满洲国要就每年度进口付汇的总额预先同日本政府协议"④。同年 3 月，日本对满事务局也通过《关于第三国关系汇兑日满间协力之件》。

同年 6 月，由于对在伪满的"日军的军需品及华北开发用资材的输入增加及由日本国供给物资的减少，由第三国输入增加的实情"，决定进一步加以抑制。又制定了《关于康德五年度对第三国输入改正文件》，将输入抑制额增加 1 100 万元，即增加到 6 000 万元。除对棉花、烟叶和大米予以限制外，其余一律禁止。⑤ 但是，由于伪满对第三国的贸易已经转为赤字，再无外汇可以提供给日本。同年 8 月，重新缔结以满洲国外资自给自足为原则的协定，要求伪满外汇自给并缩减从日本的进口。

二、临时汇兑局的设立

随着国际收支的逐步恶化，外币资金、资材的入手日趋紧张。对外币实行集

---

① 枥仓正一．满洲中央银行十年史，1942（康德九年）：157.
② 国务院总务厅企划处．满洲国经济建设二关スル资料：547-548.
③ 同②：550.
④ 同②：559-560.
⑤ 同②：563-564.

中管理，并将伪满洲国和关东州合为一体实行汇兑行政的一元化，就势在必行了。①

原来伪满洲国的外汇是由伪经济部管理而在关东州则由关东局管理，外汇主要是靠出口特产获得，外汇结算主要在大连进行。

为统一汇兑事务，于1938年8月在伪满洲国企划委员会内，设置汇兑委员会，由关东军、伪满政权、关东局、满洲中央银行派出委员，审议关于汇兑运用处理的最高方针，并设置临时汇兑局作为它的实行机关。② 临时汇兑局隶属经济部，在伪中央银行联合办公，并于大连支行内设汇兑局办事处，对外汇的使用实行严格统一管理的外币集中制度。将出口换取的外汇全部集中到伪满洲中央银行，再由伪满洲中央银行向需要方面分配。所有汇兑银行包括英美系统的汇丰银行、花旗银行和中国银行、交通银行以及在大连的日本系统各银行所买卖的第三国汇兑、英镑和美元必须交售伪满中央银行，实行英镑、美元资金的一元化集中。由临时汇兑局根据物资动员计划给予输入单据的许可。

伪满洲国掌握的外汇，先是在伦敦正金银行支店内开设满洲国户头，将所得外汇完全换成英镑集中存放伦敦。英镑买卖按固定行市一先令二便士进行。1939年春起欧洲战云密布，同年9月英德开战，英国政府实行汇兑管理。伪中银遂将英镑资金的一部分兑换成美元，采用了从英镑集团获得的英镑外币资金集中在伦敦，从美元集团获得的美元外币资金集中到纽约正金支店的两种建制。1938—1939年为填补外汇的不足，曾向美国送金块约达21千克核2200万美元。战争扩大，英镑渐失作为国际结算通货的作用。1939年10月25日，随日元的汇兑基准由100日元兑换1先令2便士英镑变为23元零16分7厘美元，伪满的外汇也过渡到美元一种建制。由于英镑下跌2成，日元的对外购买力也减少了2成。

随战局的进展和日美国交的恶化，1941年2月伪中银将集中在纽约的美元资金撤回，同时在正金银行东京支店开设了特别日元账户。③ 1942年9月苏联和德国开战，在伪满约2亿元输出品中，预定销往德国的一亿数千万元发生困难，原定由德国输入机械类也发生困难。对美国的输出只有1000万元强，从美国的输入主要是靠对欧输出所得货款转用于美国，英国实行战时汇兑管理，使这种外汇使用也受到限制。在同年的9月、10月两个月输出只到头年三分之一的程度。④ 对欧美贸易的中断，使外汇不足的问题自然消失，同时日元不足的问题则

①　枥仓正一. 满洲中央银行十年史，1942（康德九年）：157-158.

②　同①：158.

③　满洲经济研究会. 满洲国经济十年史. 大学书房，1943（康德十年）：42-44.

④　石渡慎五郎. 最进的为替问题について//满洲化学工业协会月例会讲演集，社团法人满洲化学工业协会，1943（康德十年）：5-6.

突出出来。

三、日元的不足及其解决

1940 年，由于伪满从日本的输入激增而日本的对"满"投资却裹足不前，使伪满的对日综合收支出现 2.5 亿日元的巨额赤字。结果，不得不"借重军方力量"，由伪满洲中央银行从日本银行获得特别融资信贷 2.5 亿元，才渡过难关。[①]

在日元极度短缺的情况下，伪中央银行不得不采取严厉措施，限制向日本汇款。1940 年 4 月 9 日伪满经济部决定《日元资金调整实施纲要》，规定各银行拟向日本（包括关东州）汇款一份 10 万元以上时，须事前预告满洲中央银行进行协议，同年 5 月 30 日上述限度降为 3 万元，进而在 6 月 22 日又将上述限度降为一份 5 000 元。[②]

就此机会，日本方面要求伪满从根本上重新认识其经济运营。在 1940 年 7 月 19 日日本银行总裁向大藏大臣的报告中，将日本对伪满的要求概括为如下三点：

（1）须检讨现行的对产业开发关系公司的资金贷放方法，讲究适当、合理的方法，同时，搞好这些公司的经营，努力提高它们在日本起债市场的信用；

（2）须制定大豆及其他出口物资的增产及促进上市计划，努力增加其出口；

（3）须以其他适当地调整资金，努力将对日元的汇兑尾数止于该国的日元资金收发计划的范围内。

伪满的对日国际收支在 1941 年 3 月末，出现约 2.2 亿元的赤字（中银对日银的债务）。为了清理对日本的旧债，解决日元资金短缺，伪满要求在日本发行 1 亿日元的整理公债。日本方面则提出全面的重新研究满洲国经济政策的要求。[③]

然而，日元的严重不足到了 1941 年发生了戏剧性的变化。

1941 年 6 月德国对苏联开战，日本实行"关特演"大运兵，日本投入伪满的军费大增，伪满的对日收支结算为之一变，在 1941 年度有了约达 6 亿元的超收。在 1942 年 3 月末，扣除对华北的投资和付款以及用日元结算的外币之后，仍存有日元资金约 2.5 亿元。这种状况持续到 1942 年。满铁的一份调查报告一针见血地指出："这是以所谓增大粮秣的现地准备为基轴，是日本的战时经济最直接地将负担转嫁给满洲的表现。不用说是意味着国币的增发，物资从流通界的

---

① 山本有造. 满洲国の研究. 京都：京都大学人文科学研究所，1993：227.

② 枥仓正一. 满洲中央银行十年史. 1942（康德九年）：211.

③ 满洲中央银行为替课. 康德八年 12 月对日银信用贷款协定的概要：别纸_17：42.

抽出，通货膨胀的激化。"①

　　日本的军费开支解决了满洲中央银行的日元短缺的大难题，却将庞大的军需粮秣的需求直接压在了东北人民的头上。从此，对粮食的搜刮就日甚一日，人们的肚皮被紧紧地勒住。

---

　　①　新京支社调查局. 昭和十七年 12 月满洲经济动向//满洲国国际收支に於ける最近の问题，1942：1-2.

第四章
金融与物价统制

第一节　金融统制

一、临时资金统制法

日本在中国东北，妄图强行建立以军事工业为中心的重工业，在财政上形成莫大的负担。而这种军事性的投资在经济上是非生产性的，这就决定了通货膨胀的不可避免。五年计划指标的一再扩大和北边振兴计划的推行，投资的激增，使投入流通领域的通货激增，助长了商业投机活动。

1938 年（伪满康德五年）9 月 16 日，伪满公布《临时资金统制法》，赋予伪经济部大臣对于金融业者和公司在资金统制上拥有极为广泛的权力，目的在于限制那些在日伪看来不重要、不急需事业的投资，对其供求进行统制，以便向重要产业部门供给丰富的资金，使重要资材流向军需重工业方面。同年 9 月 20 日公布《临时资金统制法执行规则》，将贷放 10 万元以上的事业资金和设立资本在 50 万元以上的公司都列入统制范围。1939 年 12 月 26 日又进一步规定，5 万元以上的贷款和 5 万元以上的设备以及设立资本金 20 万元以上的公司或增加其资本等，都须经过经济部大臣的许可。此外，还新设了限制分红的规定。

二、从增发纸币到金融紧缩

1937 年以前，伪满纸币的发行比较谨慎，从伪满中银的发行准备来看，作为可向日元圈以外支付手段的金银和外汇对比纸币的发行额，从 1933 年到 1937 年维持在 20%一级。1933—1937 年五年之间纸币增发不过 17 900 万元，且其中大部用于回收朝鲜银行券。从 1938 年起情况大变，由于五年计划的扩大，伪满中银开始大量发行纸币。1937 年国民收入额为 25 亿元，平均每人不过 66 元余，所以，为满足庞大的资金需要，伪满政权不得不依赖国内通货膨胀政策即国币掺水操作。

五年计划前三年筹措到的资金总额 462 700 万元，其中在东北筹措的为 169 700 万元，占 37%。其中相当部分是伪中银靠增发通货筹措的。通过投资特别会计渠道和从兴业银行到满业的渠道，将资金供给以铁钢、煤炭为中心的重工业。

在 1939 年度，所需资金总额约 28 亿元，其中 17.6 亿元是就地解决，10.6 亿元仰仗日本，即资金的约三分之二在"满洲"备齐，其余三分之一由日本供给。① 伪满政权的财政支出飞跃增加，1939 年度岁出预算合计达 17 亿元，相当于五年计划前一年度决算不足 4 亿元的 4 倍多。中银的纸币发行额，1939 年度为 63 700 万元，是 1936 年 25 700 万元的 2.5 倍。

全满银行、金融组合的贷款额，1939 年年末为 19 亿元，比前一年度增加 8 亿元，为 1936 年年末的 3 倍。贷出猛增而存款的增加却跟不上。1939 年 8 月末，贷放额远远超过存款额，出现 4 亿元的差距。②

结果，物资不足、劳力缺乏、物价高涨及通货膨胀等所有一切战时经济现象，日益显著。

到了 1940 年，无论在物资和资金方面，都出现了严重困难，不得不压缩计划进行调整。1940 年 6 月 3 日，伪国务院会议通过《康德七年度资金计划调整纲要》，决定大幅度削减预算，压缩产业五年计划关系事业的资金，命令 105 家特殊会社和准特殊会社（其中，矿工部门占 75 家，交通通信部门 7 家，开拓部门 5 家，其他 18 家），大幅地削减它们的事业资金和一般经费。将该年度投资计划总额的 26.4 亿元，削减为 20 亿元。③ 同时依据资金统制法，限制一般民间公司资金及金融机关的贷出。

在产业开发方面，采取以铁、煤、非铁金属、电力等基础产业为着眼点的彻底的重点主义，改编物动计划和汇兑及资金等各项计划。

1940 年日本的对满投资额原定 12 亿元，由于金融形势恶化，在第一季度只实现 5 000 万元。同时由于"二战"爆发，对第三国的出口额只达到前一年同期的约五分之一，不得不放弃大部分工矿业开发计划，转向大力发展农业。伪满政权废止了产业部，新设兴农部，即其反映。

---

① 满铁总裁室弘报课. 帝国金融の概势. 载满洲トピック解说，1940（昭和十五年），2（17）：1.

② 哈尔滨商工公会. 康德六年度哈尔滨金融界的展望//哈尔滨经济资料集（一），1940（康德七年）：469.

③ 汪宇平. 一九四〇年上半年的伪满经济. 东北月刊，1940，2（2）：15.

第二节　银行新体制

1938 年 12 月 24 日，伪满公布了新的《银行法》，将经营主体限定为股份组织即股份公司，并法定最低资本额为 50 万元。在哈尔滨、奉天、新京设总分行者则需 100 万元以上，并将金钱信托的受理、定期积金的受理都看作存款的受理，附以特别的限制。进而公定存款的返还准备金额，凡低于公定标准额者，禁止新的贷放或支付利益分红。结果，私营银行有的被迫停业，有的不得不接受日伪的资金渗透（参与股份）或人员渗透（派进经理人员），强制将民族金融资本纳入日伪的殖民地金融体系。

为实现资金的国内自给化，除加强储蓄运动外，对金融机关的业务范围也作了调整。在 1941 年 3 月 20 日制定《金融机构调整纲要》，进行金融机构的改组。

1941 年 10 月伪满中央银行的改组，在金融统制上是一项重大举措，在其原有的业务之外，又课以新的完成国家业务的责任。为此，在需要一般银行协作时，被赋予了命令并强制实行的权能。

中央银行作为发券银行兼中央金融统制机关，将工矿业金融业务转交兴业银行，将一般商业金融移交普通银行，全满支店 140 余处，除伪省公署所在地及特殊情况保留 30 所外，其余全部移让。

工矿业金融交满洲兴业银行，对特殊公司、一般工商业经办大额金融。原来的小工商业金融逐步移让地方银行。特产金融、贸易金融除特殊关系者外，移让其他金融机关。

正金银行以贸易金融为本务，将与之有直接关系的范围作为业务领域。根据 1941 年年末同中央银行缔结的业务协定，停止导入日本资金，代之以从中央银行接受贷款，以 5 亿元为限，办理贸易及特产金融。

普通银行实行整顿合并，大城市实行复数制，小城市实行单数制，作为地方代表银行。此外，由商工金融合作社分担中小工商业金融及庶民金融。新成立的农业金库则包办农业金融。

1941 年 6 月末，普通银行有总行 46 家、分行 99 家、办事处 29 个，额定资本 5 584 万元，实收资本 2 494.8 万元，存款总额 23 395.4 万元，贷出总额 23 126.1 万元。平均每行注册资本 121.4 万元，缴纳资本 54.3 万元，存款 508 万元，贷出 502 万元。到 1942 年 12 月末，国内普通银行只剩下 26 行。

1940 年 3 月伪满政权推行"共同融资制度"，由银行协会操纵 30 家私营银行组成共同融资团。1941 年普通银行对粮谷会社及大兴公司的共同融资实绩如

表 2-4-1 所示。

表 2-4-1　1941 年普通银行对粮谷会社及大兴公司的共同融资实绩

单位：千元

银行名	对粮谷会社余额	对大兴公司余额	合计
新京	5 200		5 200
益发	3 700		3 700
功成	3 300		3 300
益通	2 500		2 500
兴德	600	300	900
奉天	2 300	1 500	3 800
奉天工商	6 500	1 000	7 500
奉天商业	300		300
志成	400		400
东边实业	3 500		3 500
锦州商工	400	200	600
哈尔滨实业	2 500		2 500
恒聚	100		100
天泰	700		700
中泰	1 400		1 400
福德	400		400
汇业	100		100
福顺	550		550
营口商业	400		400
天和	50		50
间岛	—	300	300
安东实业	850	150	1 000
齐齐哈尔商工	100	200	300
东兴	—		—
协成	1 000		1 000
奉天实业	200		200
合计	37 050	3 650	40 700

注：截至 4 月 23 日。

资料来源：满洲中央银行调查课. 金融事项概要，1941（康德八年）：15-17.

为确立银行新体制，又对地方银行进行整顿，要求建立强有力的地方银行，地方性事业的资金原则上由地方银行供给。据此，在哈尔滨，1941 年 11 月 7 日，由中银出 100 万元，吸收日系 400 万元、满系 400 万元、俄系 100 万元，新设资本金为 1 000 万元（缴纳 1/4）的滨江实业银行，收买了哈尔滨实业银行，又吸收二三家弱小银行成为有力的地方银行。又在图们市，使东兴银行（资本金 100 万元，全额缴齐）收买了间岛银行。在安东设立了资本金 500 万元（缴纳 1/4）的安东银行，收买了兴茂银行、安东地方银行和义来银行。[①]

第三节　满洲兴业银行

1933 年 3 月，伪满公布的《满洲经济建设纲要》中，有"为谋工商业之发达，应设立特殊金融机关，特准发行有奖债券，藉以供应长期低利之资金"的规定。1936 年伪满策划实行产业开发五年计划，需要加强金融统制，解决由于日本金融机构特别是朝鲜银行的存在和朝鲜银行券的流通所产生的矛盾。于是，决定停止朝鲜银行券的流通，将原朝鲜银行的分行及其办事处和正隆银行、满洲银行的总分行合并成立满洲兴业银行。1936 年 12 月 3 日伪满公布《满洲兴业银行法》，同年 12 月 7 日设立满洲兴业银行，为伪满特殊公司，总行设于新京，资本定为 3 000 万元，由伪满政权和朝鲜银行各出 1 500 万元。于 1937 年 1 月 1 日开业，继承原合并银行的存、放、汇款业务。有支店、事务所 46 个。总裁、副总裁、理事和监事皆由伪政权任命。

满洲兴业银行的营业范围是：（1）汇票及其他商业票据的贴现；（2）有可靠抵押和保证的放款；（3）各种存款及活期透支；（4）保护存款；（5）汇兑及押汇；（6）为平时有交易往来的各公司、银行或商人办理托收各种票据之款项；（7）应募或承办地方债券以及在满洲以产业开发为目的公司的公司债务；（8）募集国债、地方债、公司债或股票的缴纳款及其本息和红利的支付；（9）承揽公司债债权者办理担保权的信托。

满洲兴业银行在创立当时（旧三行交接）存款余额为 17 800 万元，到 1941 年 12 月末达 98 500 万元，五年之间膨胀 5.5 倍。在 1936 年年末占全满银行存款总额的 25%，1941 年年末上升为 42%。创立当时贷款余额为 20 700 万元，1941 年上期期末突破 140 700 万元，创立当时占全满银行贷款总额的 32%，1941 年上

---

① 满洲经济研究会. 满洲国经济十年史. 大学书房版, 1943（康德十年）: 88-90.

期期末达 45%。①

贷款主要是用于担负产业开发的特殊公司，对这些公司实行无担保的放款，重点是满业及其子公司。由于其自有资金严重不足，主要靠伪满洲中央银行的贷款。后者则是靠无限制地发行通货。《满洲兴业银行法》规定："满洲兴业银行得发行以实缴资本金十五倍为限的满洲兴业债券"，"满洲兴业银行在外国发行债券时，政府得保证其本息款的支付"。它是日伪统治时期唯一独家拥有债券发行机能的金融机关。

满洲兴业银行被赋予发行满洲兴业债券的特权，可以从日本导入长期资金。从 1938 年 9 月到 1942 年 3 月末，其债券共发行 10 次 12 500 万元。

它还就地发行小额的满洲储蓄债券，搜罗民间的资金。有奖储蓄债券是面向民间的小额债券，从 1938 年到 1941 年共发行 9 次，1941 年下期期末发行额为 2 680.3 万元。②

满洲兴业银行的有价证券如表 2-4-2 所示。

表 2-4-2　满洲兴业银行的有价证券　　　　单位：千元

期末	国债	公司债	其他证券及合计	各种债券发行额
1937 年 1 月 1 日	9 086	2 002	33 217	—
1937 年	49 990	1 955	81 203	—
1938 年	82 720	1 824	120 615	15 986
1939 年	82 461	—	115 942	41 958
1940 年	119 483	—	144 176	93 900
1941 年	89 045	460 000	576 881	141 352
1942 年	166 604	520 000	719 802	195 123
1943 年	182 535	862 240	1 092 834	234 925
1944 年	213 294	2 006 220	2 259 788	268 024

资料来源：满洲中央银行调查部. 满洲金融统计康德十二年一、二、三月份：16.

---

① 满洲兴业银行. 满洲兴业银行志，1942（康德九年）：17，19.
② 同①：23.

第四节　价格统制

一、物价暴涨

1937年"七七"事变后，物价明显上涨，通货膨胀日益严重。到1939年年底，物价平均提高五成，而通货在同一期间膨胀了二倍强。

随日本侵华战争的扩大化，日元集团的物资紧缺也开始表面化，物资紧缺通货膨胀必然引起物价上涨，上涨率逐年递增。以进口物资的腾贵为先驱，物价的涨势逐渐波及当地产品和出口物品，出现了物价全面上涨的趋势。

从1937年6月起到1938年年底，以原料、设备等为中心，1939年度以消费资料为中心，物价开始全面上涨，而以生活必需物资的腾贵最为显著。

据伪中央银行记载："一进入（康德）五年，一般物价以日本输入品尤其是一般生活必需品物价的上涨和输出农产物的回升为先导，趋向于上涨的步调。特别是同年4—6月间，一般业者视物价统制的不彻底为奇货可居，受物价看涨的观点所支配，投机作用的结果，出现了突发性的猛涨。及至其后实施了各种抑制物价对策，8月以后到12月在投机交易衰退的同时，一般物价表现为暂时的回落。但一进入康德六年，再次转入涨势，其后，是逐月上升。即就本行调查的新京批发物价指数来说，以大同二年的平均作为基准，康德四年平均为125.1，康德五年平均为149.6，康德六年平均为181.3，显示了相当大幅度的昂腾。"①

在北满大城市哈尔滨，物价涨势是由1938年1月开始表面化的。据哈尔滨商工公会在1941年2月末的调查，"有关生计费主食品7种、副食品14种、调味品6种、嗜好品7种、居住费5种、光热费6种、衣料品6种、杂品12种，共计69种的总平均指数。以康德四年6月末为基准，康德五年6月末为116.0，康德六年2月末为128.6"，这里还不包括各种黑市价格。

据伪满中央银行调查，批发物价总指数，以1933年为100，1937年6月为124.0，1938年12月为156.3，1939年6月为182.7，1939年12月为198.2，1940年12月平均批发物价指数为246.7。仅仅四年左右批发物价上涨一倍。其中，尤以消费资料——食品与纺织品的价格增长甚快，在前期，出口物资涨势凶猛而在后期则以输入物资的涨价更厉。进入1940年物价涨势更加猛烈。伪满政权为促进农产品上市不得不在2月28日将特产及主要杂粮的价格全面提高，又

① 枥仓正一. 满洲中央银行十年史，1942（康德九年）：165.

在 6 月 18 日提高棉布类的公定价格，钢铁类的统制价格也在 6 月 16 日全面提高，这就促进了物价指数的急剧上升。

伪都新京零售物价公定和黑市的动态、指数见表 2-4-3。

表 2-4-3   伪都新京零售物价公定和黑市的动态、指数

	1937 年		1938 年		1939 年				1940 年			
	6 月	12 月	6 月	12 月	6 月		12 月		6 月		12 月	
					公定	黑市	公定	黑市	公定	黑市	公定	黑市
总指数	100.0	102.4	130.4	132.8	161.4	233.6	174.2	282.3	180.6	508.4	186.9	472.8
食品	100.0	102.3	118.7	118.5	151.7		165.4	231.1	181.2	342.8	190.7	341.0
主食品	100.0	103.7	128.1	131.3	166.9		138.2	231.1	208.2	381.9	214.5	371.8
衣料	100.0	99.9	166.4	163.5	183.3	233.6	198.8	324.4	192.3	838.7	189.5	758.2
燃料		100.0	104.3	108.0	115.9		120.6	181.8	123.8	363.0	236.9	339.1

资料来源：南满洲铁道株式会社调查部．满洲インフレ_ション调查报告：第二部   资料篇：28—29.

物价上涨的一个主要原因是随着伪满产业开发五年计划的推行，通货膨胀日益严重。通货膨胀的因素很多，主要的有以下几个：第一，日本的对"满"投资中有一部分以货币形式流入东北形成追加的购买力；第二，伪满就地筹措的资金，主要不是游资的吸收，而是伪满中央银行认购的伪满政府公债，这显然是一种货币增发；第三，关东军的庞大军事预算支出，包括伪满政权的财政支出和日军的军事支出；第四，对军需产业的投资，其产品一般不进入再生产过程；第五，对农村投资的增加，其中一部分也被用于单纯性消费。

1941 年年末，伪满货币发行额达 131 700 万元，比 1932 年增长八倍。

二、价格统制

物价的上涨引起工资的上升，以至影响五年计划的执行，伪满政权开始利用行政手段制止物价暴涨。首先，在 1937 年 8 月 3 日，制定《暴利取缔令》，对于当时最紧缺的物资，如小麦、砂糖、各类食品、机制棉、手套、袜子等主要生活必需品和建筑材料，规定最高标准价格。其着眼点在于针对囤积居奇，取缔暴利，带有紧急对策性质。1938 年 4 月 12 日又修正了《暴利取缔令》，扩大了其适用范围，并着重于确立主要物资的配给统制机构，如对面粉、纸烟、铁、煤、硫酸铵、米谷、毛皮、皮革类等都确定了统一的配给机构。组成制粉联合会、制棉配给联合会、橡胶工业联合会和各种配给组合。进入 1939 年，又先后设立麻袋配给组合、满洲生活必需品配给会社，并将满洲林业会社扩充为木材的配给及价格统制机构，改组棉业联合会统制原棉，使柞蚕会社统制柞蚕的配给，等等，

顺带置重点于价格的统制，扩大了统制价格和公定价格（公定价格是指行政官署依法规定的价格或由业者自定而经行政官署认可的价格，公定价格是法定最高价格）的适用范围。

《暴利取缔令》的实施并未能制止物价的暴涨，日本工厂主团体社团法人满洲工业会于 1939 年 5 月 19 日向有关当局提出的一份请愿书中写道："满人的主食品高粱的价格，去年 4 月 1 袋（21 公斤）2 元 9 角者，现在 3 元 8 角到 4 元，面粉 1 袋去年 4 月 7 元者现在 8 元 8 角、苞米面 1 斤去年 4 月 5 分 5 厘现在 10 分，盐在去年 4 月百两（1 两＝3.75 克）6 分现在 7 分 5 厘均已暴涨。此外，奉天铁西工厂地区的房租，去年 1 户 1 月三四元左右，现在涨到 8 元以上。结果，该地区工人中一个月不过挣到 20 元前后的过半数满系工人，面临着难以维持生计的困境。"① 物价的上涨对工人生活的影响，已经到了使日本工厂主深感不安的程度，可见它是多么严重。

其实，在"七七"事变前，对煤、钢铁、石油等主要军需工业原料等，已经通过贩卖组合或供给会社实行价格公定。例如，关东军司令部在 1937 年 1 月 21 日即已制定《满洲国内铣钢价格并输出统制纲要》，决定抑制钢铁价格，实行出口许可制。② 这是针对日本钢铁价格暴涨采取的保护措施。在"七七"事变后的 7 月 31 日，关东军司令部又制定《钢铁及钢材的配给管理及价格统制纲要》，指示伪满政权将钢铁及钢材的进出口及销售尽快交给日满商事股份有限公司统一经营。对钢铁和钢材的买卖价格实行统制，对其进出口实行许可制，抑制向第三国的流出。③

1938 年 1 月 25 日，关东军司令部又向伪满政权下达了《满洲国物价对策确立纲要》，要求伪满洲国"迅速确立适应满洲国实情的根本的物价政策，以期合理地降低和稳定物价。"④ 由伪满政权成立物价对策委员会，制定物价政策。1939 年 7 月 28 日，伪满政权制定了《时局物价政策大纲》，明确了实行物价统制的方针。要求坚持低物价政策，以抑制不急需品为目标，置重点于一般消费物资的价格上。其办法是稳定主要粮食价格、确保生活必需品从日本的进口、健全配给机构、抑制房租、统制工资、加强公定价格制度、降低运费和统制利润等。于是，从个别的价格统制走向综合的物价统制，由工业品的价格统制走向农产品的价格统制，实行价格的全面统制。随后由于第二次世界大战爆发，日本政府公布"九一八物价停止令"，冻结物价立即影响到伪满洲国，伪满黑市物价随之暴

---

① 社团法人满洲工业会．社团法人满洲工业会创立满五年史，1940（康德七年）：340.
② 国务院总务厅企划处．满洲国经济建设ニ关スル资料：175.
③ 同②：177-178.
④ 同②：623.

涨，显示出通货膨胀的兆头，引起人心不稳。

1940 年 6 月 20 日，伪满公布《物价物资统制法》，对除不动产、有价证券、无形财产以外的一切有形财产的价格及转移关系实行统制。可以说它是伪满物价政策的基本法，它给了《物价政策大纲》以法的根据。该法涉及物品的贩卖价格、收买价格等的实行公定、标示命令、集货配给的统制及物品的制造、加工、使用、消费、让渡等的限制或物品规格的限制。特别是伪政权各部以该法第 10 条至第 13 条为依据，发布了各种部令 40 余个，构成实际运用的中枢。该法规定："主管部大臣可以公定物品的贩卖价格、买卖手续费、转卖盈利、制造、加工或修理的承包费或租赁费。"① 无论何人不得超过公定价格、费用或差益金。此外，主管大臣得令同业者设立以统制为目的的组合；主管大臣还可下令统制货物的收集或配给，物品的贩卖或其限制、禁止，物品的更改及规格限制，确保物品的生产等。

根据该法，相继出台了《奢侈品等制造加工贩卖限制令》（1940 年 7 月）、《物品贩卖价格标示命令》（1940 年 10 月）以及线头纤维、猪毛、羊毛、苇席、草制品、骸炭类、医药品、电线类、烟叶、线麻、木炭薪材及其他各种物资的配给统制规则。除设定公定价格的商品外还指导同业者商定协定价格或实行自慎价格。确立了所谓公定价格、标准价格、协定价格和自慎价格的四种价格表示制。

同年 9 月 28 日伪满又发布《不当利益等取缔规则》，对于"不宜赋予公定价格的商品，还有对于不一定必须加强统制的部门的追求不当利益的行为者，进一步实行全面的取缔。"② 对于"获得不当利益或以不合理的条件贩卖物品，物品的制造、价格或修理的承包或物品的租赁亦同。"③ 违反者要判刑和罚款。

但是，所有上述措施都未能抑制物价的涨势。由于生产成本和进口价格的提高，自肃价格和协定价格逐步上涨，出现黑市交易和囤积居奇，有引起物价全面上涨之势。以棉制品为例，由于原棉价格上涨及运费等的上调，棉制品的成本提高，伪满政权已难以维持棉制品的公定价格，不得不于 1941 年 2 月 22 日通过《关于棉制品价格对策之件》，决定"将棉织品贩卖价格从现行价格提高 2 成 5 分"④。

三、价格停止令

1941 年 6 月 22 日，德苏战争爆发，形势骤变，物价顿时飞涨。1941 年 7 月

---

① 井土音次郎. 满洲国战时体制法概要. 东亚文化图书会社，1943（康德十年）：140.
② 关口寿一. 满洲经济十年史. 满洲国通信社，1942（康德九年）：182.
③ 社团法人满洲工业会. 社团法人满洲工业会创立满五年史，1940（康德七年）：204.
④ 绵制品ノ价格对策二关スル件//康德八年　经济计划纲要：180.

28 日，伪满公布实施《价格等临时措置法》，采取应急的限价措施。该法规定一般商品价格不得超过当年 7 月 25 日的价格，所以被称为"七·二五"价格停止（冻结）令。该法适用范围非常广泛，包括物品的价格、运送费、保管费、租赁费及加工费等。物品加工中包括电气、煤气、自来水的定价，租赁费中包括房屋、土地的租赁费等。凡违反该法者处以 3 年以下之徒刑或 5 000 元以下之罚款。该法有效期间原定为 1941 年 7 月 28 日至 1942 年 12 月 31 日，伪满"政府在此期间对所有商品实行扩大强化公定价格制的方针。"① 由于公定价格工作难度很大，该法实施期间又延长一年。物价停止令的规定如下：②

自 7 月 25 日起，所有工商业户的生产和销售，都必须按命令规定的"公、协、停、自"办法进行配给、采购、出售。根据命令，把各种商品分成"公、协、停、自"四类，并按分类规定的物价标准，在商品上张贴价格标签，以资识别，其具体措施是：

第一类是"公"字。属于这类的主要有粮、煤、盐、棉布、棉纱、针织品、胶鞋等生活必需品。这类物资由伪满政府统一收购，统一配给。出售时价格签要标上一个"公"字。

第二类是"协"字。主要是百货、农具、小手工业品等。这类物资由中、日商业户选派代表会同各行业统制组合的理、监事等，组成商品议价小组，共同协议商品价格，出售时价格签上标上一个"协"字。

第三类是"停"字。主要有小百货、日用杂货等，这类价格即是以"七·二五"那时为基准，作为停止价格。此后即以此价格销售，工商业户不得擅自变更，价格签上要标上一个"停"字。

第四类是"自"字。即在"七·二五"命令公布后，新生产的产品和新购进的产品，须填上生产费用和原材料价格，或填原采购价格，连同发货票一起交警察局经济科查验，根据合理利润，自行提出销价，并经批准方可出售。在价格签上要标"自"字。

而在此之后，工商业者所要求采购的一切物资、商品，均由各统制组合所掌握，实际上"协、停、自"便自消自灭了。

到 1943 年公定价格品种达五万余种，但距离全面公定化还很远。伪满"政府又于康德十年 10 月，作为紧急措施改正《价格等临时措置法》，扩大协定价格申请者的范围，采取了使公定价格全面化的预备措施。"③

---

① 总裁室弘报课. 满洲卜ビツク解说：第 3～21 号 价格等临时措置法，1941（昭和十六年）：88.

② 张效云. 伪满时期日本对铁岭的经济侵略//孙邦. 经济掠夺. 长春：吉林人民出版社，1993：98-99.

③ 警务总局经济保安科. 满洲国の经济警察，1944（康德十一年）：25.

　　"七·二五"价格停止令对民族资本的打击是多方面的，首先是将进货渠道堵塞了，原材料和货源成为问题。其次是在价格上遭受的损失。还有，借口价格不符，任意没收，以及被迫倒闭企业的连锁反应。结果，小商号挺不住，大商号也只剩下了空架子。

　　该法的实施虽然使物价涨势趋缓，却未能改变物价上升的大势。"特别是在同年下期作为促进生产及上市方策的提高农产品收买价格，增税政策，新税设定引起的砂糖、烟草、盐的提价，基于增产政策的煤价上调，由此而来的煤气、电力、电灯的提高收费等，主要物资和主要生计费相继提价。"① 譬如就在 1941 年 9 月 23 日制定的《满洲煤炭价格改订纲要》就决定从 10 月 1 日起将煤的山场实收价格平均每吨提高 3.33 元，销售价格平均每吨提高 4.48 元。②

第五节　商品的配给统制
（日满商事与满洲生必）③

一、物资的紧缺

　　伪满的物资供应，从 1939 年起就出现紧张状态。

　　在 1938 年，由于五年计划的执行以及农产品对第三国输出的旺盛，生产资料的输入无论是从日本还是从第三国都在激增。但是，进入 1939 年，由于对第三国的出口不旺和日本国内需求的增大，钢铁、铝、锡、铜等的输入开始减少。同年秋，由于欧洲大战爆发，对欧出口杜绝、对美关系恶化以及日本的战时改组，生橡胶、煤焦油、染料、麻袋、机械及装置等的输入开始减少。到 1940 年，输入的生产资料中，除车辆及其零件、电器装置以及木材之外，都在减少。④ 在物资紧缺的情况下，为保证军需工业的需要，只有压缩民用工业的消耗，开始步步加紧商品的配给统制。

　　在消费资料方面，1937 年"七七"事变后，日本极力扩大军需及基础产业，由于是动员了闲置生产力，消费资料生产仍有扩大。1938 年起，日本实行生产的战时改组，消费资料生产开始缩小。但是，由于还有存货加上实行价格统制，而伪满的物价高涨，引起消费资料的大量对"满"流出。到了 1939 年，日本消

---

　　① 关口寿一. 满洲经济十年史. 满洲国通信社刊，1942（康德九年）：183.
　　② 满洲煤炭价格改正纲要//康德八年　经济计划纲要，1941（康德八年）：168.
　　③ 满洲生必为满州生活必需ロ口株式会社的简称。
　　④ 南满洲铁道株式会社调查部. 满洲ィンフレーション调查报告：第二部　资料篇：173.

费资料的缩小再生产愈加深化，加上存货告罄，日本的对"满"输出余力必然萎缩。同时，由于日本从英美大量进口战略物资和装备，1937 年和 1938 年两个年度向英、美两国送出正币 10 余亿元。为了向英美增加出口，遂着手限制对东北和华北的出口，并于 1939 年 9 月发出《对满关华输出调整令》，减少对伪满洲国的供应。

伪满日用必需的轻工业品，当地只能生产一小部分，消费资料的供给约有 8 成是来自日本。伪满的消费资料进口到 1939 年上半期为止一直在增加，而在该年下半期以后开始了减退的过程，使日用必需品出现紧缺，引起物价飞涨。1939 年和 1940 年，长春的批发物价分别比前一年上涨 21.3% 和 24.4%。

由于物资的普遍短缺，不仅生产资料，消费资料也普遍推行配给制。其目的在于限制消费，将人们的生活水平降至最低限度，以保证日本的军事需要。

二、配给统制机关

日满商事株式会社

在生产资料的分配统制中，起着特殊作用的是日满商事株式会社。它原本是在 1936 年 10 月满铁实行机构改革时，将原满铁商事部分离独立而设立的满铁子公司。当时，它继承了原满铁商事部、满炭营业部及抚顺炭贩卖会社的原有业务，经营钢铁类、煤及其他主要生产资料、化工产品的买卖和进出口。首先，它以受托形式一手包办了满铁系各矿和满炭系各矿生产的全部煤炭的内销和出口，成为煤的配给统制机构。接着，伪满产业部于 1937 年 8 月 19 日训令，免除一部分钢材的进口税，使日满商事成为钢材的进口及配给的一元化统制机构。1938 年 4 月 1 日，又公布钢铁类统制法及其施行细则，指定钢铁类的买卖及进出口由日满商事会社独家经营。1939 年 6 月 10 日，又指定日满商事为铜、铅、锡、锌、氧化锌等 7 种非铁金属的一元化进出口配给统制机构（1940 年 10 月起又追加了镍、钴、水银、白金等非铁金属）。1939 年 8 月 18 日，又指定日满商事为 32 种主要化学药品的进出口及配给的一元化统制机构。所以，还在伪满政权开始制定物资动员计划之前，日满商事即已成为各种主要生产资料的配给统制机构。终于在 1939 年 12 月 26 日，由伪满洲国参加资本，将其改组为伪满特殊公司。

日满商事经营的商品大体为 5 类，即煤、钢铁、非铁金属、化学药品、矿石类。此外，在水泥方面，以日满商事为中心，网罗了各大水泥公司，于 1938 年 10 月 1 日设立了满洲共同洋灰公司，对水泥的进出口、销售和配给实行统制。在橡胶方面，则在 1938 年 12 月网罗全满橡胶业者结成全满胶皮工业联合会，成为橡胶输入的一元化统制机构，向业者分配橡胶并统制其价格。

1941 年 3 月 8 日伪满经济部追随日本对铁钢制品的配给统制，制定了《满洲铁钢制品配给统制纲要》，决定对各种铁钢制品分别实行数量统制或价格统制，铁钢制品的输入和配给统制使令日满商事株式会社实现一元化统制。1942 年，日满商事的资本增加为 6 000 万元，伪满洲国和满铁各占半数。在煤炭方面，将向日本供应放在最优先地位并强化了对重工业、军需、铁路等的重点配给，对民用工业用煤则作了压缩。在钢铁方面，更将对日供应放在绝对确保地位，为此实行了"国内重点配给"。

在非铁金属方面，由于从第三国来源杜绝，实行了高度重点主义的配给。在化学药品方面也实行了全面统制。伪满经济部于 1940 年 12 月 5 日通过《未统制化学药品统制纲要》将物动计划中列入的未统制化学药品追加进去，"日满商事不仅被指定为化学药品的统一经办机构，而且被指定为化学药品的输出入机构，其他原有输入及配给业者都置于日满商事之下使之结成输入团体及配给团体。"[①]

1943 年 7 月 1 日，伪满经济部又决定《化学工业制品统制实施要领》，化学工业制品的输出输入由日满商事进行，日满商事认为必要时可指定代理人。对国内生产品由日满商事全量收买。[②]

在矿石类方面"特别是伴随日本对铝的增产，在增产钢铁的同时，须紧急增加萤石，向日本紧急供应。"[③] 1941 年 5 月 6 日火曜会通过的《矿石类配给统制纲要》决定对菱镁矿及其烧成品、滑石粉、耐火黏土和萤石等矿石实行配给及输出的一元化统制，并由伪经济部大臣指定日满商事株式会社为统制机关和输出业者。

日满商事在尽力完成生产资料对日输出的同时，采取一切手段满足关东军的需要。

日满商事经办的商品包括：煤、焦炭、铣铁、半成品、钢材、线材制品、特殊钢、屑铁、钢铁制品、粒铁、合金铁、海绵铁、非铁金属、甲种化学药品、乙种化学药品、肥料类、矿石类、重油粗蜡、挥发油及其他油类。1943 年度经办量估计为总计 2 751 万吨，价值 11.22 亿元。其中，占主要地位的是煤炭为 2 396 万吨、4.66 亿元，钢材 63.8 万吨、1.92 亿元，铣铁 49.3 万吨、1.18 亿元，骸炭 53.87 万吨、0.31 亿元，矿石类 42.61 万吨、0.31 亿元，半成品 49.3 万吨、1.18 亿元，甲种化学药品 28.3 万吨、0.71 亿元。[④]

---

① 满铁调查部．化学药品统制卜其ノ将来问题ノ检讨，1939（昭和十四年）．
② 日满商事株式会社．康德十年 7 月 1 日实施化学工业制品统制实施要领．
③ 日满商事株式会社．康德九年度第七期营业报告书，1943（康德十年）：15.
④ 日满商事株式会社．康德拾年度（自康德十年 4 月至康德十一年 3 月）事业计划书，1943（康德十年）：66-67.

满洲生活必需品株式会社

在日常生活所必需的轻工业品的配给统制方面，起主要作用的是满洲生活必需品配给株式会社。

伪满国务院为建立准战时体制，统制生活必需品的分配，在 1938 年 12 月 27 日通过了《生活必需品配给统制纲要》，并于 1939 年 2 月 23 日设立满洲生活必需品配给株式会社，以便"一朝有事之际，使之发挥生活必需品分散在主要地点的常备仓库的职能"。当初主要是为了配合其北边振兴政策的执行。

在日本限制对东北的轻工业品出口之后，伪满政权又为了稳定物价和有计划地分配进口消费品，保证关东军的需要及其五年计划的执行。"于同年（1939 年）9 月决定《生活必需品价格并配给统制纲要》，关于重要品目使生活必需品会社实施一元化输入配给统制，谋求价格的适当维持、需给的合理调整。"[①]

1939 年 12 月 26 日伪满公布了《满洲生活必需品株式会社法》，将准特殊公司满洲生活必需品配给株式会社改组扩充为特殊公司满洲生活必需品株式会社，作为主要生活必需品的输入和配给的统制机构。同时，资本金一跃增加为 5 000 万元，增资部分完全由伪满政权承担。接着于 1940 年 3 月通过的《主要生活必需品输入统制实施要领》[②]，将生活必需品分为甲、乙、丙三类，指定砂糖、盐鲑、盐鳟、海带、淀粉、茶、胶靴、运动具、蜜柑等为甲号品，罐头、海产物、乳制品、肥皂、洋品杂货、牙膏、牙刷等为乙号品。满洲生必被指定为甲类生活必需品的独占性输入配给机构，对于乙种或丙种必需品或由生必会社与原有业者结成输入联盟，或由生必会社同原有业者组成统制组合，实行二元的输入配给统制，原有批发零售业者或被指定为代理店，或加入其下属的批发联盟及零售联盟。在北边地区，不论批发或零售皆由生必会社的支店、办事处、配给所及其指定的代理店所垄断。伪满政权通过生必会社、输入联盟和百货店组合完全控制了生活必需品的进口及其销售的各个环节。

生必会社在城市对生活必需品的统制，"使商品以黑市价格猛烈地涌向乡村，于是，货物在城市消失，而在乡村却过剩。生必会社使不必要的商品大量积压而必要的却又不足。在佳木斯，生必会社的官僚经营闹出笑话，作出购进丘比特蛋黄酱 4 车皮这种罕见的交易，相当于佳木斯市全年需要量的十倍以上。不仅蛋黄酱，还有小干鱼、生物水果罐头也全都腐败变质了。在松花江沿岸的仓库中生活必需品会

---

① 警务总局经济保安科. 满洲国の经济警察. 满洲产业调查会刊, 1944（康德十一年），7：56.
② 同①：57.

社的罐头堆积如山。日本的商人在同生必会社的交易上，将生必作为冤大头，将残次品和滞销的东西以高价售予。"[1]　生必会社的库存见表 2-4-4。

表 2-4-4　生必会社的库存

"康德七年 3 月末	食料	14 716 千元
	衣料	11 560 千元
	杂货	4 118 千元
	计	30 394 千元
	其他未到商品	21 109 千元
康德十年 3 月末	食料	19 575 千元
	衣料	12 250 千元
	杂货	21 595 千元
	计	53 783 千元
	其他未到商品	14 132 千元
	委托加工品及储藏品	9 121 千元[2]

　　伪满中央银行的日本调查员曾对生必会社等的统制作了激烈的批判。他指出：实施统制之前，在物资的顺利配给上作出过贡献的有经验、有实力的人的要素，在营业上一直使用的店铺、仓库、家什以至住宅等的物的设施，一般公司及个体商人曾使用的资金、商户存款等所谓土著资本，在统制上不注重加以活用，白白地将之排挤掉，而从新雇入很多不懂民族特质及地方实情又无实际业务经验的从业人员；几乎所有事务所、仓库以至住宅全是新建或买进的；所需资金几乎全部是由政府出资以及从中银、兴银的借款。"像这样要独占 4 000 万民众的生产以至消费的所有物资，显然从人、物、资金任何方面来看，结果都不外因力量不足而停滞。为此，所有公司店铺都正在一面自己实行垄断性交易，一方面默许自由交易以至黑市交易，反而使交易混乱，摩擦不断。"[3]　此乃这种统制排斥原有业者实行垄断所引起的必然结果。

　　该公司还为顺应《国内轻工业振兴对策》，通过投资积极向生产部门扩张。

　　1943 年 3 月，该公司对轻工业的投资状况如表 2-4-5 所示[4]：

---

①　藤井诚一. 满洲经济的再建. 东京：东京经济新报社出版部，1949：104-105.
②　满洲生活必需品株式会社. 本社ノ概况，1943（康德十年）：6.
③　满洲中央银行资金统制课. 满洲生活必需品株式会社概况，1941（康德八年）：14-16.
④　满洲生活必需品株式会社. 本社ノ概况，1943（康德十年）：4.

表 2-4-5 轻工业投资状况

名　　称	资本金/千元	出资额/千元	缴纳额/千元
满洲陶瓷器株式会社	1 000	250	250
东满殖产株式会社	3 000	500	375
日满企业株式会社	10 000	2 000	500
满洲酱油株式会社	3 500	1 500	1 500
满洲布团制品株式会社	160	80	80
新京酪农株式会社	5 000	1 000	1 000
满洲运动用品株式会社	500	250	125
满洲武道具株式会社	500	150	105
满洲齿磨株式会社	500	100	50
龙江薪炭统制株式会社	500	100	100
满洲制果株式会社	2 000	500	500
满洲淀粉工业株式会社	1 000	200	100
安东陶瓷器株式会社	1 000	250	125
满洲容器株式会社	1 000	500	500
满洲新式酿造株式会社	1 000	250	125
满洲岛田硝子工业株式会社	650	100	100
满洲糖化工业株式会社	800	200	200
日满糖化工业株式会社	800	200	200
牡丹江制冰株式会社	400	100	100
合计	33 310	8 230	6 035

第六节　配给制度

一、配给统制类型

伪满政权对商品的配给统制，大体有以下三种类型：第一是专卖型，设专卖局，对特定商品的批发实行专卖并指定零售商人；第二是独占型，使令其指定的特殊公司或类似机构对特定商品按公定价格实行独占性批发；第三是统制型，特定商品的配给由特殊商业机构或组合等实行统制。除以上三者之外，可以称为自由型，它的交易是自由放任的。

将以上三种场合按商品分类则情况如下：

（1）专卖品——盐、火柴、石油类、酒精、麻药类、面粉；

（2）按公定价格配给的独占品——主要粮谷即大米、高粱、苞米、粟及其精白加工品（粮谷会社）、小麦及面粉（谷粉会社）、大豆（特产专管公社）、麻袋（麻袋配给组合）、毛皮及皮革（畜产会社）、木材（林业会社）、棉纱棉布（棉业联合会）、棉花（棉花会社）、柞蚕（柞蚕会社）、煤、钢铁类以及非铁金属及化学药品等（日满商事会社）、生橡胶（橡胶工联）、淀粉、海带、盐鲑、盐鳟、砂糖、茶、特定橡胶制品、棉袜及棉手套、协和会服料及协和会服、运动用具等重要生活必需品（生活必需品会社）、图书类（图书配给会社）等；

（3）强行配给以及统制价格物品——烟草、硫酸铵、小苏打、水泥、猪毛、酒类、农具、药品类、纸、麻等。

按其组织形态也可以分为组合型、公司型和官厅型三种。

对民需消费物资的配给主要采取发放票证方式。从 1939 年年末起，首先在奉天等城市就票证配给制作了实验。1940 年 7 月决定大米、面粉、高粱、苞米、粟、豆油、乳制品、砂糖、盐、火柴、灯油、棉制品、水袜子、胶靴、运动鞋等品目，通过国民邻保组织，实行全国性的票证配给制。使令消费者用市、县、旗长发行的配给票、配给通账购买这些物品。在 1941 年 2 月还决定将劳需物资中的主要粮谷、面粉、豆油、水袜子、棉布、打棉、棉线等，同一般民需区别开来，在劳务兴国会的协助下，由各配给机构（专卖官署、生必会社等）向重要产业工程重点配给。

以齐齐哈尔为例，1941 年棉制品的配给情况如下：[①]

对满系棉制品配给程度：

一、用于衣服者（细布、粗布、大尺布、大同布、市布）每人一季度配给 14 尺，家族 4 人以内每月可以购买一人份，8 人以内每月可以购买二人份……

二、进口棉布中的细布、粗布、斜纹呢料亦按上述比率。

三、细绫、法兰绒等衣里，另行规定。

……

五、关于制棉，被褥棉为 8 斤、冬季衣服用棉为工人 4 斤、普通人 3 斤……

面粉的配给，是在 1939 年 3 月成立零售商组合，从 5 月 26 日起对一般消费

---

① 齐齐哈尔铁道局总务课资料系 . 齐齐哈尔ニ于ケル物资配给统制ノ现状：上　配给机构篇，1941（昭和十六年）：45-46.

者实行配给，"配给量是一个月满系 5 斤、日系 1 斤。"① 1939 年 12 月 10 日起实行专卖。"其后，康德八年 5 月 1 日，为了更适当的配给，改为面粉购买券及面粉购入票两种票证制，均由市长发给。……配给数量满系每月每人一等面及代用面各一斤。"②

二、农村的配给制和物资供应

另外，在 1940 年 8 月，日伪为诱使农民出卖农产品和在农村推行配给制，决定由兴农合作社实施专卖品的配给以及农产品"出荷"之间的易货制。于是，农家生活必需品的特别优先配给通过专卖所或指定代卖人，比例于农产物的"出荷"量，通过兴农会之手实行配给。"特配品为灯用石油、火柴、棉布三种。生必品配给对象的农产物是大豆、高粱、苞米、粟、水稻、小麦六种。其比例如下：棉布 25 码、石油 0.2 公升、火柴 5 个，对大豆、高粱、苞米、粟、水稻、小麦各 1 吨的比例。这一易货制实施期间是康德七年 10 月 1 日（小麦为 9 月 1日）到康德八年 1 月末日。"③

1940 年（伪满康德七年）3 月，在绥化，布匹短缺价格猛涨，"在前年大布是一匹 10 元，去年一匹涨到 20 元，加上街里商店也没货，在实行合作社里连大户也有没买到棉布的。现在零售价格一匹是 40 元。"④ 铁制农具也是数量不足入手困难，"镰刀前年五六角钱，去年八角，锄头前年一个 6～8 角，去年 1 元 2角，铁锹前年 8 角，去年 1 元 5 角。"⑤

1940 年前后，呼兰县孟家村刘泉井屯的物价和物资供应情况，显示了在农村中，物资紧缺的实情⑥。

在本屯最近很难买到的农民生活用品如下：

（一）洋油（石油），康德五年（1938）1 罐 8.00 元，康德六年度 13.00元，康德七年度开初 25.00 元，以后就买不到了。现在配给（定价 1 斤 15 分），连需要的一半也满足不了。

（二）豆油，康德五年 1 斤 18 分，康德六年 1 斤 20 分，康德七年 5 月为 25

① 齐齐哈尔铁道局总务课资料系. 齐齐哈尔ニ于ケル物资配给统制ノ现状：上. 配给机构篇，1941（昭和十六年）：34.

② 同①：35.

③ 满洲事情案内所. 满洲农业概要. 3 版，1944（康德十一年）：131.

④ 满洲农村合作运动论丛：上卷. 滨江省兴农合作社联合会刊，1940（康德七年）：191-192.

⑤ 同④：192.

⑥ 南满洲铁道株式会社北满经济调查所. 昭和十四年度满人农家经济调查报告：二 呼兰县孟家村刘泉井屯. 昭和十七年 1 月 23 日北经调查特第 40 号，1942（昭和十七年）：21-22.

分，以后，由 60 分到 70 分，而且难买。现在配给 1 斤是 30 分，但不到需要的三分之一。

（三）白布，康德五年 1 匹 5.00 元至 6.00 元，康德六年 8.00 元，康德七年 5 月以后完全绝迹。

（四）棉花，康德六年度 1 斤 2.00 元，康德七年完全买不到。

1941 年 5 月 20 日伪满政权的火曜会议通过的《配给统制机关合理化纲要》又决定将配给统制方式尽可能从经营统制过渡到行政统制，对配给统制机关进行调整。

第五章
粮谷统制与林业掠夺

第一节　粮　谷　统　制

一、小麦和面粉的统制与满洲谷粉管理株式会社

日本占领时期，东北农产品的年产总量大体在 1 800 万吨。其中作为特产的大豆维持在 400 万吨左右。粮食及东北特产大豆是东北出口的大宗，是日伪获取外汇用以购买所需技术装备的主要源泉，也是伪满供应日本的主要战略物资。当时大豆、豆饼、豆油即所谓"大豆三品"的出口占伪满出口总额的 50%，而在向第三国出口中更占到 70%～90%。可以说，从第三国进口的技术装备几乎全部是靠大豆出口来支付的。为推行扩大了的五年计划，需要进一步扩大出口并限制进口，获得更多的外汇，经济统制就从工业品扩展到农产品。最先实行统制的是小麦的进口，目的在于节约外汇。

伪满所需面粉数量，大体上每年在 3 000 万到 3 500 万袋之间，而其面粉产量不过 2 500 万袋左右，每年要有 500 万至 1 000 万袋的面粉由澳洲和日本输入。"七七"事变后，为节省外汇，伪满开始对小麦的进口实行统制。面粉的供求关系顿时紧张起来，面粉市价直线上升，引起面粉厂之间猛烈的小麦原料争夺战，小麦价格也无止境地连续上涨。结果在各地出现对小麦及面粉的囤积居奇，市场陷于混乱。"康德五年（1938）春，在面粉贩卖店的门前，抢购面粉的人群蜂拥而至，门窗被挤坏，还有人受伤。以至面粉问题逐渐成为重大的社会问题。"[1]

为抑制面粉价格的上涨，伪满政权于 1938 年 6 月 1 日起对面粉的零售价格采用最高标准价格制。其结果，只是引起黑市盛行。以至于面食业者，由于面粉

---

[1]　满洲中央银行调查课. 国内调查汇报：第壹辑，1941（康德八年）：158.

缺乏而陷于停业状态。1938 年 9 月 5 日又通过了《小麦及面粉需供调整并价格统制应急实施要领案》，对面粉实行价格和配给统制，并决定实行制粉统制，按制粉业者自治统制的形式，以日满制粉、康德制粉、日本制粉、东洋制粉、裕昌源、双合盛、益发号、天兴福八大有力制粉公司作为发起人将全满机械制粉工厂作为加盟会员，结成统制团体。这就是 1938 年 9 月 27 日成立的社团法人满洲制粉联合会。

1939 年 9 月 1 日起，又实行原料小麦的一手收买和配给。1939 年 12 月 10 日公布了《小麦及面粉业统制法》及《面粉专卖法》。遂即将满洲制粉联合会改组为伪满洲国政府直系的特殊公司满洲谷粉管理株式会社，独占小麦的收买和进出口。同时，将面粉的配给移归政府专卖。

满洲谷粉管理株式会社是 1940 年 1 月设立的特殊公司，是小麦和面粉的统制机构。其额定资本为 1 000 万元，实缴 600 万元，全部为伪满政权所有。其业务是面粉及代用粉、原料及其麸皮的收买、贩卖、输入和输出，面袋的收买、贩卖和输入。

谷粉会社选定 13 个特产商为指定收买人作为代理商。它们是克山的德森广，绥化的庆和长，佳木斯的福顺泰，新京的石崎洋行、满洲拓植，哈尔滨的三泰栈、益发合、永盛东、天丰东、三井物产、三菱商事、日清栈、佐贺商店。[①]

伪满的面粉需要量，一年约 3 500 万袋（为此需要小麦约 100 万吨），1939 年度只有 2 570 万袋，1940 年度由于小麦减产和进口面粉激减更加压缩。当年伪满收买小麦 30 万吨。"按满洲国的昭和十六（1941）年度（自康德八年 7 月至康德九年 6 月）面粉供求计划，需要 3 140 万袋（注），国内生产 1 400 万袋（原料小麦 40 万吨），不足量 1 740 万袋，其中对日期待 1 090 万袋（在 8 月前绝对必须输入 300 万袋），其余 650 万袋用代用粉供应。

（注）（一）军需 340 万袋，（二）国内需要 2 800 万袋（细目：民需 200 万袋、关东州 300 万袋、节日及庆典用 600 万袋、特殊业者用 720 万袋、工人用 1 000 万袋）。"[②]

实际上，1941 年截至 3 月 6 日只收买到 258 288 吨，估计全年只能收购 28 万吨，其中 27 万吨用来制粉，可生产面粉 980 万袋，输入 617 万袋。而最低需要配给 1 800 万袋，尚差 113 万袋。[③] 面粉的严重短缺，不是靠加强统制所能解决的，统制的结果首先扼杀了民族资本的小粮商和以面粉加工为生计的小饮食

---

①　满洲中央银行调查课．国内调查汇报：第壹辑，1941（康德八年）：161.

②　调查部第二调查室．昭和十六年 6 月运货改正ノ小麦粉价格及制粉业ニ及ホス影响ニ就テ：1.

③　同②：2-4.

店，其次就是食用面粉的广大民众，而日本大粮商却可乘机大发其财。

二、粮谷统制与满洲粮谷会社

东北的水田随朝鲜移民的迁入而逐渐开辟。1932 年水稻种植面积为 75 069 公顷，收获 109 780 吨，1940 年种植面积是 285 579 公顷，收获水稻 762 044 吨（估产），分别是 1932 年的 3.8 倍和 6.94 倍。水稻增加的幅度如此之大，为其他作物所望尘莫及。这首先是由于关东军的扩编和大量各类日本移民的涌入，对大米的需求量成倍增加。同时，由于面粉价格高涨，一部分中国人也由食用面粉转向大米，更扩大了大米的市场。加以种水稻比种其他农作物在核算上更为有利，其收益为旱田作物收益的 4～6 倍。不过，由于日本政府担心东北水稻对日本的稻米生产构成威胁，对伪满稻作的发展加以限制，致使伪满每年有 60 万石以上的大米依赖朝鲜、暹罗及其他外国输入。"康德六年当新米上市不久，伪满的米谷恐慌，就以非常严重的状态表现出来。康德六年 9 月的米谷价格指数，比上年同月腾贵了 43.6%。"[①]

面对稻米的不足，伪满于 1938 年 11 月 7 日公布《米谷管理法》以及《满洲粮谷株式会社法》，并于 12 月 21 日设立满洲粮谷株式会社，作为统制机构，对稻米的生产实行许可制度，而关于稻米的进出口、买卖等完全由粮谷会社统制，不许他人插足。

特殊公司满洲粮谷会社，额定资本 3 000 万元，实缴 2 650 万元，其中伪满政权占 86.8%，满洲拓植占 13.2%。

由于，农业生产的萎缩，粮食供给紧张，价格普遍上涨，影响居民生活，不利于五年计划的执行。于是，继面粉、稻谷之后，对于一般中国百姓的主食高粱、苞米、粟三种主要食粮，也于 1939 年 11 月 2 日公布《主要粮谷统制法》，指定由粮谷会社进行统制。嗣后由于其他杂粮价格上涨势必影响统制品的价格，又决定对农产品实行强制性的全面统制。1940 年 9 月 30 日公布《粮谷管理法》，将尚未列入统制的杂粮也包括在内。除前述 5 种外，又加入大麦、燕麦、黍、精白黍、稗、精白稗、荞麦、小豆、绿豆和豌豆等。至此，全部粮谷都被纳入统制。严禁粮食生产者及持有者在交易场之外或官署指定地点之外出售各种粮谷。

满洲粮谷会社被指定为一元化的粮谷统制实施机关，并确立了粮谷会社特约收买人制度，指定三井、三菱、三泰等日本财阀的许多商社为特约收买人，只有它们才有权在交易场购买粮谷。获得伪省长或伪特别市长许可的粮栈和兴农合作

---

① 汪宇平. 伪满商品统治的解剖. 东北丛书. 东北问题研究社，1940：3，8.

社收买的粮谷也必须交售给粮谷会社。除粮谷会社外，他人还不得通过铁路或船舶运输粮谷。

该社在全满各地有十余所支社，但收买完全是伪满政权指定的代理收买人以及若干粮栈进行，由该社对代理收买人预支粮谷收买定金。由于稻谷主要是朝鲜人和日本移民种植，其收买是兴农合作社经办，由该社对兴农合作社预付稻谷搜荷委托金。1940 年度该社所需收买资金总额约 5 亿元，主要靠从伪满洲中央银行、满洲兴业银行、正金银行以及当地银行借入。

在 1939 粮谷年度（1939 年 10 月至 1940 年 9 月）该社收买了国内米 432 666吨、进口米 76 028 吨，合计 508 694 吨，粮谷三品（高粱、苞米、粟）647 520吨，杂粮 277 440 吨。而在 1940 年度的前 8 个月及 1940 年 10 月至 1941 年 5 月的数量是国内米 369 110 吨、进口米 17 649 吨，合计 386 759 吨，粮谷三品2 187 330 吨，杂粮 216 060 吨。粮谷三品收买量的成倍增加是由于从 1940 年 10月起当地消费部分也被全部收买的缘故。1941 年度粮谷收买状况及配给实绩分别见表 2-5-1 和表 2-5-2。

表 2-5-1　1941（康德八年）年度粮谷收买状况

	收买预定量	同头年度实绩比
米谷		
国内米（稻）	498 505 吨	增 65 839 吨
外米（精米）	29 692 吨	减 46 336 吨
合计	528 197 吨	增 19 503 吨
粮谷		
高粱、苞米	2 800 000 吨	增 2 152 480 吨
粟、杂谷	200 000 吨	减 77 440 吨
合计	3 000 000 吨	增 2 075 040 吨

表 2-5-2　1941（康德八年）年度粮谷配给实绩

	配给预定量	四月末现在配给实绩
一般民需	1 206 500 吨	640 710 吨
纳粮谷军需	303 500 吨	156 300 吨
对日输出	300 000 吨	137 670 吨
对朝鲜输出	100 000 吨	44 310 吨
对华北输出	250 000 吨	140 160 吨

续表

	配给预定量	四月末现在配给实绩
对德国输出	…	2 040 吨
满洲谷粉管理会社	160 000 吨	106 500 吨
酒精原料	100 000 吨	33 210 吨
其他	290 000 吨	36 930 吨
会社存留	90 000 吨	0
合计	2 800 000 吨	1 297 830 吨

第二节　特产专管制

一、特产统制与满洲特产专管公社

对大豆的统制是最后实行的。大豆是主要出口物资，是日伪借以获取外汇的主要出口商品，也是从第三国获得机械设备的主要换货物资。大豆占农产品种植面积的 25%，农产品货运量的 40%，农产品出口额的 60%，全部出口总额的40%（1936—1937 年的比重）。[①] 日伪不仅要增加大豆出口以换取外汇，还要从其贸易中获取高额利润。然而，东北的大豆价格由于通货膨胀而上涨，在大连，以 1937 年大豆的市价为 100，1939 年上升为 120.2，而世界经济萧条竞争激烈，在伦敦的大豆市价反而下降为 95.8。这一涨一落，对于日伪向第三国出口大豆非常不利。

正是由于大豆的重要性以及它的流通机构的复杂性，关于大豆的统制，从1938 年年末到 1939 年秋，日伪当局反复研究，并从日本请来专家起草了大豆统制方策，到 1939 年 9 月才发表它的最终方案《重要特产物专管实施纲要》。决定对大豆的配给和价格实行统制。压低大豆价格以利出口，将损失转嫁给农民。

根据《纲要》，于 10 月 17 日公布《重要特产物专管法》和《满洲特产专管公社法》，从 11 月 1 日起对黄大豆的买卖、加工和出口实行统制，禁止向华中、华南出口，限制对日本出口，企图增加对第三国特别是对德国的出口。然而，恰在此时，德国入侵波兰，欧洲陷入战乱，交战水域停止海运，大豆的对欧出口通

---

① 南满洲铁道株式会社调查部. 大豆流通机构の变迁，1942（昭和十七年）：65.

道被关闭。增加对第三国出口这个实行特产统制的主要目的，已经难以实现。也恰在此时，日本对大豆和豆饼作为原料和肥料的需要大增，向日本以低价供应大豆和豆饼就成为这一统制的主要任务。这一统制的最大意义就在于对价格的公定以及统制机关在流通机构中占居核心地位。

专管制度的核心是价格统制。日伪的目的是充分利用大豆的国际价格同国内价格之间的剪刀差，来赚取更多外汇。将在大连的大豆每百公斤收购价格定为7元（混保一等品新大豆麻袋装），以此为基准考虑运费等因素确定铁路沿线各站的大豆价格，并宣称这种公定价格在该特产年度内不会改变。

大豆的公定价格比市价低得多。在大连实行公定价格之前的四个月，市价最高每百公斤曾达9.61元，最低也有7.89元，而公定价格为7元，因此实施公定价格之后，曾经踊跃上市的混保大豆立即冷清下来。在10月份运到大连的混保大豆为12 148车，而11月份只有189车，减少了11 959车。引起粮商囤积惜售并向关内走私。在当地100公斤大豆5～6元，越过长城就可以卖到15～20元。

最初，只统制混保大豆黄大豆，对其他特殊大豆，因并未向第三国出口以及数量仅10万吨程度并且缺乏混保设施而暂未列入。伪间岛省的大豆由于品质不同也没有列入统制范围。结果，在伪吉林省大豆每百斤8.30元，而伪间岛省四等品的市价也达17.30元，几乎是两倍半。于是伪吉林省的大豆就涌向伪间岛省。[①]

生产大豆的农民因大豆价格过低，自己将它用来榨油以代替很难买到的煤油，或用来磨面作为食粮或饲料，而将未列入统制的杂粮拿来换钱。当时就有人指出这是农民对这种政策的"无言的批判"，是一种抵制，它使农民"返回原始的自然经济"。[②]

根据满铁新京支社调查室的报告，在北满克山县，如以1938年的价格为100，则1939年实行统制前大豆价格指数为121，统制后为99，而同期苞米、高粱、谷子分别为109、120、145，可见大豆价格偏低。[③] 其结果，在该县程家油房屯表现为：（1）商品作物的销售率由1938年度的65%下降为1939年度的55%，本来是自给作物的苞米、高粱则分别由5%和2%上升为11%和13%。农民宁肯卖掉作为口粮和饲料的苞米和高粱而将大豆留下自用。（2）大豆自给化的倾向，这表现为在1938年对大豆的处理是食料5.1%、饲料4.7%、种子

---

① 藤井诚一. 满洲经济的再建. 东京：东京经济新报社出版部，1949：118—119.
② 小松七郎. "农民"无言的抗议//满洲农村合作运动论丛：上卷. 滨江省兴农合作社联合会刊，1940（康德七年）：195—196.
③ 大豆统制对北满农村的影响//满铁调查月报. 昭和十六年1月号.

8.6%、销售 81.6%，而在 1939 年度则分别为 6.6%、9.0%、9.8% 和 74.6%。（3）豆饼的当地消费量减少而对外的发送量却激增。（4）将大豆压碎作为非公定价格商品以黑市价格卖给油坊。（5）在大豆实行统制前夕，总上市量达 38%，远远超过前年同期。[①]

由于豆饼和豆油的价格还没有纳入统制，各地油坊争相购买大豆作为原料，所以伪满政权在 1940 年 1 月后又将豆饼、豆油纳入统制。1940 年 10 月实施特产物专管法之后又增加白眉、改良、间岛大豆及色豆 5 种以及油料籽实、苏子等 8 种，实行专管统制。

从伪满洲国全体来说，大豆的商品化率在 1937 年为 80.7%、1939 年为 89.8%，而 1940 年猛降为 46.7%，到 1942 年才恢复到 66.5%。[②]

市场的规律狠狠地教训了贪得无厌的侵略者，他们并不是可以在任何领域都能为所欲为的。

二、满洲特产专管公社

满洲特产专管公社是根据《重要特产物专管法》和《满洲特产专管公社法》，于 1939 年 10 月设立的特殊公司。额定资本 3 000 万元，实收 800 万元，全额由伪满政权出资。它的业务主要是重要特产物的收买、贩卖，对加工业的投资，调查研究及扶助等。特产专管公社对大豆实行独家买卖，原有的粮栈以及特产商人则被公社利用为从农民的庭院到混保寄托站之间的下属机构。特产专管公社在各个车站对混保大豆在寄托的同时就强制收购。混保的寄托站成为大豆统制的关口和要害。

在特产专管公社成立之后，原来的日本大资本就作为公社的特约收买人，以公家的身份保证了它的垄断地位。"在 1939 年度，大豆三品的特约收买人是三井、三菱、瓜谷、宝隆四大特产出口商，1940 年度混保大豆的特约收买人限定为三井、三菱、保隆三大资本。"[③]

在 1939 年，"大豆上市量达 200 万吨，可是满洲特产专管公社只收购到 70 万吨。"[④] 由于进入旧历正月之后，收购状况仍无起色，伪满当局不得不自行毁弃其关于大豆价格年内不变的保证，在 1940 年 2 月 18 日大幅度调高大豆及其他粮食价格。大豆价格由 7 元调高为 8.50 元。但是，调高后的大豆价格较其他粮

---

①　东京银行集会所调查课. 满洲の财政、金融、物价，1942（昭和十七年）：206-207.

②　日满农政研究会新京事务所. 日满农政研究报告：第二十一辑　技ノ三　大豆经济确立に关する一方案：10.

③　总裁室弘报课. 满洲トピック解说. 第 2～4 号　大豆专管公社と其后，1940（昭和十五年）：1.

④　中央档案馆. 古海忠之笔供//东北经济掠夺. 北京：中华书局，1991：500.

价仍然偏低，并未能扭转局面。而且，"当时，大豆已经从农民手中转到大粮栈手里，公定价格的提高也引起黑市价格上扬，只不过白白地肥了粮栈或大地主及有关人的腰包，而上市情况仍然不见兴旺。"[1]

继续调高价格，有违低价政策，万策俱穷的伪满政权终于在当年 3 月 23 日诉诸非常手段，发动主要农产物统制命令。其基本点如下：[2]

1. 粮栈、油坊、主要粮谷经办业者不经许可不得进行大豆、豆饼、豆油、高粱、苞米、粟等的买卖和加工，但卖给专管公社、粮谷会社或政府指定的收买人时，不在此限。

2. 粮栈、油坊、主要粮谷经办业者须对各所在地省长或特别市长详细报告上述农产物的所有种类、数量等。

3. 省长或特别市长对上述业者得指定出卖对象和出卖条件，命令其出卖所持粮谷。

4. 省长或特别市长可限制主要粮谷的移动。

总之，这项措施的着眼点，在于禁止业者转移手头存货，命令业者报告当日库存数量并强行收购。然而，即使如此也远未达到预定目标。从 1939 年 11 月 1 日到 1940 年 9 月 30 日，满洲特产专管公社实际收购大豆 140.2 万吨、豆饼 72.9 万吨、豆油 3.6 万吨。这分别是其预定数量的 51.5%、58.4% 和 34.2%，如表 2-5-3 所示。结果，虽然极力压缩了伪满国内的消费量，出口计划仍然落空，实际出口大豆为 53 万吨，只是原计划 150 万吨的 35.3%，而向日本的出口是 36.6 万吨，只是原计划 95 万吨的 38.5%。豆饼的出口量是 69.2 万吨也只是预定数量 121 万吨的 57.2%。[3] 1940 年特产年度前 8 个月收买情况如表 2-5-4 所示。

表 2-5-3 1939 特产年度收买实绩（1939 年 11 月 1 日至 1940 年 9 月 30 日）[4]

	收买预定量	实际收买量	实际对预定的比例
大豆	2 731 千吨	1 402 千吨	51.5%
豆饼	1 247	729	58.4
豆油	105	36	34.2

---

[1] 关口寿一. 满洲经济十年史. 满洲国通信社，1942（康德九年）：137.

[2] 总裁室弘报课. 满洲トピック解说：第 2～12 号 主要农产物统制命令の发动，1940（昭和十五年）：2.

[3] 满洲中央银行资金统制课. 满洲特产专管公社，1941（康德八年）.

[4] 同③：89-90.

表 2-5-4　1940 年特产年度（1940 年 10 月 1 日至 1941 年 9 月 30 日）
前 8 个月收买情况①

	收买预定量	实际收买量	实际对预定的比例
大豆及其他豆类	3 832 千吨	1 487 千吨	38.8%
豆饼及其他饼	1 416	537	37.9
豆油及其他油脂	…	44	
苏子及其他油料籽实	…	95	

　　这一切都是在大豆种植面积最多（1939 年大豆种植面积超过 400 万公顷，是历年最高的），产量也超过 400 万吨的情况下发生的。

　　表 2-5-5 为专管公社配给大豆输出商别时第三国输出成绩。

表 2-5-5　专管公社配给大豆输出商别对第三国输出成绩②

（自 1939 年 11 月至 1940 年 7 月）

输出商别	输出成绩	
	数量	比例
A 日本财阀资本	46 838 吨	39.1%
B 日本财阀资本	49 624	41.4
C 丹麦商业资本	16 618	13.9
D 外国商业资本	4 523	3.8
E 日本商业资本	2 011	1.6
F 法国商业资本	207	0.2
合计	119 821	100
垄断资本所占比例	96 462	80.5

　　特产专管公社对油坊所需大豆的配售，在关东州内的大连是将每百斤大豆以 8.30 元卖出，再从油坊以豆油每百斤以 21.50 元、豆饼每块 46 斤以 2.997 元买进，加工费为 0.35 元。在伪满境内则是根据大连的价格，在当地以每百斤 7 元卖给油坊，加工费为 0.40 元，豆油以 21.50 元、豆饼每块以从大连出口按 2.396 元、从北鲜（罗津）出口按 2.298 元，从中扣除铁路运费，计算收买价格。对于在大连、营口、安东、哈尔滨各地配售大豆给油坊，是专管公社使令它们组成油坊组合，通过组合进行，组合的大权操纵在日本人手中。对于日本资本的大型油

————————————

① 满洲中央银行资金统制课. 满洲特产专管公社，1941（康德八年）：91.
② 南满洲铁道株式会社调查部. 满洲ィンフレーション调查报告：第二部　资料篇：216.

坊如满洲大豆工业会社则由公社直接配给。

1939 年和 1940 年特产年度大豆的贩卖成绩分别见表 2-5-6 和表 2-5-7。

表 2-5-6　1939 特产年度大豆的贩卖成绩①

（1939 年 11 月至 1940 年 9 月）

	配给预定量	贩卖成绩
军需	21 千吨	21 千吨
国内	1 210	838
输出	1 500	530
日本	950	366
中国	100	7
第三国	450	157
合计	2 731	1 389

表 2-5-7　1940 特产年度大豆（包括其他豆类）的贩卖成绩②

（1940 年 10 月至 1941 年 5 月）

	配给预定量	贩卖成绩
军需	77 千吨	77 千吨
国内	2 435	549
输出	1 320	703
日本	900	528
中国	120	18
第三国	300	158
合计	3 382	1 329

第三节　粮谷统制的影响

一、农产品出口锐减

从 1936 年到 1939 年上半年伪满的农产品出口一直在增加，而从 1939 年下

---

① 满洲中央银行资金统制课 . 满洲特产专管公社，1941（康德八年）：91-92.

② 同①：94.

半期开始急剧减退。以 1936 年出口数量为 100，则大豆在 1938 年为 110、1939 年为 87、1940 年为 31，豆饼在 1938 年为 102、1939 年为 144、1940 年为 58，高粱在 1938 年为 116、1939 年为 122、1940 年为 27，玉蜀黍在 1938 年为 187、1939 年为 222、1940 年为 56。[1]

豆类及粮谷纯输出额累年对照表如表 2-5-8 所示。

表 2-5-8　豆类及粮谷纯输出额累年对照表

单位：数量为吨，金额为千元

		大豆、豆饼、豆油		其他		计	
		数量	指数	数量	指数	数量	指数
数量	1927—1932 年五年平均	4 201 220	100	860 992	100	5 062 212	100
	1932—1937 年五年平均	3 419 995	81	612 904	71	4 032 899	80
	1937—1938 年	3 104 139	74	1 125 871	131	4 230 010	84
	1938—1939 年	3 254 517	77	1 016 604	118	4 271 121	84
	1939—1940 年	1 574 783	35	575 711	67	2 048 494	40
	1940—1941 年	1 453 611	35	348 243	40	1 803 854	36
金额	1927—1932 年五年平均	375 590	100	82 359	100	457 949	100
	1932—1937 年五年平均	266 530	71	35 018	42	301 548	66
	1937—1938 年	328 641	87	105 018	127	431 659	94
	1938—1939 年	361 409	96	119 186	145	480 595	105
	1939—1940 年	233 262	62	137 002	166	370 264	81
	1940—1941 年	242 126	64	77 132	94	319 256	70

备考：粮谷的上市年度是从当年 10 月到翌年 9 月。1940—1941 年度分别是按从 1940 年 10 月到 1941 年 4 月的 7 个月间的实绩对前一年的比例推算的。

资料来源：资金统制课．粮谷关系三社资产负债ノ现状卜其合并问题，1941（康德八年）.

大豆专管统制的失败导致出口的锐减，也影响了日本经济，引起日本资本家的不满。日本三菱商事株式会社社长、三菱财阀代表田中完三直截了当地要求取消专管，他说："我想满洲国将对大豆收买价格的公定撤销了不是更好吗？"[2]

二、上市奖励金和换货制

1939 年，伪满对农产品的统制尤其是其特产统制以失败告终。不仅没有达

---

[1]　南满洲铁道株式会社调查部．满洲ィンフレシ ョン调查报告：第二部　资料篇：190-193.

[2]　社团法人东亚经济恳谈会．昭和十五年 5 月日满经济恳谈会报告书：195.

到增加出口的目的反而引起食粮的不足和社会的不稳定。进入1940年，由于调整后的农产品价格特别是大豆的价格仍然偏低，又不能一调再调，伪满政权遂出台了“出荷”奖励金制度，规定在1941年1月31日以前在交易场上市的大豆，每60公斤发给奖励金2.32元，对高粱、苞米、稻米、小麦每百斤发给奖励金2元上下。企图以此平衡大豆与杂粮的比价并缩小同工业品间的剪刀差，刺激大豆上市。然而，些许奖励金并未能从根本上扭转局面，大豆的种植面积明显缩减，大豆的就地消费量则猛增。大豆种植面积在1939年为4 008 918公顷，1940年减为3 722 489公顷。① 农民停止或减少大豆的种植，转向自己直接需要的粮食作物的种植。农民宁愿出售在价格上较为有利的苞米、高粱而将大豆留作口粮和饲料。同时，由于石油难以买到，农民以豆油代替石油，并以豆油换取其他生活必需品和农具。这又助长了粮栈和油坊之间的黑市行为。东北民间对豆油的需要量一向在7万～8万吨，而在实行统制之后，据估计黑市榨油量约达60万吨。以致伪满洲国在1940年“从屯或市、县、旗向省，再由省向中央上报的大豆的就地消费估计数，合计起来达450万吨，这同估产数的383万吨相比，别说无力出口，反而需要进口67万吨。”② 当然，这种估算很不可靠，不过它确实反映了就地消费量的增大。

为了收购农产品，促进农产品上市，在伪奉天省从1940年6月20日起用月余时间，在沈阳、双辽、梨树、昌图、西丰、西安、东丰、海龙8县，实行了农产物（主要粮谷）对生活必需品的换货制。如在东丰县，由兴农合作社负责在伪县公署、警察署、协和会的协助下，督促粮业组合收买高粱、苞米和粟，办法是“对上述粮谷中任何一种的750公斤=20石的收买响应者，按公定价格配给棉布半丈、火柴1包（20盒）、胶靴1双，发给与全部出荷量相当的生活必需品。”③ 当时，这些物品奇缺，黑市价格为3～5倍。这些物资自然都落到存有余粮的地主、富农手中，贫苦农民不得不以高价再向他们购买，而陷于更加饥馑的状态。

1940年6月伪满政权改组，撤销产业部，新设兴农部，将增产食粮饲料提到重要地位。兴农部下设特产局，实行特产管理的一元化。同年7月，新任总务长官武部六藏决定将大豆的增产与煤炭并列为最大重点。对大豆在配给、收买、搜货各方面实行综合的统制。

9月1日公布《农产物交易场法》，严格禁止交易场外的交易。9月30日公

① 总裁室弘报课．满洲トピック解说：第2～31号　大豆出回りに就て，1940（昭和十五年）：2.
② 藤井诚一．满洲经济の再建．东洋经济新报社，1941（昭和十六年）：201.
③ 南满洲铁道株式会社调查部．满洲インフレション调查报告：第二部　资料篇：221.

布《特产物专管法》，除大豆三品外，又追加了落花生、苏子、胡麻、大麻子、小麻子、棉籽、亚麻籽、向日葵籽8种油料籽实及其加工品。在粮谷方面也修改了米谷管理法和小麦及面粉管理法，除原来的高粱、苞米、粟之外，又追加了大麦、燕麦、黍、荞麦、小豆、绿豆、豌豆7个品目，对粮食作物实行全盘统制。同日，公布了粮栈组合规则，对粮栈实行许可制。以各县、旗为一个单位结成粮栈组合，对特产及主要粮谷实行统一收买。与此同时，对制油业、制粉业、酿造业、精谷业也实行统制，使令油坊、烧锅、磨坊等也在一定规范之下结成组合，统统置于伪政权监督之下。

1941年4月9日，伪国务院会议又通过了《康德八年度农产物增产搜货确保方策纲要》，强调赋予农产物搜货以高度的计划性，决定对重点食粮油料作物讲求"在收获前奖励增产出荷的办法"。实行增产出荷奖励金制，对小麦、高粱、苞米、谷子、大米、燕麦、大豆、苏子、大麻子等每百公斤交付1元，作为除草资金或收获资金。在年度初就规定各县、旗、街、村、屯的种植面积、收获目标、出荷目标，由街、村、屯长代表全体农家同当地兴农合作社签订规定有出荷承担量、出荷交易场、出荷期限等的出荷承担合同。同时由该兴农合作社将奖励金发给街、村、屯长，分配给各耕种者。这实际上是一种曾经被禁止的买卖青苗制，是一种预付定钱的预购制，后来定名为先钱制度。这种制度赋予伪村、屯长以很大权力和责任，伪政权不仅对伪村、屯长发给津贴，对完成任务的还要奖赏。伪满政权认为"先钱制度赋予农产物收荷以高度的计划性"[1]，"先钱合同量成为收荷的目标量，成为从国内粮食供需计划起涉及国内外的物动计划的根本。"[2]

如果说，以前对农产品的统制限于流通过程，主要是针对粮栈和收买人的，那么，先钱制度的实行则是将统制扩展到农业生产，开始了对生产和生产者的统制，使搜货机构在农作物收获之前就能把握农作物。

1941年及1942年的先钱契约量如表2-5-9所示。

表 2-5-9　1941 年及 1942 年的先钱契约量　　　单位：千吨

年度＼品名	大豆	油料籽实	粮谷三品	大麦燕麦	小麦	稻谷	合计
1941	2 178	40	3 553	114	451	550	6 886
1942	2 362	117	2 220	113	403	426	5 641

资料来源：银行调查课．康德九年度农产物生产、搜荷状况．

---

[1]　南满洲铁道株式会社调查部．大豆流通机构の变迁，1942（昭和十七年）：64.
[2]　关口寿一．满洲经济十年史．满洲国通信社，1942（康德九年）：69.

　　由于伪满的农产物统制方策年年有所变化，地主和佃户都避免长期的租佃合同，大都一年一更改，其结果是佃户对土地的爱惜变得淡薄，正常的靠大豆轮种维持地力的意图丧失，加剧了大豆的减产。

　　实施统制后，大连的大豆基准收买价格（黄大豆一等品）的变化如下：[①]

年次		100 公斤收买价格
康德六年 11 月		10 元 59 钱
同康德七年 2 月		12 元 38 钱
同康德七年 10 月	含奖励金	16 元 25 钱
同康德八年 10 月	含先钱	16 元 25 钱
同康德九年 10 月	同	20 元 50 钱

三、粮谷统制的影响

　　粮谷统制从根本上改变了粮谷的流通体制，最大受害者是农民和农村。首先是使农民失去卖粮的自由，农民只能按公定价格，将粮谷卖给统制会社或其代理人。而公定价格甚至低于生产成本，并扩大了同工业品的剪刀差。这对已经一贫如洗的农民更是雪上加霜，加剧了农民的破产和农村的衰败。农民的贫困，农村的疲敝，甚至连简单再生产也无力维持，结果只能是农业生产的全面衰退。

　　其次，是在农产品的流通中占有重要地位的粮栈。粮栈是民族商业资本的重要部门，是联系农民和特产商的重要纽带，一向十分活跃。在 1939 年年末，由于特产统制，在大连、奉天、新京、哈尔滨的特产交易所关闭，于是这几个大城市的大粮栈就失去了存在的基础走向倒闭，而在地方城镇的小粮栈则被强制组成粮栈组合，只有作为特殊公司的代理才被容许在交易场收买，完全失去独立性。粮栈只被允许获取少数手续费，难以维持，随时面临倒闭或被关闭的命运。

　　粮谷统制进一步加强了财阀资本的垄断地位。而由于这种统制，不仅民族资本的粮谷经销业和加工业遭受到毁灭性的打击，日本的中小特产商人也受到损害。"一向作为三井、三菱资本的承包中介机关的使命在实行统制的同时就终结了。"[②] 粮谷统制加上粮食配给制，也使城市居民买不到和买不起口粮，而被置于饥寒交迫的地步。

---

　　① 关口寿一. 满洲经济十年史. 满洲国通信社，1942（康德九年）：4-5.
　　② 南满洲铁道株式会社调查部. 大豆流通机构的变迁，1942（昭和十七年）：78.

第四节　满洲农产公社与特约收买人

一、满洲农产公社

伪满的三个农产物统制会社由于收购方法各不相同，不仅使农民陷入混乱，在人力、物力上也造成浪费。从 1940 年 10 月起现地方面就要求将三者统一合并，使搜荷机构单一化。1941 年 9 月 21 日，伪满将特产专管公社、粮谷会社和谷粉管理会社合并，成立农产公社统一农产品的统制。农产公社的理事长由原兴农部次长结城清太郎转任。农产公社的额定资本为 7 000 万元，其中伪满政权 6 650 万元，满拓 350 万元。它是对特产、稻谷、主要粮谷、小麦等主要粮食作物的单一的全面的统制机关。总社设伪都新京，在大连、哈尔滨及全满各地设支社、支店、办事处。与此同时，在兴农部内设粮政司，由粮政司长兼公社的监理官。

农产公社设立后，按伪满法令，特产及粮谷的生产者或地租的取得者在出卖特产或粮谷时，必须在农产物交易场或地方行政官署指定的场所，严禁在其他场所进行。这是对交易场所的限制。其次是对收买人的限制。只准许取得伪省长或伪新京市长营业许可的粮栈、农产公社或其特约收买人以及兴农合作社在农产物交易场或地方行政官署指定场所购买特产或粮谷。粮栈或兴农合作社收购的特产和粮谷必须卖给农产公社或其特约收买人。特约收买人也必须将收购的特产及粮谷卖给农产公社。所以，特产和粮谷最终完全集中到农产公社手中。

粮谷和特产通过铁路或船舶的搬运，只限于农产公社及其特约收买人才可办理。特产和粮食的进出口，除伪兴农部大臣及伪经济部大臣另行指定者外，只限于满洲农产公社可以进行。特产及粮谷的配给也由满洲农产公社按照伪兴农部大臣制订的配给计划执行。

二、特约收买人

特约收买人制度是在实施农产物统制的初期，由当时的粮谷统制机关满洲特产专管公社、满洲粮谷株式会社、满洲谷粉管理株式会社所采用。当时采用这种制度的原因是：① 依靠特约收买人的丰富金融力；② 缺乏知识、经验和人员与粮栈直接结合；③ 在集货上依靠特约收买人。

三社的收买方式各不相同。"专管公社使令三井、三菱、宝隆等代为收买。粮谷会社是使令合作社代购稻谷，至于高粱、苞米、粟，则是同当地粮栈实行直接交易，采取直接收买的方针实行集货。谷粉会社是指定特产商、粮栈为收买人，使之在限定收买地区承担交易。"①

后来合并成立的农产公社属于集货的统制机构，并不从事直接收买，而是指定代理人即特约收买人划分责任地区，在统制机构的监督下靠对粮栈、粮栈组合的驱使，担任当地从配给到装车的全部业务。

1939 年度大豆特约收买人为②：三井物产、三菱商事、瓜谷洋行、宝隆洋行。

1940 年度特产关系特约收买人是：③

（1）混保大豆：三井物产、三菱商事、宝隆洋行。

（2）改良、白眉及其他杂大豆：高木商店、大矢组、桥本洋行、桥口洋行、深尾洋行、朝肥合资会社。

（3）苏子：三井物产、三菱商事、须藤商店、佐贺商店、高冈号。

（4）小麻子：三井物产、三菱商事、须藤商店、佐贺商店、高冈号、石崎洋行、福田商店、高木商店。

（5）胡麻：大矢组、桥口洋行、高木商店、深尾洋行、桥本洋行。

（6）大麻子：三井物产、三菱商事。

（7）向日葵：福田商店。

（8）落花生。三井物产、三菱商事、加藤商店、葛丰洋行、宝隆洋行、中村商店、日清制油。

（9）棉籽：棉花会社。

1941 年农产公社特约收买人 19 家④：三井物产、三泰产业（三井系）、三菱商事、日清栈、大矢组、须藤商店、高木商店、深尾洋行、福田商店、朝肥合资会社、桥口洋行、佐贺商店（以上日本资本）、益发合、义和顺、永盛东、裕昌源、义增信、天丰东（以上中国资本）、宝隆洋行（外国资本）。

经办品目包括特产黄大豆混保、白眉大豆、改良大豆、间岛大豆、杂大豆、苏子、小麻子、胡麻、向日葵籽、落花生、规格饼、杂豆饼、特殊饼、植物饼、豆油、同精制油、花生油、苏子油、小麻子油；粮谷有高粱、精白高粱、苞米、粟、精白粟、糯黍、精白糯黍、稗、荞麦、大麦、燕麦、小豆、绿豆、豌豆、小麦等。

---

① 总裁室弘报课. 满洲トピック解说：第 3～17 号　满洲农产公社（假称）の设立，1941（昭和十六年）：3.

② 南满洲铁道株式会社调查部. 昭和十七年 7 月大豆流通机构の变迁：70.

③ 同②：70-72.

④ 同②：72-76.

此外，稻米由合作社直接卖给农产公社，不通过特约收买人。棉籽由棉花会社独家收买，大麻子由三井、三菱收买，亚麻仁由满日亚麻会社、钟纺和满洲殖产工业收买。

这一年度特约收买人的分配数量为日资 12 家 6 463 070 吨，占 81.7%；民族资本 6 家 1 135 300 吨，占 14.4%；外资 1 家 310 000 吨，占 3.9%。可见，日资收买人占压倒优势，而其中三井系的三井物产和三泰产业即占全体的 48.3%，三菱商事占 13.7%，日清栈占 7.6%。[①] 可见，日本财阀资本的垄断地位借助伪政权的势力日益扩张。

三泰产业是三井物产于 1936 年全额出资设立的以经营粮食买卖为主兼营精谷业、制油业的大粮栈，实缴资本为 450 万元。在 1940 年，三泰产业被指定为满洲粮谷会社在伪三江省的独家代理收买人和谷粉会社的该省部分指定收买人。

日清栈则是大仓财阀系统的大粮栈。

日本的日清制油株式会社（大股东为东京大仓组）为经营出口东北农产品和购入原料，在东北各地设有支店和办事处，1938 年 9 月 30 日将这些收买机构统一在株式会社日清栈的名义下作为伪满洲国法人，以资本金 100 万元独立创设，专以粮业为主体并经营其附属事业。总店设在新京，在新京、哈尔滨、四平、通化和安东设有支店，另有办事处 27 处，分驻所 48 所，驻在所 7 所，在王爷庙有精谷工厂。满洲农产公社成立后，1941 年日清栈被选定为特约收买人，将双城县、通阳县、西安县及通化省、安东省三县二省划为该社特定收买地区。指定在上述地区上市农产物约 50 万吨的收买责任，使该社业务急剧膨胀。次年又追加怀德县，收买责任增加了 9 万吨。

该社被指定为特约收买人之后，收买农产品的数量成倍增加。

康德五—六年度	只有大车装卸部分收买	3 708 车（单位 30 吨）
康德六—七年度	只有大车装卸部分收买	4 263 车
康德七—八年度	除大车装卸部分收买	4 902 车之外
	又有作为特约收买人收买	7 023 车
康德八—九年度	大车装卸部分为	5 840 车
	又有作为特约收买人收买	17 707 车
		金额 74 593 000 元

大车装卸部分是该社自营粮业地区，即其 27 个办事处中的 15 个办事处从农

①　南满洲铁道株式会社调查部．昭和十七年 7 月大豆流通机构の变迁：70-76.

民直接收买的交易场的上市品，卖给该地区特约收买人的数量。① 据该社 1942 年 7 月的决算书，该社固定资金为 1 353 854 元，当年预算要增加 500 000 元。流动资金（收买资金及大车装卸资金）47 500 000 元，单是收买资金就需要 45 000 000 元。主要靠向横滨正金银行和满洲兴业银行借贷。在 1942 年 11 月 15 日该社申请将资本增加为 200 万元，立即缴齐。

附：农产物的上市和分配统计（表 2-5-10～表 2-5-12）

表 2-5-10　主要农产物的上市量（1938—1940）

	大豆	高粱	苞米	粟及黍	小麦	米及稻	其他杂粮	合计
生产量								
1938 年 A/千吨	4 528	4 382	2 569	3 212	895	723	1 495	17 804
1939 年 B/千吨	3 967	4 216	2 439	3 078	929	798	1 378	16 805
1940 年 C/千吨	3 503	4 309	2 929	3 236	801	679	1 470	16 927
上市量								
1938 年 D/千吨	3 253	1 037	876	491	316	448	850	7 271
1939 年 E/千吨	1 258	489	529	388	207	322	948	4 141
1940 年 F/千吨	1 471	542	729	505	253	351	355	4 206
D/A/%	71.8	23.7	34.1	15.3	35.3	62.0	56.9	40.8
E/B/%	31.7	11.6	21.7	12.6	22.3	40.4	68.8	24.6
F/C/%	42.0	12.6	24.9	15.6	31.6	51.7	24.1	24.8
F/D/%	45	52	83	103	80	78	42	58
F/E/%	117	111	139	130	122	109	37	102

资料来源：东北物资调节委员会研究组．东北经济小丛书：3　农产（流通篇），1948：35-45.

---

① 株式会社日清栈．事业计划明细书（样式）：甲号　康德九年 11 月 15 日资本增加认可申请书添附书类：34-37，48-59.

表 2-5-11　1940 年、1941 年两年粮谷出荷概数　　　单位：万吨

年度	预定收买数	实际收买数	对日援助	输出华北和朝鲜	关东军用	民需
1940	630	580	160	45	80	275
1941	670	650	180	55	100	315

资料来源：古海忠之笔供//东北经济掠夺：501-502.

表 2-5-12　1941 年主要农产物分配实绩表　　　单位：吨

	大豆	油料籽实	粮谷类	米谷	豆饼	合计	豆油
国内需要							
民需、重要事业	452 400	5 700	2 097 018	376 785	358 933	3 290 836	81 564
油坊	817 910	77 317				895 227	
其他	3 090	200	205 569	28 087	18 118	265 064	7 250
计	1 283 400	83 217	2 302 587	404 872	377 051	4 451 127	88 814
军需	68 970	1 000	518 405	68 500	90 650	747 525	13 000
输出							
日本	660 000	92 683	81 120		557 400	1 391 203	300
中国台湾			150				150
朝鲜			150 260			150 260	6 238
华北			186 897		2 000	188 897	
华中							
华南							
蒙疆			1 158			1 158	100
德国						4 500	

	大豆	油料籽实	粮谷类	米谷	豆饼	合计	豆油
菲律宾							
计	660 000	92 683	419 585		559 400	1 731 668	11 138
合计	2 012 370	176 900	3 240 577	473 372	1 027 101	6 930 320	112 952

注：输出华北的 6 238 吨豆油中包括输出华中数。

资料来源：中央档案馆. 东北经济掠夺. 北京：中华书局，1991：586-588.

第六章
日伪的农业政策和农村殖民地化

第一节 《农业政策纲要》和农业五年计划

一、农业政策纲要

农产品是出口换取外汇的大宗，农业又是关系人民生活和农村稳定的大局。关东军、伪满洲国从 1936 年开始认识到农业问题对于其统治东北的重要性。以关东军、伪满政府首脑为首网罗了一批日本的所谓"农业最高权威"，设置了农政审议委员会。1937 年（康德四年）5 月 10 日至 15 日，审议了由关东军顾问小平权一制定的《农业政策大纲》。其中，涉及农业经营、农民团体、农地、农业金融、增产对策、畜产、林业及其他同农业有关的各种政策。

农业政策审议委员会通过了《农业政策纲要》，决定了伪满农业政策的根本方针："准据农本立国、日满经济的合理融合、农民生活的稳定提高、发展移驻农民的宗旨，谋求健全农村的发达、善良农民的充实，同时有计划地开发满洲农业资源以加强平时和战时的国民经济，促进满洲国的健康发展。"[1]

其要领包括：

培养农事经营的基干员从事农业的指导改善，训练模范农民成为农村的中心，设定指定农村作为示范，促进日本移民作为原住农民的指导；使农民组织化，设置农民的协同团体农事组合；迅速确立农地地籍制度同时确保其使用收益权，未垦地（包括林地、牧野）原则上实行国有，土地的开垦、农地的修建、水利事业实行许可制度；对农业贷款的利息实行认可制度，确立抵押金融制度，使农事组合便于实行农作物担保金融、无担保金融；对农作物（包括畜产物、

---

[1] 产业部大臣官房资料科. 农业政策审议委员会速记录，1937（康德四年）：301.

林产物）生产配给逐步实行统制；主要林野的管理经营实行国营；等等。

　　总之，是在维护原有封建土地制度的前提下，以国有名义大肆侵占土地，增加日本移民，掠夺农业资源。组织农业合作社，束缚农民，贯彻其殖民统治，达到其使农村完全殖民地化的目的。

二、农业五年计划

　　就在制定《农业政策纲要》的 1937 年，开始了产业开发五年计划。在 1937 年伪满的已耕地面积为 17 170 766 公顷，相当于总面积 138 026 792 公顷的 12.44%。[1,2] 可耕地面积是 32 735 千公顷，占总面积的 37.3%。已耕地和未耕地的比例是 45%∶55%。农家人口是 23 667 千人，占总人口的 84.7%。[3]

　　五年计划的农业部门，大体是按 1936 年制定的农业政策根本方针的框框，对于各种作物规定了年度计划。

　　五年计划农业部门的当初计划列入 15 种农作物，分为三类：① 属于军需资源需要就地筹措的有大米、小麦、大麦、燕麦、苜蓿、洋麻、亚麻、蓖麻、棉花九种，称为特需作物，是重点增产对象，要扩大耕种面积，实行改良增产；② 属于防止进口争取自给自足，要改良和增产的是黄烟和甜菜两种；③ 从稳定国民生活的角度要改良和增产的作物是大豆、高粱、粟和玉蜀黍四种粮食作物，要减少种植面积，主要靠增加单产来完成计划。至于扩大耕地面积即开垦荒地和恢复二荒地一事并没有列入计划，那是为了给日本移民保留殖民用地。在畜产方面也是从军事需要出发，将重点放在马和绵羊的增产改良上。总之，这个计划并没有考虑东北农业的均衡发展，只是将军事需要摆在首位。

　　在制订计划时，增产方法主要是指望农作物的转产，即抑制大豆、高粱等普通农作物的耕种面积，改种特需作物以及提高单位面积产量。结果，在计划执行的第一年，耕种面积虽略有增加而单位面积产量却有所下降。由于强制增产军需作物，不仅使农民的口粮不能自给，而且，由于军需作物收购价格过低，种子不足和技术的不熟练（主要指特需作物）以及自然灾害等原因，使耕作单一作物的农民蒙受重大损失，以至人心不稳，影响了日伪的统治秩序。这使日伪认识到农业与工矿业不同，不可能人为地增产。由于劳力、畜力不足难以大幅度增产，加上种子有限，单产也会降低，并且实行作物转产也有预想不到的困难，从第二年起就改变为依靠扩大耕地面积来增加产量。

---

　　① 产业大臣官房资料科．满洲国产业概观：17，60．
　　② 满铁调查部．满洲经济年报（昭和十四年版）：314．
　　③ 满洲事情案内所．满洲の刊：10．

农作物的出口换汇是伪满洲国获取五年计划所需资金的主要来源。随战争的长期化，日本的饲料问题和食粮问题日益严重，要求伪满增产大豆和粮食作物。同时，随着日本在华北占领区的扩大，华北的需要也提上日程。华北具备生产棉花及各种农业原料的适宜条件而粮食却难以自给，从而伪满的农业在原料生产方面的地位相对下降而在普通农产品特别是粮食作物的地位则显著提高。伪满作为日元集团粮食基地的地位日益突出。1938 年 8 月中旬在东京召开的东亚农林协议会，将解决粮食问题提上日程，伪满的农业政策开始为"日满华集团"的动向所左右。于是，五年计划也从单纯偏重工矿业向工农并进方向转变。在修正五年计划时，改变了偏重特需农作物的方针，在继续重视特需作物的同时，将重点移到普通作物上。作为国际商品的大豆以及作为东北人民主食的高粱和粟也被列为重要增产对象，并且增加荞麦、苏子、花生和柞蚕四种。

修正五年计划将农作物分为五类：出口农作物包括大豆、荞麦、花生；一般食用农作物包括高粱、粟、玉蜀黍；高级食用作物包括大米、小麦；国防用农作物包括燕麦、苜蓿、大麦、洋麻、亚麻、蓖麻；其他特殊农作物包括棉花、烟叶、甜菜，此外还有蔬菜及柞蚕，共计 19 种。军需作物实行计划栽培强制增产，民需作物则采取奖励栽培的方法。水稻达到自给，主要依靠日本移民；小麦自给，主要靠增加种植面积 65.7 万公顷并推广机耕和良种；高粱、粟、苞米都要扩大种植面积；大豆是增产重点，增加种植面积 39 万公顷并通过技术改良提高单产。

第二节　农事合作社和兴农合作社

一、农事合作社

在金融合作社发展的同时，为限制民族资本操控下的粮栈在农产品交易中的地位，各地在日本人官员的策动下相继出现了交易场和粮谷市场。首先是 1935 年 11 月 29 日伪滨江省青冈县开设粮谷交易市场和粮谷共同仓库。随后，又有依兰县、桦川县、勃利县（1936 年 11 月）、克山县和双城县（1936 年 12 月）开设交易市场或粮谷市场。还有谷物共同贩卖事业，如伪吉林省的大豆共同贩卖、伪间岛省的大豆共同贩卖、伪龙江省富裕县的共同贩卖共同购入、伪龙江省突泉县的谷物共贩共卖、伪龙江省依安县的共同贩卖等，都是为应付大豆价格的暴跌而设置的站在农民与商人之间的共同贩卖组织。正是在这种形势下出现了绥化合作社运动。

农事合作社的设立与各地发生的合作运动有关，但其根本的动因则在于日伪为确立国防国家体制，确保农业增产，谋求确立与之相关的农村组织体，以便动员农民积极参加农业增产计划。

从 1935 年年底起以伪满国务院总务厅企划处为中心，曾有农村经济组织化的提议，但没有进一步具体化。在制订五年计划的当初，在关东军参谋部第三课提出的试案中，本来有改革土地制度的内容。但是，由于这种改革影响甚大，农业政策审议委员会决定采取渐进主义。① 1936 年 5 月的农政审议会的核心议题，就是将《满洲经济建设纲要》所提出的协同组合政策的具体化问题提上日程，作为推进农政的方案，建议实施农事合作制度。1936 年 4 月 21 日，伪满政权发表了《农业政策纲要》及《农产物增殖方针》，将改组原有农会放在首位，协同组合被置于它的指导之下。

1936 年 7 月伪实业部农务司为制定统一的农业团体法，8 月上旬将其大要秘示伪经济部大臣及有关人员征求意见，后者根据《永年计划案》中的协同组合方策案，劝说以国家规模组织协同组合。9 月，以关东军为中心审议《满洲经济开发五年计划》，作为农畜产部门的实行手段，实业部从新研究协同组合组织案。以满铁新京事务局业务课为中心的协同组合问题有关人员又根据原经济调查会草案予以改正，完成了《协同组合案组织大纲》。②

就在这年秋季，绥化县农村协同组合着手设立。1937 年夏，发表了《绥化县农村协同组合方针大纲》。其特点是："第一是实行合作社的组织化；第二是以实践反驳了机械的政经一致论；第三是以勤劳农民中心主义作为其一切活动的统一基础。"③

1937 年 1 月和 5 月伪满洲国和满铁联合的农事组合委员会经协议制定了县农事组合的组织运营方针，5 月伪满洲国县技士会议审议了伪实业部提出的《农事协同组合组织并事业大纲——研究案》。关东军直接参与并领导了这一政策的制定。"关东军司令官关于农事合作社的设立有约十项咨询及训示，据此军参谋部当局同满洲国之间在 6 月 22 日协定《关于农事合作社设立的谅解事项》。"④ 其条文为：⑤

---

① 满铁调查部. 满洲ニ於ケル合作社，1939（昭和十四年）：3.

② 满铁产业部. 满洲协同组合问题经纬，1937（昭和十二年）：5-6.

③ 滨江省兴农合作社联合会，合作丛书：第二辑　满洲农村合作运动论丛. 上卷. 1940（康德七年）：24.

④ 国务院总务厅企划处. 满洲国经济建设ニ关スル资料：17-18.

⑤ 协同组合研究小委员会. 关于满洲国农事协同组合（农事合作社）创设的协商报告书//满铁调查部. 满洲五年计划立案书类：第三编　第一类　农畜产部门关系资料，1937（昭和十二年）：311-312.

（一）农事合作社同日本内地移民团的关系

本合作社制对日本内地人移民团也适用。但当前设置仅限于日本内地移民团的合作社，至于附近的鲜农、满农虽考虑准其利用而不承认其加入。

（二）调整农事合作社同工商业者的关系

对于居住农村依存于农村经济的工商业者，开拓其加入和利用农事合作社的途径，谋求两者关系的调整，同时采取措施使农事合作社的统制及运用适当，以使之同城市工商业者及其团体之间不发生摩擦。

（三）农事合作社同政府的关系

政府对合作社的投资、发放补助金及资金斡旋予以考虑。

（四）同金融合作社关系的调整

将来金融合作社向着对中小工商业者实行小额金融或对农事合作社实行部分金融的银行职能调整。

1937 年 6 月 23 日的水曜会议（伪满洲国总务司长定例会议）审议通过了《农事合作社设立纲要草案》。6 月 28 日伪满国务院会议原案通过并确定为国策。农事合作社设立纲要制定的方针是："遵循国家计划，为促进农业开发，在政府控制之下谋求增进农业者的福利，同时使产品的配给圆满。——逐步将农业者组织起来，使之设立农事合作社。"[①]

在农业政策审议委员会的决定中关于农民团体的政策写道："农民逐步实行组织化，编成农村协同组合，并使之与满洲国的一般行政机构密切关联，以谋求行政与经济的融合，为免除组合陷入政治的危险，在形式上行政机构和该组合分别独立，两者的理事以同一人物充当以求密切联系。"

伪满政权于同年 7 月 3 日发出《关于农事合作社设立纲要之件》，接着又在 7 月 30 日发出《关于农事合作社的设立以及补助之件》的产业部次长训令。

就这样，农事合作社不是根据法律而是以发布政令的形式设立的。

伪满设立农事合作社的目的是："直接地排除不良粮栈、一般商人、高利贷业者的中间榨取，增进农民福利，间接地将满洲农村社会所有的落后社会经济关系扬弃，使之发展到更高阶段。一方面，谋求农业的近代的合理的发达，满足国家的政治的、经济的军事的要求，使农民及农民经济适应高度国防国家的经济体制；另一方面，通过农民实现以建设道义世界为目标的建国精神。"[②]

可见，农事合作社是日伪为其政治目的，作为稳定农村增加生产的手段，由

①　日满农政研究会新京事务局．满农研资料：第十二辑　满洲に於ける农村协同组合运动その本质と指导原理：49.

②　满洲日日新闻社．满洲の都市と产业，1942（康德九年）：391-392.

伪满政权自上而下组织农民搞起来的农业合作组织。它作为经济团体只是各县伪行政机关的附庸，并没有真正从行政机关分离独立，而且由于它没有全国性的组织体系，更加从属于各地行政机关。1938 年 9 月曾经为统一农事合作社运动，召开了全满农事合作社专务理事协议会，就有关体制、社费、手续费、出资制等进行协议，结果未能达成一致。南满、北满各行其是。

农事合作社是以县为单位设立县合作社，县内的农业者在县合作社之下可设立总括性的实行合作社。"农事合作社以综合农事经营所必需的购买、利用、加工、保管、贩卖、金融等各种职能为目标，当前置重点于根据产业开发五年计划发挥以改良增产为目的各种职能。即对特需作物的生产贩卖实行指导统制之外，置重点于以销售业为中心的交易市场的经营，关于农产物的检查、加工利用的共同设施、农业仓库的经营，生产资金及农户担保资金的融通等。"①

县合作社的干部同行政机关实行人的联系，董事长由伪县长兼任，副董事长由伪县参事官兼任，参与董事则由伪县技士充之。伪满政权关于农事合作社的基本方针由伪国务院设置的经济委员会审议，由各伪省在基本方针之下担任指导统制。随着街村制的实行和农事合作社的设立，原有的农会遂被解散。

实行合作社原则上以街村（保甲）或屯（数屯）为区域。"农事合作社以逐步将原有产业团体加以包括综合为目标，以屯（数屯）为区域的原有产业团体（例如渔会、绵羊合作社、棉花共同组合、烟草组合等），在当地屯实行合作社设立之后，将该产业团体解散，接管其可以综合到实行合作社的业务，而原有设施则由县合作社继承。以县为区域的原有产业团体（例如农会），在县合作社组成后即行解散，其职能除应合并到行政机关者外予以继承。关于以县以上为区域的产业团体，（例如绵羊组合联合会、烟草组合等）暂时设置县合作社联合办事处采取不阻碍既有职能的措施，等到以数县或省为区域的合作社联合会组成后将之合并。"②

有关县合作社运营的重要事项，须接受伪省长的许可，省和县的当局者要网罗金融合作社当局、协和会当局等有关方面，设省或县的事业辅导委员会，担任行政官厅有关合作社咨询的应答及其他对合作社的辅导。

关于县以上的合作社机构，根据需要可在政府统治之下设置以省为区域的联合会。其实，只在几个省有省联合会，滨江省农事合作社联合会在 1939 年 1 月才取得伪满中央政权的认可。后来由于粮谷统制会社的设立，"各种农产关系的

---

① 满铁调查部. 满洲五个年计划立案书类：第三编　第一类　农畜产部门关系资料，1937（昭和十二年）：311.

② 日满农政研究会新京事务局. 满农研资料：第十二辑　满洲に於ける农村协同组合运动，1940（康德七年）：63.

特殊公司有着合作社中央总社的职能，合作社形同它们的派出机构。"①

农事合作社发展很快，当年有伪满补助的 75 个，到 1938 年 9 月末，接受补助的已有 104 个，另有 36 个，合计 140 个。还有省联合会 7 个。到了 1939 年 8 月，共有农事合作社 153 个，下属交易场 666 处、办事处 366 个、实行合作社 7 765 个，合作社职员共计 4 359 人，其中事务系统 1 714 人，技术系统 899 人，其他 1 476 人，平均每个合作社 58 人。1939 年 3 月末，根据 75 社的报告，有仓库设备的 32 个，有囤积设备的 15 个，仓库建筑面积 5.6 万坪，收容力 35.7 万新石。②

绥化县是伪满合作社运动的先驱，也是合作社最发达的县份。在 1937 年协同组合联合会时代，绥化县有实行组合 25 个。1939 年 2 月第一次绥化县实行合作社董事长会议时有实行合作社 80 个、社员数 7 596 名。1940 年第二次实行合作社董事长会议时，社数为 120 个、社员数 15 137 名。到 1941 年，"绥化全县，从地区上看有三分之二，从农户上看有五分之三是编入紧密的组织网之中了。"③

农业合作社首先着手的事业是农产物交易场的经营，可以说是最用心和倾其主力的。有人"认为农事合作社就是粮食交易市场也不为过。"④ 交易场的手续费收入不少，成为农事合作社的主要收入来源，同当地粮栈和商业资本争利。在农产品的销售必须在农产物交易场进行的规定下，上市数量和各粮栈的买进数量在这里都能掌握，可以说交易场的普及成为农产物统制的基础。

最初是为了将农民从粮栈的中间榨取下解脱出来，而在"农产物统制开始之后，交易场更担负起国家的大任务，正在作为国家搜荷政策的实践据点发挥职能。即合作社的销售事业成为国家搜荷政策的根据。"⑤

交易市场的设立在淘汰众多小粮栈的同时促进了大特产商的发展。共益公司、三泰栈、高冈号等有极大势力。

二、兴农合作社

在 1937 年，伪满农村的金融机构有经济部系统的金融合作社和产业部系统的农事合作社两个系统，金融合作社一向是以对地主、富农的抵押贷款为中心，

①　田中武夫. 橘朴と佐藤大四郎. 龙溪书舍，1975：153.

②　满洲国通信社政经部. 满洲经济十年史. 满洲国通信社，1942（康德九年）：474-476.

③　滨江省兴农合作社联合会. 合作丛书：第三辑　满洲农村合作运动论丛. 中卷，1940（康德七年）：143.

④　哈尔滨商工公会. 哈尔滨经济资料集（一）：北满に於ける农事合作社の活动状况，1940（康德七年）：230.

⑤　满洲日日新闻社. 满洲の都市と产业，1942（康德九年）：393.

而从 1936 年起重点转向对小农的保证贷款。农事合作社的工作重点是对农民实行耕种指导，对小农进行耕种的指导贷放。一个实行保证贷款，一个实行指导贷放，在农业金融这同一领域，由于二者的背景不同，它们之间的矛盾甚至发展为政治问题。

1938 年，伪满"经济部金融司银行科关于金融合作社的指导方针，公布了以下两项。（一）今后农业金融完全由金融合作社办理；（二）农事合作社不办理信用事业，如有剩余资金须在金融合作社存款。农事合作社的监督官厅产业部予以承认。"① 在 1939 年 3 月 6 日，伪满经济部和产业部联合发给伪滨江省次长的《关于康德六年度金融合作社及农事合作社间的暂定的协定事项之件》中规定："农事合作社关系的资金，不论事业资金或金融资金，由当地或有关金融合作社供给，农事合作社的金融限于上市调节资金及特用作物耕作资金"，"金融合作社从资金供给者的立场，无论何时均可就农事合作社的资金用途进行调查"。关于利息规定金融合作社对农事合作社短期日息 1 分 8 厘、长期年息 8 分，农事合作社的贷放利息，有担保者日息 3 分、无担保者日息 3 分 2 厘。②,③

农村金融基本上为金融合作社所垄断，农事合作社的发展受到限制，随经济统制特别是农作物统制的加强，要求将二者在农村的职能统一。于是，在 1939 年 11 月成立了统合审议委员会。

1940 年 2 月制定了以金融、农事两合作社为母体包括金融会在内的《兴农合作社设立大纲》。同年 3 月 23 日公布《兴农合作社法》，4 月 1 日起实施。"兴农合作社是使农村金融机关一元化，全满农家组织化，同时使原来各机关的活动有机联系，成为综合一体性农村指导扶助机关。"④

兴农合作社与农事合作社的区别在于：第一，摆脱政经一致，农事合作社的正副董事长由正副县长担任，兴农合作社则是由董事代表合作社，只是由地方政权的官员作为参与成为社长的审议机关。当然，事实上兴农合作社仍然是行政官署的附庸，由日本人副县长任参与，掌握经营的实权。第二，废止出资制度，农事合作社采用合作社费和出资制度，兴农合作社则明确规定不需出资。第三，放弃农产品交易场及其附属业务，这是由于交易场的手续费率过高、检查样品抽出过多及其各种弊端遭到普遍反对的缘故。

兴农合作社的主要业务包括农事共励，农事及生活必要资金的贷放及接受，生产物的共同贩卖，农事及生活必需品的共同贩卖，农事及生活必要设施的共同

---

① 田中武夫 . 橘朴与左藤大四郎 . 龙溪书舍，1975：150.
② 同①：151.
③ 滨江省兴农合作社联合会 . 合作丛书：第三辑　满洲农村合作运动论丛 . 中卷：206-207.
④ 资金统制课 . 兴农合作社中央会 .

利用，其他主管部大臣认可的业务。

兴农合作社自成系统，它的机构有中央会、省联合会、县合作社及兴农会，实行纵的联系，确保自主的权能，同时和行政机关及协和会通过参与制度实行横的联系。

兴农合作社的中央会在 1940 年 4 月创立，基本金 3 000 万元，由伪满政权拨出。合作社的理事长、理事、监事和参与都由兴农部大臣任命。根据兴农合作社法，中央会是兴农合作社的中央统制机关、社团法人。中央会下有隶属的省联合会，联合会的会员是省内的合作社，合作社的社员是市、县、旗内独立经营生计的农民。合作社使部落、村或企业地区的社员组成兴农会，在兴农会内结成相互保证的团体——组。为使兴农会相互间、兴农会同合作社之间紧密联系，在街、村或相似地区设办事处。兴农合作社所办事业，主要通过兴农会达于农民。兴农会从事会员的信用调查和借款申请的查定，种子的共同消毒，家畜的防疫作业，农作物的共同贩卖及共同出荷和购买品的配给等。

1941 年 12 月末，兴农合作社有省联社 19 个、合作社 185 个、办事处 1 694 个、兴农会 20 085 个、会员 2 349 306 人，每会平均 117 人。有兴农会的屯占总屯数的 34.9%。兴农会员占农家户数的 48.6%，即近半农户已被纳入兴农会中。在 1940 年度，兴农合作社的进货总额为 38 782 857 元，其中棉布、食粮及肥料三者即占 57%，其余为专卖品、农机具、鞋类、农药、种苗、棉花、食油、家畜等，1941 年进货额估计是 136 994 459 元，为 1940 年的 3.5 倍。1941 年 10 月末，兴农合作社的贷款总额为 18 336.9 万元，其中有前年转入 7 745.1 万元，当年贷款 17 333 万元，当年回收 6 741.2 万元。贷款利率为日息 3 分。在 1941 年 11 月末有存款 6 300 余万元。[1]

1940 年 9 月 1 日开始实行《农产品交易场法》，在兴农合作社之外另行经营。交易手续费从 1940 年度起由 1.2%～1.5% 统一降低为 0.8%。然而，不久从合作社分离的交易市场又在兴农合作社设立后收回，降低了的手续费又重新提高了。

总之，兴农合作社"并不是真正的农民互助合作组织，和'国策会社'一样，它乃是统治农民，推行农业掠夺政策的强权机构。"[2] 兴农合作社控制着农村的整个经济命脉，是套在农民脖子上的枷锁。农民要生产，购置各种生产资料，只有其独家经营，不管质量好坏、价格高低，必须从它那里购买。在生活上也必须受它的控制。所有农民生活日用品，它全部垄断，农民只能任其剥削和摆

---

① 关口寿一. 满洲经济十年史. 满洲国通信社，1942（康德九年）：482-484.

② 解学诗. 伪满洲国史新编. 北京：人民出版社，1995：541.

布。农民称它为"坑农合作社"或"坑农活作孽"。①

兴农合作社的资产和负债如表2-6-1所示。

表2-6-1　兴农合作社的资产和负债②

康德九年12月末

固定资产	38 838	准备金	6 774
贷放	164 230	借款	203 833
购买系资金	23 431	先钱	45 991
贩卖系资金	25 070	存款	148 575
生产加工系资金	920		
返回储金准备金	29 454		
现金存款	97 232		
损失	9 174		
其他	16 818		
合计	405 167	合计	405 173

第三节　农村的殖民地化

一、两极分化的加剧

经过日伪严酷的统治压榨，农村的情况明显恶化。对农产品的压价征购，租税的加重和各种摊派，使中小地主经济也陷于难以为继的状态。他们用提高地租的办法将负担转嫁给农民，使农民负担过重，无力进行正常的再生产。何况提高地租也是有其限界的。总之，农村是日益贫困，进一步加据了两极分化又有发展。

1938年，伪满洲国县技士对伪满产业调查局于1934年（康德元年）作过农村实态调查的村庄，再次作了调查，并将调查结果同1934年产调的数字作了比较，研究这一期间农村的变化。

关于土地所有分配关系，在北满对伪北安省绥化县蔡家窝堡进行调查的结

---

① 山魁名. 伪满时期辽中县的经济统制//经济掠夺. 伪满史料丛书. 长春：吉林人民出版社，1993：108.

② 伪满洲中央银行档案，全宗号350，目录号23·1，案卷号55。

果，其状况如表 2-6-2 所示。

表 2-6-2　土地所有的分配①

实质上熟地所有面积别	康德元年				康德五年			
	户数	%	面积	%	户数	%	面积	%
无所有	26	57.8	—	—	34	64.2	—	…
2 垧不满	—	—	—	—	2	3.7	1.55	0.2
2～5 垧	3	6.7	10.50	1.2	1	1.9	2.00	0.2
5～20 垧	4	8.9	56.75	6.8	3	5.7	50.20	5.4
20～50 垧	5	11.1	134.91	15.9	8	15.1	227.513	24.7
50～100 垧	5	11.1	302.49	35.8	2	3.7	137.814	15.0
100 垧以上	2	4.4	340.75	40.3	3	5.7	500.608	54.5
合计	45	100.0	845.40	100.0	53	100.0	919.685	100.0

　　结论是："四年间的变化是一无所有农家户数增加 6%，无耕种农家（包括耕种不到一垧者）增加 15%。并且，一无所有和大土地所有的两端，无论户数或土地面积都有增加，中间的中小土地所有农家减少。又，在耕种地的分配关系方面也是向无耕种和大土地耕种两端增大。"②

　　还有对伪滨江省呼兰县孟家村孟家屯的调查结果如表 2-6-3 所示。

表 2-6-3　土地所有的分配③

实质上熟地所有面积别	康德元年				康德五年			
	户数	%	面积	%	户数	%	面积	%
无地	34	70.8	—	—	37	77.1	—	…
5 垧不满	5	10.4	9.1	5.6	2	4.2	3.0	1.2
5～20 垧	6	12.5	74.4	45.5	6	12.5	74.9	34.0
20～50 垧	3	6.3	80.0	48.9	1	2.1	38.5	17.5
50～100 垧	—	—	—	—	2	4.1	104.3	47.3
合计	48	100.0	163.5	100.0	48	100.0	220.4	100.0

---

　　① 南满洲铁道株式会社调查部. 北满农业机构动态调查报告：第二编　北安省绥化县蔡家窝堡. 东京博文馆，1942（昭和十七年）：40.

　　② 同①：144.

　　③ 同①：52.

该屯的土地不均，具有特殊形态，"即屯内农家中无地者的比率非常高，但屯内没有大土地所有者。在本屯农家总户数 48 户中，仅有少量耕地的在康德元年为 14 户，康德五年 11 户，其余 34 户以上完全没有耕地。另一方面，20 垧以下的土地所有者的所有土地面积，在康德元年占 51% 以上，在康德五年仍然占 34% 以上。50 垧以上的土地所有者在康德元年完全没有，在康德五年有 2 户。"①

该屯熟地总面积，"在康德元年为 442.6 垧，康德五年为 441.6 垧。其中，不属于本屯居住者所有的部分，康德元年为 290.9 垧，康德五年为 304.2 垧，属于屯外居住的所谓不在地主及屯外的富农所有"。"本屯的熟地的 70% 归屯外居住的 10 名地主所有，其余 30% 属 11 名本屯居住者所有。首先就屯外居住者来说，有本屯土地 50 垧以上者 3 名，其所有地 224.5 垧，占本屯熟地总面积的半数以上。"②

虽然这不过只是两个个别的例证，却也显示了土地分配的状况以及日伪推行的维护封建土地制度的政策，使农村的土地集中，两极分化的趋势有所增强。其结果是对土地的掠夺式耕种的加强，土地的肥力减退，收获量减少，劳动生产率低下，同时农村人口增多，物资分配不足，使自给作物种植面积增加，商品化作物的种植减少，农作物上市率明显降低。

二、北满的雇农

伪满洲国县技士于 1938 年调查了北满 16 县 230 屯，农家总户数 10 047 户，耕种总面积 87 044 垧。其中，耕种 50 垧以上的农家 459 户，耕种面积 38 944 垧，占 44.7%。雇佣年工的总数是 5 506 人，其中，耕种 50 垧以上的农家雇佣 2 011 人，达 52.9%，较耕种面积的比率更高。耕种 50 垧以上 100 垧不满的农家，平均耕种面积是 65.3 垧，雇佣年工 4.8 人。耕种面积 100 垧以上的农家，平均耕种面积 150 垧，雇佣年工 11.4 人。③

"作为这种大农经营的必然结果，是在北满农村存在着只靠工资收入生活的多数雇农群的存在。"④"农村的 57.5% 的农户是雇农及半雇农，靠贩卖劳动力维持生活，这也是在南满和中国没有先例的值得注意的现象。"⑤

---

① 南满洲铁道株式会社调查部. 北满农业机构动态调查报告：第一编　滨江省呼兰县孟家村孟家屯. 株式会社博文馆，1942（昭和十七年）：52-53.

② 同①：54-55.

③ 满铁调查部. 北满に於ける雇农の研究. 东京博文馆，1942（昭和十七年）：2-3.

④ 同③：4.

⑤ 同③：5.

根据产调资料及北满经调的动态调查资料，1933 年到 1938 年间，北满七屯的雇佣劳动的者数，年工由 168 人增加为 256 人（52.4%），日工由 11 029 日增至 18 164 日，增加 7 135 日（64.7%）。日工比年工在 4 年之内增加率更大。①

农户和雇农的移动率很高。"雇农的转出率，比较低的青冈县调查屯（黄家店屯）也达 40%，富裕县七家户屯的 44% 是次低的转出率。雇农的转出率最高的是拜泉县的调查屯（王殿元屯），农家全体的转出率也是最高，前者是 70%，后者是 60.6%。呼兰县的调查屯（孟家屯）及安达县的调查屯显示了相近似的转出率。农家全体的转出率分别为 45.1% 及 45.8%，雇农的转出率是 61.3% 及 64.3%。以上 7 屯合计，康德元年居住的 122 户雇农及半雇农之中，相当其 46.7% 的 57 户在 5 年内转往屯外去了。"②

伪滨江省呼兰县孟家村孟家区从 1934 年到 1938 年农家移动频繁，"康德元年居住的 48 户农家中有 22 户向屯外转出"，单是康德五年到康德六年的一年中就移动 12 户，其中 11 户是雇农，"移动的农家大部分属雇农层"③。

贫雇农的移动频繁，显示他们的生活的极端不稳定和艰难。

雇农工资从 1934 年到 1938 年已上涨一倍多。下面是满铁的一个调查材料，显示北满一个农村雇农工资的变化，如表 2-6-4 所示。

表 2-6-4　伪滨江省呼兰县孟家村孟家屯雇农工资表④

（甲）年工

劳务种类	能力	平　均　工　资	
		康德元年	康德五年
打头的	成工	55.00 元	153.33 元
跟做的	成工	52.00	135.00
同	半拉子	36.00	25.00
打更的	成工	50.00	110.00
同	半拉子	30.00	…
猪倌儿	半拉子	16.00	41.67

---

① 满铁调查部. 北满に於ける雇农の研究. 东京博文馆，1942（昭和十七年）：27.

② 同①：160.

③ 南满洲铁道株式会社调查部. 北满农业机构动态调查报告：第一编　滨江省呼兰县孟家村孟家区. 株式会社博文馆，1942（昭和十七年）：159.

④ 同③：106-107.

（乙）日工

作业名	康德元年			康德五年		
	最高	最低	平均	最高	最低	平均
施肥	0.30	0.20	0.25	0.70	0.50	0.60
整地播种	0.35	0.20	0.27	0.70	0.50	0.60
第一回除草		0.80	0.70	0.75		
第二回除草	0.60	0.40	0.50	1.50	1.40	1.45
第三回除草		1.20	1.20	1.20		
收获	—	—	—	1.40	1.00	1.20
收纳	—	—	—	1.00	0.60	0.85
调剂	—	—	—	0.70	0.60	0.65

从 1937 年起，农村工资可以说是在逐年上涨。据伪满中央银行的调查资料，"各年度的日工工资的上涨，康德四—五年为 2 成 5 分，康德五—六年为 4 成 7 分，康德六—七年为 3 成 7 分，本年度（康德七—八年）已上涨了 3 成 2 分。"① "随着农业劳动工资的上涨，农业生产的经营更加粗放化，即为节约雇佣劳动力，误了播种期，减少除草次数，误了收获期等，或减少土粪、堆肥等自给肥料的制肥施肥，这种经营的粗放化同增产背道而驰。"②

雇农工资上涨主要是由于物价高涨，劳动力不足也促进工资的上涨。不过，工资的上涨远远赶不上物价的上涨。

三、土地的剥夺

在农村普遍加强封建土地关系的同时，变化更大的是被日伪强占和强行购买的土地上发生的带有深深的殖民主义烙印的变化。封建主义的租佃关系以畸形状态被再生产出来。

在日本移民到来之前，经满拓会社征收的熟地，又依次分配给归并集团部落的村民。在这种移民用地上"没有类似的地主阶级，从土地所有关系来看，全部都是满拓管理土地的佃户。"③ 不过，实际上在日本移民迁入之前，当地的阶级结构还没有发生根本性变化，原来的地主、富农仍然租种大片土地，而原来的贫雇农也依然处于被剥削的地位。

---

① 满洲中央银行调查课. 康德八年 6 月国内调查汇报：第一辑　本年度农业劳动（日工）赁金の昂腾とその对策：6.

② 同①：2.

③ 南满洲铁道株式会社北满经济调查所. 满铁调研资料第五十编北满に於ける机械大农事情，1944（昭和十九年）：72.

满拓公社在逊河县县城屯出租土地 1 114.40 垧，其中最多的一户租种 372.60 垧，最少的一户只有 0.04 垧。其中租种 40 垧以上的有 8 户占 23%，租地面积 966.1 垧，占 87%；而租 10 垧以下者有 22 户，占户数的 66%，租种土地 86.1 垧，只占土地的 7%。[①]

四、被剥夺土地的"国内移民"与开荒

东北农民在关东军的刺刀下，不得不将世代耕种的土地以极低的价格出让。失去土地的农民大致有三个出路：少数人留在本地成为日本移民的佃农或雇农；一部分流入工矿区成为劳动后备军的一员；大多数人成为"国内移民"。

由于大片土地被作为日本移民用地强制收买，当地原有居民被迫迁移。他们被日伪称为内国开拓民即国内移民。国内移民又被分为两种：一种是原来没有土地的佃农，被称为一般国内移民；另一种是原来有土地的自耕农，被称为勘领实施开拓民。

对于一般国内移民，首先是 1938 年 8 月 24 日发表《滨江省农地造成案》，为"开垦滨江省内 70 万垧的未耕地、二荒地，使满农迁入定居，以为国内移民的一助。以将来收取地租减轻地方公课负担为目的。其资金以起债借款 600 万元作为基本金，进而在各县以保甲费公积金、交付不能土地代金、预托金、鸦片会计的一部分等充之，作为特别会计。起债借款为第一年度 340 万元、第二年度 250 万元、第三年度 50 万元，利息年 6 分，5 年不动，十年均等偿还。当初 5 年的利息，由政府补助。迁入户数第一年度 4 000 户、第二年度 4 000 户，首先实施，以后逐步扩大。"[②]

迁入农户每户分配 10 垧荒地。这些土地是"已耕地及日本人移民地以外的可耕未利用地（包括二荒地）。由县（旗）长管理。这些荒地由县、旗收买，租给国内移民。县（旗）长可对佃户贷给营农资金并征收地租，地租率为 23.5%。"[③]

1939 年（伪满康德六年）11 月伪满政权制定《内国开拓民助成事业纲要》，决定将有劳动能力的原住佃农有计划地用于未利用地的开发运营，这种移民垦荒就成为伪满的国策。在开拓用地中选择不适于日本人开拓民开拓的零星可耕

---

① 南满洲铁道株式会社北满经济调查所. 满铁调研资料第五十编北满に於ける机械大农事情，1944（昭和十九年）：74-75.

② 滨江省兴农合作社联合会. 合作丛书：第四辑　满洲农村合作运动论丛. 下卷，1940（康德七年）：226-227.

③ 同②：226-227.

未利用地，按每户平均 7 垧到 15 垧拨给，同时补助基本设施费和贷与经营资金，基本设施费的补助限制是每户平均 410 元。营农资金的贷付限度为每户平均 630 元，五年不动，十年均等偿还。这一事业作为国家直营事业而由县负责执行。县对国内移民收取耕纳费，以缴纳实物为原则，大体在收获量的 2 成到 4 成。①

显然，这是将土地被强制收买背井离乡的农民，赶去开荒，并使之成为伪满政权的隶农。

国内移民还包括"南满地区过剩人口的北满移植，由政府或特殊公司计划实施的国策事业，例如修建水电站，将水淹地区的原来居民等作为开拓民加以吸收。"②

对于勘领实施开拓民即日本人收买移民用地中原来有土地的自耕农，是采取使之买回其生活所必需的土地或实行换地，使之像从前一样作为自耕农生活下去。"所谓勘领是勘丈承领的略语，在这里是在由政府买回土地或接受换地的意义上使用。"③

勘领有三种：一种是旧地勘领，就是将收买的土地房屋原封不动地按原价由原居民重新买回。这是因为收买当时是大面积统一收买的，而实际上这是日本移民无法利用的土地，就用勘领的办法退给原居民。另一种是换地勘领，这是指"原居民的耕地作为日本开拓民的迁居用地被指定时，幸而在其临近地区有剩余，在那个地区以换地实行勘领，这时，住房不变，不需要迁移。"④ 这种换地往往是未利用地，而且远离住处。这是以坏地换好地，以远地换近地。还有一种是转移勘领，这是指"使原居民迁居他处实行换地的勘领"，收买其住房等，指定迁居地，迁往别处开荒。勘领面积大体为每户 10 垧。现在吉林省舒兰县小城乡的自景村原名任家街，1936 年日本在此地建立铁道自警村，全村 40 余户被赶到另一地方开荒从新建立任家街。所以这个地方现在仍然沿用自景村的发音，只是将"警"字改写为"景"或"井"字。

关于国内移民，从 1942 年又策定了五年计划纲要。决定"内国开拓民助成事业，对开拓用地内原居民，一般修整地区内推测约 30 万户，其中考虑到日本人开拓民的营农计划，在康德九年度以后的 5 年间实施 4 万户"⑤，特别用于北

---

① 满洲开拓年鉴. 满洲国通信社，1942（康德九年）：73-74.

② 同①：73.

③ 同①：75.

④ 同①：75.

⑤ 同①：271.

边振兴地区未利用地的开发。关于国内开拓民的人数，有的材料说到 1944 年已达 40 771 户。[①]

第四节 农业生产下降

在伪满五年计划的第三年度，除水稻和陆稻达到计划目标外，高粱、粟、玉蜀黍的耕种面积虽有增加而收获量却比上年减少，大豆耕种面积 416.3 平方千米比上年增加 29.4 平方千米，而收获量估计 405.4 万吨却比上年减少 56.2 万吨，即减少一成一分。至于棉花等原料作物，产量还低于第一年度。[②]

关于五年计划农业部门的不尽如人意，伪满政权将之归咎于："第一，劳动力不足工资高；第二，由于重要农产物的统制，农民生产热情的过度减退；第三，生必物资、生产资料的流通不畅及以此为基础的黑市价格的暴涨等。"[③]其实，劳动力不足也好，农产物统制也好，生活资料和生产资料的供给不及时也好，都是日伪的殖民统治政策本身所造成的恶果。

耕种面积有所增加而产量却在下降，单产严重下滑。在农村日伪统治的恶果，日益显露出来。1937—1941 年农业生产状况如表 2-6-5 所示。

表 2-6-5　1937—1941 年农业生产状况

年度	耕种面积/公顷	指数	产量/吨	指数	每公顷收获量/公斤	指数
1937	13 561 258	101	16 592 225	88	1 223	87
1938	14 461 828	108	17 318 628	92	1 197	85
1939	15 031 895	112	15 997 382	85	1 064	76
1940	15 196 339	114	16 373 052	87	1 077	76
1941	14 981 271	112	16 653 132	88	1 112	79

注：指数系以 1930 年为 100。

资料来源：满铁调查资料及伪满《农产物收获预想调查》资料。

---

① 黑龙江省档案馆，黑龙江省社会科学院历史研究所 . 日本向中国东北移民 . 哈尔滨：哈尔滨工程大学出版社，1989：483.

② 东亚研究所 . 昭和十五年度报告：满洲国产业开发五年计划の资料的调查研究（农业部门），1941（昭和十六年）：15.

③ 社团法人东亚经济恳谈会 . 第四回日满经济恳谈会报告书 . 1943：45.

种植面积的变化

五年计划的开头三年种植面积有所增加。"在最终年度的康德八年，虽说不多，但耕地面积出现减少。……就同样重要作物来说，大豆、小麦等商品作物趋于减少，像粮谷三品一类自给作物则显出了增加的倾向。"①

主要农作物种植面积年次指数如表 2-6-6 所示。

表 2-6-6　主要农作物种植面积年次指数表

（以 1926 年为 100）

年度	商品作物			自给作物		
	大豆	小麦	玉蜀黍	高粱	粟	种植总面积
1931	126	177	90	125	118	125
1932	116	156	89	112 114	115	
1933	120	154	100	112	114	115
1934	98	92	102	114	115	108
1935	98	111	113	121	128	112
1936	102	121 118	122	133	117	
1937	108	136	129	128	139	124
1938	116	144 140	136	156	133	
1939	120	151	160	142	146	140

资料来源：掘经夫. 满洲国经济の研究. 日本评论社，1942（昭和十七年）：116.

大豆、小麦等商品作物种植面积，在 1935 年前锐减，1935 年后有所回升，但是，直到 1939 年也没有恢复到 1931 年的水平。与之相对应的是自给作物，从 1935 年后有明显增长，1937 年起即超过 1931 年的水平。种植总面积到 1937 年也基本恢复到 1931 年的水平，以后又有增长。1937—1940 年农产品单位面积产量下降趋势及每公顷生产量指数分别如表 2-6-7 和表 2-6-8 所示。

① 社团法人东亚经济恳谈会. 第四回日满经济恳谈会报告书. 1943：45.

表 2-6-7　1937—1940 年农产品单位面积产量下降趋势

（以 1934 年为 100）

年份	大豆	高粱	谷子	苞米	小麦	水稻
1937	118	112	136	124	119	127
1938	116	109	125	117	107	121
1939	96	101	115	101	98	121
1940	96	98	116	105	108	98

资料来源：东北物资调节委员会．东北经济小丛书：资源及产业，1948：19-20.

表 2-6-8　1937—1940 年主要农产品每公顷生产量指数

（以 1935 年为 100）

年份	高粱	谷子	苞米	小麦	水稻	大豆	棉花
1937	97.7	122.4	101.6	83.9	114.9	101	75.4
1938							
1939	85	95.6	82.8	69.8	112.4	82.7	80.7
1940	85.3	93.1	86.8	77.2	92	83.5	89.8

资料来源：伪满时期东北经济统计：4-14.

大豆比重的下降

据日满农政研究会新京事务所的报告，自 1932 年至 1942 年，在农业生产中占居首位的大豆，平均种植面积约 370 万公顷，平均生产量约 390 万吨，在农作物种植总面积和总产量中前者约占 24%，后者约占 23%。[①] 总的趋势是无论种植面积和产量的比重都是逐年下降，种植面积的比重由 1932 年的 30.6% 下降为 1942 年的 19.5%，产量则由 27.8% 下降为 17.9%。特别是 1940 年以后下降更明显，这一年大豆的种植面积比重较前一年下降 2.3%，产量比重也下降 2.3%，

---

① 日满农政研究会新京事务所．日满农政研究报告：第 21 辑　技の三　大豆经济确立に关する一考察，1943（康德十年）：1.

是下降幅度最大的一年。[①] 显然，这是 1939 年 11 月起实施的大豆专管统制的结果。在大豆种植面积减少的同时，高粱、苞米、粟粮谷三品的种植面积则明显增加。

究其原因，报告认为主要有：（1）大豆的收购价格同其他农作物收购价格相比偏低。（2）农家扩大食料作物的种植，同生必物资紧缺、高额剪刀差有关，这是农家自我保护的一种措施。（3）租佃契约的短期化。租佃契约大体一年一更改，佃户不关心培养地力，减少大豆轮作。（4）确保劳动力变得困难。大豆的种植需更多劳力，结果是大豆轮作周期延长。在 1939 年以前，大体 3 年半到 4 年的轮作，在 1940 年以后变为 5 年轮作。

---

① 日满农政研究会新京事务所．日满农政研究报告：第 21 辑　技の三　大豆经济确立に关する一考察，1943（康德十年）：1.

第七章
百万户日本移民计划

第一节 日本移民百万户计划

经过 5 次武装移民试验，日本侵略者得出了"满洲农业移民不是不可能"的结论。同时，"根据日本农商省的调查，以农业作为主要收入的农家，维持相当生活所必要的标准耕地面积是 1 町[①] 6 反，假如以此为适当规模农家所应保有的耕地，以之适用于日本内地总耕地面积 6 百万町步，农家户数应为 380万户。昭和十六年，内地农家户数约 547 万户，因此，必须将 167 万户配置到满洲。"[②]

1936 年，关东军召开了第二次移民会议，拟订了《满洲农业移民百万户移住计划》草案。随后同陆军省军务局和拓务省联系，并将该方案提交日本政府有关部门。经过"二二六"事件，新成立的广田内阁采纳了这一方案，定为"七大国策"之一，于 1936 年 8 月 25 日发表了这一方案的要点。伪满政权也将移民政策作为"三大国策"之一。作为日本和伪满洲国的"移民国策"，制订了20 年移入百万户计划。"这一计划是从昭和十二年（康德四年）起以后二十年间，以百万户每户 5 人共 500 万人的内地农民向满洲送出作为目标，分为如下四期制订了计划：

第一期　自康德四年至康德八年　　　　　10 万户
第二期　自康德九年至康德十三年　　　　20 万户
第三期　自康德十四年至康德十八年　　　30 万户

---

① 町为日本土地面积单位，换算关系如下：1 町 = 10 反 = 100 亩。
② 大陆经济新闻社. 大陆经济年鉴，1944（昭和十九年）：6.

第四期　自康德十九年至康德二十三年　40 万户①

这一计划的险恶用心，在于预计经过 20 年，日本移民可达 500 万人，而东北总人口将达 5 000 万，日本移民可占十分之一。如果将移民在 20 年内的自然增殖考虑在内，甚至可达五分之一。这样通过改变东北人口的构成，使日本人成为核心力量，从而实现其永远霸占东北的侵略野心。

1937 年，即制订这 20 年百万户移入计划的翌年，通过了《满洲开拓青年义勇队纲要》，使纯真的日本青少年在这一罪恶活动中扮演重要角色，制定了 1938 年以后 5 年间 20 万人的送出计划。还有，从这年开始实施由"满洲建设勤劳奉仕队"进行的勤劳奉仕。动员日本内地的大中学生、男女青年团员等到东北从事土木、农耕、牧畜以及开垦等作业，或从事教学、医疗、测量、建筑、家事等事务。② 以此达到利用日本青年的劳动力用于殖民地的开发而且向他们灌输殖民主义意识的双重目的。

这期间，又制订了朝鲜人开拓民移入计划，以及设置了它的扶助辅导机关鲜满拓植会社和满洲拓植委员会。进而在伪满中央政权新设开拓总局。在 1939 年，日本和伪满同时通过了《满洲开拓政策基本纲要》。据此，有开拓团法、开拓协同组合法的制定，义勇队训练本部的设置，满拓、鲜满拓合并的实现。③

"对于第一期的 10 万户移入目标，达到 81 483 户、青年义勇队约 5 200 名、勤劳奉仕队约 1 万人，大体达到所期目的。"④

除农业移民外，还有其他类型的移民，如渔业移民、转业移民等。关于渔业移民，"在满洲国镜泊湖以及各河川湖沼未开发的淡水鱼非常丰富。开拓总局从实现各产业部门的有组织的开拓目的出发，制订从康德七年起三年移驻 3 000 户渔民的计划。在第一年度要移驻到东安省两个集团、三江省三个集团，合计五个集团共 300 户。将开拓总局兼东安省开拓厅植产科大桥宗吉技佐派往日本，向全国广泛招诱渔民。"⑤

关于日本转业开拓民，由于日本自 1939 年秋起实行所谓强度重点主义施策以及配给机构合理化，大量中小工业者没落，面临转业和失业。成为日本战时的重大政治问题。于是，日本拓务省制订了转业开拓民 15 万人移民到满洲的三年

---

① 大陆经济新闻社. 大陆经济年鉴，1944（昭和十九年）：7.
② 同①：7.
③ 同①：7.
④ 满洲日日新闻社. 满洲の都市と产业，1942（康德九年）：370.
⑤ 日满实业协会满洲支部. 满洲经济情报，1940（康德七年），5（12）：25.

计划。

1940 年 4 月末，日本农业移民约 3 万户 72 000 人，加上青年义勇队约 4 万人，总数约 11 万人。

第二节　满洲拓植公社和
开拓总局的土地掠夺

一、日伪的土地调查和满洲拓植公社的征地

1936 年秋，日伪确定了 100 万户 500 万人移民计划，作为取得移民用地的手段之一，是对大约 2 000 万公顷的未耕地，实施了全面的土地改良调查。

从 1935 年度到 1937 年度，临时产业调查局调查了倭肯河等 10 个水系，涉及伪满 5 省 30 余县 80 地区 70 万公顷的土地，并且制订了局部的利用开发计划。与此同时，伪国道局调查了 13 地区 185 万公顷。[①] 从 1937 年秋到 1938 年，以新设的产业部建设司为主体，在满铁产业部、满拓、东拓的参加协助下，实施了湿地开拓调查，结果完成了黑龙江省洮儿河地区等 6 地区 19 万公顷的基本调查。[②] 1937 年 12 月，在伪交通部内新设辽河治水调查处。在 1938 年度除东辽河、西辽河外，完成了其他未耕地关系的调查，包括太子河地区、蒲河地区、盘山地区、饶阳河地区、柳河地区等共 134 160 公顷。[③] 由 1938 年 10 月上旬到 11 月下旬，以伪产业部为主体，有伪大陆科学院等有关机关参加，对占未耕地 1/4 的碱地约 500 万公顷进行概查，重点是锦州、滨江、龙江、兴安南各省。[④]

1937 年日本帝国主义发动了全面侵华战争，大规模移民政策成为其变东北为战争基地计划的重要组成部分。1937 年 8 月将满洲拓植株式会社改组扩大为满洲拓植公社，是为国策的实行机关。

满洲拓植公社从 1937 年度起大举实行移民用地的收买，在关东军的刺刀下，农民被迫将世代耕种的土地以极低的价格出让，个人所有地无一例外被收入该公

---

① 满洲事情案内所. 满洲产业概要，1942（康德九年）：115–117.

② 同①：117.

③ 同①：118.

④ 同①：118–119.

社之手。

满拓的土地主要在东北满地带,其最广大的收买地区是三江省,约 231 万公顷(资金约 2 900 万元,平均每公顷约 13 元)、滨江省约 98 万公顷(资金约 2 700 万元,每公顷约 2 元)、东安省约 96 万公顷(资金约 800 万元,每公顷约 8 元)、北安省约 59 万公顷(资金约 600 万元,每公顷约 10 元)。此外,兴安西省、龙江省、吉林省都在 30 万公顷左右,黑河省、牡丹江省约 20 万公顷,其余都在 10 万公顷以下。

在伪黑河省,呼玛县和逊河县,全县土地都被满拓公社收买。据《饶河县志》记载:"伪康德五年,根据《满洲拓植会社法》之规定,将满洲所有土地,一律收归国有。本县自康德五年五月始,至九月初完成。其间,对清及民国时期认领官荒户及现有农户所经营之土地(包括地照文约领有之荒地)一律造册登记,凡持有土地执照者,分别生熟地,按价予以征收。即熟地一等每垧付给 30 元、二等 25 元、三等 20 元。生荒地每垧三元,计合全县收缴之土地官照 58 张(户),共合熟地 3 160 垧、荒地 8 600 垧,除去自耕部分外,全部依价征收,缴照付款。对未经认领而自垦无执照之耕地,包括归并村屯废弃之土地,一律不付售款。依照上述原则,本县满拓会社共付土地征收款 908 000 元。"[1]

"满洲拓植公社收买的土地从该社设立以来(昭和十二年 8 月—昭和十七年 3 月,昭和十二年以前满拓的前身满鲜拓植株式会社部分也继承加算)约 652 万公顷,作为开拓用地而收买的土地合计约 1 233 万公顷。"[2]

在 1943 年度,满拓的股本为 1.3 亿元,公司债 666 790 000 元,所有开拓用地总值为 200 778 571 元,其中,日本人用地 121 415 817 元、朝鲜人用地 11 477 540 元、租佃管理用地 296 046 元,开拓贷款总计 325 415 652 元,租佃贷款 5 763 959 元,地租收入 9 420 510 元。[3]

满拓公社在 1939 年 12 月以前,大规模地收买了开拓用地,之后,将收买一事全部让给开拓总局。从 1939 年 2 月以后,大规模的土地收买由开拓总局担任。满拓只限于收买在开拓移民的营农上各种设备所必需的土地。

---

① 饶河县地方志编纂办公室. 饶河县志. 哈尔滨:黑龙江人民出版社,1992:424.

② 满铁奉天调查室. 满洲农地造成及改良事业实施状态调查:序说. 交通调查资料乙第二号. 1943(昭和十八年):14.

③ 满洲拓植公社. 昭和十八年度、康德十年度决算诸勘定明细表 其ノ二:2.

二、开拓总局强征土地

伪满洲国编订 1939 年度预算时，为了大量安置日本移民设立了开拓总局（它是产业部的直属局）。开拓总局进行调查的结果，认为当时东北未利用地面积中，估计湿地约 1 090 万公顷、草地（包括碱地）约 1 037 万公顷。总计约 2 134 万公顷。强制可耕地约 1 880 万公顷，湿地中可容开拓的面积约 750 万公顷。① 同时，决定开发未利用土地的方针和办法。从 1939 年起，要在三四年的期间内，取得伪满全境的约有 2 000 万町步的未利用土地，对此实施农地造成事业并整理和筹备日本人的开拓用土地。

为了准备日本移民用地赶走或强行收买土地。例如："伪黑河省次长中井久二于 1939 年（伪康德六年）5 月至 12 月，指使省开拓厅和伪瑷珲县公署为日本开拓民整备土地。以移民用地和军事用地为由，强迫黑河上游的上马厂、西山后、法别拉、达音炉、达呼屯、大额尼河、小额尼河 7 个屯的 207 户居民迁出自己世居的家园，共强占土地达 2 097 垧。当年共强占土地达 7 500 垧，随后，将掠夺强占的土地一部分划为日本武装开拓团所有，一部分划分为军事用地。"②

开拓总局从"昭和十四年度到十六年度末为止，熟地的收买实数约 116 万公顷（资金约 7 900 万元，每公顷约 86 元），约占开拓总局土地收买总面积的 22%。其主要收买地区是龙江省约 62 万公顷（资金 3 910 万元，每公顷约 62 元）为第一位，北安省约 16 万公顷（资金约 1 490 万元，每公顷约 99 元）列第二位，兴安东省约 9 万公顷、滨江省和吉林省约 7 万公顷、三江省约 4 万公顷、牡丹江省约 3 万公顷，其他都在 2 万公顷左右或更少。"③

开拓总局在此期间，收买荒地约 423 万公顷，占总收买面积的 88.2%，资金约 2 477 万元，平均每公顷约 6 元。主要收买地区龙江省约 176 万公顷、北安省约 140 万公顷、兴安东省约 38 万公顷、吉林省约 19 万公顷、滨江省约 15 万公顷、东安省约 11 万公顷，其他都在 2 万公顷左右或更少。④"截至昭和十

---

① 日满农政研究会新京事务局. 东亚共荣圈农业资源立地与满洲国农业立地计划概要：131.

② 关奎锁，穆韶令. 日伪对黑河地区粮食的控制和掠夺//孙邦. 经济掠夺. 长春：吉林人民出版社，1993：208.

③ 满铁奉天调查室. 满洲农地造成及改良事业实施状态调查：序说. 交通调查资料乙第二号，1943（昭和十八年）：17.

④ 同③：18.

八年 5 月 30 日，开拓总局所收买的土地面积，从该局创立以来约 581 万公顷。"①

在辽河下游盘锦地区，对土地的掠夺方式，首先是强行收买。从 1939 年起第一步是上空摄影制图；第二步，进行实地勘测；第三步，命令土地所有者进行土地申报；第四步，公布《买地实施方案》，"方案中规定土地收购价格分别为：一等地每公顷伪币 300 元，二等地每公顷伪币 250 元，三等地每公顷伪币 200 元。对其中不愿出卖者则按《土地征用法》没收。日本帝国主义用这种方式不仅霸占了大片公用荒地，还强购大量熟地，总计掠夺土地 30 000 公顷。"②

"土地收买所用总经费在上述期间，开拓总局约 1 亿 5 300 万元，满拓约 1 亿 2 500 万元，合计约 2 亿 2 800 万元，即每一公顷的土地收买，开拓总局约 26 元 5 角，满拓约 20 元 3 角，平均约 22 元 5 角。"③ 下面，我们看一下当时各地土地的市面价格，就清楚地看清这种收买的掠夺性：

1940 年的地价

正阳县大沙岭村金山屯

地价：上地每垧（0.614 公顷）2 400 元、下地 1 200 元

锦县女儿河村唐庄子

地价：上地每垧（0.614 公顷）1 600 元、下地 1 000 元

梨树县勤耕村隋家窝堡

地价：上地每垧（0.737 公顷）600 元、下地 400 元

九台县苇子村北边屯

地价：上地每垧（0.737 公顷）900 元、下地 500 元

通化县快大茂子村三合堡

地价：上地每垧（0.614 公顷）500 元、下地 200 元

拜泉县兴仁村孙家碗铺

地价：上地每垧（0.737 公顷）400 元、下地 200 元

阿城县达营村南红区

---

① 满铁奉天调查室. 满洲农地造成及改良事业实施状态调查：序说. 交通调查资料乙第二号，1943（昭和十八年）：14.

② 孙福海. 伪满时期日本帝国主义对辽河下游地区的农业掠夺//中国东北地区经济史专题国际学术论文集. 北京：学苑出版社，1989：350.

③ 同①：14.

地价：上地每垧（0.737 公顷）400 元、下地 280 元

宁安县北安村范家屯

地价：上地每垧（0.737 公顷）200 元、下地 100 元[①]

表 2-7-1 省别旱田 10 亩份农耕地价格的变迁 单位：元

年别 省别	1935 年			1936 年			1937 年			1938 年			1939 年			1940 年		
	上地	中地	下地	上地	中地	下地	上地	中地	下地	上地	中地	下地	上地	中地	下地	上地	中地	下地
吉林	212	177	103	210	178	114	280	236	146	346	270	186	409	319	236	451	370	255
龙江	62	44	25	80	62	30	112	70	35	125	83	42	185	123	62	210	130	80
北安	80	60	30	110	80	45	150	98	60	180	130	80	238	185	127	300	220	180
黑河	27	22	14	40	34	21	40	34	21	40	34	21	47	37	23	49	40	20
三江	91	70	47	98	75	50	100	80	55	110	85	58	126	90	58	160	140	70
东安	60	50	40	75	61	45	82	63	50	116	90	61	150	117	95	180	142	115
牡丹江	80	60	35	92	75	50	100	80	50	110	90	56	110	90	65	150	125	100
滨江	121	98	50	146	113	78	178	143	100	216	173	136	246	196	166	290	230	186
间岛	230	150	80	240	160	85	260	175	97	274	183	105	330	204	83	400	320	120
通化	70	55	30	125	95	56	165	148	90	180	178	117	347	266	177	380	300	200
安东	670	475	295	930	760	550	1 058	873	670	1 030	950	715	1 503	1 200	890	1 860	1 420	1 010
奉天	338	252	170	348	283	206	411	302	256	458	391	288	544	448	333	650	580	432
锦州	380	251	115	307	266	185	319	261	188	344	259	180	414	329	256	564	453	348

---

① 兴农部农政司调查课. 农家经济调查报告（康德七年版 9）：二 劳动篇，1941（康德八年）.

续表

年别 省别	1935 年			1936 年			1937 年			1938 年			1939 年			1940 年		
	上地	中地	下地	上地	中地	下地	上地	中地	下地	上地	中地	下地	上地	中地	下地	上地	中地	下地
热河	320	170	90	300	180	80	300	185	85	311	188	89	400	300	120	450	380	180
合计	195	138	80	228	173	113	253	195	136	274	221	153	360	278	192	435	347	235

注：1. 单位面积南、北满有差别，但原样记载未进行换算。

2. 南满的十亩相当 0.737 公顷。

3. 价格各年都按 6 月底的时价记入。

资料来源：满洲调查机关联合会农业金融调查委员会．调联报告资料：三ノ三（康德十年六月）农业金融调查报告．第三编 土地关系金融二关スル调查：33.

第八章
日本私人资本涌入东北

第一节 日本资本的大肆扩张

日本对"满"投资的特点

日本对伪满洲国的企业投资，大体是以满铁系为排头兵，加上满业系、伪满系（其他特殊、准特殊公司）和一般公司四等分。满铁和满业在筹集资本上是旗鼓相当的，而在筹措对象上，满铁是向日本、满业是向伪满倾斜。至于伪满系特殊、准特殊公司则是以伪满中央银行和兴业银行及其他金融机关为中心，从日本、伪满两方面筹资为其特征。日本财阀资本则通过其他公司实行对满投资，还有向其他各系的共同出资或对傍系公司的间接支配。这四个系列的公司企业之间保持有机的联系共同支配伪满洲国经济。①

日本的对"满"投资渠道，从需要资金的伪满洲国方面来说，可大体分为满洲中银渠道（满洲国日币公债或日银借入）、满洲兴银渠道（认购公司债、日本兴银的融资）、满铁渠道（公司债发行、借款）、满业渠道（公司债及日产资本关系）和其他公司渠道（公司债及日本直接募集）五种。而从资金供给者日本方面来看，则大体可分为大银行和信托公司组成的辛迪加银行团、一般银行或证券公司等专业金融机关和公司的股份开放三种。以1939年为例，该年伪满在日本发行伪满洲国公债和公司债合计82 000万元，相当于当年日本对满投资总额的七成多，而其中的79 000万元，占96%是银行辛迪加团所认购。因此当时辛迪加团的代言人就宣称："说对满投资的大势是由辛迪加团的动向所决定也不为过"，从而要求日伪当局"积极承认日本辛迪加团的对满进出"。②

---

① 山本有造. "满洲国"の研究. 京都：京都大学人文科学研究所，1993：224.

② 社团法人东亚经济恳谈会. 昭和十五年5月日满经济恳谈会报告书，1940（昭和十五年）：264.

伪满政权为促进日本的对"满"投资，"采取了一系列方策，首先对满拓、满业的公司债及兴业债券等的发行，保证本利支付，扶助其成立。在康德五年4月公布工厂抵押法，同年8月公布矿业财团抵押法及公司债担保权信托法等，设定企业财团、公司债制度，对满炭、电业、本溪湖煤铁的公司债等采用公司债带担保物的发行方法，进而就发行条件等也顺应日本内地起债形势，照应日本内地一流公司债的条件作了适当的制定。"① 日本政府也为促进对满投资，通过满洲国债优遇改正法，又从满洲国公债和满铁公司债扩大到满洲国法人公司债。又将根据总动员法第11条的资金融通令也适用于满洲国法人。1939年日本发行的新债券总额是20.5亿元，其中满洲关系的约占4成，即8.2亿元。②

1937年到1939年的三年之间，日本的对"满"投资总额约19亿元。"满铁分别占48%、18%和26%，总趋势是降低，而满洲国方面的路径是52%、82%和74%，总趋势是升高。"

从1940年度的后半期开始，日本的金融也开始吃紧，由于日本国内的物资不足、物价昂贵，银行存款减少而放款激增，日本国内的募债界，进入前所未有的梗塞状态。伪满在日本的资金筹措更加困难，不得不要求日本政府支援。结果，日银和满洲中银议定了1亿元的信用贷款。并且，作为关于同年第二季度资金筹措的谅解事项，商定由日本方面负责筹措预定数，当市场不能起债时，由大藏省预金部接受。

1940年以后，"满业及满洲国渠道，因为筹措日元资金困难而转向满洲国内本地资金的筹措，使对日依存程度降低。相对来说，同内地资金市场关系亲密的满铁，它的起债、股份缴纳还在继续。此外，内地既成财阀资本的对满扩张变得显著。"③

财阀资本的对"满"投资

满业的成立标志着伪满对日本财阀资本敞开了大门，修正了一行业一公司的统制方针，从限制资本利润向保障资本利润转变。"开辟了日本财阀资本流入的道路。财阀资本不仅直接投下自己的资本和技术，还通过结成针对满洲国政府公债、满业公司债、满铁公司债等的辛迪加团，不断地流入。"④

财阀资本的对"满"投资在1938年以后急剧增加，特别是1942年以后，无论在绝对额或比重两方面都压倒其他。（1）1939年8月末，伪满洲国全部股份公司实收资本总额29亿日元中，伪满国家资本占48.2%，财阀资本占14.7%；

① 枥仓正一. 满洲中央银行十年史, 1942（康德九年）: 160.
② 满史会. 满洲开发四十年史. 下卷. 谦光社, 1965: 875.
③ 山本有造. "满洲国"的研究. 京都: 京都大学人文科学研究所, 1993: 217.
④ 东京银行集会所调查课. 满洲の财政、金融、物价, 1942（昭和十七年）: 183.

（2）财阀资本除日产的满业资本外，三井、三菱、大仓占前三位；（3）从行业上看，主要投向化学、纺织、窑业等为特殊公司系势力难以达到而且利润高的部门。

三井财阀

"七七"事变后，三井的对"满"投资在所有部门都急剧增多，特别是对重工业和化学工业实行了直接投资。

三井合名。出于关东军的强烈要求和伪满洲国给予的保证红利、减免进出口税等各种特权，三井合名连同三井物产和三井矿山作为一方同伪满政权合作，各出1 700万元，于1937年8月设立满洲合成燃料株式会社。该社以煤炭液化制造人造石油为目的，经营权限属于三井，用三井由德国引进的费夏式石油合成法生产。它是这一期间三井合名的最大一笔投资。

三井矿山。三井矿山在投资满洲合成燃料的同时开始了对满洲的直接事业投资。它的投资除对满洲合成燃料外全部是投向金属矿，经营热河金山、天宝山（锌）和三宝矿业三处矿山。首先是应关东军的要求，在伪满实业部、关东军和三井矿山三者协议之下，由伪满洲国和三井矿山折半出资，于1937年7月以资本金100万元，设立了热河矿山株式会社（1940年3月改称东亚矿山株式会社），不仅获得热河省的金矿开采权，还被认可有在伪满全境开采除铁、煤以外各种矿物的权利。同年11月该公司增资为400万元（缴纳四分之一），增资部分由三井矿山全额认购，将该公司完全纳入自己支配之下。[①] 随后三井矿山为了获取锌的原矿，解决原料不足，向伪间岛省天宝山矿山的拥有者饭田延太郎贷款165万元，到40年贷款达215万元，以金融的支配为杠杆获得该矿的经营权。1939年9月又应朝鲜人高炳熔的要求为开发伪间岛省的矿山而投资30万元，设立三宝矿业株式会社，出资比率是三井矿山占80%，经营完全委托三井矿山。

三井物产。在流通领域，三井物产的投资件数和投资金额都急剧增加。在1937年，投资额由头年的74.8万元激增为477万元，件数也从6件上升为10件（1万元以上，不包括追加缴纳），此后年年直线上升，1940年9月末投资对象为33社，缴纳投资余额达2 539万元。这是由于原有事业的扩大和随经济统制的进展，在各种实业部门相继新设特殊法人——国策公司，对具有垄断性的那些公司实行大量投资的缘故。为了维护在特产流通领域的既得权并适应在特产统制下扩大势力，首先扩大了对特产品及农产物及其加工品的收买机构即各地的三泰栈（后来的三泰产业）的投资，同时推进对农产品统制机构的投资，按伪满规定的投资比例，对满洲原皮统制组合和满洲毛皮统制组合投了资。特别是响应伪

---

① 中村正则. 日本の近代と资本主义-国际化と地域. 东京：东京大学出版会，1992：6-69.

满政权的要求，投资于满洲特产品的生产加工部门，如满洲猪毛工业株式会社、蒙疆羊毛同业组合、安东蚕加工组合、满洲萆麻蚕株式会社和满洲配给肥料株式会社，都是 1938—1941 年在伪满政权支持下设立的，三井物产的目的则是将那些公司的原料供给和产品贩卖权抓到手中，以扩大其特产品的交易。

三泰产业株式会社设立于 1936 年 7 月 16 日，额定资本 500 万元，实收资本 450 万元，全部股份归三井物产所有。总店设于新京，分店有新京、四平街、奉天、哈尔滨及另外 59 个，以经营大豆、杂粮类及杂货类的经纪业、批发业、销售业、代理业、精谷业、制油业、烟草制造业以及各业的附属事业为目的。在四平街等 22 处设有精谷工厂，在营口和新台子设有油坊。该公司的西安（辽源）分店西安三泰栈始建于 1933 年，从事粮米加工、榨油和制酒业，最初，粮油大部分就地销售，后来就源源不断经大连运往日本。初期只有员工几十人，后期发展到 200 多人，成为西安（辽源）最大的粮栈。该公司在 1941 年 2 月还计划以 19 万元收买佳木斯同兴永烧锅的土地房屋设备营业权，计划完成后可生产线香一年 138 900 包，价值 155 000 元。[①]

三井的金融机构。三井银行的对满投资从 20 世纪 30 年代中期向满铁以外扩大，在 40 年代末除满铁公司债外持有满洲电业、昭和制钢所、满洲电业、满洲重工业、满洲拓植等各公司的公司债和北满铁道公债、伪满国债等，但其余额却比 1935 年年末减少约 2 000 万元。三井信托的投资则激增，从 1937 年到 1940 年有北满铁道公债、伪满国债、大连汽船公司债和昭和制钢所公司债均为 100 万元，满铁公司债 470 万元以及满洲重工业公司债 300 万元，合计 1 170 万元，其特征是每件金额均在 100 万元以上，集中在债券上。三井生命的投资也急剧增加，总计约 800 万元。其特征是对象多数额较小，重视安全，回避风险，计有满铁公司债约 250 万元，满洲电业公司债约 45 万元，满洲兴银公司债 60 万元。此外，在股份方面有满铁 48 万元，满洲投资证券 58 万元，日满亚麻纺织和满洲电业各 32 万元。[②]

日本的一般资本家，由于下述的原因，也改变了他们小心谨慎的态度，而冒险地向"满洲"来投资。"第一，将近两年的对华侵略战争……缩小了日本产业的国内市场，除了少数的独占资本家，大军事工业资本家而外，都陷在了既不能生产，又没有销路的窘境中，与其坐以待毙，毋宁孤注一掷，别谋生路，于是不得不向'满洲'投资了；第二，随着战争的长期化，日本本国的经济，也变成军阀支配下的所谓统制经济，而且日益强化着，甚至强化到限制红利的分配……

---

① 三泰产业株式会社 . 事业计划明细书（康德八年 2 月 22 日事业设备扩张认可申请书添附书类）：16～23.

② 中村政则 . 日本の近代と资本主义-国际化と地域 . 东京：东京大学出版会，1992：67.

第三，就课税方面说，在日本本国，因为近年来迭次增税的结果，一般国民和法人，都担负着苛重的税捐……"①

相对来说，伪满比日本对日本资本家反而更为有利。

以机械器具工业为例，在 1940 年度，资本 10 万元以上的股份公司所办企业数为 110 个，资本总额 463 425 000 元。其中，有代表性的株式会社满洲工厂是 1934 年 4 月以资本 150 万元收买原大亨公司铁工厂而设立的，同年 12 月增资到 300 万元，接着进入华北，1936 年 6 月增资为 480 万元，1937 年 4 月一跃成为 1 000 万元，又在 1938 年 10 月增资为 2 000 万元。当年 5 月主持设立满洲机械工业株式会社（资本 100 万元）。1939 年 2 月将株式会社大满铸工厂的资本增资为 500 万元，更名为满洲铸物株式会社。1939 年 8 月将满洲机械工业株式会社改组扩充，资本增为 2 000 万元，设立满洲工作机械株式会社。

更明显的是纸浆工业，从 1938 年年初起，日本王子系的日满纸浆、大川系（后来转给钟纺）的东满人绢纸浆、川西系的东洋纸浆、寺田系的满洲纸浆及其他群小企业家纷纷要求在伪满境内新设工厂。伪满政权选定王子系的日满纸浆、大川系的东满人绢纸浆、川西系的东洋纸浆、三菱系的满洲纸浆四厂，许可设置以年产 1.5 万吨为限度的工厂并且拨给原木。其后又下达了以辽河的苇作为原料的钟纺系的康德苇纸浆、以大豆秆作为原料的满洲豆秆纸浆以及三江纸浆的设立认可，制订了年产 15 万吨左右纸浆的生产计划。这个数字相当于伪满需要量 40 万吨的三分之一强。

1938 年在全东北开业的 50 家面粉厂中，日本资本经营的有 24 家，占厂家数的 37%，而生产能力占 60%。② 1940 年度东北资本系统别面粉生产能力如表 2-8-1 所示。

表 2-8-1　1940 年度东北资本系统别面粉生产能力　　　　单位：袋

资本系统别		据重要产业统制法许可日产能力
东洋制粉		8 000
三井资本	三泰产业	4 000
义大制粉		2 000
日本资本　三菱资本	康德制粉	15 200
	日东制粉	8 000
三井资本三菱资本	日满制粉	40 000
	三河制粉	800

① 韩幽桐. 日寇对我东北经济榨取之强化. 反攻，1937，5（6）/6（1）：21.

② 文史资料研究委员会. 哈尔滨文史资料：第四辑，1982：83.

资本系统别		据重要产业统制法许可日产能力
鲜系资本	间岛制粉	500
以上日本资本合计（a）		78 550
土著资本 满系制粉业者 56 合计（b）		122 232
以上日满两资本总计（c）		200 782
日本资本对总计所占比值（a）／（c）		39.1%
土著资本对总计所占比值（b）／（c）		60.9%
独占资本对日本资本合计所占比值		98.4%

资料来源：南满洲铁道株式会社调查部．满洲ィンフレーション调查报告：第二部　资料篇：210-211.

第二节　日本中小工业的移入

　　1939 年，日本政府和伪满政权决定将日本的中小工厂有计划地向伪满迁移。当时，日本由于侵华战争的长期化，强化军需产业，压缩民需产业，使许多设备闲置，中小工业面临转业。而同时，伪满实施五年计划需要发展相关工业。日本政府遂与伪满政权签订了《日本中小工业满洲移植对策纲要》，有计划地向伪满移驻中小工业。中小工业的界定是"职工经常使用百人以下者"，所谓移植是指"将设备及基干从业人员一总地进行迁移"。[①]

　　该纲要规定的移植对象及范围如下：

　　（1）军事工业确立上所必要者；

　　（2）重要产业开发上从属的必要者；

　　（3）北边振兴上必要者；

　　（4）完成开拓事业上必要者；

　　（5）生活必需品确保上可能供给必要原材料者；

　　（6）输出品工业中可能供给原材料者。

　　当时的重点是军需工业和重要产业。

　　首先移植的是机械工厂和农机具工厂。分年度来看日本中小工业移植状况如下：

――――――――――

　　①　日本中小工业满洲移驻论//满洲の都市と产业．满洲日日新闻社，1942（康德九年）：431.

　　1939 年，决定迁移 21 厂（其中有 8 厂中止迁移）其明细如下：同和自动车加工厂、奉天制作所加工厂、日满钢材加工厂、满洲飞行机加工厂、满洲工厂加工厂、满洲工作机加工厂、满洲瓦斯加工厂、珲春煤矿加工厂。其中，同和自动车的加工厂有专属的广岛马达、两备马达、长崎马达和冈村自动车，可承担汽车的修理、零件的制作。奉天制作所的加工厂有大仲制作所是矿山机械的部件工厂。日满钢材加工厂有森田铁钢、津村制作和松田制作。满洲飞行机加工厂有山光社。满洲工厂加工厂有制作起重机的高井铁工、制作化学机械的日本机械制作。满洲工作机加工厂有柳原轻工。珲春煤矿加工厂有森本铁工。可见，这些工厂主要是汽车的加工厂和机械的转包厂，是为弥补大工业加工厂的不足而迁移的。基本上是军事工业所需要者，属于重工业部门，都是担负五年计划的转包工厂和北边振兴计划所需的修理工厂。其中除移驻海拉尔及珲春者外，都是以奉天为中心布置的。

　　1940 年，决定迁移 30 厂（其中有 8 厂中止迁移），大部分是开拓团关系的农机具制造厂，在移植成功的 22 家工厂中有 20 家是农机具制造厂，多数是所谓北海道农法所重视的西洋犁制造者，其中的国际耕作株式会社是由北海道著名的农机具制造中小工厂联合移驻设立的，成为伪满最大的西洋犁制造厂。此外，有成濑工厂（海伦）、宫崎工厂（讷河）、藤川工厂（四家房）、阿部工厂（哈达河）、稻川工厂（牡丹江）、堀工厂（延吉）、菅野工厂（吉林）、田中工厂（东安）、高岛工厂（齐齐哈尔）、佐佐木工厂（佳木斯），还有制造脱谷机的野田商会（鞍山）和宫崎商会（新京）。这些工厂多数移到边境城市。机械工业方面的移驻工厂有工具制造业者兴亚精工（奉天）和金刚凿岩机（阜新）。可见，移驻的重点已由军需移向农机具的制造，与农产物增产计划及日本移民直接相关。

　　1941 年，决定移植 26 家工厂，实际移植 20 家工厂。主要仍然是北海道的西洋犁制造者和北边振兴计划所需汽车修理业者。汽车修理厂有满洲自动车制造株式会社下属的野田工厂、市川工厂、横田工厂、田中工厂、武田工厂、仲野工厂、斋藤工厂、村上工厂。移驻地为关东军的重要驻地富锦、绥化、孙吴、林口、依兰、嫩江、安达等地。例如，其中的斋藤汽车修理工厂是设在伪东安省鸡宁县鸡宁街，经营一般汽车加工修理、部件及用品的销售、代燃装置的销售及附属事业，其主要设备完全由日本移来，修理能力第一年度 360 台。对该工厂，日本政府给予补助金 3 600 元，伪满政府补助 10 400 元。[①] 同时，有 14 个西洋犁的制造厂迁入珠河、庆城、勃利、延吉、东京城、通化、吉林、

――――――――――

　　① 日本中小工业满洲移驻工厂满洲自动车制造株式会社专属斋藤自动车工厂. 事业计划书，1942（康德九年）.

依兰、宝清、通河、五常、拉哈等地，还有脱谷机制造业者丸善农社（哈尔滨）和二重瓶喷雾机（四平）。此外，有以满蒙毛织、东洋轮胎为母亲公司的大和毛皮和东洋衣料。移驻方针有了变化，将生活必需品的发展提上日程。这和伪满企图实现生活必需品的自给自足的目标有关。

1942 年，着重于生活必需物资工业的确立，也有将土著商业资本产业化的意图。移驻的有：爱知县濑户的陶瓷器业者、德永玻璃具、丸金酱油酿造部的制樽工厂、昭和酿造工厂、飞马单木工、山萨、野田两酱油工厂、青木荞麦工厂、爱知番茄酱工厂等。①

原日本爱知县濑户市濑户陶瓷器工业组合（铃木舜一），资本 50 万元，以制造陶瓷器饮食器为业。移驻到伪满锦州市，移驻人员 87 人，移驻机械 62 台，设立了资本为 100 万元的锦州陶瓷器株式会社，于 1942 年年底前迁移完毕。② 原日本门司市大理德永硝子工业株式会社（西泽彦兵卫）资本 100 万元，移驻奉天，收买桑野制瓶所，设立资本为 150 万元（全部缴纳）的奉天德永硝子工业株式会社。移驻人员 74 人，移驻机械装置 402 792 元，制造并销售玻璃瓶。③ "在此期间，还有其他工业和设施的移驻。依照当时形势，有相当数量的日本水泥工厂的闲置物到了满洲。还有纤维工业方面的，或是汽车轮胎的制造设备，或是钢缆等的生产设施，其他类似的不属中小的设施也进行了移驻。"④

日本中小工厂的移驻面临着严峻的煤炭短缺，在甚至连火力发电一类绝对必要的煤炭供给也要压缩之际，将大量日本中小企业移入，有可能减少绝对必需企业的煤炭配给量，在其他资材分配方面也有同样问题。所以，除绝对必需者外中小工业的移驻也不得不加以限制。

第三节   民族工商业的萎缩

民族资本的概貌

如果说在 1937 年以前，日伪的经济统制还处于初级阶段，民族工商业在某

---

① 满洲日日新闻社 . 满洲の都市と产业，1942（康德九年）：432-433.

② 经济部公函，1942（康德九年）10 月 24 日经工政第 290 号之 2《康德九年度日本中小工业满洲移驻ニ关スル件》。又经济部指令第 5 690 号，1942（康德九年）10 月 22 日《康德九年度日本中小工业满洲移驻许可ニ关スル件》。

③ 经济部公函，1942（康德九年）10 月 24 日经工政第 290 之 1《康德九年度日本中小工业满洲移驻许可ニ关スル件》。

④ 社团法人东亚经济恳谈会 . 昭和十八年 6 月第四回日满经济恳谈会报告书，1943：163.

些地区、某些部门，还曾有过某种程度的发展，那么，随着产业开发五年计划的实施、经济统制的加强，民族工商业就迅速地全面地走向衰落。日本资本的排挤、日伪当局的摧残，加上严酷的经济统制，使民族工商业或停产倒闭，或苟延残喘，或沦为加工厂、配给店。

民族资本的地位本就异常脆弱。据 1939 年的统计，伪满股份公司的注册资本总和为 41 亿元，其中伪满方面 17 亿元，其余 24 亿元都是日本资本。在 17 亿元中，伪满国家资本占 16 亿元，民间资本只有 5 600 万元。

当时，工业的主体部分是日本人用日本资本经营的，中国人用中国资本经营的只是辅助性的。据伪奉天商工公会调查，1939 年到 1940 年间，民族工业 5～500 人的工厂有千余家，其构成为重工业 342 家（金属工业 162 家、机械工业 180 家）、轻工业 211 家、生活必需品工业 706 家。[①] 从工厂增加情况看，机械器具工业增长速度较快，它们全是以生产小型的生活必需品机械器具为主，产品种类多为铁锅、火炉、铁桶以及家庭用各种金属制品，所用的原料由于受日伪的严格统制，只能靠收集民间废钢铁来加工生产。

民间资本原来经营的工业主要是油坊、面粉厂和烧锅。它们在日本大资本的压迫下处于苟延残喘的萧条状态。所以，民族资本的投资主要在商业方面，以借入资本的形式存入各商号，收取利息。即使在商业方面，中国资本经营的商店也在竞争中处于明显的劣势。以伪都新京为例，1939 年，日本人经营商店 439 家，其中资金在万元以下的占 31%，10 万元以上的占 23%；而中国人经营的商店为 2 349 家，其中资金在万元以下的占 84.1%，10 万元以上的只占 1%。[②]

1939 年，满铁调查部对吉林、营口、锦州三个中等城市的土著资本作了调查。在吉林调查了杂货、木行、粮站等 27 个行业，共 76 户，资本为 2 481 245.74 元，平均每户为 32 648 元。在营口调查了杂货、药栈、粮栈、棉织厂等 17 个行业 80 户，资本合计为 4 152 708.32 元。平均每户 51 909 元。在锦县调查了粮栈、当铺、毛皮制鞣、棉布等 30 个行业 78 户，资本合计为 1 417 407.78 元[③]，平均每户 18 172 元。

另据锦州商工公会在 1939 年对锦州民族资本的调查，包括粮店、杂货、百货、毛皮等 40 业种 1 669 户，资本合计为 4 625 940 元[④]，平均每户只不过 2 772 元。

此外，有如下材料：1938 年年底，在吉林、营口和锦县这三个中等城市，

---

① 摘自《奉天市工业汇编》。

② 内海重夫. 大新京经济概观，1937（昭和十二年）.

③ 满铁调查部. 吉林、营口、锦州二于ケル满人商业资本ノ实态，1940（昭和十五年）：6，8，12.

④ 同③：13，14.

有包括各种行业的较大民族企业 225 个，使用总资本 34 829 782 元，其本钱为 8 063 838 元[1]，平均每户不到 36 000 元。1939 年中国人经营的商号有 57 093 家，资本额为 36 975 万元，平均每户 6 476 元。这里显然还包括伪满的和汉奸的企业。[2] 根据上述数字，估计当时民族资本总额包括工商各业，大约仍超过 3 亿元。不过民族资本在社会总资本中所占比重，已经由 20 世纪 30 年代初的约 10% 下降到不足 5%。

对民间资金的就地搜刮

伪满五年计划所需资金，按预定主要是依靠日本的投资和从第三国引进，后来由于日本资本输出源泉的枯竭和引进第三国资本的失败，就地筹措就成为解决资金缺乏的主要手段。伪满政权曾以增加捐税和发行公债的办法增加其财政收入，仍然难以满足其对资金的强烈需求。于是，搜刮民间资金就成为其金融政策的主要目标。首先对一般群众采用强制储蓄的办法，以协和会为中心开展国民储蓄运动，将群众手中仅有的一点积蓄完全夺走。并且发行各种面额的彩票，骗取群众的钱财。其次，是对工薪阶层强制推行人寿保险，对有产阶级推行财产保险。

对于民族资本则采取了种种手段加以鲸吞、兼并、掳掠和夺占。日伪当局认为日本的投资及其利润，通过各种渠道部分地流入当地商人手中，这些资金转化为商业高利贷资本或被投资于土地房产或被用于购买各种物资，促使物价上涨，必须严格限制。

实行经济统制，以违反统制为名进行摧残则是其主要手段。"1937 年伪满实行所谓经济统制后，煤炭、钢铁的来源初受限制继则告绝，中国人的一些小型铁工厂和手工业小铁炉纷纷破产。素称代表中国民族资本的大连顺兴铁工厂、哈尔滨的振兴铁工厂等先后宣告歇业。"[3]

油坊是代表性的民族工业，一向资本比较雄厚，同日资油坊的竞争也最为激烈。1939 年 10 月末，伪满实行大豆专管制的前夕，首先将设备较好的大油坊组成组合，作为统制的基础，"暂时就哈尔滨、大连、营口、安东四个城市，以日产豆饼 500 块、机械 15 台以上为条件，组成以优秀工厂为成员的社团法人油坊组合。"[4] 组合的主要业务是大豆的分配、煤的分配、产品的收买、劳务的斡旋和搬运大车的统制等。以后，又在公主岭、铁岭、奉天、吉林、辽阳等地区，按上述条件将有资格的油坊结成统制组合。大体在 1939 年年末，主要城市的油坊

---

① 满铁调查部．满洲经济研究年报（昭和十六年版），1941：315-317.

② 孔经纬．东北经济史．成都：四川人民出版社，1986：511.

③ 王子衡．伪满时期经济掠夺的三光政策//孙邦．经济掠夺．长春：吉林人民出版社，1993.

④ 总裁室弘报课．满洲トピック解说．第 2～9 号　油坊统制问题，1940（昭和十五年）：2.

组合结成完毕。"其统制的最后目标是将全满油坊打成一片设立油坊业垄断会社（满洲大豆化学工业会社）。"① 对于大部分家庭工业式的小油坊则迫使其自行没落。1940 年有大小油坊 900 余家，其中，拥有能用苯和酒精生产的新式设备的工厂仅各有一家。用水压式、螺旋式和楔式生产的工厂中适用统制法者即装有15 台以上机器的工厂不过 90 家。② "于是，在全满油坊中，只有限的少数优秀工厂能保证原料大豆的配给，其余大部分弱小油坊则必然地被强制走上自然灭亡没落的路程。"这些弱小油坊，不用说全是民族工业资本所开办。

然而，与日伪当局的愿望相反，专管公社的大豆收买价格过于低廉，因而全面的上市不旺引起海港城市油坊的原料困难。另外，包括大部分弱小油坊的内地油坊业者，利用专管公社的收买所达不到的铁路托运以外的部分以及收买价格不按公定价格，在公定价格以上自由收购大豆，再加上没有规定豆饼和豆油的公定价格。结果是海港大城市的油坊由于原料短缺而开工不足，甚至被迫停产。而内地中小油坊反而恢复生机，增产增收。针对这种情况，伪满政权又决定使专管公社对豆饼和豆油实行统制，并从 1940 年 1 月 10 日开始实施豆饼的收买统制。

但是，由于就地消费的豆饼及豆油依然处于统制之外，给弱小油坊留下了活动余地，这又成为大豆上市不旺的一个原因。因此，当年 4 月，伪满又发布了关于主要粮谷统制的内容广泛的命令，其中规定油坊的大豆收购和加工都实行许可制，进而实行豆油的统制收买制。这就断绝了弱小油坊的一切活路，并将大油坊完全变成了专管公社的加工厂。

由于粮、棉、油类农产物的统制，大连、营口、哈尔滨、长春等地民族资本的油坊业（制油工厂）、火磨（制粉工厂）、纺织业，陆续倒闭的有 200 多家，甚至小油坊、小磨房的碾子和石磨也被没收。

民族浮动资本的形成

日伪经济统制的结果是浮动的民族资本即游资的出现，由于民族工业的萎缩、商业的萧条，找不到出路的资本或流于投机居奇或转化为高利贷资本。

满铁调查部在一份调查报告中分析了民族浮动资本发生的原因，让为属于积极的理由有："（一）商业利润的增加。康德五年度对满系商工业者来说，是近年以来少见的景气，他们能获得多额利润的原因是由于物价腾贵，手中存货涨价。（二）出卖土地价款的入手。满洲拓植公社在收买开拓地，康德五年度以6 000 万元收买 600 万垧土地，以现金支付，多额现金到了满人地主手中。（三）出卖民船价款的入手。康德六年 3 月，松花江上的民船全部由北满航运局

---

① 总裁室弘报课．满洲トピック解说：第 2～9 号　油坊统制问题，1940（昭和十五年）：1.
② 满洲农村合作运动论丛．上卷．滨江省兴农合作社联合会刊，1940（康德七年）：178.

收买，其价款 600 万元，以现金进入哈尔滨船主手中。"而消极的理由则有"粮栈资金的游资化"，1939 年农事合作社对粮栈业务的排挤，使之游资化。结果是："哈尔滨当地银行中泰、福德、天泰、天和、恒聚、瑞祥六家的存款额，在1939 年 6 月末比 1938 年 6 月末增加 98%，其中中泰、天泰、瑞祥三家增加150% 左右。"①

面粉工业

1938 年 10 月，新成立的满洲制粉联合会对小麦和面粉实行定价，产品由联合会收买，不准自由出售，使民族资本在竞争中处于不利地位，1939 年，伪满政权颁布了小麦及制粉业统制法、小麦专卖法和面粉专卖法，规定小麦由粮谷会社统一收购，分配给各面粉厂，生产出的面粉由专卖署统一收买。这样一来，面粉厂的原料供给和产品销售两个环节都被控制，成了日伪的产品加工厂。

对于一些民办企业，日伪还采取高压手段巧取豪夺。例如，1938 年在桦南县，当地商人筹集伪币 20 万元，合股开设东茂祥火磨，1940 年年初基本竣工，随即投产。"先是'满拓本部'派代表来厂商讨'入股'，敌人一计未成又生一计，更露骨地提出要按工厂造价收买，而且态度蛮横……1940 年（伪康德七年）初冬一天傍晚，大批警察和便衣特务……把账房先生刘学茹给抓去了。刑讯逼供，无非是让他承认工厂生产的目的是给抗日联军提供给养。而东茂祥火磨，则是被官方正式勒令停产了。"②

1941 年，由于原料不足，伪满政权以整顿制粉厂为名，下令将全东北 93 家制粉厂中，关停 47 家。结果，哈尔滨的民族资本制粉厂只剩 8 家。并且，命令继续开业的面粉厂兼并关闭的面粉厂，共同承担损失。

长春的裕昌源是 1914 年设立的民族资本大企业，在长春、哈尔滨、吉林和安达都设有面粉厂，实收资本 300 万元，年生产能力 18 700 袋（面粉和苞米面）。③

日伪政权指令裕昌源株式会社兼并义大制粉株式会社和福康株式会社，后二者都属于日本资本钟渊株式会社系统。其办法是将裕昌源的资本增加为 383 万元，将其中的 83 万元新股分配给钟渊实业株式会社，使之成为裕昌源的股东。

---

① 满铁调查部. 土著资本动员ノ见地ヨリ现タル满洲国金融并金融机关经营ノ特征，1940（昭和十五年）：29-30，120.

② 宋铎. 桦南县东茂祥火磨的艰难历程//孙邦. 经济掠夺. 长春：吉林人民出版社，1993：160-163.

③ 资料来自裕昌源株式会社于 1941（康德八年）7 月 28 日发布的会社合并认可申请书添附书类事业计划明细表.

表面上看是民族资本企业兼并了日资企业，实质上是将面临破产的日资企业的损失转嫁给民族资本，并且在民族资本企业中渗进了日本势力。在批准理由书中写道："本件根据政府方针，因原料困难，为救济弱小面粉厂而实行合并，并且由于合并，钟纺对裕昌源产生控股关系，结果使人事交流以及经营的指导也成为可能。"① 裕昌源得到的是两个报废了的工厂，却凭空增加了个大股东，到了1944年，在裕昌源的股东名册中，大股东只有两个：一个是王荆山（6 789 股）；另一个就是钟渊实业株式会社社长津田信吾（6 682 股）。②

1939 年的黄金事件

日伪当局于 1939 年 10 月，一手制造了涉及各地金店的所谓黄金走私案，一月之间摧毁了民族资本的金银首饰行业。原来，日本的黄金价格远比沈阳低，一些日本浪人遂从日本偷运金条、金块到沈阳，向各金店兜售。由于有利可图，各金店争相购买。也有一些朝鲜流氓从朝鲜或日本夹带一两根金条，到沈阳贩卖，金店也愿收购。久而久之，日本内地发现大藏省库的黄金被盗，乃发动特务侦察，即将日本浪人和朝鲜流氓多人逮捕，经过审讯，供出他等倒卖黄金给沈阳金店的实情。于是，沈阳的一场金银业大检举就在伪康德六年 9 月张网铺开。劫后余生的赵瑞馥写道："伪奉天市警察厅的日寇，首先逮捕了增盛和金店经理苗润田，立即解往日本内地审讯。接着逮捕了萃华总经理王恒安和笔者，又逮捕裕源公经理侯风池、侯介忱，华兴厚经理刘化南、鲁春芳、常浴风，鸿兴金店副经理石仲三，双和的王省三，朝阳的温杰三，西增盛和的刘英华，南增盛和的常洪亮，广源的何文选，鸿源的孟恩溥、义丰祥的相斌善等人，分别审讯。笔者几人嗣于半年后获得释放。我等出狱之后，增盛和东家彭相亭、郑紫宸总以 200 多两黄金的贿赂，买通当权的日寇，把苗润田于第二年秋天从日本内地释放回沈。日寇的这次金银业大检举吓破了金店业者的肝胆，不得已乃在伪满政府的催逼之下，各店纷纷转业，金银业不复存在。同时金银业公会也宣告解体。"③

在长春，伪首都警察厅也于 1939 年 10 月 10 日，对长春的 13 家大金店进行全面的搜查、逮捕，对相关人员进行严刑拷打，强行逼供。"这十三家金店是：新美华金店、物华兴金店、同顺公金店、老物华金店、天宝金店、鸿兴金店、春华金店、德增金店、老成土炉、东海天金店、世兴金店等，逮

---

① 资料来自满洲中央银行资金统制于 1941（康德八年）10 月 26 日发布的临资伺第 881 号附文"裕昌源株式会社、义大制粉株式会社、福康株式会社合并认可申请ニ关スル调书"。

② 资料来自满洲中央银行资金统制课档案中裕昌源产业株式会社的康德十一年下半期第拾肆营业报告书。

③ 赵瑞馥．伪满沈阳的金银业//孙邦．经济掠夺．长春：吉林人民出版社，1993：133．

捕店主、伙计 148 人，没收黄金约数十万元，其中，受害最重者为天宝金店。10 月 10 日上午 10 时，十几名日伪警察冲进了天宝金店，将该店全部查封，店主许梦溪、经理许仲廉，以及店员、家属共计 20 余人全部被逮捕，送到宽城警察署进行审讯，其店内财产全部没收、运走，该店被彻底烧毁。上述被捕 148 人在警察署严刑拷打，强行招供。其罪名就是把伪满的黄金全部贩卖到北京、天津等关内，搅乱了伪满黄金市场，使伪满的硬通货流入中国内地，加强了内地联系，反满抗日，等等。经过二十几天的折磨，一些人被活活打死，有的打伤致残，其余人经不起逼迫，纷纷招供。这样，被搜查的店主全部被判刑，黄金、金银首饰等，全部被没收。"① 与此同时，在其他城市也如法炮制。

　　日伪认为金店是"黄金走私出口的温床"，在 1939 年 12 月 1 日，实施新的黄金政策。1940 年起对金店营业实行许可制，开始对金店实行统制。"使之在康德七年 2 月末日前，向最近的满洲中央银行提出许可申请书，同经济部协同审查的结果，申请总数 1 080 件，许可 585 件，驳回 495 件。"②

　　1940 年 5 月 25 日制定黄金使用规则，同年 10 月 1 日加以改正，据此，"（一）康德七年 10 月 1 日起全面禁止黄金制品的制造；（二）黄金、金料及以黄金为原料的金箔等特定素材类，除特定者外，同日以后不得实行买卖让渡；（三）康德八年 1 月 1 日以后，在事实上黄金制品的全部已禁止买卖"③。日伪首先关闭了在北满以及东满产金地带的金店。"作为谋求产金的彻底集中的一个方法，为将产金确保在原产地，认为断然关闭一向成为走私出口温床的产金地带的金店是适当的，下令强制关闭黑河省、北安省、三江省、东安省、间岛省、牡丹江省，六省内的金店 152 店，其持有金、金料以及金制品，从救济关闭金店的角度，以纯金每克 4 元 6 角的特定价格予以收买。"④

辽阳的棉花案件

　　日伪的棉花统制使华人棉商面临绝境。辽阳的华人棉商，在 1938—1939 年，虽能得到满洲棉花株式会社配给的皮棉，但数量极少。有的棉商遂通过华人采购员私买一批皮棉（明买 500 斤实发 800 斤，多余 300 斤价款由采购员私得）。1939 年年底，辽阳伪警务课首先逮捕一批华人采购员，施以毒刑使其供出与华人棉商买卖情况，1940 年 1 月开始对华人棉商大肆逮捕，辽阳华人棉商无一幸免。有的被判徒刑，有的被关押一段时期。

---

①　滕利贵. 伪满"黄金走私"案//孙邦. 经济掠夺. 长春：吉林人民出版社，1993：80.
②　枥仓正一. 满洲中央银行十年史. 1942（康德九年）：365.
③　同②：214.
④　同②：214.

哈尔滨的罐头事件

日伪当局在民族工商业中大抓经济犯，使已经饱受摧残的民族工商业又遭到了毁灭性的打击。许多工厂、商店倒闭，大批工人、店员失业。

1939 年，哈尔滨的昌信店经理王明治以及永兴和布庄的经理，均以暴利罪被判徒刑，死于狱中。1942 年，伪满警察大抓经济犯。同记工厂销售制帽原料，日伪以"经济犯"的罪名，将工厂经理赵胜轩、贺吟樵、苗霖雨三人逮捕下狱，工厂随之倒闭。[①]

同年，伪哈尔滨香坊区警察署经济保安系，借口罐头质次价高，制造了罐头事件。"由甲查到乙，由乙查到丙，株连了一百多家商号，逮捕了几百名商号经理和有牵连的人。开始只是在工商企业的中小户中抓经济犯，后来逐渐抓到大户头上，同记工厂，有三位经理被当作经济犯抓进拘留所；东发和、天丰涌等有名企业的经理也被捕了；同记商场因呢绒暴利事件和同发隆一起受到了牵连。与此同时，在哈尔滨制粉业的几个大户中，也开展盘查所谓暴利行为。当时，哈尔滨工商界中一提'经济犯'三个字。大有谈虎色变之惧。"[②] 结果，不得不由商工公会出面向全市民族工商企业募捐，以"国防献金"名义，由几百家大小企业共同筹集了 200 多万元上缴，日伪当局才稍作收敛，对大户手下留情。在这次"罐头事件"中，至少"有全盛福经理马建之等十几人被折磨死了。遭迫害、受牵连的民族工商业者多达200 余家，被逮捕、判刑、发送矿山当劳工的达六七百人，许多人被折磨死，许多商号宣告破产。"[③]

摧残齐齐哈尔油坊

齐齐哈尔位于东北地区的西北部，是民族资本的集中地之一，特别是油坊工业很有代表性。1940 年，尚有德增盛、义增永等 12 家，组成油坊组合，以生产豆饼为主。

自 1940 年冬季日伪实行粮谷统制之后，原料来源和产品销路都受到严格的限制，不能维持正常生产。1941 年春，日伪又成立特产专管公社，其具体业务由三菱公司负责，不仅控制了原料和产品的供销渠道，而且控制了大豆和豆饼的价格。大豆是按统一价格卖给油坊，豆油和豆饼也必须按统一价格卖给专管公社。"当时，由于物价上涨，榨油所需油包草、油包布、煤、电都在涨价，各家

---

① 李庆堂，张奎燕. 日伪统治时期哈尔滨市民族商业的衰落. 求是学刊，1989（5）：93-96.

② 刘玉坤. "罐头事件"的风波//孙邦. 经济掠夺. 长春：吉林人民出版社，1993：82-84.

③ 同②：86.

油坊都是入不敷出，叫苦连天。"① 由于入不敷出，无力支付原料及大豆货款，"只好向三菱赊购，先是交一半钱，后来越赊越多，一半也交不上了。12 家油坊都成了三菱的债务人。"②

正是在这种情况下，1941 年 6 月伪龙江省公署策划将各油坊合并，成立一个由日伪直接控制的号称伪满第一的大油坊，以期解决在"特产统制下油坊向何处去"的问题。其所以选择了齐齐哈尔，不仅因齐齐哈尔是民族资本的一个根据地，油坊集中，还有"从原料大豆来看，在滨洲沿线一向是含油率高的金元大豆多"，"邻县泰来附近上市的大豆，一向被称为泰来豆，是油坊求之不得者"，以及交通方便、厂地宽阔等。其计划是以现有四直辖油坊（12 工厂）为中心，设备由关东州迁来，目标是日产 6 车（混保豆饼 6 600 块），除经营油坊外，兼作产品的配给统制机构，常务理事由大连聘请日本行家。先由齐齐哈尔市商工公会会长王玉堂召集各油坊开会，研究成立大油坊一事。"很快，三菱从大连调来一个叫吉田的日本人，伪省公署的小林、三菱公司齐市支店长左藤、农产公社支店长外山和科长足立等也相继出面，不是要债，就是游说。日本人和汉奸串通一气，通过各种渠道，运用各种办法向油坊施加压力。"③ "在日本人的直接操纵下，大油坊终于搭起了架子，称为龙兴制油株式会社，汉奸王玉堂为社长，日本人吉田为取缔役（经理）。三菱开始认股，并要各油坊将能用的机器，向龙兴制油株式会社呈报清单，以资核价。作价时，矛盾很大，三菱定的价很低，每台螺旋榨只核 500 元，按这个价，各油坊的机器都抵不上欠三菱的债。几次会议都争执不下。"④

就在核价问题陷入僵局之际，1941 年 5 月 "28 日傍晚，该市有实力的满系资本家以及经理十余人被市警务处经济保安科员拘捕。是由于在原料入手、产品贩卖时，大豆、豆油的黑市交易所致。"⑤ 这次 "所谓对各油坊违犯粮谷统制法大检举，将 12 家油坊的掌柜都抓了去。油坊驻上了伪警察。勒令油坊停止开工，彻底清查。"⑥ 最后，由伪满法院判处德增盛罚款 4 000 元，其他各店也有数额不同的罚款。经过这么一折腾，各家已经倾家荡产，再无油水可挤了。通过大检

---

① 郭守昌．日本帝国主义是怎样掠夺东北大豆和吞并民族工商业的//孙邦．经济掠夺．长春：吉林人民出版社，1993：266-267.

② 同①：268.

③ 同①：268.

④ 孙邦．经济掠夺．长春：吉林人民出版社，1993：269.

⑤ 满洲中央银行齐齐哈尔分行．康德九年 6 月 1 日的内部资料：齐资第 5 号《油坊ノ暗取引事件卜诸银行ノ贷出关系》。

⑥ 同④：269.

举，都已筋疲力尽只有唯命是从了。三菱又将每台榨油机的核价由 500 元提为
1 000 元，各油坊的欠债算还上了。于是，龙兴制油株式会社正式建立起来。
"各油坊按机器核价领取了股票，又将股票偿还了三菱的债务，各业主手中只剩
少数股票，由日本人把持一切。"① 就这样，齐齐哈尔的民族资本油坊被摧残
殆尽。

勒索与摊派

伪满政权还使用勒索和摊派的办法，强迫企业购买各种债券、股票和进行捐
献，直接掠夺民族资本。

从 1939 年起到光复为止，哈尔滨天兴福四厂账面记载伪满政权摊派的公
债、股票、献金等各种勒索开支高达 47 万余元，等于该厂净值的 50%。② 双
合盛也被陆续勒索流动资金 240 万元，加上所谓防水利民公债 80 万元，国防
献金约 20 万元，拖欠加工费 60 万元，双合盛共损失 400 万元，相当于双合盛
全部资本的 36%。③ "以同记商场为例，该店从 1938 年至 1945 年所购各种有
价证券逐年上升，1938 年购买额为伪币 31 902 元、1939 年为 37 527 元、1940
年为 60 168 元、1941 年为 260 366、1942 年为 387 587 元、1943 年为 486 254
元、1944 年为 513 768 元、1945 年为 683 633 元。1945 年同记商场所购各种
债券金额占该店全部资产（一百万元）的百分之六十八点三，占企业流动资
金的百分之九十七点五。可见，日伪发行的各种债券对民族商业的打击是致
命的。"④

中小城市民族资本遭受打击

在铁岭，日伪的经济统制、"七·二五"限价令的施行，首先遭到打击的是
中国人经营的批发商业。当时，铁岭的许多粮栈，如四合栈、聚兴栈、志成栈、
公济栈等都关了门。油坊由 11 家减少为 6 家。棉布、百货、杂货等各种批发商
也均被迫关停。绝大部分批发环节由中国厂家转到日本垄断资本手里。日本人经
营的洋行如日本棉花、东洋棉花、松冈洋行、燕尾洋行、权泰洋行等垄断了铁岭
的批发市场。

在北镇城内的 482 家工商业户有 100 余家中小业户关门闭户。较大商号，如
万发合、荣升号、立发号、兴顺长等都是以重金结交官吏才得以立足的。结果市
场上有行无市、有价无货，黑市盛行。

在本溪湖有个张碗铺，"九一八"事变前是经营绸缎布匹兼及百货的大商

① 孙邦. 经济掠夺. 长春：吉林人民出版社，1993：270-271.
② 文史资料研究委员会. 哈尔滨文史资料第四辑，1982：41.
③ 文史资料研究委员会. 哈尔滨文史资料第二辑，1982：29.
④ 李庆堂，张奎燕. 日伪统治时期哈尔滨市民族商业的衰落. 求是学刊，1989（5）：93-96.

号，还经营东行粮栈、机器油坊、信成当，并购销出口大豆、贩运木材，是当地首屈一指的大商号。其财东张星南在张作霖时期曾任奉天省议会议长，伪满时还担任伪新京道德总会会长。张碗铺的大掌柜高泽普是本溪湖商务会董事、会长。1938年二三月间，关东军讨伐队在本溪县东部山区发现抗日武装的装货麻袋上印有张碗铺等商号字样，要求伪奉天省警务厅查处。"对张碗铺进行大搜查，把经理高泽普以及下属的大小掌柜逮捕收审。张碗铺经理高泽普、副经理任焕周、李孝先、李泽生等一起押到奉天。最后经张星南到伪都新京疏通了伪满政府要人，才保释出来。从此，张碗铺对日伪宪兵、警察、巡捕、特务、狗腿子以及官吏等，大开方便之门。"① "从康德六年伪满政府实行物资统配制度之后。当时，粮食、油盐、棉布、烟茶、酒等生活必需品，实行按人定量的配给，张碗铺的营业由此受到严重的影响和控制，如粮栈、油粮加工要接受伪市粮谷组合的领导、监督，经营烟、酒、糖、茶业务，就要接受市专卖局领导、监督。张碗铺为弥补亏损也想方设法逃避监督、偷税，也采取虚报表报，私下贩卖油粮米面等牟利活动……"②

在桦南县有个同成兴粮栈，在太平镇（即土龙山镇）有总号，历史悠久，规模很大，"是粮栈兼营烧锅、油坊、大小百货。它的经理兰锡纯既是一位精明的企业家，又是一位在抗日史上对著名的土龙山农民暴动有贡献的人物。兰锡纯经营粮油生意的精明之处，最突出的一点是准确而及时地掌握出口行情。久而久之，同成兴粮栈便操纵了依兰以东大片地方的粮油市场。

同成兴粮栈在兰锡纯的主持下，干到1938年（伪康德五年）达到鼎盛时期。那时，除了原有的设在依兰县城的同成兴福记、湖南营的同成兴东记、佳木斯的磨房和曲子房而外，又在阎家、倭肯、宏克力、团山子、道台桥等城镇开设了分栈，并且在哈尔滨的广成和入了股。全栈从业人员达到300多人，资金总额达到伪币66万元。

在日伪当局刚刚加紧经济控制的时候，太平镇也成立了粮栈组合，兰锡纯当上了粮栈组合的经理，同成兴粮栈还可以为"满洲农产公社"（是由日本侵略者直接掌握的控制农产品的机构）代收大豆，每吨大豆可得两元伪币的手续费。当时，这笔可怜的收入已经维持不了粮栈的正常开支。油坊、烧锅原料不足，干干停停，也无利可得。随后，日伪当局实行全面的经济统制，多种商品实行"配给制"，同成兴粮栈的百货门市部也成了"代理店"，只能从谎报布匹尺寸中捞取一点好处，还不得不同经济警察合伙分赃。到后来，粮栈及其百货门市部俱

---

① 醒夫. 记本溪湖的张碗铺//本溪文史资料：第四辑，1989：208.

② 同①：212—213.

已无法经营，日伪当局又迫使走投无路的工商业者从事种植业和养殖业。这时，同成兴粮栈在太平镇西建立一个705垧土地面积的农场和果园。到1945年（伪康德十二年）"八一五"日本投降前夕，那里已有果树8 000株、生猪800头、羊500只，牛马各60匹，雇工100余人，耕种土地200垧。而经理兰锡纯，由于当了土龙山镇（即太平镇）协和会副会长，因而一度为修建日本侵略者的军用机场当了采石头的把头。①

在位于国境地区的饶河县，"至伪康德二年末，全县各类商号店铺总数已达176家，至伪康德四年，饮食业发展至23家，油坊十家，粉坊二家，磨房五家，铁匠炉五家，银楼（银匠）一家，豆腐坊五家，小炉匠多人。至伪康德五年（1938年）清乡靖野归村并屯政策之实施，全县农村生产生活造成极大破坏。人民陷入贫困深渊，城乡购买力大降，商界随之凋敝。至伪康德七年不到两年时间，全县倒闭之商号130余家。至伪康德八年（1941年）倒闭之商号已达百分之九十。"②

民族资本对经济统制的抵制

日伪对工业实行的统制，先是垄断了所有工厂的原料来源，变自由采购制为统一分配制，切断了城市工业与农村的天然联系。接着，又垄断了基本生活资料的供给，变自由购买为定量分配制。在流通领域的两端切断了民族工业同市场的联系。不仅如此，各种工业还成立了由日本人直接控制的各业组合。组合的权力很大，供给原料，包销产品。私人工业完全成为日伪的一个加工车间。

日伪对工业实行统制的结果，使不少民族资本大型企业破产关闭。同时由于严格的汇兑管理，民族资本家手中的剩余资金无法汇往华北，有的资本家不得不将残存的资本转向囤积货物和投机事业。1937年以后，在哈尔滨市，妓院、大烟馆和当铺的"繁荣"成为特征。哈尔滨的妓女从1935年的1 000余人上升为1939年的1.2万人，当铺经营数额由当年的20万张93万元上升为108万张1 000万元。③ 随着统制的强化，投机的对象由流动性大、易被征收的商品转向土地、房屋等不动产方面。"即砖、木材、钢材和水泥等建筑材料都受到强度统制，其公定价格被强制执行。反之，以它们为材料的房屋的价格及其转手买卖则缺乏统制，使满人方面对房屋的眷恋更深。"④

根据满铁调查局的调查报告，民族资本对经济统制采取各种办法进行抵制，

---

① 李法章，余生. 桦南县同成兴粮栈与兰锡纯//经济掠夺. 伪满史料丛书. 长春：吉林人民出版社，1993：164—167.

② 饶河县地方志编纂办公室. 饶河县志. 哈尔滨：黑龙江人民出版社，1992：575.

③ 哈尔滨档案馆藏书：《康德二年哈市年鉴》《康德六年哈市年鉴》。

④ 哈尔滨商工公会. 满人侧过剩购买力の善导と物价政策//哈尔滨经济资料集（一）. 1940（康德七年）：295.

其办法如下：①

1. 向统制的间隙或统制薄弱部门集中；
2. 向土地、房产投资；
3. 向个人金融业逃避；
4. 向纯黑市方面逃避；
5. 资金的储藏；
6. 从大中城市向县城、街村等农村方面逃避。

向统制薄弱部门集中，表现为大企业向小企业分解的倾向，企业采取细小规模的形态，正是向统制薄弱方面集中。报告举出奉天的更生布织布业作为例证，写道："在奉天的再生织布业是由于纤维品不足和统制引起的短缺，从康德八年到十年在奉天地区发生的，现在业者数约80家。工程分为弹棉、纺线、织布三种，多兼营者。资本金为2万～12万元。原来再生织布业的原料布屑是由收废品的资源爱护协会通过制棉配给联合会、弹棉组合实行配给，其中介入多数经纪人。上述80家业主主要在后一径路上活跃。在这里保留着他们可能追求原有高利润的地盘。再生布的价格也按统制价格一码1元08分～1元29分，实际价格是3～9元，平均以5元进行交易。"②

关于由大城市向县城、农村转移资金问题，报告举出海城县当铺放款的逐年增大作为土著资本在农村活跃的例证，如表2-8-2所示。

表 2-8-2　海城县（除去大石桥）全体当铺月末余额　　单位：元

专业名称	康德八年10月末日	康德九年10月末日	康德十年10月末日
大兴当	378 723	625 944	680 238
庆余当	49 663	…	…
九成当	67 231	89 127	165 631
大东当	16 395	40 137	54 015
福记当	…	7 091	102 123
定成当	…	2 378	96 764
四乡各当	423 786	681 704	879 552
计	1 035 896	1 446 381	1 978 321

备考：上表中大兴当的贷出对象，农民占70%。

---

① 南满洲铁道株式会社东亚经济调查局编写的秘级文件《昭和十九年3月，土著资本调查报告书》，第17～18页。

② 南满洲铁道株式会社东亚经济调查局编写的秘级文件《昭和十九年3月，土著资本调查报告书》，第18～19页。

第九章
劳动统制

第一节　劳动统制与满洲劳工协会

一、劳动统制的开端——限制华北工人入境

"九一八"事变前五年华北农民到东北谋生的人数平均每年为 85 万余人，不仅保证了东北的工矿企业对劳动力的需求，而且维持了工人的低工资，是满铁及其他日本企业获取高额利润的重要原因。事变后的 1932 年由于日本的占领，华北进入东北的人数只有 37.3 万。但是，关东军出于"治安第一"和限制中国移民促进日本移民的需要，于 1933 年 12 月成立劳动统制委员会作出了限制华北工人入境的决定。从 1934 年开始在伪满洲国和日本直接统治的关东州每年规定华北劳动者入境人数的限额。

1934 年 4 月 1 日，关东军又伙同日军天津特务机关在天津日本租界设立大东公司。该公司的业务是在劳动统制委员会限定的数量范围内发放身份证明书并负责华北工人的招募、供应、输送及其附带业务。

1935 年 3 月 21 日以伪民生部令公布《外国劳动者取缔规则》，使对华北工人的入境限制法制化。该规则规定，外国劳动者入境必须持有外国劳动者经管人发给的身份证明书。大东公司则被指定为唯一的外国劳动者经管人。

这种劳动统制的结果是华北劳动者出关人数大减。1933 年 57 万人，1934 年 63 万人，1935 年减为 44.4 万人，1936 年降到 36.4 万人，1937 年更减为 32.3 万人。

二、劳动统制的实行机关——满洲劳工协会

五年计划的执行，伪满对劳动力的需求大增。1937 年 7 月，伪满民生部对

重要产业工人的供求状况做了调查，结果判明所有产业部门都缺少劳动力，尤以工矿业为甚。然而，当年只有 32 万人由华北入境，连许可数的 38 万也没有达到。劳动力的不足使得厂家对熟练工人展开争夺，引起工资上涨，工人流动率上升，劳资纠纷也有所发展，成为日伪完成掠夺计划的一大难关。日伪当局不得不缓和对出关华工的限制并进而采取积极招徕华工的方针。同时加强对内的劳动统制，着手筹办劳动统制的实行机关。

1937 年 12 月 14 日伪满当局公布《满洲劳工协会法》，1938 年 1 月 7 日设立特殊财团法人满洲劳工协会。满洲劳工协会在各省设支部，支部长由各省次长担任；在各市、县、旗设办事处，办事处长由各市、县、旗副长担任。各办事处的主事、参事、科长以至股长都由日本人担任。可见，劳工协会是一个打着劳工幌子的伪满政权同日本资本家结合一起管理劳工的半官方机构。

劳工协会的业务是以调整工人的供求，确保和培养劳动资源为目的，担负工人的招募、供应、输送和分配的斡旋；工人的登录及劳动票的发放；工人的训练及保护设施的经营；劳动市场的经营管理及一般职业介绍；有关劳动的各种调查；其他伪满政府的特命事项。①

1938 年 6 月，伪满公布《暂行劳动票发给规则》，在 15 市 27 县，由劳工协会实行劳动登录。同年 8 月 14 日，又以伪民生部令试行指纹登录制。

劳工协会负责劳工的募集，由劳工协会总部向各省支部下达应募劳工数量，省支部再向市、县、旗办事处下达募集数量。各业主募集劳工均须向劳工协会办事处募集股办理申请手续，领取募集许可证。

1938 年 7 月伪满决定将满洲劳工协会和大东公司合并。1939 年 6 月 30 日，解散大东公司，次日由满洲劳工协会接收了大东公司的财产和机构。

在满洲劳工协会与大东公司合并时，涉及大东公司在关东州的业务，结果决定改组关东州劳务协会，使之同满洲劳工协会建立密切不可分的关系，并将在州内上陆的华北工人的身份证明书的发放权给予关东州劳务协会。1939 年 6 月 12 日签订了《关于满洲劳工协会及关东州劳务协会劳动统制一元化纲要》，实现了整个东北殖民地劳动统制的一元化。

第二节　劳动统制法

1938 年 2 月 26 日伪满跟随日本公布了《国家总动员法》，其中包括有关劳

---

① 满洲劳工协会．康德七年版满洲劳动年鉴：326.

务动员的规定。同年7月，伪满国务院按关东军的要求新设企划委员会并制定了劳动统制纲要案，确定了彻底强化劳务统制的方针。同时撤销了关东军的劳动统制委员会。9月10日，在企划委员会下成立劳务委员会主持劳动政策的审议。

劳务委员会由伪满总务长官任委员长，其成员包括有关政府部门和民间公司的代表，是审议劳动政策的最高机关。

根据劳动统制纲要，又制定了《劳动统制法》，于同年12月1日公布。次年1月30日公布了该法的实施细则，从2月20日开始施行。

《劳动统制法》是伪满实行劳动统制的基本法，伪满政权通过这个《劳动统制法》赋予自己以全面实行劳动统制的广泛权力，特别是关于强制分派征用工人和命令业者保有工人的权力。这个《劳动统制法》也赋予劳工协会以实际执行劳动统制的广泛权力。

关于劳动统制的核心部分，即关于工人的使用或雇佣以及关于劳动工资和条件的统制，采取了由企业家自主地缔结协定的方式。首先由伪民生部制定关于统制协定的纲要，由劳工协会根据该纲要组织企业家签订统制协定并充任协定参加者的代表。

统制协定有三种，分为全国协定、地区协定和分科协定。全国协定是关于雇佣和使用工人的协定。地区协定是以市、县（旗）为范围，以劳动条件特别是以工资协定为中心。分科协定是使参加地区协定中属于同种行业者就该行业的特殊事项缔结的协定。所有协定的首要目的都在于防止工人的流动和企业之间互相拉拢工人。

但是，所有这些协定，在劳动力紧缺的情况下，都难以奏效。破坏协定的行为接连不断，工人的流动率不断上升，工资大幅度上涨。为此，伪满政权于1939年9月18日又出台了《工资统制方策纲要》和《调整劳动力供求纲要》，规定各种工人的标准工资，企图抑制工资上涨，同时决定：① 增加劳力供应，尽力增加当地工人，积极招募华北工人；② 实行劳动力的重点分配；③ 调整劳动力的供求，保有和运用后备劳动力。

1940年7月1日，伪民生部又发布《工人专管募集规则》，首先在伪安东、热河、锦州三省，排除自由雇佣，由劳工协会在伪政府机关的协助下，独自或指导企业承担工人的招募、分配和输送。

1940年8月修订了《劳动统制法》，在强化统制的同时，采取了促进统制协定的缔结、重点分配劳动力、彻底防止移动和抑制工资等各种措施。同年11月制定《劳动者移动防止政策纲要》企图控制工人的流动，以保证军事工程和矿山所需劳力。

在招募华北工人方面也实行统制，1939年1月伪满发布《对于中国工人募集并使用纲要》，规定对华北工人的募集原则上使令团体实施而在伪民生部和治安部大臣的监督下由大东公司（后来是满洲劳工协会国外部）进行统制。

为了在华北工人来源不足的情况下，避免各企业之间在招收工人上的竞争。1941 年 1 月 25 日，在满洲劳工协会的策划下，由各招工企业签订了《中国劳动者募集统制协定》，由劳工协会理事长分配募集地区。招募人数也须劳工协会承认。

第三节　技术人员的培养和
满洲矿工技术员协会

随伪满产业开发五年计划的执行，技术人员的不足愈加严重，熟练工人也严重不足。原来伪满洲国的高中级技术人员主要靠日本供应，绝大部分是日本人，来自日本的大学、专门学校。而到了 1938 年，由于日本向南方发展，同样面临技术人员不足的问题，对于伪满的需要甚至连最低限度也不能满足。伪满不得不改变技术员、熟练工依赖日本的方针，决定就地培养以增加供应。1938 年 2 月 8 日，关东军参谋部要求伪满政权，对熟练工人的获得、培养和分配，制订具体计划。

1938 年春，伪满制定了《矿工技术员补给纲要》及有关技术动员的各项法令。当年 12 月 27 日设立满洲矿工技术员协会。这是个以 46 个大企业为会员的企业主的组织，由它承担技术人员（普通技术员及技工）的招募、就业、介绍、培养、职能登记、训练所的经营和各项调查研究等。

高级技术人员主要依靠日本，一般技术人员则是依赖日本和自行培养二者并存。在 1939 年年底，伪满培养高级技术员的机构，有哈尔滨工业大学、国立大学新京矿工技术院（后为新京工大）、国立大学奉天矿工技术院（后为奉天工大），又对日本的各大学、专科学校设给费生制度。关于普通技术员则整顿各公司的自家培训机关，由矿工技术协会发给补助金，委托培养实习生。矿工技术员协会又在奉天和安东开办技术员养成所。[①] 所谓就地培养，也主要是培养在伪满洲国的日本人，新开办的大学主要是招收日本人学生。至于技术工人则原则上靠企业自己培养，伪满政权给予扶持。

---

① 满洲经济研究会. 满洲国经济十年史. 大学书房，1943（康德十年）：244-245.

第四节 林 业 掠 夺

一、满铁林业事务所

1931年"九一八"事变前，外国对东北的林业掠夺，南有日本的中日合办鸭绿江采木公司和以满铁为背景的满鲜坑木株式会社，北有苏联的中东铁路和以其为背景的海敏公司，而以苏联人势力最大。

"九一八"事变后，满铁仍然是日本掠夺东北林业资源的主力军。1935年3月，满铁铁路总局接管了中东路，原中东路附属的三个林场划归哈尔滨铁路局经营。同中东路有密切关系的海敏公司林场也由哈尔滨铁路局继承了权利。同年11月关东军又借伪满洲国实业部的名义将滨绥线上的亚布洛尼林区委托给哈铁经营。1936年4月，哈尔滨铁路局为经营这些林区，设立林业所。同年10月，哈尔滨林业所划归铁道总局直辖。

哈尔滨林业所直属林区有：（1）绰尔林区（后来的博克图林业所）在滨洲线博克图站南方约50公里的绰尔河上游，面积约8万公顷，贮材量约2500万石；（2）东部林区（后来的亮子岭林业所）在滨绥线石头河子站附近，面积约9万公顷，贮材量2600万石；（3）岔林河林区（后来的通河林业所）在松花江下游伪三江省凤山县，面积约3万公顷，贮材量约1500万石。此外，还有海敏公司林区在滨洲线牙克石南北（后来的牙克石林业所在海拉尔河上游，海林林业所在伊敏河上游），面积约140万公顷，贮材量约17000万石。亚布洛尼林区（后来的亚布洛尼林业所）在滨绥线亚布洛尼站北方，面积约27万公顷，贮材量约37000石。[①] 1936年度，哈尔滨林业所的出材量为75万石，纯利30万元。

海敏公司原本由中东路、苏联人伏伦佐夫和龙江省三方共同经营。满铁接管了中东路也就接受了在海敏公司的权利。由于代替龙江省的伪满蒙政部在1936年以后退出，海敏公司遂成为满铁同伏伦佐夫的合办事业。该公司的林场是北满的最大林场，满铁决定据为己有，采取了排挤伏伦佐夫的方针。1938年终于迫使伏伦佐夫兄弟以伪币15万元的代价，放弃他们在海敏公司的一切权利。[②] 同年，哈尔滨林业所接管了原属满铁本社产业部的位于新巴尔虎旗阿尔善河上游的临时南兴安伐木作业场（后来的白狼林业所）。

---

① 铁路总局附业课. 铁路总局产业关系事业概要，1935（康德二年）：61-62.
② 北满铁路残务整理记录其一：541-548.

1938 年 9 月，哈尔滨林业所同伪满当局签订了撤销满铁所有林场权的协定，维护伪满林政的统一，同时约定原有林区照旧实行自由采伐，在新林区则经营官方采伐的转包，据此渗入全满林场。

1939 年 3 月，满铁将海敏和扎兔两公司解散。扎兔公司原为中日合办，林场位于伪兴安北省索伦旗扎敦河及兔渡河上游，面积约 60 万公顷。因与黑龙江省的纠纷，在"九一八"事变前即处于停业状态。1936 年 12 月 24 日，该公司与伪满蒙政部签订扎兔林区暂行协定，开始采取积极经营方针。从 1937 年 10 月 1 日至 1938 年 9 月 30 日，生产普通枕木 288 406 根、电杆及原木 50 707 根、细原木 217 437 根、坑木 316 972 根。当年获利 139 614 元。1939 年 4 月 1 日起，根据同伪满产业部的协定，满铁解散扎兔公司，一切业务移交铁道总局林业事务所。新设伊列克得林业所管理。[①]

1939 年 4 月，新设铁道总局直属林业事务所于奉天，在海拉尔、博克图、通河、亚布洛尼和阿尔山五处设置林区事务所。[②] 同年 11 月，在伪三江省依兰新设了作业场（依兰林业所）。1940 年 7 月，在海林长汀间修建了森林铁路。为经营这条铁路，于 1941 年 8 月新设了海林林业所。通过这条铁路，满铁还获得了渗入大海浪河上游背后地区新林场的有利地位。

林业事务所根据它同伪满林野局签订的契约，经营"国有"森林的采伐事业，以确保铁路用木材，同时有调节市价的作用。

林业事务所的作业林场主要在北满，采伐期大体从 10 月到来年 3 月。每年必须事先制订计划，取得伪满林业局的采伐许可。

1940 年，林业事务所使役工人 2 976 000 人次，一日平均最多时为 13 000 人（1 月），最少时也不下 5 000 人。

满铁经营伐木事业的最大特点是其拥有标准轨距的森林铁路。1941 年，林业事务所拥有森林铁路总长达 320 公里，年输送能力达 1 788 000 吨。不过，林业事务所的林区面积只不过是东北森林面积的 3.6%，贮材量只占 1.9%。随伪满政权以国家名义进行的林业砍伐规模的迅速增长，满铁砍伐木材所占比重逐年下降。1940 年满铁的木材产量合计为 941 000 立方米，只占伪满总产量的 14%。满铁为扩大产量，急需扩大林区，实施了大量森林调查。

二、满洲林业株式会社

满铁受托经营国有铁路之后，为保证铁路获得廉价木材，在关东军支持下，

---

① 满铁文书：甲，昭和十四年，总体、监理、关监、扎兔公司，第 112 册 3，第 2 号及第 5 号。

② 满铁文书：甲，昭和十三年，总体、文书、文书、职制、第 2 册 32、第 12 号。

策划将部分国有森林的经营，作为铁路的附属事业。关东军于1933年5月14日通过了《满洲林业经营机关设立纲要》，决定设立大同林业公司经营指定的国有林，事业地区暂时限定为敦化、额穆、桦甸三县和宁安县的南半部，由原林场权所有者出资200万元，国有铁路200万元，一般募股100万元，公司应确保对国有铁路用材的供应。同时规定，除依条约和协定者（指鸭绿江采木公司、中东海林公司、扎免公司及其他苏联人经营的林业）外，政府不得委托他人经营国有林。大同林业公司的主体是铁路总局，而且大同林业公司是作为未来国有林区的唯一经营者筹划的。①

但是，由于牵涉日本的林矿借款关系，这个方案遭到日本大藏省的否决。同年11月，决定暂由满铁和共荣业株式会社在吉林联合设立大同林业事务所，作为过渡机关，经营这些林场。

1935年10月14日，关东军司令部重新拟定《满洲林业股份有限公司设立纲要》，将公司名称改成满洲林业股份有限公司，将资本的分配改变为伪满洲国政府250万元，其他250万元（其中满铁100万元，林场权者100万元，其他50万元，实际分配是满铁125万元，共荣起业125万元），理监事由选任改变为理事长及专务理事由政府任免。公司的主导权从满铁转入伪满政权手中，并将原方案中的"公司对国有铁路应确保铁路用材的供应"改变为"公司应按政府指定，对满铁及纸浆公司确保用材供应"。该公司于1936年2月29日宣告成立，并接收了大同林业事务所的伐木事业。

1938年9月，伪满政权为贯彻其直营采伐方针，加强对木材的统制，决定使满洲林业株式会社②逐步发展为木材的统一配给机关，加以扩大和整顿。10月，将该社的业务目标由采伐政府发放的林木和销售所伐木材改变为木材的买卖、进出口和制材以及对木材采伐业者通融资金，并将资本增加为3 000万元。1940年10月，按伪满政权的安排，将满铁、伪满政权和东洋拓植持有的各5万股出让给东满纸浆会社、东洋纸浆会社和满洲纸浆会社。使这些会社与供给木材的满洲林业株式会社建立起资本上的联系，以促进日本纸浆业的发展。

1938年10月末，满洲林业株式会社有森林铁路（新开线、沙河线、额穆线、官屯子支线）113公里和大石头、蛟河、黄泥河三个木材加工厂，在敦化有直营事务所，下辖北大枕、威虎河、沙河掌和寒葱沟四个作业所以及黄泥河、黄松甸、大石头和敦化四个贮木场。1938年度，采伐木材1 107 729根、

---

① 满铁经济调查会．立案调查书类：第11编 第1卷 第1号 满洲林业方策：333-336.

② 满洲林业股份有限公司自1937年起改称满洲林业株式会社。

1 266 827 石。①

三、林业及木材统制

1938 年 7 月 27 日伪满水曜会决定《木材需给调整及价格统制应急实施要领》，鉴于木材在国防上、经济建设上占有的重要性，谋求应急木材的供需调整及价格统制。

其要领大体如下：②

一、国营森林的采伐尽速普及官斫。

二、使满洲林业、中东海林及鸭绿江采木等特殊公司的伐采材或保有林的配给和价格服从政府的统制。

三、满铁及国铁采伐的一般用材，除自家用外，全部卖予满林，销售价格按上项规定。

四、民间采伐一般用材，至少要将许可数量的十分之六，按官定价格卖给满林。

五、军用材、官厅、其他大批用材、移民用材、纸浆用材，其他特殊单位所需的一般用材，在政府统制下，原则上由林野局或特殊公司直接供给。

六、制材业作为许可事业，根据需要实行制材费等的统制。

七、各主要木材集散地分别使制材业者及木材业者组成组合或其他适当机构。

八、木材输出实行许可制。

在当年 10 月 25 日又以《康德六年度木材需给调整及价格统制实施要领》，追补了如下要领：③

一、林野局按物资物价委员会决定的重要物资需给计划，制订具体的木材配给计划。

二、军用材、官厅用材、移民用材、纸浆用材、产业开发五年计划关系用材及其他特殊单位大批用材原则上由官斫材、满林材（采伐材及保有材）及鸭绿江采木的木材中供给。

三、（略）。

四、满林收买各方木材形成配给储备中心，规定满林收买价格。

五、满林以自己的储备中心材卖给民间制材业者或木材销售业者，必要时可

---

① 满铁总裁室监理课 . 满铁关系会社调书，1940（昭和十五年）：620-621.
② 满洲事情案内所 . 满洲产业概要，1942（康德九年）：38-39.
③ 同②：39-41.

对一般民需直接零售。

六、林野局、满林、鸭绿江采木的木材售价，规定国家规制价格。

七、对于民间采伐业者，国家规制价格就是最高统制价格。

四、对汤旺河流域森林的掠夺

绥佳线的绥神（树）段，通车于 1939 年，佳南（岔）段通车于 1940 年，翌年（1941）南神段接通，全线通车，形成了哈佳干线。日本侵略者构筑的图佳、哈佳两条铁路，目的在于掠夺我松花江北的物产资源。

汤旺河流域森林茂密，未经开采，随哈佳线（哈尔滨—佳木斯）的开通，1938 年日伪对汤旺河下游森林开始掠夺，首先采伐的是汤旺河支流亮子河、石头河子、佛爷顶子、悬羊砬子、大荒沟（在哈佳线浩良河站、亮子河站、晨明站、桦阳站一带）等地。伪满洲国林野总局在北安设置了北安营林局，其下，在县设营林署。1940 年 5 月 1 日，佳木斯到南岔这段铁路通了车。满洲林业株式会社在这段铁路中间的浩良河站设立了出河场，鸭绿江制材合同株式会社也在那里设立了制材厂。

地处汤旺河中游两端的伊春和南岔各有三条铁路丁字形交汇，成为这一带林区的木材转运中心和重要交通枢纽。日伪将南岔以北的森林地带定为特殊地区，实行严密封锁。

满铁调查后，发现汤旺河上游有庞大的森林资源。1941 年着手修建森林铁路。1944 年春，由绥佳线南义站修至伊春，并由伊春分别向北和向西延长。1944 年冬季在伊春河中游采伐了 40 万立方米，并于 1945 年春解冰期实行放筏。[①]

---

① 石井贞彰. 東北新姿を読む//满铁会报：20.

第三篇 ●

战时经济体制和
紧急经济掠夺

从 1941 年太平洋战争爆发到 1945 年日本投降，是日本对东北进行战时全面经济掠夺的时期，也是殖民地经济走向崩溃的阶段。严酷的统制、疯狂的掠夺、野蛮的搜刮、残暴的压榨、物资的奇缺、生活的艰难就是这一阶段的写照。

1937 年日寇发动全面侵华战争，1940 年侵入越南，1941 年发动太平洋战争，侵略战争愈打愈大，战线越拉越长。日寇的狂妄野心和它的财政经济实力之间存在的无法克服的矛盾也渐趋尖锐，日伪的经济已经走上恶性循环。为摆脱困境，日伪更多地采取超经济强制的手段，实行竭泽而渔的掠夺和榨取，将人民逼上绝路。其结果是伪满洲国的经济日益走向崩溃。

日本资源贫乏，经不起长期战争的消耗，如果没有美国的钢铁、煤油，没有英国殖民地的市场，它就很难支持这场战争。但是，继 1941 年 6 月德苏开战，英、美对日实行资产冻结，美国禁止向日本出口钢铁，限制煤油向日本出口，英国殖民地也限制日货的进口。日本所能依赖的就只剩下了它的所谓"日满华共荣圈"了，不得不将目标定在日元集团内"自给自足体制"的建立上，供给日本紧缺物资就成为东北和关内沦陷区的首要任务。

根据日本制定的《日满支经济建设纲要》，伪满洲国的产业目标首先在于"矿业及电气事业的划时代的振兴"。这里说的矿业主要是指铁矿和煤矿。太平洋战争的爆发更加促进了这一点。由于在资材方面，除自给之外别无他法。就有了争取建设资材自给的新任务，即要求重工业特别是机械器具工业的增产。同时，生活必需品的供给问题，关系到劳动力的确保以及需要劳力最多的矿业及农业的增产问题。这就提出了伪满洲国的生活资材自给的任务。关于地上的植物资源，伪满洲国作为"日满华"的食粮饲料补给的基地，也有增加食粮、饲料及大豆生产的新任务。

太平洋战争的初期阶段，东南亚大部地区被置于日军的制压之下，日本得以利用南洋丰富的资源，特别是它的石油和橡胶。日本和伪满洲国的物资供应也一度显得宽裕。但是到了1943年，太平洋战区日军的形势急剧恶化，特别是南方地区的制空权、制海权逐步为美军所掌握。"以夺取南方资源，石油、铁矿石、铁矾土、镍、橡胶等战略物资为基本方针的'大东亚共荣圈'设想，由于海上运输力的恶化（民需用船舶转向作战用、美军攻击造成的船舶破坏、新造船计划的失败）而崩溃。"[①] 在这种形势下，日本对伪满洲国在军需及其他物资方面的要求立即增大，其品种也扩展到伪满官员预想不到的地步。其中要求最强烈发送数量激增的是食粮，其次为铁、煤、非铁金属、人造石油等。

于是，经济统制更加强化，掠夺更加疯狂，剥削更加入骨，压榨到最后一滴血一滴汗、一块煤一粒米。东北人民进一步被置于人间地狱。

后来战局更加恶化，"到了连日满间的海上输送也遭到损害，满洲经济运营的目标又转变为'大陆（满、鲜、华、蒙）自给圈'的确立。以从原材料到成品联合产业的编成和大陆自给作为目的，从日本转移设备和以东边道为中心的'东南开发计划'被提出，在1945年春连对日贡献也被放弃"[②]，东北的日伪经济已处于全面的崩溃瓦解之中。

① 山本有造."满洲国"の研究.京都：京都大学人文研究所，1992：207.
② 同①：207-208.

第一章
战时经济体制的建立

第一节　日本战时经济对伪满的要求

一、日满华经济建设纲要

随着日本在华北、华中和华南占领地区的扩大和汪伪政权的建立以及第二次世界大战的进展，日本同德国和意大利签订了三国条约，提出了以日本、伪满和汪伪政权为核心建立东亚新秩序确立大东亚共荣圈的侵略方针，决定了基本经济政策。

1940 年 10 月 14 日，日本政府通过《国土计划设定纲要》。提出"以日'满'华整个国防强化为目标，制订国土计划，地域之范围包括日'满'华，……树立国土综合的保全利用开发之计划。"① 随后公布了《日满华产业配分计划设定纲要》。其要点为：

（日本）兵器工业、机械工业、精密工业

（满洲）电气工业、矿业、一般机械工业、轻工业

（中国）制盐业、矿业

日本的目的是"确立日'满'华自给自足集团经济，以便直接应付侵华战争与国际经济封锁。"② 此项计划系以"适地适业"为原则，即按原料部门、半成品部门、完成品部门，进行划分。"以日本为所谓高级加工工业的中心地，以'满洲'为所谓基本重工业的中心地，而以我国内地各沦陷区为所谓资源和低级

---

① 中央经济调查局特种经济调查处.四年来之敌寇经济侵略，1941：37.

② 同①：42.

轻工业中心地。"①

决定日"满"华综合经济的基调的是1940年11月5日日本政府发表的《日满支经济建设纲要》，又称为《日满华经济建设十年计划》。决定以十年为期"把日、满、华北、内蒙古地区及其前进据点的华南沿岸特定岛屿打成一片作为自存圈，即把日满一体化扩大为日满华（华北、内蒙古）一体化，确立以日本为中心的自给自足的国防经济"。与此同时伪满洲国为全面协助日本也发表了《日满支经济建设联系纲要》。

伪满政权的任务是急速的整备发展重要基础产业。其基本政策是"置重点于矿业及电气事业之划期的振兴并依日满间适地适业之趣旨，努力于重工业及化学工业之发展。……彻底的谋求农产物之生产。"②

为实现《日满支经济建设纲要》，1941年4月7日，日本政府发表了以企划院为中心的日满支经济协议会设置纲要。日满支经济协议会"为内阁直属的协议机关，会长由企划院总裁担任，委员以有关各厅次长、次官及中国、满洲国关系官充之，……本协议会的决定事项分别移交有归属责任的关系当局谋求其实现。期望促进全日满华的生产扩充、物动计划、资金、贸易、劳务、交通等的基本政策的具体化。"③ 该协议会成立后，作为审议伪满洲国和伪华北政权经济计划的最高机关，屡次召开关于贸易、资金、物动、生产及运输等的日满华会议、日满会议、满华会议，希图确立日满华综合经济。

1941年秋，伪满总务厅企划处根据《日满支经济建设纲要》和日本的《日满华产业建设五年计划纲要》，决定了伪满洲国的《第二个五年计划基本方针纲要》。这一基本方针纲要成为后来制订的第二次产业五年计划的基础。

二、满洲国基本国策大纲

伪满洲国傀儡政权在其成立的十周年，1942年12月8日发表了《满洲国基本国策大纲》，公布了以后十年的施政方策大纲。要求"在确立国防国家体制的同时将国力向完成大东亚战争结集，进而有助于大东亚共荣圈的必成。……谋求产业的划时期开发的同时发扬勤劳兴国的民风。"④ 在其经济纲要中提出要完成国防经济体制，特别是首先将重点指向基础产业的开发以及交通网的扩充上。在继续坚持计划的统制经济的原则的同时，在统制方式上有明显改变：首先，不再

---

① 汪宇平. 十年来暴日侵略下东北经济的演变. 东北，1941，4（1）：37.
② 满洲产业调查会. 满洲产业经济大观，1943（康德十年）：19-20.
③ 总裁室弘报课. 满洲トピック解说：第3ノ11号　日满支经济协议会的设置，1941（昭和十六年）：48.
④ 满洲农产公社. 满洲国基本国策纲要并兴农关系诸纲要汇，1943（康德十年）：1.

坚持特殊公司制度，规定"特殊公司只限定那种对于企业要求国家高度参与计划的事业"。其次，是放弃一行业一公司主义，规定除企业的本质上逼不得已者外不再采用。实现了特殊公司的大改组，满炭下属煤矿的分离独立和钢铁工业的统一，强调企业的核算、经营合理化和提高效率。在重工业部门要求置最重点于铁钢、电力、煤、轻金属及非铁金属的开发，同时"逐步向化学工业、机械工业及其他完成品工业的确立过渡。"[①] 在农业、轻工业等领域也主张确立自给自足。

纲要还要求确立国民皆劳体制。

三、东亚经济恳谈会

1938 年，日本召开了"日满华"经济恳谈会，并为使这种恳谈会制度化，于 1939 年成立了东亚经济恳谈会，以促进日、满、华经济的顺利的综合性开发和发展作为目的。其后，随事态的进展，进一步明确，不仅日、满、华，它还是包括大东亚全区域、南方各地区的涉及大东亚全区域的经济团体，谋求整个区域经济的综合的开发。

东亚经济恳谈会合并了日满实业协会和日本海经济联盟，1942 年又合并了南方经济恳谈会，1943 年 6 月合并大东亚经济联盟。这个东亚经济恳谈会在东京每月 7 日集合"日满华"各团体的中坚干部召开所谓七日会，又在伪满每月召开定例的满洲协议会。

1943 年 12 月伪满政权首脑访问日本，结果决定：（1）急速生产直接战力物资；（2）强力推行农产物增产计划；（3）建立日满间物资交流的新路径；（4）强化日满民间输送力；（5）满铁关系事业的重点集中。重点是钢铁、铝、粮食的增产，化学工业的振兴，输送力的强化。

关东军部队也向伪满地方当局提出各种要求，例如，1943 年 3 月，在东满经济恳谈会上日本关东军第十一部队对伪牡丹江省提出了关于地方产业的 5 项要求：第一是稻草、干草等捆包材料的现地自给；第二是兵器资材及零件的现地自给；第三是不足的重要资源的储备、代用燃料的增产，还要求增加大车的数量；第四是副食品自给自足所必要的种子；第五是兴办废品利用的设施工厂。此外，还要求供给蔬菜、粮食和饲料。[②]

---

① 满洲农产公社. 满洲国基本国策纲要并兴农关系诸纲要汇, 1943（康德十年）：4, 6.

② 牡丹江省商工公会, 三江省商工公会, 东安省商工公会, 等. 东满经济恳谈会报告书, 1943（康德十年）：20-21.

第二节　第二个五年计划与战时紧急方策

一、第二个五年计划

1941 年 9 月 9 日，伪满总务厅根据《日满支经济建设纲要》，通过了满洲国产业建设《第二个五年计划基本方针纲要》，其根本方针是 "以日满一体关系作为中核在东亚共荣圈急速确立自给经济作为目标"，在基本产业建设开发的同时 "考虑在现地促进急需产业的开发并扶植各产业领域的均衡发展，以图充实增强综合的经济国力"。① 根据这一基本方针纲要，又制定了遍及各部门的具体计划案，提交日满支经济协议会，在审议过程中由于太平洋战争爆发，伪满立即于 12 月 20 日制定了《战时紧急经济方策纲要》，第二个五年计划的实施方案不能不作相应改变。

这个战时紧急经济政策的重要内容是，"第一，谋求战时重要物资的彻底的紧急增产，为增强日本的战力尽可能作出贡献。第二是为尽量减轻日本的战争负担，将我们为扩充生产力及其他各种经济运转所需对日期待物资，不论生产资料或消费资料，极力加以压缩，将之转为自力筹办。第三是不仅尽满洲的全力倾注于战时紧急物资的紧急增产，还使朝鲜、华北等的所谓大陆各地区之间的经济交流关系更加高度化，集聚各地区的综合的力量，将之用之于战力增强。"②

原来第二个五年计划是以在资金、资材等方面对日本的相当的期待为前提。战争爆发后，日本的军需消费大增，供应能力大减，伪满不得不一面极力增大战时紧急物资如铁、煤、轻金属、液体燃料和农作物的对日供给，一面将对日本的期待止于日本物动计划及输送计划可以期待的程度内。对绝对需要重要建设资材的工矿部门，置重点于战时紧要且有效的事业上。努力增产日本所需要的重工业原料煤、铁、有色金属和粮食，以保证生活必需品的自给为目标振兴轻工业。与之相连的是扩大发电能力，动员当地资金，发挥现有设备能力，提高劳动效率，进一步强化经济统制和配给限制。

于是，对第二个五年计划进行了较大的修改，控制不急需和生产周期长的产业，以促使重点产业提前完成。

1943 年度，铁、轻金属、液体燃料和农作物的短缺成了进行战争的重大障

① 汪宇平 . 十年来暴日侵略下东北经济的演变 . 东北，1941，4（1）：3.
② 社团法人东亚经济恳谈会 . 昭和十八年 6 月第四回日满经济恳谈会报告书：31.

碍。同年 12 月，伪满洲国设立了紧急增产本部，督促急需物资的紧急增产。

第二个五年计划依然是掠夺战略物资的计划。这个计划其实是第一个五年计划的延长和补充。它基本上是完成第一个五年计划的尾巴工程。不过在重视农业，放弃建立自给自足体系和不依靠第三国等方面同第一个五年计划是截然不同的。

对比第一个五年计划，作为第二个五年计划的特质可以举出：（1）纠正偏重工矿业部门这一第一个计划的缺陷，重视农作物的增产以及各种民生施策；（2）放弃国内重要产业自给自足化的基本方针，改变为作为确立东亚自给自足经济的一环，高度地发挥满洲所有资源力；（3）排除对第三国资金的依存，在日本对满投资以外，以国内资金的动员充当等。

二、技术人员由日本供给的限度和伪满洲国技术工的紧急养成

伪满为完成五年计划所需高级技术人员一向仰赖于日本供给。靠日本毕业生的分配。"七七"事变以后，这种供给愈益困难。到太平洋战争爆发后，只能满足需要的四分之一程度，伪满不得不考虑就地培养。首先扩大新京、奉天、哈尔滨三所工业大学，又向日本京都立命馆专门工科学校派遣委托生。

1941 年 2 月 17 日公布《满洲矿工技术员协会法》，"实行技术要员的培养、募集及训练"。同年 3 月，又公布了培养矿工技术人员令。从 1944 年起，进一步放弃了原来的技术员依赖日本的方针，将重点置于国内。

关于紧急技术工的培养，依据高级技能者培养令，令机械、金属和化学工业的大公司设立培养机构，进行义务培训，并加强建设满洲矿工技术研究会的人才培养机构。

第二章
战时农村与粮谷掠夺

第一节　战时农村与统制政策

一、兴农合作社的发展

伪满将兴农合作社定义为"兴农增产的核心实践机关""增产搜荷的实践组织体"①。1943 年 8 月，公布《兴农合作社改善指导纲要》，强调将合作社业务的重点放在农事互助上。对合作社制度和机构也作了调整，规定以县、旗长兼任社长，以副县长或旗的参事官兼任副社长，合作社的省联合会改为中央会省支部，中央会的业务权限逐渐移让给各省支部。同年，伪满公布《村兴农合作社、县旗兴农合作社联合会设立纲要》，规定兴农合作社以村为单位，以兴农会为基础，村合作社的社员由区域内的兴农会的会员组成，以村长为村合作社社长，兴农会会长为合作社理事。

兴农会作为兴农合作社的下部组织，从 1941 年就开始建立。1943 年为兴农会组织整备三年计划的最后一年，要求在该年实现全地区的组织化。在组织完成地区的街村设置办事处并由合作社派出 1～2 名指导员。由重点兴农会开始征收兴农会费，标准按耕地面积 1 垧最高 1 元。②

在普遍设立兴农会的基础上由县合作社过渡到村合作社，"将来在养成兴农会成立村合作社后，将兴农会作为屯这个国民邻保组织的经济职能包摄在屯中解消之。"③

---

① 兴农合作社中央会. 康德十二年度 合作社业务运营要领：1.
② 兴农合作社中央会. 康德十年度 兴农会组织育成实施要项、康德十年度普及宣传实施要项：1.
③ 兴农部大臣官房. 康德十一年度兴农部关系重要政策纲要集（追录第二号）：33.

1944 年兴农部决定的《兴农合作社农事互助强化纲要》要求兴农合作社同有关机关协作强力且有组织的推行农事互助事业。每个年度要制定农事互助实施要领，并向流通统制机关，按每吨原粮征收农事互助费 5 元，交付兴农合作社中央会。[1]

在 1945 年，兴农合作社中央会的《业务运营要领》又要求完善的全国组织网，促进村合作社全面的设立，强化兴农会的组织，努力发挥其作为最末端基层组织的职能。

自兴村

在伪满的兴农增产运动中，关于农村的方策，"其中心首先置于自兴村的设定和培育"上，将其指导力和财政力集中用于自兴村，以之作为农村的榜样，加以推广。与之相关联还要实施指导网的整备、热心农业者的组织化和兴农增产报国运动等一连串的方策。在伪兴农部的《自兴村设置纲要》（康德九年 4 月 18 日）中规定自兴村由省长所指定的县长设定。"自兴村的设置全国以约 600 个作为目标，大体五年中设置完了"，"对自兴村实行综合统一指导，在当年按一县一村设置约 75 个村。"[2]

这之前，在 1939 年伪满参议府就通过了《实验农村设置纲要》，在一个地区选一标准农村作为实验农村加以集中指导。在实验农村实行改善技术、改善经营、指导协同组织化实验、指定实验农家。在实验农村由兴农合作社实行共同购买和共同贩卖，由兴农合作社实行放款和储蓄。

二、农村经营关系的变化

伪满后期，农村的贫困日益加剧，人口外流，农村破产。南满的农村的贫苦农民由于无法生存，有的向北满寻找出路，有的不得不脱离农村，转向工矿业。

辽阳的前三块石屯在 1935 年有居民 77 户，而到了 1945 年年初，减为 60户，"七年期间转出 17 户（其中 11 户是康德十年以后转出的），这期间没有转入一户。转出的理由除二三户是由于家庭的原因外都是由于土地生产力低下，在现在的供出经济下，靠其土地维持不了生计。"[3] "康德十年以来转出农家 11 户中向北满移动的有 4 户，他们都是在北满租土地作为佃农转出的。……除以上北进型之外，在辽阳看到的显著倾向是放弃农耕成为鞍山、樱桃园矿山等的矿工而转出的农家也在 11 户中占 4 户。"[4]

---

①　兴农合作社中央会. 康德十二年度 合作社业务运营要领：7.
②　兴农部大臣官房. 康德九年兴农部关系重要政策纲要集：68，69.
③　满洲中央银行调查部. 战时经济下に於ける农村经济の动向，1945（康德十二年）：4-5.
④　同③：4.

移动阶层主要是贫雇农。

值得注意的是经营形态的变化，即地主、佃农的减少和合作的增加，如表 3-2-1 所示。

表 3-2-1　辽阳县前三块石屯经营形态的变化①　　　单位：%

	地主	地主自种	地主佃种	合作	自佃种	佃耕	雇农	杂业	合计
康德二年	7	8	3	40	27	5	4	6	100
康德十一年	…	5	…	62	5	5	3	2	100

（内 2 为榜青）

地主由 7 户降为 0 户，佃农由 27 户降为 5 户，而合作则由 40 户上升为 62 户。

伪奉天省抚顺县马郡村，1943 年"在全体户数中完全没有耕地的户数（可以认为其中大部是从事农业的）占 55%，如果再加上只耕种自己所有不足三天地的土地而不能完全维持生计的零星农家户数则多达 85%"。"全部耕种户数的 57% 是纯佃农，如果加上多多少少耕种他人耕地的自耕佃农则约为 81%。"

在北满，海伦县后三马架子屯，由 1935 年的 60 户增加为 1945 年的 88 户，转出 25 户，转入 53 户，其中 21 户是由南部移来的。

"从经营规模上看，变化最明显的是北满的大经营的分解和中小经营的激增，如表 3-2-2 所示。

表 3-2-2　从经营规模看的变迁其一海伦县后三马架子屯　　　单位：%

		无耕作	5 垧以下	10 垧以下	20 垧以下	50 垧以下	100 垧以下	100 垧以上	计
户数面积	康德元年	50.0	27.0	3.8	5.8	5.8	3.8	3.8	100
	康德十一年	43.2	30.7	8.0	13.7	3.4	1.0	…	100
	康德元年	…	6.1	2.2	5.7	15.4	24.4	46.2	100
	康德十一年	…	16.1	11.0	39.4	15.6	17.2	…	100

经营规模在 20 垧以下的由占户数的 36.6%，上升到 52.4%，而经营规模在 20 垧以上的，则由 13.4% 下降到 4.4%。经营规模在 100 垧以上的更由 3.8% 下降为 0。经营面积也是一样，前者由 14% 上升为 66.5%，后者由 86% 下降为 32.8% 经营规模的下降极其明显。

---

① 满洲中央银行调查部. 战时经济下に於ける农村经济の动向，1945（康德十二年）：10.

随经营规模的变化，经营形态也在变化。在海伦看到的变化是佃农的增加、雇农的减少。佃农由占 15.4% 上升为 28.5%，而雇农则由 40.4 降为 35.2。"[1]

还有，农村劳动力在减少。"康德十一年，后马架子屯有国兵 2 名、勤奉队 1 名、供出劳工 12 名，计 15 名。"当然全是青壮年主要劳力。"同康德六年相比，估计日工减少约三分之一。"[2] 1935 年，全屯雇佣劳动力为 31 人，1944 年减为 18 人。[3]

1942 年在双城县新康村"根据村公所的工人台账，18 岁到 50 岁的工人有 2 141 名，其中由于京滨线奉仕队及勤劳报国队等的劳务供出，本年度供出者迄今为 150 名。"[4]

劳动力减少的结果必然是农耕的粗放化和废耕地的增加。

1943 年 9 月到 12 月之间，伪满开拓研究所对北满和中满农村的居民作了实态调查。调查的农村有双城县新康村的厢兰头屯、吉林省乌拉村学右屯、榆树县闵家村孙家屯、辽中县腰屯村白家岗子屯。这些都是比较大的屯落，人口比较集中的地方。调查的总户数为 584 户，其中双城 206 户、吉林 131 户、榆树 137 户、辽中 110 户。

以上四处平均每一屯落的户数中农业户占 71.68%，非农业户占 28.32%。在农业户中自耕农占 29.79%，佃农占 25.8%，非农业户中雇农占 23.01%，工商业者占 3.25%。双城及吉林两屯旗人占多数，地主及佃户居多。榆树及辽中的村落则地主及佃农比自耕农少。[5]

只有那些与日伪统治紧密结合的汉奸地主和满拓公社经营土地的代理人乘机兼并土地，加紧压榨和勒索农民，成为土地暴发户，扩大了自己的地盘。这些地主成为国家垄断资本主义统治农村的支柱。

租佃关系与地租

作为土地所有者希望尽可能防止废耕，这和农村雇农层的自给愿望相符合，成为战时经济下租佃关系变形的原因。第一，是可以称为佃雇农的榜青者的增加。在海伦佃租的增加中榜青佃租的增加不少，在这几年里有十几户。第二，是租佃契约条件的变化。在契约条件中加入了关于附加物纳入的一项和有了围绕特配棉布的特殊契约：

---

[1]　满洲中央银行调查部. 战时经济下に於ける农村经济の动向，1945（康德十二年）：9.

[2]　同[1]：14.

[3]　同[1]：15.

[4]　民生部劳务司. 农业劳动赁金临时措置ノ成果及影响调查报告书，1942（康德九年）：12.

[5]　开拓研究所资料：第 31 号　原住民农村实态调查（第二报）前篇 人口及居住调查——双城、吉林、榆树、辽中，1944（康德十一年）：3.

现行的地租是按四、六分益，收获量的四成作为地租交纳给地主，作为附加物再交纳高粱秸 30 捆、谷草 30 捆。[①]

特配品特别是棉布是在农村最重要的货币。这是在购买劳动力上不能缺少的东西，在雇佣契约上一定要加入棉布一项。[②]

讷河县的地主多，在地主中不在地主占 10%。其余 90% 属于村落居民，其中自己不从事任何生产完全靠佃户的地主占 50%，自耕兼地主的不过 40%。……农村劳动的负担者除佃户之外有外青和内青，地主同佃户或耪青在农耕上的关系及负担状况如表 3-2-3 所示。说是佃户之外，其实这个耪青层人数更多。佃户占 10%，外青占 5%，内青占 85%。……半钱半粮的内青，一年是以 200 元的现金和粟 10 石作为工钱，如果休息两个月，一年劳动的工钱就扣光了……租佃合同多为口约，或全部是口约。租佃期限也多为一年、二年的短期，最高也有 5 年的。……其次，地租是实物，今年也许还有不承认现金地租的地主。

表 3-2-3　地主同佃户或耪青在农耕上的关系及负担状况[③]

负担	食品	种子农具畜力	住房	园子地收入	收入状态	对地主的隶属关系
佃户	本人	本人	地主	本人的收入	有活租和死租	自由、每年 300 户移动
耪外青	本人	地主	地主	本人投入劳力而收入归地主	从地主租地 10 垧以 5 对 5 比例折半	农闲期自由
耪内青	地主	地主	地主	同上	同上	农闲期也在地主家干活，有休假
耪内青（半钱半粮）	地主	地主	地主	无关	给现金 200 元和粟 10 石	同上
耪内青（半钱半粮）	地主	地主	地主	无关	给现金 200 元和租地 3 垧	同上
年工（钱活）	地主	无关	地主	无关	500 元	一年
月工	地主	无关	本人	无关	100 元	二月
日工	地主	无关	本人	无关	最低 3 元，最高 11 元	一日

---

① 开拓研究所资料：第 31 号　原住民农村实态调查（第二报）前篇 人口及居住调查——双城、吉林、榆树、辽中，1944（康德十一年）：17.

② 同①：38.

③ 满洲帝国协和会文化部. 农安县出荷工作座谈会，1943（康德十年）：124-125.

由于通货膨胀，地租几乎逐年增多。以辽阳为例，每一天地的地租，1940年（康德七年）120元，1941年160元，1942年200元，1943年400元，1944年400元，1945年600元。[1]

限制农村工资

为了维持工人的低工资，以利榨取，日伪对于农村的工资也大加限制，在农忙时期发布最高工资标准，极力压低农村工资，防止工人向农村转移。

例如，伪北安省克山县在1942年（康德九年）3月确定了日工的公定最高工资，进入同年6月下旬农忙期，日工工资突破了公定的最高限额4元，涨到5元。伪县公署在7月15日再次规定工资的上限，并且，用行政手段禁止工人向县外移动。施行《农业劳动工资临时措施规则》，限制了工资的上涨，在小麦收获期将工资控制在最高3.90元，比前一年同期的6元低3成5。结果，1942年度"平均工资是3.26元，比去年的3.91元约低1成7分。"[2]

这样以行政手段压低工资，违反经济规律，损害雇农利益。其结果是被雇佣者要求改善伙食或增加就餐次数，而苦于调味品不足的雇主，无法满足这一要求，不得不违反公定工资而以黑市工资雇工。还有"中农以下的经营体，雇佣工人以供饭作为条件，因食粮不足，难以雇佣所需劳力。从而面对雇主方面的食粮不足，工人就相对过剩。"[3]

结果，不仅雇农阶层生活更加困苦，中农以及租佃地主土地雇工经营的佃农也陷入困境。农村愈来愈穷，农业的再生产愈来愈困难。

第二节　继续移民与夺占农民

太平洋战争爆发后，日伪一直没有停止过剥夺农民土地。首先是日军继续强占土地赶走居民，修建军事设施。例如："康德十年将宁安县的宁古塔、卧龙屯、罗成沟、东三家子、孤家子、蛤蟆河子、洋草沟等十几个村屯，方圆一百八十多平方公里，五百多户，两千多口人，完全强行驱逐故乡，净身出户，强迫迁移。"[4]

其次，是以造田名义强行收买。"1941年至1943年，日本侵略者实行'紧急造田计划'，在'收买'的名义下，更是肆无忌惮地大量掠夺土地，在收买过

---

① 满洲中央银行调查部. 战时经济下に於ける农村经济の动向，1945（康德十二年）：18.

② 民生部劳务司. 农业劳动赁金临时措置ノ成果及影响调查报告书，1942（康德九年）：3.

③ 同②：23.

④ 呼玛县地方志编委会. 呼玛县志，1980：231.

程中⋯⋯压低地价。熟地一等每垧15元，二等每垧10元，未开垦的荒地每垧2元，而当时的土地价格是熟地上等地每垧121元；中等地每垧82元；下等地每垧58元；荒地上等地每垧60元；中等地每垧41元⋯⋯所谓'收买土地'实际也就是缴照，强行掠夺土地。在八虎力河以南，倭肯河以北，今八虎力乡、桦南镇、民主乡、柳毛河乡、梨树乡、二道沟乡、阎家镇、公心集乡、大八浪乡的大部分土地，全以这种收买方式被强行霸占。"①

日本移民

战争期间，大批壮丁入伍，日本移民计划受阻。不过日本殖民主义者，并未悬崖勒马，反而变本加厉地组织青少年和各种失业人员替补。"在第二期五年间包括一般开拓民和义勇开拓民以20万户为计划目标，结果，定出第一期、第二期通算在内累计30万户、青年义勇队以13万人为计划目标。"②

日本的开拓民到1943年年底计有日本人约800团、7.5万户、18.5万人、青年义勇队约7.5万人、勤劳奉仕队员约4.5万人、朝鲜人约2万户。其中，约五分之二是在所谓第一线开拓地的国境省份伪间岛、牡丹江、安东、三江、黑河、兴安各省，在第一线日军的侧翼、后方，为关东军的对苏战备服务。还有总数的约一半在所谓第二线开拓地的伪通化、吉林、滨江、北安、龙江和兴安各省内的长白、老爷、小兴安、大兴安等各个山脉及其内侧展开的平野地带之间的带状地区。其余的约十分之一在所谓第三线地带的伪北安、佳木斯、牡丹江、哈尔滨、新京、公主岭、奉天、锦州、抚顺、鞍山、阜新等军事、政治、产业、交通上的重要城市、重要地点的周边。担任这些重要设施的防卫。"原则上决定义勇队开拓团到第一线地带、一般开拓民到第二线及第三线地带迁居。"③

到了1944年，"由日本送出时，原则上采取大体以50户程度的小规模单位，现地的团以1千户以上的大规模编成为目标。关于开拓民的种类，在分村开拓民之外，重点置于大陆归农开拓民，同时，特别从本年度起由关东州的日本内地人开拓民、国内日本内地人归农开拓民、官吏开拓民、都市疏开开拓民（暂称）。关于城市人口疏散以及义勇队训练生现地募集等逐步制度化了。迁居地区置重点于国防和生产上的重要地区，并且，当迁居之际，将补充迁居作为最根本的问题，谋求已迁居开拓团的充实。"④

开拓团用地的平整工作是动员数量庞大的劳工进行的。"康德十一年1月现在整备总面积达1 209万7 000公顷，今后整备所必要的约1 440万公顷，需要相

---

① 孙进. 桦南县志. 哈尔滨：黑龙江科学技术出版社，1991：171.
② 满洲日日新闻社. 满洲の都市と产业，1942（康德九年）：370.
③ 大陆经济新闻社. 大陆经济年鉴，1944（昭和十九年）：8.
④ 同③：9.

当大规模的土木工程。以上整备总面积 2 650 万公顷是适应日本内地人开拓民百万户入植计划以及各种开拓团入植的用地，第一期整备计划面积 2 000 万公顷，第二期计划 650 万公顷。"[①]

第三节　农业紧急增产对策

日本缺粮，朝鲜缺粮，日本占领的华北沦陷区也缺粮。这是日本支持侵略战争的一个致命弱点。于是，伪满的粮食供应地的地位就异常突出起来。

日本政府制定大东亚共荣圈农产食粮对策，再次将伪满洲国的农业作为"日满华"的食粮、饲料基地以及特殊农作物（大豆）对世界的供给源。

伪满的农业第二个增产五年计划是在 1941 年制订的，从 1942 年开始执行。"农业第二次五年计划在其重要性上是和铁、煤部门一起置于最高地位。"[②]

农业第二次五年计划以及后来在 1943 年 1 月 20 日伪满国务院通过的《战时紧急农产物增产方策纲要》，首先期望主要食粮、油料以及纤维资源的快速增产，特别是关于大豆的大幅增产。

第一，是对大豆以及苏子、大麻子、小麻子等重要特产物大幅度提高收购价格，重新确立农业生产上的大豆重点主义，重新确认大豆作为油脂资源、蛋白资源以至饲料、肥料的价值。

第二，是增加计划作物的种植面积 60 万公顷，强制实施以大豆为中心的各种农作物种植的分摊。规定各地的最低种植面积。在产粮地区，要增加单位产量最高的作物的种植面积；特需作物向其适宜地集约化；限制或禁止不急需作物的种植。在南满减少豆类（小豆、绿豆等）杂粮（稗、黍、荞麦）等的种植，改种油料作物。

第三，增加耕地总面积，积极进行农地的开垦和改良，由国库支给补助金，动员各种力量开荒造田，以水系为单位设置水利组合，复兴二荒地。1942 年 1 月 23 日，伪治安部、兴农部通过《治安概成地区的农地复兴纲要》，决定在所谓"治安概成地区"（吉林、龙江、滨江、通化、安东、四平、奉天、锦州、兴安西、兴安南的全省和其他省的省长指定地区）将过去"因出于治安肃正的必要，实施的对散户的清理，集家、集团部落的结成，而放弃的耕地或不能耕种的

---

①　大陆经济新闻社. 大陆经济年鉴，1944（昭和十九年）：8.

②　中高仓正. 第四回日满经济恳谈会报告书，1943（昭和十八年）：45.

二荒地，在康德九年春耕期之后要加以复兴。"① 为此，允许在集团部落附近建设小屯落。

第四，延长租佃期间，改善租佃条件，以防止由于租佃纠纷等引起废耕。由县、村临时管理废耕地。

第五，为缓和农业劳力的紧张，实行农忙期抑制供出、学生归农、疏散城市人口等。在农业劳力不足地带，除谋求农忙期劳力供出的抑制、学生、学童、协和青少年团、勤劳奉公队等在农忙期归农、对城市的非生产性人口的食粮及特定生必物资的配给加强限制以及加重劳务供出之外，实行对商业使用人的限制，谋求城市人口的向农村还流等。

1943 年 3 月 30 日伪满总务厅制定《都市人口疏散紧急对策纲要》。同年 12 月 25 日伪兴农部制定《农业劳力需给调整纲要》。将向农村疏散城市的过剩人口，增加农村的劳动力，采取行政措施限制农民迁移，作为一项重大政策。

例如，在敦化县，为了实现食粮的自给自足，首先提出了归农问题。警察按户口簿动员农民归农返乡。对无业者则限制对其配给生必物资使他们首先充当供出工人。结果，在 1942 年从敦化街内迁出归农者达 611 户。②

在 1943 年又迫使居民转业归农，"敦化街内满系的饮食店有 68 户、煎饼铺 139 户和锅饼麻花铺 60 户，合计 267 户……饮食店从 68 户减为 16 户，煎饼铺从 139 户减为 48 户，锅饼麻花铺全部解散。"③ 对其他行业也实行整顿、合并，失去职业者全部送往农村。"前年（1941 年）末敦化街的人口是 6 万，去年末是 48 000 人，进而在今年末要疏散到只剩下 38 000 人。"④

第六，为提高农民的增产意欲，对农村特别配售生必物资。

第七，将先钱制度纳入农村一般金融之内，扩大农业贷款。并且向农民提出增产一成的要求。⑤

为提高单位面积产量还要督促农民适期播种、彻底除草、防治病虫害、增产土粪、水稻的条植及苞米、大豆的间作混作等。

1942 年 8 月，伪满设农业技术委员会。该委员会的报告称农业技术力量极其薄弱，关于水稻"在北满几乎没有优良品种"。关于畜力除草机是从 1941 年起制造，1942 年"向一般满农发放 17 000 台。按大体的报告，有 2～3 成是真正

---

① 兴农部大臣官房. 康德九年兴农部关系重要政策纲要集：161.
② 兴农部. 战时下兴农增产现况报告：敦化县之卷，1943（康德十年）：32.
③ 同②：33.
④ 兴农部大臣官房. 康德十年兴农部关系重要政策纲要集：追录第一号：23.
⑤ 同④：35.

渗透，其余则不充分。"① 技术员的数量很少，最密集的地方是 3.9 万公顷摊一个人。"作为大豆育种的试验研究机关，只是在公主岭农事试验场配置数名技术人员。"② 所谓普及新农法，也只是从 1941 年起才着手，而且只是在日本开拓民中进行。主要农作物 1944 年、1945 年两年生产概况如表 3-2-4 所示，棉花的种植面积及总产量和集货率如表 3-2-5 所示。

表 3-2-4　主要农作物 1944 年、1945 年两年生产概况

	大豆	高粱	谷子	苞米	主要农作物计
耕种总面积/公顷					
1944 年	3 215 120	3 811 374	3 132 046	3 134 840	16 050 749
1945 年	3 304 837	3 705 487	2 954 860	3 118 040	15 652 075
总产量/吨					
1944 年	3 401 430	4 991 578	3 319 059	4 070 805	18 176 386
1945 年	3 476 728	4 950 654	3 187 378	4 122 523	18 239 746
每公顷产量/吨					
1944 年	1 058	1 310	1 060	1 299	1 132
1945 年	1 062	1 336	1 079	1 322	1 165
平年	1 071	1 329	1 041	1 319	1 163

资料来源：东北科学技术学会. 中华民国三十五年 1 月 5 日东北农业统计：4，5，61.

表 3-2-5　棉花的种植面积及总产量和集货率

	单位	康德九年	康德十年	康德十一年
计划面积	千公顷	140	162	163
种植面积	千公顷	136	159	153
收获面积	千公顷	119	129	123
总生产量	千担	370	386	448
集货量	千担	350	240	280
集货率	百分率	93.8%	65.2%	62.47%

资料来源：满洲电业株式会社企划室. 康德十一年九月满洲ノ纤维工业：5.

---

① 兴农部大臣官房. 康德十一年兴农部关系重要政策纲要集：追录第二号：38.
② 同①：61.

纤维资源的自给率，在 1944 年，在平年供给对需求的百分比，棉织品为 13%，制棉为 56%，洋麻、青麻等麻袋原料是需要的 45%，羊毛为 24%。[①]

第四节　疯狂的粮食掠夺

一、"粮谷出荷"——战时紧急粮谷集货

在日伪统治的后期，对东北农民来说，最为谈虎色变、不寒而栗的除"派劳工"就是所谓"粮谷出荷"了。在日语中"出荷"一词原本是（往市场）运送货物的意思，"粮谷出荷"相当于汉语中的粮食上市。然而，在伪满洲国，它却成为充满血腥味的强制征购的代名词。千家万户的农民由于这个"出荷"被弄得倾家荡产、家破人亡。整个东北农村被这个"出荷"搜刮得奄奄一息。春节本来是中国人民的传统节日，农民在这一天庆祝过去一年的收获，祈求来年的丰收。然而，日伪的"出荷"却将春节变成了鬼门关。自 1942 年起，春节期间都是日伪催逼农民"出荷"最凶残的阶段。在此期间东北农民普遍遭到日伪的严酷摧残，几乎无一幸免。

农民自有的土地很少，土地的大部分归地主所有。地主只管收取地租，不管交纳"出荷粮"。而辛勤劳动一年的农民，不管年成好坏，首先要把地主的租粮送到，然后还要完成"粮谷出荷"。"粮谷出荷"是在进入冬季，天气寒冷，河道冻结时进行。农民送"出荷粮"是按所种地亩数分担的，不管年成好坏，都必须按分摊的任务如数交纳。

到了 1942 粮谷年度（1942 年 10 月 1 日—1943 年 9 月 30 日），已被定为日本"大东亚共荣圈"兵站基地和粮食基地的伪满洲国，进一步加强了粮谷统制。在农产品的掠夺方面，继续施行"先钱制度"，然而，农民根据先钱契约所交售的粮食，远远满足不了日伪的要求，这个数量"不仅在确保逐步增大的军需和输出的数量上有困难，甚至连确保国内的民需也处于困难状态。"[②] 于是，伪满政权决定向各省摊派比契约量更多的数量。这就是说除了要求农民完成契约规定的数量之外还要勒索更多的粮食。除了经济手段之外，还要采取行政手段，开始强制征粮。

首先，伪满政权将原有的三个农产物统制收买机构即特产专管公社、粮谷管

---

①　满洲电业株式会社企划室．康德十一年九月满洲ノ纤维工业：3．

②　社团法人东亚经济恳谈会．第四回日满经济恳谈会报告书，1943（昭和十八年）：51．

理会社、谷粉管理会社合并为一个农产公社，使其"一元化"的统制所有农产品。其次是统一行政力量特别是统一伪官吏的"搜荷对策"意识。1942 年 6 月20 日召开了伪满各省农林科长会议，11 月 6 日又将各地的日本人实权人物即伪满各省次长以及各市、县、旗的副长召集到伪国务院，是为第一次全满副县长会议，由关东军司令官亲临训示。接着又召开了全满伪省长会议、协和会会议、下部机关会议，在农作物的"出荷"上"完全确立了军官民一体的总力决战体制"①。最后，伪满政权于同年 12 月 6 日下发《战时紧急粮食搜荷对策纲要》，在各省、市、县、旗都设立了"战时农产物搜荷督励本部"，分别以伪省长及市、县、旗长为搜荷（集货）的督励责任者，以下由各机关首脑分片承包，负全部责任。再有是警察的协助，对黑市交易实行彻底的扑灭运动。

进入 1943 年，随着以行政手段代替经济手段，所有农民的粮食都必须交售给农产公社。"先钱制度"已无必要，予以废除，改为支付"出荷奖励金"。同时，由伪省向伪市、县、旗，伪市、县、旗再向村或屯，指派各种农作物的种植面积及分期"出荷"数量，由兴农合作社向村或兴农会（屯）按农作物的"出荷量"发给短期贷款。同时，普遍推行"集团出荷"。

进入 1944 年度，伪总务长官武部六藏又提出"多出一粒粮食就是多增一粒子弹"的口号，要求"出荷"更多的粮食。又实行了"计划出荷"，以期减轻包装用麻袋及运送能力不足的困难以及对农民秋耕的影响，而废除了早期"出荷奖励制度"②。由于实行"集团出荷"，粮谷被直接运到铁路沿线的交易场，对背后地的交易场则进行了清理。从 1943 年度新谷期起，又废除了特约收买人制度。在"出荷"期间还普遍采取了禁止大车在要道通行；停止农产品的加工；合并零售商；在省、县境设置检问站等措施，以防止黑市交易。

二、强行征购——"农产物搜荷督励本部"

为征购粮食，各省都成立了"农产物搜荷督励本部"。1942 年 11 月，在伪龙江省就以省长、次长为中心，将省内各官员和协和会、合作社、农产公社等有关机关职员总动员，设置了"农产物搜荷督励本部"。

首先，将全省分为南、中、北三个地区，由各督励队分别担任。作为外围机关，另行设立省"农产物出荷督励协议会"，再加上收买人、粮栈组合员，每月召开一次，调整和推进督励活动。各县、旗则情况各异。在泰来县，以县的各科

① 社团法人东亚经济恳谈会. 第四回日满经济恳谈会报告书，1943（昭和十八年）：53.
② 兴农部. 康德十一年度农产物搜货方策ニ关スル件//兴农部大臣官房. 康德十一年兴农部关系重要政策纲要集：追录第二号，1944（康德十一年）：152.

长及协和会事务长、合作社理事长为班长，组成十个督励班，再配以警备队，分别担任十个村中的一个村。在讷河县，除组成六个一般工作班分管县内六个地区之外，到了1943年，又组成特别工作班，分为取缔班（班长为警务科长）与情报班（班长为协和会事务长）。另外，还组织游击队（直属县长）负责综合调查、传达指令和随时督励。当年2月又将110人的警备队编为南、北二班，担任作为最后手段的所谓"威力工作"，即强制出荷的暴力工具。①

在伪奉天省，"在战时农产物出荷工作队本部的名称下，由省长任本部长、省次长任副本部长，下面，作为顾问有军方、协和会、省本部来的人，还有各行政方面的厅长级、协和会本部事务长、兴农合作社支部长等人参与，再下面，以本部附为头衔的有省的科长级、协和会的参事、合作社的副支部长及其他配给方面的理事长等。然后，将四个或五个县合在一起，划分为四部，由各本部附兼任其部长。在各县与此相类的机构，协和会和合作社也都参加。"②

在伪间岛省，"增产本部一到出荷时期就转成搜荷本部，于是，省长任搜荷本部长，各县也分别成立，协和会也大体与搜荷本部合流成为二位一体从事搜荷工作。"③

日伪的"出荷"督办，可说是达到无以复加的程度。在庆安县，"1943年以后每到新粮下来，敌伪总动员下乡催粮。县里由县长、副县长（日本人）为首组成一个县的督粮指导班，下设搜荷组、取缔组、情报组等组织、宣传、动员、检查、督促胁迫农民从速交纳粮谷。其搜荷组最为厉害。各个组长都由日寇信得过的科、股长、警察署长、协和会理事长等主要头目担当。各个伪行政村都设一名县里的长驻督粮人员，并设一专门处理'出荷'事宜的'粮谷出荷本部'。在这个组织指导下，伪村公所的全班人马倾巢出动，配合各甲催粮人员深入到各屯，督促农民脱谷送粮，并限令农民按规定日期完成出荷粮。"④

下到农村直接催逼农民出荷的是督励班，"农民方面在分派数量供出之前，被召到屯长处十数次，根据出荷票督促出荷。又随时至其家连房屋地都挖到，又打又缚。"⑤催逼农民交粮的举动即使在春节期间也加紧进行。在所谓"叩出"即敲打、打出阶段，农民被吓得在卖粮时连装车也在夜间进行。督励队也将搜查

---

① 满洲中央银行调查课.康德九年十一月中 满洲国贸易概况：调资第五号　第二、康德九年度龙江省搜荷状况：30-32.

② 满洲帝国协和会文化部.农安县出荷工作座谈会，1944（康德十一年）：64.

③ 同②：66.

④ 于洪乔.庆安县的"粮谷出荷"//孙邦.经济掠夺.长春：吉林人民出版社，1993：190.

⑤ 满洲中央银行调查课.康德九年十一月中 满洲国贸易概况：调资第五号　第二、康德九年度龙江省搜荷状况：103-104.

从白昼改为夜袭。1943 年 2 月 12 日，伪满组成的调查班在泰来县街基村的东明岳屯，看到了以县协和会事务长为班长，有县文书股长、村职员、学校教师和义勇队等一行十余人组成的督励班的夜袭工作的实况，其报告如下："从晚八时许开始工作。各自靠煤油提灯，用手里的棍棒，对屯内各户，不论是地主、自耕农、佃农或富农，各家内外到处敲打，对声音异常处，挨个用锹挖，对土变软的地方用削了尖的竹竿刺入检索隐藏物品。"①

农民自然不愿眼看着自己的劳动成果被廉价征购，而想尽各种办法进行抵制。伪政权就动员警察成立工作队，对未完成合同量的农民强制进行搜查、勒索。日伪文献写道："出荷工作的大部分是同警察当局保持联系，工作队进入农家进行实际检查是必要的。"②

根据伪满调查队的录音记录，在伪龙江省讷河县实行威力工作时，在福民村福利屯栾性屯长的家里，由外号叫小胡子的日本警佐率领的以蒙古族为主的四五十名马队（神宫部队）组成的讷河县搜荷督励特殊工作队，将福利屯一、二牌耕种八坰以上的农户十人找来，由队长训话："县长下了命令，今年不论种子或民食全部要出荷"，"眼下的食物可不论，此外必须全部出荷"，"若不申报，检查的结果，搜出来的全部没收，对本人还要严加惩罚"。屯长的父亲栾惠春做了没有隐藏的申报，日本警佐当即命令一个分队去搜查。该户种地 240 坰，契约量 170 吨，已出荷 110 吨。由于队员从草蒿的下面搜出大量高粱还有十担黄米。队长宣布没收该户全部口粮和种子，并当众鞭打了屯长的父亲。③ 在清原县，"不少农民因交不够'出荷粮'被抓去动用酷刑。兴隆台村的郑国禄、毛海富，甘井子乡姜成珍等人被抓去灌凉水、辣椒水，打得皮开肉绽，之后把人装在麻袋内，往地上乱摔，弄得半死不活，还逼着交粮。"④

在拜泉县，1942 年 12 月末，在出荷数量接近合同数量之后，为完成摊派数量，又实行追加出荷。"确保民食、种子的最低数量，其余要全部出荷""民食、种子即使不足也不能不完成出荷"。在某富裕村，由于当地村长和警察署长反对，就更换了长期在该地勤务的警察。以县城内的警察编成班，向各个出荷不力的村出动，在全县开始了强制出荷。

一旦实行强制出荷，农民就到处埋藏粮食，"有的在河、田埂之间埋藏口袋

①　满洲中央银行调查课. 康德九年十一月中 满洲国贸易概况：调资第五号　第二、康德九年度龙江省搜荷状况：103.

②　满洲中央银行档案哈尔滨支店. 滨江省内本年度农产物出荷ニ就テ：哈调资 10A 第 1 号，1943（康德十年）：3.

③　同①：105—110.

④　张忠贵. 逼交"出荷粮"清原农民遭灾殃//孙邦. 经济掠夺. 长春：吉林人民出版社，1993：204.

再撒上雪，还有藏在草垛、储菜之下、土中、山中、墓地、枕头以至花瓶之中。"① 农民埋藏的粮食被搜查出来，不但全部没收，还要处以严罚，使整个农村处于恐怖之中，人人惶恐不安，不可终日。在征粮期间，甚至将农民的碾、磨全部封死，不准动用。看到谁家烟囱冒烟，就到谁家要粮，吓得农民宁肯挨饿，也不敢生火做饭。

在沈阳县李相屯村，1942 年"出荷粮为 3 200 吨。按当时仅有 6 万多亩耕地计算，平均每亩要交出荷粮 50 余公斤，而实际亩产不到 100 公斤，除掉地租每亩 50 余公斤，广大农民是完不成出荷粮任务数的。村、甲公所全员出动催缴出荷粮，几十天工夫就把农民的粮食出光了，还说老百姓有粮不交。县公署得知百姓抗粮不交情报后，立即派来粮谷出荷督催班。他们会同村长、甲长手持木棒挨家挨户翻箱倒柜，日夜催逼，打骂刑讯，手段十分狠毒。逼得大户人家卖车卖马买粮食出荷，小户人家逃荒要饭，流离失所；甚至卖掉妻子、儿女，家破人亡。当时李相屯地区有 1 000 多户，近万口人，受害者占 90% 以上，受严刑拷打者几千人，被逼出逃者几千人，冻饿致死者上百人。"②

日伪还实行粮谷私卖连坐责任制，阿城县由于靠近哈尔滨"即使私买 2 斗或 3 斗也要罚款五六百元，有的情节严重还要科以徒刑"，然而，在城市严重缺粮，黑市价格暴涨的情况下，即使如此严厉的处罚仍然封锁不住粮食的私人买卖。1942 粮谷年度，阿城县警务科又策划了一屯一牌连坐制的毒招。规定：第一，以各牌为单位实施连坐责任制，即使有一个人知道私买人来了而不举报，或者有一人进行私卖，这个牌所有各户家长都要负连带责任，实行长期拘留，停止或减少棉布、盐、石油的配给；第二，调查该牌各户存粮，除最低限度的自家消费量外，要全部卖到交易场；第三，知道有私卖者进行举报时，可全牌免除处分。对此，要求各牌都宣誓并交出誓约书。③

"据伪满警务部门统计：1942 年 10 月 1 日至 1943 年 3 月末，伪满处理出荷案件达 55 990 件，没收粮食 6 360 吨。"④

在伪四平省怀德县实行强制"搜荷"之后，在旧历正月，督励班"进入现地经过两个月，班员已筋疲力尽，农民也已疲惫不堪，村里都翻遍了，实际上已经没有能藏的地方了。仓库不用说，炕也敲了，连高粱壳也翻个个儿。尽管这样搜荷，在数次追加督励时，不知是分散了还是巧妙地隐匿了，或是一部分真的没

①　北泽文男. 出荷运动体验记//农安县出荷工作座谈会，1944（康德十一年）：86.
②　王健鹏，於孟合. "粮谷出荷"给沈阳李相屯农民带来的灾难//孙邦. 经济掠夺. 长春：吉林人民出版社，1993：199-200.
③　滨江省公署. 康德八、九、十年度阿城县增产搜荷概况记录：188.
④　解学诗. 伪满洲国史新编. 北京：人民出版社，1995：729.

有了，迎来的是抱着饭碗请愿的农民苍白的脸。"①

通过强制出荷，农民的口粮和种子全被收了上去。"出荷的粮谷，小麦、大豆是一等、特等的良质品，这就证明是将种子出荷了。粮食三品是将已碾好的自家用口粮平均每日出荷 30 吨。"②

由于农民的口粮和种子被收缴，农民手里只剩下土豆，造成遍地饥荒。首先使"打短工的和雇农陷入非常困难的状态"③。在伪龙江省讷河县，当年春节前到县城请愿的先后有四起，"最大规模的请愿是 80 人的一团"④。在 1943 年，"奉天省内民食困难，特别在四月以后更进入恐慌阶段。抚顺境内的贫苦农民已有一部分人饿死；沈阳县境靠近抚顺的地区，许多村庄已饿死很多人。"⑤

春耕时节不得不向农民返销口粮和种子。泰来县在 1941 年出荷量为 18 761 吨，后来不得不配给食粮 300 吨、种子 1 342 吨。⑥ 讷河县出荷 151 983 吨，后来不得不返销种子 3 839 吨、食粮 600 吨。⑦

其实，强征口粮和种子是日伪当局的既定方针，伪龙江省于 1943 年 2 月 13 日召开了副县长、县参事官会议，"在会议席上，省次长开头就明言，今后搜荷工作的进行，意味着进一步将种子、民食缴出，对下一年度的增产显然会带来障碍。"⑧

三、附加的引诱手段

除强制手段外，还继续采取辅助的经济手段，诱使农民卖粮。首先是提高了大豆和其他油料籽实的收购价格。伪满政权认识到同其他作物相比，大豆等油料作物的价格过低，以致种植面积减少。乃在 1942 年，将在大连的 60 公斤大豆的价格定为 12.30 元，提高了 26%，小麻子、苏子和大麻子也分别提高了 26%、25% 和 22%，并将 1942 年重要特产物的收购数量定为：大豆 350 万吨、大麻子 3.5 万吨、苏子 8 万吨、小麻子 7 万吨。⑨ 1943 年 8 月 24 日，日伪的火曜会又决定了《关于促进农产物增产搜荷的特别措置》，调整农作物相互之间以及地区价

---

① 解学诗. 伪满洲国史新编. 北京：人民出版社，1995：600.

② 同①：87.

③ 满洲帝国协和会文化部. 农安县出荷工作座谈会，1944（康德十一年）：101.

④ 同③：110.

⑤ 解学诗. 经济情势报告//解学诗. 伪满洲国史新编. 北京：人民出版社，1995：729.

⑥ 北泽文男. 出荷运动体验记//农安县出荷工作座谈会，1944（康德十一年）：36-37.

⑦ 同⑥：47.

⑧ 满洲中央银行调查课. 康德九年度龙江省搜荷状况//康德九年十一月中 满洲国贸易概况，1943（康德十年）：26-27.

⑨ 兴农部大臣官房. 康德九年兴农关系重要政策纲要集：238-239.

格的不均衡。提高北满等价地带农作物收买价格并设立新等价地带，将大豆每百公斤调高 0.60 元，将高粱等 13 种粮谷每百公斤调高 0.34 元。同时，为促进稻谷的增产和出荷，将水稻的收买价格每百公斤调高 2.60 元。①

其次，为动员农民出售粮食，在农村实行农民最急需的棉线和棉布的特配。对于在 1942 年 11 月至 1943 年 3 月末前运到交易场或指定场所的人，原则上每出荷 1 吨农产品，配给棉布 15 平方码、手巾一块、袜子一双、棉线一桄（"康德十年度决定，对农产物出荷量每 1 吨，配给棉布 10 平方码、棉花 1 市斤和棉线 2 捻。此外，对早期出荷者更特配棉花 1 市斤，对大麻子出荷者，除以上外，特配豆油 21 千克"② ）。

在此期间，除全国性特殊物品外，停止在城市的配给，对农村实行优先并集中的配给。这种配给由兴农合作社办理。由于在很多情况下是采用以屯甚至区为单位统一发放，很大部分棉布并没有直接交到农民手中，而是为屯长、村长、兴农会长、警察等农村实力人物所侵吞。

四、集团出荷

再有是促进村、屯的"集团出荷"。所谓"共同出荷"或"集团出荷"是将农民的个人自由出荷变为集体出荷。在伪滨江省，1941 年就开始实行"集团出荷"，从 1942 年起推广并实行有计划的"集团出荷"。伪满政权的文件肯定"集团出荷不仅在促进出荷上有效，也利于顺利回收合作社的无担保贷款及其利息。因此，在康德十年度省、市、县、旗要特别予以实施。"③

集团出荷是以区为单位，以区长为"先钱合同"的代表。伪县政权须使令各个区事务所备置该区按人头按作物的"先钱合同"量表，由伪区长督促农民将经过精选的合同粮谷运到区事务所集中，再由区统一调配运力和包装用具。由伪区事务所官吏率领，"前面打着集团出荷××屯的白旗，后面跟随大车的队伍，由四面八方向交易场集中，颇为壮观。"④ 进行这种"集团出荷"靠的是行政命令，是强制性的。在阿城县还规定从"集团出荷"集合场所到市场及粮栈院内的路上，出荷大车如果没有警察官、村负责人和屯长的率领，就被认为是私卖，

---

① 兴农部. 康德十一年度农产物搜货方策二关スル件//兴农部大臣官房. 康德十一年兴农关系重要政策纲要集：追录第二号，1944（康德十一年）：152.

② 满洲事情案内所. 满洲农业概要. 3 版. 1944（康德十一年）：138.

③ 兴农部. 康德十年度农产物搜荷配给二关スル件//康德十年兴农部关系重要政策纲要集：追录第一号，1943（康德十年）：81.

④ 满洲中央银行档案哈尔滨支店. 滨江省内本年度农产物出荷二就テ. 哈调资 10A 第 1 号，1943（康德十年）：2.

要处以严罚。在集合时间之外，没有警务科长的许可，禁止通过城门，并且严格规定各村的集结场所、集结时间、通过道路和收买粮栈。

这种"集团出荷"是由兴农合作社指导、斡旋，直接卖给特约收买人而不经过粮栈，使粮栈职能消失走向衰亡。交易场也随之失去存在的意义。

这种"集团出荷"的方式，最初是由绥化合作社首先实行的。"新想出的出荷方式是将运到国营检查场前的全部作业由出荷农民自己实施。这时的作业单位是兴农会（实行合作社），各农户以该会长为中心，商定以 30 吨一货车为单位，将出荷量按等级编组、精选、装袋、计量、缝口、搬出等作业全部共同进行。这中间的各种经费、不正当的榨取都没有了，全部成为农民到手款的增加。"[1] 绥化合作社当初想出的这个点子，或许是为了增加农民的收入，可是，在当时的情况下，最终它却只能成为日伪加强掠夺的一种残酷手段。

在推行"集团出荷"的同时，日伪普遍推行以货币地租代替实物地租即变粮租为钱租，或以卖粮款充地租，使农作物不交到地主手中而交售给伪政权。早在 1941 年 6 月 20 日，在阿城县就以阿城县公署布告第 30 号公布"从本年起根据县的方针，地租全部改为货币支付。"[2] 1942 年 12 月，在农作物上市的最盛期，伪兴农部以部令规定佃户对在同一地区居住的地主支付地租时，用货币或货款支付，以求避免这部分粮食流入地主手中进而进入黑市。

1943 年，敦化县决定将废除实物地租推行货币地租作为农产物增产搜货新体制运动的主要内容。规定"地租（包括满拓）、借粮谷（借粮谷者）、前粮利（借用现金以粮谷还清本利者）、榜青劈份（对佃户出的部分劳力秋收时以谷物的一部偿还）等上列各种实物交纳一齐废止，生产的粮谷，除自家最低限度的消费外，全部由土地种植人负责向最近的兴农合作社交易场出荷，以领受的金额偿还相当于实物的交纳额。届时由佃户手交或由交易场领受均可。"[3]

五、"出荷"数量

关于"出荷粮"的摊派额，一说是大田一垧至少五斗，中等地八斗至一石，上等地一石二斗至一石三斗五升；水田头等地九石，二等地八石，三等地七石。[4] 一说是："（南满每垧地出荷量二石到二石二，北满二石五到三石），在既定的出荷量外又要追加。"[5] 显然，这些只是具有代表性的数字，各地条件不同，

① 田中武夫. 橘朴と佐藤大四郎合作社事件：佐藤大四郎の生涯. 龙溪书舍，1975：311.
② 滨江省公署. 北满兴农开拓别册：阿城街民食自给圈设定实践经过报告书，1944（康德十一年）：128.
③ 兴农部. 战时下兴农增产现地报告：敦化县之卷：101.
④ 孔经纬. 新编中国东北地区经济史. 长春：吉林教育出版社，1994：559.
⑤ 李文龙. 伪满的食粮配给//孙邦. 经济掠夺. 长春：吉林人民出版社，1993：178.

不可能千篇一律。例如，在凌源县，"当时，凌源农业生产水平较低，每亩地平均产 2～3 斗粮（每斗 20 公斤）。交'出荷粮'的标准是：有地 10 亩至 50 亩者，每亩交 25 公斤；50 亩到 100 亩者，每亩交 36 公斤；100 亩以上者，每亩交 45 公斤。不管年成好坏，秋后必须按规定标准数交粮。"① 在庆安县，"规定出荷粮标准：一等地出荷粮为 1 吨，二等地为 0.75 吨，三等地为 0.5 吨。"② 1942年，在伪滨江省，主要农作物的产量约 238 万吨，出荷分配量是 107.69 万吨。③

据兴农合作社中央会《农产物交易月报》的统计，在 1943 粮谷年度（伪满康德十年粮谷年度）（自 1943 年 10 月 1 日至 1944 年 9 月 30 日），搜荷粮食总量 7 781 214 吨，其中大豆 2 378 603 吨，占第一位，第二位是高粱 2 064 075 吨，第三位是苞米 1 592 699 吨，以下是粟 670 981 吨、稻谷 482 663 吨、杂谷 148 283吨、小麦 137 527 吨，以及苏子、大麻子、小麻子、其他油料籽实、大麦及燕麦等。出荷量最高的三个省份分别是伪吉林省 1 598 424 吨、伪滨江省 1 253 491 吨和伪北安省 1 035 518 吨。出荷量在 50 万吨以上的还有伪四平省、龙江省和奉天省。④

出荷量在产量中所占比重极大。"1943 年吉林、龙江、北安、滨江、四平、通化、三江、东安、间岛、新京等省市均达 40% 以上，其中北安省竟占 53.3%。"⑤

在清原县 "1943 年全县粮食总产量为 6.83 万吨，'出荷粮'要了 3.110 2万吨，占总产量的 45.4%；1944 年粮食总产量为 7 万吨，'出荷粮'高达 3.5 万吨，占总产量的一半；每户平均交'出荷粮'近 1 500 公斤，去留种子、饲料外，口粮几乎没有了。"⑥

"粮谷出荷"在辽中实行中是逐步加重的。1938 年到 1939 年，辽中"兴农合作社"收购的粮谷数，占全县总产量的 25% ～35%，已经把余粮收购净了。然而伪政府却不断地增加收购量。1940 年以后，全县的粮谷出荷量虽然口头上说是不超过总产量的 40%，实际每年都在百分之六七十以上。⑦

当时滨江省每年粮食产量最多 220 万吨，而 1944 年至 1945 年粮食年度共掠

① 王桂昌. 日本侵略者对凌源经济的掠夺//孙邦. 经济掠夺. 长春：吉林人民出版社，1993：105.
② 于洪乔. 庆安县的"粮谷出荷"//孙邦. 经济掠夺. 长春：吉林人民出版社，1993：188.
③ 满洲中央银行档案哈尔滨支店. 滨江省内本年度农产物出荷二就テ. 哈资调 10A 第 1 号，1943（康德十年）：1，2.
④ 兴农合作社中央会. 康德十年度农产物出回数量二关スル调查.
⑤ 孔经纬. 新编中国东北地区经济史. 长春：吉林教育出版社，1994：558.
⑥ 张忠贵. 逼交"出荷粮"清原农民遭灾殃//孙邦. 经济掠夺. 长春：吉林人民出版社，1993：202.
⑦ 翟永魁. 伪满时期辽中县的"粮谷出荷"//孙邦. 经济掠夺. 长春：吉林人民出版社，1993：182.

夺了 130 万吨，余者 90 万吨除去种子等外，实际只剩 50 万吨。滨江省人口 500 万，每年至少需要粮食 100 万吨，还缺 50 万吨粮食。农民的饥饿贫困已达极点，在死亡线上挣扎度日。根据伪滨江省保安科统计，该省人口死亡率，1944 年比 1940 年提高了 0.7%，按 500 万人计算，死亡者增加了 3.5 万人。[1]

由于有相当数量的马铃薯淀粉和粉条被用于粮谷的代替出荷，从 1944 年 3 月起，伪满兴农部又决定将马铃薯加工品的收买、配给也列入满洲农产公社的管理之下。

日本侵略者通过粮谷出荷在我国东北掠夺了大量粮谷。据统计，从实行粮谷出荷制度起到日本投降，日伪统治者共掠夺了 3 600 多万吨粮谷。1940 年至 1944 年的粮食产量和出荷量统计如表 3-2-6 所示，粮谷出荷概数表如表 3-2-7 所示。

表 3-2-6　1940 年至 1944 年的粮食产量和出荷量统计　　　　单位：吨

年度	生产量	计划出荷量	实际出荷量
1940	18 626 551		4 920 497
1941	18 667 053		5 486 642
1942	17 658 150		6 438 350
1943	19 413 969	7 320 000	7 671 820
1944	19 287 316	8 031 100	8 791 700

资料来源：① 满洲农产公社总务部调查科. 满洲农产物关系参考资料. ② 东北物资调节委员会员. 东北经济小丛书：农产.

表 3-2-7　粮谷出荷概数表[2]　　　　单位：千吨

	1940	1941	1942	1943	1944
预定收买数	6 300	6 700	7 200	7 500	8 200
实际收买数	5 800	6 500	7 200	8 200	8 900
对日援助数	1 600	1 800	2 200	2 600	3 000
输出数	450	550	600	600	650
关东军用	800	1 000	1 000	1 000	1 200

① 王子衡. 为"圣战"掠夺粮谷//孙邦. 经济掠夺. 长春：吉林人民出版社，1993：223.
② 中央档案馆，中国第二历史档案馆，吉林省社会科学院. 东北经济掠夺. 北京：中华书局，1991：501-502.

续表

	1940	1941	1942	1943	1944
劳需			800	1 200	1 200
民需	2 750	3 150	2 600	2 800	2 850
备考	1. 1943 年和 1944 年预定数量和实际收买数之间的差额是"报恩出荷"。 2. 输出是指向华北和朝鲜两处，1944 年向华北输出 30 万吨，向朝鲜输出 35 万吨。由于伪满向朝鲜输出粮谷，朝鲜以 10 万吨大米供给日本，因此，伪满对日支援数量应是 310 万吨。				

六、畜产品的"搜荷"

随着对农产品掠夺的加剧，农民所喂养的家畜数目日益减少，上市量锐减。这不仅影响军需的供应，也引起普遍的不满。1943 年 8 月 15 日，日伪决定从当年 9 月起对肉畜（包括牛、猪、绵羊、鸡、鸭、野兽、山羊）准照农产品，实施搜荷工作，以确保"国防上的要求以及后方在维持国民体质上所必需的最低限度的动物蛋白的供应。"[1] 在 1944 年度搜荷总量为 35 000 公斤，军需、官需及民需全部纳入中央物动计划。肉畜由满洲畜产株式会社（简称满畜）一手收买，搜荷机构是兴农合作社。兴农合作社将肉畜集中在指定场所卖给"满畜"，"满畜"也可设承包收买人在指定场所收买。由伪满政权层层下达供出指标，由伪县、旗对伪村长指定集货场所，分摊按畜种每个月的供出量。兴农合作社与村长协定每月的供出日期。各月供出大体每月一次，每次供出数量大体为一货车。为确保肉畜的供出数量，由兴农合作社实行饲料及生活必需物资的特配。与实行肉畜集货的同时，对原毛、原皮也实行了分摊制。

1944 年 3 月，伪兴农部又制定了《家畜及畜产物统制纲要》，决定重新设立满洲畜产公社作为家畜及畜产物的集货配给和进出口的统制机构。统制的品目，家畜是马、骡、驴、骆驼、牛、绵羊、山羊、猪，畜产物是食肉、肉类加工品（罐头除外）和牛奶（包括奶制品）。[2]

东北的农村本来是以富庶著称的，在"九一八"事变前，粮食年年增产，农民丰衣足食。人们都知道，黑土地旱涝保收。而日伪的统治却将一个好端端的

---

① 兴农部. 食肉畜搜荷对策纲要//兴农部大臣官房. 康德十一年兴农部关系重要政策纲要集：追录第二号，1943（康德十年）：194.

② 同①：214.

东北糟蹋得面目全非。"粮谷出荷"剥夺了农民赖以生存的全部粮食，将农民置于饥馑的境地，使农村一贫如洗，农民已经被剥夺了生存的权利。

第五节　土地开发与紧急农地造成

一、满洲土地开发株式会社

1939 年 4 月 20 日，伪满政权公布《满洲土地开发株式会社法》，设立满洲土地开发株式会社。该社经营：（1）承包伪政府、满拓或公共团体取得的未利用地的开发工程；（2）伪政府特别命令的公用土地改良事业；（3）前各项附带事业。

该会社在 1939 年制定了农地造成的计划及其设计，并从 1940 年开始施工。从 1940 年到 1942 年，有关施工面积约有 40 万公顷（鹤立岗、莲江口、新开河、昌图、黑台、裕尔河、甘南、双阳、通化等），预定农地开垦的面积约 19 万公顷（水田约 8 万公顷，旱田约 11 万公顷），完成了农地开垦的面积约 3.5 万公顷（水田约 1.8 万公顷，旱田 1.7 万公顷）。[①]

1940 年和 1941 年该社举动不大。1942 年度开始，由于太平洋战争的爆发，伪满洲国作为日本粮食基地的重要性大为增加，增产食粮成为伪满施策的重点，对移民和土地开发的迫切性益加突出。在 1942 年 10 月末，使用劳工总人次当地 471 361 人、关内 226 073 人，合计 697 434 人，当年完成工程可利用面积约水田 6 800 公顷、旱田 4 500 公顷。

为开发未利用地，伪开拓总局于 1942 年（康德九年）制订全国土地改良计划，决定"作为第一期事业，以 20 年为期，对国内未利用地，通过实施排水路及灌溉用水路的新设、蓄水池的筑造、改修河川网，灌溉改良盐碱地区的土地等工程，以造成水田 75 万公顷、旱田 675 万公顷，计 750 万公顷农耕地为目标，着手第一年度 10 万公顷、第二年度 20 万公顷，第二年度以后每年 40 万公顷的工程。大体以三年左右完成一个地区的工程。"[②]

满洲土地开发株式会社由伪满开拓总局承包的工事地区有鹤立岗、莲江口、太平镇、甘南、新开河、昌图、康平、盘山八处。

---

① 古海忠之. 开拓特别会计的设立//孙邦. 经济掠夺. 长春：吉林人民出版社，1993：733.
② 大陆经济新闻社. 大陆经济年鉴，1944（昭和十九年）：8.

1. 三江省鹤立县鹤立岗地区

以阿凌达河、鹤立河、松花江所围绕的总面积 53 703 公顷的湿地作为改良地区，从 1940 年动工，工程完全后可造成耕地水田 10 725 公顷、旱田 34 537 公顷。总工程量为 10 281 676 立方米。

2. 三江省鹤立县莲江口地区

以三江省佳木斯市对岸总面积 41 460 公顷的湿地作为改良地区，1940 年动工。工程完成后，可造成耕地水田 7 355 公顷、旱田 27 308 公顷，总工程量为 7 920 939 立方米。

3. 三江省桦川县太平镇地区

以地区总面积为 21 038 公顷的湿地改良为重点，靠由松花江提水计划，造成水田 3 600 公顷，1941 年动工，总工程量 4 701 257 立方米。

4. 龙江省甘南县甘南一期地区

以总面积 45 万公顷余为目标的甘南北方土地改良工程的第一期工程的黄蒿沟水库工程，1941 年动工计划 1943 年完成，总工程量为 539 216 立方米。

5. 吉林省长春县、农安县新开河地区

改良地区总面积 35 065 公顷的碱性湿地，造成水田 9 382 公顷、旱田 9 258 公顷，以迁居日本人开拓团 11 个团 2 620 户为目标，1940 年动工，预定 1943 年完成。总工程量为 10 828 599 立方米。

6. 四平省昌图县昌图地区

以在地区总面积 4 530 公顷内草原 534 公顷等造成旱田及耕地，在招斯太河修采水堰，抽取河水造成水田 2 000 公顷同时改良旱田为目的，1940 年动工，1942 年完成。日本人开拓团已迁入 3 个团 800 户。总工程量 1 800 335 立方米。

7. 奉天省康平县康平地区

地区总面积 8 668 公顷，工程完成后造水田 1 800 公顷、旱田 4 977 公顷，以迁居日本人开拓团 640 户为目的，1940 年动工，定于 1943 年完成。总工程量 403 933 立方米。

8. 锦州省盘山县盘山地区

地区总面积 90 136 公顷，承担面积 82 096 公顷，造成水田 15 000 公顷、旱田 51 300 公顷，以迁居日本人开拓团 3 750 户为目的，从 1941 年动工，计划 1944 年完成。总工程量 15 709 190 立方米。

满洲土地开发会社接受各省委托的工程有：

1. 安东省庄河县青堆子地区

地区总面积 1 700 公顷，将其中的沙滩地 1 180 公顷改造为水田，1942 年动工预定 2 年完成。总工程量 245 951 立方米。

2. 龙江省镇东县、白城县大仙他拉地区

本地区总面积约 6 万公顷，其中不可耕地 55 000 公顷，旱田 500 公顷，可耕未利用地 4 500 公顷。修 14 公里的排水路以造成耕地。总工程量 430 434 立方米。1942 年当年完成。

满洲土地开发会社受满拓会社委托的开田工程有：

（1）吉林省长春县、农安县新开河地区开田工程：开田面积 564 公顷，总工程量 167 463 立方米。1942 年完成。

（2）锦州省盘山地区清水工区开田工程：开田面积 1 728 公顷。1942 年当年完成。[①]

在 1943 年度，满洲土地开发会社除继续原有七个地区工程外，又新开辟了四个地区工程。它们是：

（1）北安省、龙江省呼裕尔河第一期工程：本地区面积 116 577 公顷，工程完成后，造成荒地水田 23 000 公顷、旱田 54 074 公顷。

（2）牡丹江省宁安县大海浪地区：在总面积 42 000 公顷内开水田 5 000 公顷。

（3）第二松花江岔路河地区：地区面积 13 892 公顷，目的造成水田 3 000 公顷、旱田 5 000 公顷。

（4）第二松花江陶赖昭地区：地区面积 8 700 公顷，以其中 4 000 公顷为限，造成水田 1 060 公顷、旱田 1 030 公顷。

此外在调查测量中的还有甘南第二期、通河、七虎林、饮马河、东辽河五地区。除此之外，满洲土地开发会社为解决劳工的粮食自给，还经营富海（4 000公顷）、三江两农场及作为劳工培养基地的昌图农场（188 公顷）。昭和十八年 6月末土地开发会社动工事业劳工数如表 3-2-8 所示。[②]

表 3-2-8 昭和十八年 6 月末土地开发会社动工事业劳工数

工事地区	在籍劳工数/人	滞在日数/日	备考
鹤立岗	3 007	200	在籍劳工总数
莲江口	3 138	200	昭和十八年度据
太平镇	2 907	200	说是 6 万人
龙江	4 623	200	推算在本统计

① 满洲土地开发株式会社. 第四回定时株主总会报告书, 1942 (康德九年): 52-81.

② 满洲土地开发株式会社. 事业计划明细书, 1943 (康德十年).

续表

工事地区	在籍劳工数/人	滞在日数/日	备考
乌裕尔河	5 141	200	中未列入的绥
黑台	398	200	化及大海浪地
新开河	9 227	230	区约有 14 48
第二松花江	2 669	230	5 人劳工在籍
饮马河	2 356	230	
康平	2 947	240	
盘山	6 745	240	
青堆子	2 152	240	
昌图	206	240	
合计	95 515	(220)	

资料来源：满铁奉天调查室. 交通调查资料乙第二号、昭和十八年 11 月、满洲农地造成及改良事业实施状态调查（序说）：39.

二、紧急农地造成与农地开发会社

太平洋战争爆发后，日本的食粮供应日益紧张。而且由于船舱不足，运输南洋米出现困难而更加告急。在 1943 年已经到了非采取紧急对策不可的状态。东北再次成为日本掠夺大米的目标。1943 年 9 月 22 日，日本东条首相声明"在日满确立食粮的绝对自给体制"。其后，同年 11 月 22 日，日本政府通过《关于对满洲国紧急农地造成计划协助之件》。[①]

1944 年（伪满康德十一年）1 月 1 日满洲土地开发会社接受了新任务，改组了机构，设置了第二松花江（吉林省郭尔罗斯前旗、前郭旗）、东辽河、三江（三江省佳木斯市）三个开发本部。1944 年 3 月 1 日，将株式会社满洲土地开发会社解散，重新设立特殊法人满洲农地开发公社（资本 5 000 万元）。

1944 年 4 月 13 日，伪满参议府通过《满洲国紧急农地造成计划纲要》。决定："以在日满确立强化食粮的自给体制为目的，在满洲国确立紧急的农地造成计划以期日满相互合作达成之。"[②] 其要领为："一、紧急农地造成计划地区是第二松花江地区、东辽河地区以及已着手计划中适于提前实施的地区，合计面积约

---

① 满洲事情案内所. 改订满洲农业概要，1944（康德十一年）：167.
② 兴农部大臣官房. 康德十一年兴农部关系重要政策纲要集：追录第二号：233.

18万公顷。二、本计划的实施期间是康德十一年（昭和十九年）至康德十二年（昭和二十年）的两年。三、本计划完成后的生成物，除生产者自家消费外，全部追加到对日供给量中。四、本计划所必需的资材、资金及技术由日本方面给予援助。五、本事业使令满洲国特殊公司满洲农地开发公社实施，日本方面对本造成改良事业费的补助金直接交给该公社。"①

日伪称这个计划为"超积极的强行案"和"全世界农地造成史上空前的大事业"，其具体内容是："（一）根据既定计划，已经动工地区的康德十一、十二两年施行部分，水田2万2千公顷、旱田4万4千公顷，计6万6千公顷，加上原定康德十三年度以后施行的水田3万9千公顷、旱田7万1千公顷，计11万公顷作为紧急造成的对象提前施行。在康德十二年度，前两者合起来完成造田为水田6万1千公顷、旱田11万5千公顷，合计17万6千公顷。（二）此外，加上在第二松花江5万公顷、在东辽河2万公顷计7万公顷的水田，也同样在康德十一、十二两年度造成。完成造田地区，不问开拓民是否迁入，立即实行全面的耕种，以有助于食粮的生产。"②

全部计划由满洲农地开发公社组织实施，1944年年初紧急动工。各个被划定地区的土地被强行征用，大批熟地被剥夺，青壮年被征造田，老弱妇孺则流离失所：

如第二松花江流域的郭尔罗斯前旗，被征用的熟地达8万垧，数以万计的农户，限期3个月必须迁走。又如东辽河流域的紧急造田，为在梨树县修筑二龙山水库，竟把48个村庄，1 840户，10 200多名群众，强行赶走，使20 000多垧土地和5 000多间房屋被淹。③

在1943年春武部六藏代表伪满政府发表收买郭尔罗斯前旗土地共为18万垧，也就是除了该旗岗地4万垧外，是全部都被收买了。对于收地后撵走的人民，命由吉林省安置处理。总共是9万多人。

又在1944年1月，武部六藏发表伪满政府实行东辽河治水工程，决定在吉林省通阳县赫尔苏建筑水库。这次强行收买赫尔苏村上等熟地1万垧和水库下游沿河北岸怀德县熟地约2万余垧，赫尔苏水没地的人民约有1万人，怀德县被撵走的人民近2万人。④

这里面还有个小插曲，可以看出在战争进行中，资本家和军阀是怎样勾结谋

---

① 伪满政权与日本政府达成协定，由日本政府向该公社提供补助金（第一年为1 000万元），支援60名以上的技术人员，并援助抽水机、混合机、拖拉机、机车和铁轨等物资。

② 满洲事情案内所. 改订满洲农业概要，1944（康德十一年）：168.

③ 解学诗. 伪满洲国史新编. 北京：人民出版社，1995：721-722.

④ 金名世. 日本向伪三江、吉林省移民//孙邦. 经济掠夺. 长春：吉林人民出版社，1993：743.

利的。那就是伪满土木建筑业的头号承包商榊谷仙次郎对辽河水坝工程的承包。据说日本首相东条英机为使伪满洲国增产稻米，示意伪满土木建筑业的头号承包商榊谷仙次郎修建东辽河大坝，要在1945年造成水田5万町步。伪满洲国总务长官武部六藏亲自问询了东条的意图。东辽河大坝工程即由伪满总务厅招标，当然落在榊谷组。1943年12月19日在严寒中举行了开工典礼，投入了2 000名苦力。

进入1944年，东条内阁总辞职。8月鞍山制铁所遭空袭。"战况恶化又加上有一触即发危机的苏'满'国境的令人不安的紧迫感，使关东军经理部的工程订货完全改变。仙次郎受命在通化的东临江及包括大栗子的地方，构筑大洞穴的地下阵地。一切和平建设工程完全停止。"①

---

① 竹森一男．满铁の建设．株式会社图书出版社，1975（昭和五十年）：211.

第三章
竭泽而渔的矿产资源掠夺

第一节 人肉换煤的煤炭掠夺

一、满炭改组，密山等煤矿独立

随军需工业、钢铁工业、电力工业、化学工业的发展，还有军用、取暖用煤以及日本、朝鲜所需炼铁用煤的增加，对煤的需要量大增。然而，煤炭的产量远远滞后，特别是作为炼铁原料的黏结性煤，缺口甚大。而且，在所谓煤炭增产之中质量最好的抚顺煤反而急剧减产，增加的大部分是劣质煤。以至于"现在煤中有30%的灰分。……结果，将宝贵的输送力用来运泥。"①

煤炭生产停滞，不仅对日供应计划难以实现，伪满自身的炼铁用煤也有缺口。1943年，不得不从华北（中兴、井陉、开滦）运进炼焦用煤252万吨，占炼焦煤用量的60%。"确立满洲产业经济所需煤的自给一事成为最为紧急的课题。"②

伪满的煤炭业，除抚顺煤矿和本溪湖煤矿外，完全由满洲炭矿株式会社根据所谓一行业一公司主义统制开发，这一向被认为是根本性原则。但是，事实证明，由于各个煤矿情况各异，全部由位于伪都新京（长春）的满洲炭矿会社下指令的做法，反而影响采煤效率。进入20世纪40年代，日伪看到了为了煤炭工业的发展，必须结束一行业一公司的行政统制。"实行满炭的改组，主要矿山各个分离为独立公司。而且这一方针不仅就煤炭业界如此，对于满洲的主要产业，从

---

① 日满商事立松辅雄. 康德十一年度第二回研究会，满洲の石炭配给について：14.
② 社团法人东亚经济恳谈会. 昭和十八年6月第四回日满经济恳谈会报告书：33-34.

提高企业效率及紧急增产的要求这一立场出发也是需要深刻研究的问题。"①将满炭属下的煤矿向日本煤炭业资本开放，引进日本的资本和技术，以解决煤炭饥馑，就是新开出的药方。

从 1940 年 9 月起开始放弃一行业一公司的原则，摸索实行有效经营的组织改革。1941 年的密山和扎赉诺尔煤矿，1942 年的田师傅煤矿，1943 年的鹤岗、西安、北票和阜新 4 大煤矿，依次分离，分别成为独立的公司。

首先于 1941 年 7 月 10 日使密山煤矿从满炭分离独立，资本 1 亿元，第一次缴纳 28 000 万元。从满炭继承的资产为 103 459 千元，其中，满炭的实物出资 26 615 千元，其余为借款。

1943 年 2 月，阜新炭矿株式会社、鹤岗炭矿株式会社、西安炭矿株式会社、北票炭矿株式会社分别由满洲炭矿株式会社分离独立，满业为进行第一次股金的缴纳，接受了满洲兴业银行 53 955 500 元的信用票据短期贷款。②

二、加紧掠夺煤炭

1944 年华北煤炭的输入量锐减。关东军于当年 3 月 27 日至 29 日纠集伪满政权、满铁、满业、钢铁协议会、煤炭协议会、日满商事及各煤矿代表开会贯彻《原料煤紧急对策》。③

"煤炭增产的重点必然指向黏结性煤，首先谋求兴隆、富锦、松湾三煤田的及早开发，同时正谋求用简单的设施开发邻接已开煤矿的所谓立竿见影部分。再者，将重点由量转到质，逐步整顿恶劣煤矿，对弱小煤矿逐步用合并、吸收及其他方法加以统制。为提高煤质谋求选煤设施的整备扩充。在制铁增产上正发挥重要作用。"④

满洲炭矿株式会社兴隆煤矿的"炭田开发计划"。

一、铁道建设计划

1. 总长　　　　　66 940 米

　　内桥梁　　　　13 座

　　隧道　　　　　8（3 860 米）

2. 所需资金　　　43 110 000 元（详见表 3-3-1）

---

① 社团法人东亚经济恳谈会. 昭和十八年 6 月第四回日满经济恳谈会报告书：34-35.
② 参见满洲兴业银行特殊金融第一课长，公特金一第 8 号，康德十年 2 月 20 日，内部文件。
③ 满史会. 满洲开发四十年史：下卷. 谦光社：481-482.
④ 大陆商工新闻社. 康德十年大陆商工年鉴：2.

表 3-3-1　1943—1946 年所需资金明细　　　　　　单位：元

年别	1943 年	1944 年	1945 年	1946 年	合计
金额/千元	7 960	12 110	12 000	11 040	43 110

二、炭田开发计划

1. 埋藏量　　　　　330 000 000 吨

2. 出煤计划①详见表 3-3-2

表 3-3-2　出煤计划

年别	1942 年	1943 年	1944 年	1945 年	1946 年
数量/千吨	45	60	120	250	500
年别	1947 年	1948 年	1949 年	1950 年	1951 年
数量/千吨	700	1 000	1 000	1 250	1 500

东边道开发株式会社的"松湾炭田开发计划。

一、铁道建设计划

1. 总长　　　　　　　59 000 米

　孙家堡子——湾沟　　33 000 米

　湾沟——松树镇　　　26 000 米

2. 所需资金　　　　　24 196 466 元（详见表 3-3-3）

表 3-3-3　铁道建设各年所需资金

年别	1943 年	1944 年	1945 年	合计
金额/千元	4 598	11 413	8 158	24 169
区间	孙家堡子—湾沟		湾沟—松树镇	

3. 进度预定

1945 年 4 月　孙家堡子—湾沟临时营业开始。

1946 年 3 月　湾沟—松树镇临时营业开始。

1946 年 6 月　全线正式营业开始。

二、炭田开发计划

1. 埋藏量

湾沟炭田　　　　　41 000 000 吨

松树镇炭田　　　　375 900 000 吨

---

① 满洲重工业开发株式会社. 康德十年六月关系会社扩充计划：3.

2. 出煤计划　见表3-3-4。

表3-3-4　煤田开发计划中的出煤计划

单位：千吨

年别	1945 年	1946 年	1947 年	最终目标
湾沟	150	300	400	500
松树镇	50	200	400	1 000
合计	200	500	800	1 500

3. 所需资金

湾沟炭田　　　　　　20 000 000 元
松树镇炭田　　　　　40 000 000 元
合计　　　　　　　　60 000 000 元
内康德十年度（调查关系）1 200 000 元"[1]
1936—1944 年伪满煤炭产量如表3-3-5 所示。

表3-3-5　1936—1944 年伪满煤炭产量

年度	满铁系统产量/万吨	对 1936 年的比率	其他煤矿产量/万吨	对 1936 年的比率
1936	1 025	100.0	342	100
1937	1 034	101.0	405	117
1938	1 002	98.0	597	174
1939	992	96.7	948	277
1940	838	81.7	1 274	372
1941	827	80.7	1 592	465
1942	833	81.2	1 584	463
1943	750	73.0	1 782	521
1944	632	61.6	1 927	563

资料来源：东北物资调节委员会. 资源与产业，1948：83.

　　由于煤炭供应紧张，日伪开展所谓"大出煤运动"，普遍加强封建把头制度，实行"人肉开采政策"，催逼工人以血肉之躯换取煤炭。其结果是事故频繁发生，伤亡累累，各地都出现了万人坑。另外，日伪加紧了对煤炭配给的统制，特别是对民族中小工业和居民的采暖用煤加以严格限制，直至停止配给。逼使民族工业倒闭，将广大居民置于冻馁之中。

---

① 满洲重工业开发株式会社. 康德十年六月关系会社扩充计划：1-2.

第二节　钢铁的掠夺式开发

一、钢铁开发纲要

为了供应日本急需的生铁，服务于日本的钢铁自给自足政策，以支持侵略战争，伪满将生铁的增产"作为战时紧急经济政策之中的最重点产业，留心其彻底的且急速的完成。"[①] 1941 年伪满经济部通过了《满洲铁钢开发纲要》，决定急速开发东北的钢铁资源，靠自给矿石确立铁钢连续事业。

满洲国钢铁开发第二个五年计划的具体目标大致如下：

1. 普通钢铁

（1）铣铁。除国内当地销售的铸铁之外，原则上铣铁实行一贯的制钢化，但目前考虑对日供给。

（2）半成品。以充分供给国内压延用以及日本的原有单独压延设备运转所用半成品为目标。

（3）钢材。以逐渐减少对日期待量，能以满足国内需要为限度实行增产。

（4）铁矿石。满足国内对特殊铁钢用及平炉用优秀富矿的需要并确保日本同种需要的一部分。

2. 特殊铁钢

（1）以特殊原铁为基础，特别完成必要限度的扩充，同时就满洲国所需的特殊钢，决定日满两国产品的范围，目前满洲国主要生产普通品种，其他品种依靠日本的已有能力及技术。

（2）合金铁。谋求国内合金铁所用原料的急速开发以期确保对日供给，同时以其余力实行对第三国的输出。

（3）低磷铁及特殊原铁。为供给日本作为特殊钢用及锻铸钢用原料的低磷铁、粒铁及日下式海绵铁而努力。[②]

为此日伪采取了如下应急措施：

（1）昭和制钢所第四期计划制钢 75 万吨、分块 50 万吨、钢材 26 万吨、制钢原铁 12 万吨（康德九年度完成）。

（2）本溪湖煤铁公司第一期计划第二高炉及副产物工厂（康德八年度

---

① 社团法人东亚经济恳谈会. 昭和十八年 6 月第四回日满经济恳谈会报告书：32-33.

② 经济部. 满洲铁钢开发纲要//康德八年经济计划纲要，1941（康德八年）：116-117.

完成）。

（3）抚顺制铁的炼钢原铁 1.5 万吨、满洲特殊的铣铁钒铁、满洲铅矿的钼铁制造设备以及东边道富矿石的积极开发。

此外，接续上项应急措施，实施昭和制钢所第五期计划制钢 50 万吨、分块 67 万吨的建设（康德九年度以后实施）及其他事业……①

新定的主要设施，在昭和制钢所是在 1942 年 12 月开始建设 9 号高炉，该高炉在 1943 年 11 月实行点火。在制钢部门，1942 年 5 月完成第 2 制钢工厂（1、2 号平炉），第 2 制钢厂制钢能力的扩充继续到 1943 年 3 月 6 号平炉的完成。在压延部门，1942 年 5 月完成第 2 分块工厂（钢片工厂，即第 2 初轧厂）和压延工厂（中板工厂），随后有大型工厂的扩建和薄板工厂的完成。在本溪湖煤铁公司，1941 年 10 月在宫原的新工厂第 3 号高炉（600 吨），1942 年 10 月也是在宫原第四号高炉实行点火，使炼铁能力激增。

关于原有设备的扩充，"在昭和有 3 号高炉、4 号高炉反复改筑、点火（1941 年 6 月、8 月，1943 年 7 月）；在本溪湖实行了 1 号高炉的大修理（1942 年 5—11 月）……满洲铁钢业的生产能力，在中心领域的制铁部门来说，1942 年度为顶点，同年的年产能力达 225 万吨。"②

在 1943 年，"将昭和制钢及本溪湖煤铁所有设备的全面开工一事作为最中心的施策。"③

东边道开发株式会社，1942 年完成了二道江发电厂建设，同时使电炉投入生产，又把这种粒铁运到日本；1943 年在铁厂子建成了 20～60 吨小型高炉一座，1945 年被合并到满洲制铁株式会社，变成东边道分社。④

二、铁矿石的消耗

由于重点开发，钢铁的生产规模扩大了。然而，铁矿石和煤炭的生产却远远落后，不得不从远方各地区购买。

鞍山和本溪两个制铁公司，在 1941 年度，铁矿石已不能自给。在 1943 年，两公司对外来矿石的依存更加显著。"昭和的自家矿石产量为富矿 119.8 万吨、贫矿 218.4 万吨。比较 1941 年度的实际产量，则富矿略增，贫矿大体持平。可是，昭和的富矿购入量是东边道矿石 72.8 万吨（富矿总入手量的 26.6%）、华北矿石 61.3 万吨（22.4%）和朝鲜矿石 14.9 万吨（5.5%），全都剧增。昭和制

---

①　经济部. 满洲铁钢开发纲要//康德八年经济计划纲要，1941（康德八年）：116-117.

②　山本有造."满洲国"的研究. 京都：京都大学人文研究所，1992：291.

③　经济部. 满洲铁钢开发纲要//康德八年经济计划纲要，1941（康德八年）：116-117.

④　卓昕. 满业垄断并掠夺东边道产业资源//孙邦. 经济掠夺. 长春：吉林人民出版社，1993：340.

钢所入手的富矿中自家富矿所占比例，在 1943 年度大幅度下跌，降到
43.9%。"①

同昭和的情况不同，本溪湖的富矿、贫矿在这一年度都实现了大幅度的增
产。可是，这也不能适应对矿石需要的增大。还是从外地购入了大量富矿石，计
有"东边道 12 万吨、华北的河北省烟筒山、山东省金岭镇等 5.8 万吨，还有朝
鲜的茂山等 13.4 万吨。在 1943 年度，本溪湖公司自产富矿石的比例降低为
61.3%（49.4 万吨/80.6 万吨）。"②

三、满洲制铁株式会社的成立

1944 年，随战争的日益激烈，为综合利用和高度发挥原料、资材、机器和
技术的能量，实现战时钢铁紧急增产，日伪决定将昭和制钢所、本溪湖煤铁公司
和东边道开发株式会社三者合并，成立伪满洲国特殊会社满洲制铁株式会社。
1944 年 2 月 29 日公布《满洲制铁株式会社法》，3 月 25 日公司正式成立，本社
设鞍山，资本 7.4 亿元。1944 年夏季以后，鞍山遭到美国连续轰炸，关东军山
田乙三司令官以加强战时产业体制为理由，更换理事长，强行迁厂，把炼钢炉全
部迁到东山里。铁的产量大幅度下降。生铁产量从 1943 年的 170 万吨下降为 117
万吨；钢产量由 71.8 万吨下降为 43.9 万吨；钢坯产量由 71.8 万吨下降为 39.6
万吨；钢材产量由 51.9 万吨下降为 28.4 万吨。③ 1945 年 4 月至 8 月 15 日，满
洲制铁株式会社只生产生铁 315 700 吨、钢 163 282 吨和钢材 81 891 吨。④

四、伪满洲国钢铁的分配

满洲铁钢业的制品，大体按三个渠道流通：（1）自家消费（制钢用铣铁、
压延用钢块、成品用钢片），（2）满洲当地销售（满洲内贩卖），（3）对日输
出。这里说的自家消费是指钢铁联合企业的公司内需要，满洲当地销售是包括发
往关东军的直接军事需要和由满铁的作为铁道材料、制铁机械工厂原料的消费
（准军需），还有由其他在满压延、机械制造企业作为原料的消费的广泛的
意思。⑤

伪满洲国生产的钢铁主要是供给日本以原料和半成品。不过随伪满军需工业
的发展和军需的增加，当地消费部分也在增加。1937—1943 年伪满洲国的钢铁

---

①　山本有造. "满洲国"の研究. 京都：京都大学人文研究所，1992：305.

②　同①：306.

③　东北物资调节委员会. 钢铁，1948：93-94.

④　满铁调查部. 满洲制铁株式会社概要：9-12.

⑤　同①：306.

生产、分配实绩如表 3-3-6 所示。"满洲当地销售部分的各种钢铁制品是向在满压延企业、在满机械制造企业构成的军需产业和满铁或关东军分配，满洲当地销售的绝对量及其在总分配量中所占比例逐渐增大，1943—1945 年满洲国的钢铁分配计划及实绩如表 3-3-7 所示。是因为在同军需产业的关联上，满洲钢铁产业的周边正在形成产业联系。"①

表 3-3-6　1937—1943 年伪满洲国的钢铁生产、分配实绩

单位：千吨、%

年度	生产量	制钢用	满洲内贩卖非关东军	满洲内贩卖关东军	对日输出
1937	811	465	87	20	239
1938	855	527	98	20	210
1939	1 025	469	93	30	433
1940	1 074	480	165	30	399
1941	1 417	505	177	30	705
1942	1 634	658	271	30	675
1943	1 728	759	178	45	746
1944	1 246	426	151	18	651
1945	250	95	75	20	60

注：1. 制钢用是以钢块生产量乘以 90% 者。

　　2. 1945 年度是从 4 月 1 日到 8 月 8 日。

资料来源：山本有造. "满洲国" 的研究. 京都：大学人文科学研究所，1992：307.

表 3-3-7　伪满洲国的钢铁分配计划及实绩（1943—1945 年）

单位：千吨、%

年　　度	1943		1944				1945	
消费项目	计划	%	计划	%	实绩	%	计划	%
军需（关东军）	45	6.5	37	4.4	18	3.1	36	9.0
准军需（满铁）	20	2.9	35	4.1	20	3.4	20	5.0
官需			6	0.7	4	0.7		
兵器工业			2	0.2	2	0.3		
生产力扩充	172	24.7	83	9.8	55	9.5	141	35.3
关联工业			9	1.1	6	1.0		
重要民需			5	0.6	4	0.7		

---

① 山本有造. "满洲国" 的研究. 京都：京都大学人文研究所，1992：318.

续表

年　度	1943		1944				1945	
消费项目	计划	%	计划	%	实绩	%	计划	%
民需			3	0.4	2	0.3		
军工厂			1	0.1	0	0.0		
机械工业原料			31	3.6	21	3.6		
铁管材料			60	7.1	39	6.7		
制钢原料			22	2.6	22	3.8		
改筑			2	0.2	2	0.3		
其他			3	0.4	3	0.5		
输出	460	66.0	551	64.8	383	65.9	200	50.1
合计	697	100.0	850	100.0	581	100.0	399	100.0
低磷铣（海军）	220	270	238	160				

资料来源：山本有造."满洲国"の研究.京都：京都大学人文科学研究所，1992：309.

表 3-3-8 给出的是 1941—1944 年日本生铁的进口状况。

表 3-3-8　1941—1944 年日本生铁的进口状况

年度	日本生铁产量/千吨	进口量/千吨	进口比重/%				
			朝鲜	东北	中国（关内）	印度及其他	合计
1937	2 318	1 131	12	19	—	69	100
1941	4 198	784	18	71	—	11	100
1942	4 306	878	15	81	4	—	100
1943	3 813	1 134	24	60	16	—	100
1944	2 713	942	26	62	12	—	100

资料来源：日本兴业银行临时史料室.兴业银行五十年史：571.

第三节　非铁金属和非金属矿物的掠夺

一、铜的紧缺及其影响

东北缺乏铜矿资源，从第三国的进口又断绝，加上 1941 年度以后，日本的供给量锐减，从 1942 年起伪满铜的供求关系极端紧张。关东军所要求的交通通信事业和煤、电力、钢铁或人造石油事业等大量需要铜的事业，不要说扩建，连原有设备的运转都有困难。因此，关于铜的缺口，只得要求日本方面供给。"1942年，铜的需要量是11 916吨，供给量是10 676吨，不足数1 240吨。在供给量中，国内供给额7 559吨，对日期待额3 117吨（物动决定额）。1 240吨不足数的解决办法是：（1）满洲向日本供应铝500吨，换铜750吨；（2）余额490吨要求日本增加供给，如（2）的要求不答允，就停止抚顺东制油厂的建设。（1）的交换不成时，向交通通信部门提出申请书，同时不得不推迟钢铁部门的建设，主要是昭和制钢所新建工厂的输送设施、附属设施，影响生产，高炉的选矿及选炭工厂建设中止，影响对日生铁的供应。1943年度铜不足量5 400吨，完全靠日本供应，如不能确保，不仅生产力扩充计划要中止，而且现有产量也难以维持。"[1]

关于1942年度伪满要求追加的1 240吨铜，日本方面于1942年8月24日作了如下决定：[2]

其中500吨同铝交换，由日本政府支给，其余940吨，处理如下：

（1）以缅甸包德意达A（陆军）战利品的铜末及铜矿石充之；

（2）其数量由陆军省通知；

（3）1 240吨的用途由满洲国决定。

二、掠夺铜、铅、锌、钼、钨、钒和锰等

太平洋战争期间，日伪加强了对东北轻金属和非铁金属资源的掠夺。非铁金属主要是铜、铅和锌等，为达到彻底的紧急增产，采取了许多措施。包括实行探矿的奖励金制度、运费的补助金制度，就铜、锌和铅等撤销矿产税和由满洲矿业开发株式会社施行积极的"矿业特别金融制度"等。这些非铁金属的产量年年激增。其中的铅和锌已经超过伪满的需要量，并将相当部分供给日本。

其次，在轻金属方面，钼、钨、钒和锰，也发现有希望的矿山，钼和钒有了相当的产量，有助于增强日本的战争能力。

随着同第三国贸易的断绝，黄金的生产已经退居次要地位。1943年，砂金事业的全部，产金事业中只有金而不伴有铜、铅等重要资源的山场，基本上被废止。这些山场所装备的资材、机器，则被转用到铁、煤和非铁金属等重点产业方面。

---

① 满洲国政府康德九年昭和十七年6月编《昭和十七年度满洲国物动计划ニ关スル对日要望事项》，抚顺日档，劳/1942/391。

② 同①。

1943 年 3 月 3 日，伪满国务院会议通过《矿业特别金融对策纲要》，决定从 1943 年到 1945 年的三年间，对铜、铅、锌、硫化铁矿、萤石、黑铅、云母、锰、耐火黏土、钼、钨、锑、石棉、水银、铬铁矿、优良烟煤及铁等的开发增产所必要的采矿设备及运转资金所需总额 1 亿元，由满洲矿业开发会社按由有关业者组成的委员会的决定办理贷放。每年由满洲兴业银行向矿业会社统一贷给，由伪满政权保证本利的支付。[①]

三、非铁金属和轻金属的生产

桓仁铜锌矿

1937 年 3 月 28 日，日本资本家胜首和中国人盛庆祥到桓仁二棚甸子地区调查，并雇工二十几人进行开坑探矿、采矿。1938 年 10 月 17 日，由伪满矿山株式会社接管经营，在松兰、西岔、滚马岭等地进行勘探，同时进行了采矿。1940 年修建选矿厂，1942 年 7 月投产。"出矿和选矿处理矿量 1943 年为 100 吨，1944 年为 150 吨，1945 年达到 400 吨，全年处理矿量总数为 84 813 吨。选矿实收率，1942—1945 年年平均为铅 85.5%、锌 74%、铜 85.3%。1944 年，这座矿山的产品产量占东北境内冶金矿山总产量的比例是锌占 52%、铅占 17%、铜占 3%、银占 16%（铅精矿含银金属）。"[②]

抚顺、安东、奉天的轻金属铝

"在第一次产业计划中，抚顺完成了年产 1 万吨铝的设备（满洲轻金属会社经营），1944 年的实际产量是 8 000 吨。因为满洲的铜不足，所以用铝来制作电线。第二次产业计划中在抚顺又扩建了年产 5 000 吨的设备，于 1945 年 8 月才完成。

第二次产业开发计划中，在安东建立了年产 4 万吨矾土的工厂（安东轻金属会社），但是一直到 1945 年 8 月也没有完成。在奉天还建设了轻合金的设施，这个建筑也以没完成而告终。因此，满洲飞机制造会社中所使用的材料，大都由日本输入。"[③]

杨家杖子的钼

"锦州省杨家杖子产的钼，全部都输往日本。钼是兵器制造上的重要矿物，所以在这里要说一下。杨家杖子有含量 3% 以上藏量约 400 万吨的钼矿，1944 年开采了 75% 的精矿约 1 000 吨，其中二分之一供给日本的陆军省和海

① 伪满文件《矿业特别金融对策纲要》，来自康德十年 3 月 3 日国务院会议。

② 王学良 . 桓仁铜锌矿//孙邦. 经济掠夺. 长春：吉林人民出版社，1993：396-397.

③ 古海忠之. 关于伪满经济统制与掠夺//孙邦. 经济掠夺. 长春：吉林人民出版社，1993：13.

军省。"①

四、对稀有矿物的矿产调查

伪满在 1935 年 7 月制定《稀元素矿物紧急开发纲要》。据此，各种调查机关进行了调查，关东军也在同年 9 月设置地质调查班进行这方面的调查。"黑云母黑稀金石型伟晶岩矿床是康德五年满铁调查局矿床地质调查室所发现……进入康德十一年，根据时局的要求，各调查机关实行正式的调查，产地达 30 余所，明确了其产状的概略，另一方面开始了以铀、钽为目的的紧急开发，已经采掘了黑稀金石、伟晶岩石混合矿石精矿 4.5 吨。"② 由满洲矿山株式会社海城矿业所在大房身及三台沟两地正式开采。

1944 年下半年，满铁调查局的矿床地质调查室、大陆科学院的无机化学研究室、关东军的地质调查班和满洲矿山会社的矿业部调查课的调查员在海城县调查了稀有元素，发现了独居石新产地和钶原矿石绿柱石。③

第四节　搜刮民间铜铁

一、针对民间的金属回收运动

在战时物资紧缺的情况下，由于生产计划难以完成，为满足军事及经济掠夺的需要，日伪策划了强行回收民间金属的办法。将民间工厂闲置的设备、机器、工具、器材以至人们生活起居用品，或是强行低价收购，或是无偿征收。开展了一场实属公开抢劫的"金属回收运动"。

"1942 年，日满商事会社利用公定价格，将五金业各家原有库存铜料全数收去，任何人不准再保存或出售铜制品。1944 年实行钢铁类回收，五金业库存的水暖器材、建筑用品、各类工具等，全部按 7.25 价格强制收购，而且只给 70% 的现款，其余 30% 留作储蓄。"④

1942 年 3 月 18 日日伪通过《金属回收强化运动纲要》，决定从 3 月 21 日至

---

① 古海忠之. 关于伪满经济统制与掠夺//孙邦. 经济掠夺. 长春：吉林人民出版社，1993：13-14.

② 国务院总务厅企划处. 满洲产稀元素矿物の概貌//康德十一年度稀元素矿物调查报告，1945（康德十二年）：1-2.

③ 同②：3.

④ 中央档案馆，中国第二历史档案馆，吉林省社会科学院. 李子安控诉书//东北经济掠夺. 北京：人民出版社，1991：183.

5月31日实施金属资源的回收强化运动。金属回收强化运动分为工厂事业场清扫运动、一般物件回收强化运动和官厅物件回收运动，各省分别实施。回收物件的范围为金属废料以及不急需的及奢侈的金属制品，特别置重点于铁及铜的不用品或废品。回收物件的集聚机关是株式会社满洲资源爱护协会，使日满商事株式会社协助其集货。

在实施要领中，规定工厂事业场回收物件的范围为"铣铁、钢材、铜、铅、锌、锡、锑等及它们的合金的废料以及不急需的及奢侈的金属制品"。

所谓"金属废料及金属制品"，包括：（废铁）旧铁丝、马口铁罐、旧锅釜等，（铁制品）火盆、纸篓、烟灰碟等，（废铜、废黄铜）旧器具、铜纽扣等，（铜、黄铜制品）装饰品、门牌、洗脸盆等，（废铅）旧铅字、旧电池、各种管等，（废锌）锌板切断屑等，（废锡）旧锡器等，（废铝）旧食器等。[①]

这种运动由协和会领导，动员协和会义勇奉公队、协和青少年团和国防妇人会等团体的无偿服务，以邻组为实践单位，令各家庭交纳回收物件。公司、商店和百货店也照此办理。

进入1943年，开始采取强制措施，如果说原来金属回收是靠国民运动以自发的献纳为中心进行的，那么从此之后就要"在特别回收的名义下依法强制回收的处置"[②]。这简直是一场在全东北范围内的公开洗劫，金属的特别回收是如此彻底，人们日用的金属制品、人们住房上的铁、铜制门把手、窗上的拉手、插销，包括公共建筑上的金属构件被劫掠一空。连傀儡皇帝也不能幸免。最令人发指的是日寇竟公然损害历史文物，将寺庙的铜佛拆走，甚至毁掉遐迩闻名的热河离宫的铜殿宗镜阁。

最后，伪政府下令将中国人资本家旧存的钢材、旧铁、机械、机器和零件以及破产歇业的全套机器设备，统统以极廉的价格强制收购了去。计在沈阳收购了9 000多万元、哈尔滨6 000万元，鞍山、长春、营口、大连、齐齐哈尔、吉林等处收购了共计8 000多万元，合计为二亿三百多万元。这些物资以当时的市价计算，约值十亿多元，也就是民族资产损失了八亿多元。[③]

二、针对日人大资本的"を号"工作

如果说，在战时紧需物资的生产陷于崩溃的情况下，金属回收运动是一场针对以伪满皇宫为首包括大小汉奸及中国人民大众的强制性搜刮物资财富的浩劫的

---

① 金属回收强化运动纲要//康德八年经济计划纲要，1942（康德九年）：87.

② 社团法人东亚经济恳谈会. 昭和十八年6月第四回日满经济恳谈会报告书，1943（昭和十八年）：37.

③ 王子衡. 伪满时期经济掠夺的三光政策//孙邦. 经济掠夺. 长春：吉林人民出版社，1993：36.

话，那么，随后的所谓"を号工作"，就是用赎买的办法从日本设在东北的大企业，高价搜罗急需物资，使日本大资本家大发横财的举措。据《伪满洲国史新编》作者的发掘，"1944年下半年，由于生产资料特别是金属材料更加缺乏，关东军和伪满政府开始进行大批量的所谓'物资回收特别工作'。在伪国务院总务厅设特别物资回收本部，总务厅次长谷海忠之任本部长，伪经济部次长青木实和警务总局长山田俊介任副本部长。具体实施，则以关东军第四课和关东军经理部员为核心，在伪满经济警察和其他有关者参与下，主要在奉天、哈尔滨、伪都新京等地进行。对象是大批量统制物资私藏者，用高于公定价格数倍的黑价格，加以收买。品种有铜、锡、水银、钢材和各种机械，相当广泛，资金达3亿元。"①

---

① 解学诗. 伪满洲国史新编. 北京：人民出版社，1995：754-755.

第四章
军需工业和电力工业

第一节 军需工业

一、满洲军需工业会

1941 年日本陆军省发出《关于满洲军需产业指导的指示》，同年，关东军制定《满洲军需产业指导要领》，决定对设在东北的军需产业实行特别指导。伪满政权遂即决定加强军需监察制度。

关于军需品和军需品工厂事业场也作了界定。"军需品是指根据日满军的契约进行生产或修理的兵器及供军用的物资。""军需品工厂事业场是指下列者：甲、生产或修理军需品的工厂或事业场；乙、生产或修理军需品的原料或材料的工厂或事业场；丙、为属于上列甲、乙工厂事业场实行的生产或修理进行承包的工厂或事业场。"① 对这些工厂事业场，伪治安部大臣可令事业主报告关于生产及修理、财务、成本及其他必要事项，并可派军需监察员临检。

对于军需工业，给予各种特别优惠，如给予订货，优先供应燃料和原材料，保证电力供应和对粮食的需求，甚至发给补助金。

1943 年 12 月 10 日，以满洲军需监察工厂为会员结成（作为军机关顾问格的）满洲军需工业会。

军需工业会设总会及理事会，设理事长、副理事长和顾问。

满洲军需工业会下设若干部会：

造兵部会、航空部会、被服部会、食料部会、卫生材料部会、兽医资材部会、液体燃料部会、刃工检部会、化学部会、铸造部会、锻造部会、特殊钢部

---

① 参见《康德八年经济计划纲要》第 36、37 页。

会、橡胶部会、玻璃部会。

军需工业会总会的理事长是奉天造兵所、副理事长是满飞和满洲藤仓。

参加军需工业会总会的企业有：奉天造兵所、满飞、满洲藤仓、满洲明治、满洲武田、奉天铁钢、满石、神钢工业、满化、满洲工厂、日满铁工、本溪湖特殊钢、东洋轮胎、满洲岩城。以上是总会会员兼各部会的理事长。

参加各部会的还有：满洲三菱机器、满洲光学、满洲通信机、昭和工厂、满洲富士电机、满洲汤浅、满洲干电池、满自、满洲轴承、满洲电线、东京电气、满洲内燃机、满洲国产电气、满轻、宫田制作所、协和工业、昭和航机、满洲涂料、满洲理化学、若本制作所、满蒙毛织、满皮、东亚制靴、满蒙染织、德和、满日亚麻、高岛屋、满洲纺绩、营口纺织、新京化工、富士绵、内外绵、大连畜产、大连工业、大仓、森永、兴亚食料、池田、岛喜、石渡、盐野义、小高、富士工业所、满洲合成、满洲人造石油吉林工厂、满洲人造石油抚顺工厂、满洲石炭液化、抚顺炭矿西制油工厂、满机、满洲染料、满火、奉天酸素、满曹、昭和制钢、本溪湖煤铁、住友、大华矿业、抚顺制铁、亚细亚橡胶、新京化工。[①]

二、新设军需化学工业

南满化成工业株式会社、大陆化学工业株式会社

日本的化学工业公司除军需工厂之外，随着战争的进展，主要原料的获取陷入困境，生产不如意，作为摆脱困境的办法，有了要向东北扩展的倾向。首先是日产化学表明了希望，却未被关东军容纳。接着是住友化学在军方和伪政权两者谅解之下拟同鞍山制铁联合设立新公司，由于资材困难而中断。其后，三菱化成、三井化学几乎同时来到。正值急需向日本输出半成焦炭，以及大陆日军所用炸药需要自给。于是，以制造半成焦炭、合成石炭酸为目的，三菱化成设立了南满化成工业，三井设立了大陆化学。

南满化成的原料（沥青及苯）由满洲制铁鞍山工厂供给，工厂设于鞍山，半成焦炭于1943年开工。石炭酸方面在1945年着手试运转。

此外，作为紧急火药原料增产对策，从1944年着手硝酸工厂（年产300吨），只完成了基础工程。[②]

大陆化学设立于1942年。

在本溪湖建设半成焦炭工厂，石炭酸工厂则移到锦州修建。

---

① 参见抚总庶文03第6号527《满洲军需工业会二关スル件》。抚顺日档，办/1943/326。

② 佐伯千太郎．化学工业资料：二（别册第一）伪满洲国主要化学工业会社设立经纬：7-9.

半成焦炭工厂还在炉内干燥之中，石炭酸工厂在预定开工之前，日本已战败投降。①

满洲电气化学工业株式会社

1942 年，日本决定在东北发展炭化钙系电气化学工业，制定《满洲电气化学工业促进纲要》（对满事务局一部事务官会议决定）。

其生产目标是到 1946 年年末，生产炭化钙 23 万吨、石灰氮 7 万吨、丁醇 2 万吨、布纳橡胶 1 000 吨、醋酸 1 000 吨。准备引进德国技术。②

满洲林产化学工业株式会社

单宁是鞣制皮革的重要药品，为解决单宁的缺乏，从 1941 年起关东军就策划在伪满就地生产。"有关官员被召集到关东军第四课，口头约定，关于所需资材，全部由军方支给而圆满解决。"③

满洲林产化学工业株式会社纯属军需工业公司，该公司事业主要是单宁及其他鞣革剂的统一制造和贩卖并统制其进出口。该公司资本为 2 000 万元，其主要出资者为东洋拓植株式会社，占 50%；其次为东洋制纸株式会社关系占 20%，满铁占 10%，加藤铁矢关系占 11%；此外，还有满洲大仓商事（4%）、高岛屋饭田（2.5%）、满洲皮革（1.5%）、阿波商事（0.5%）和川村商店（0.5%）。

伪满政权及满铁无偿地将其伐木及制作枕木所生的废材、树皮、板皮等优先交付，作为该公司所需原料。④

满洲大豆化学工业株式会社

伪满兴农部于 1943 年 5 月制定《大豆高度加工工业设立纲要》，为生产各种润滑油、甘油、纤维等战时不可缺少的物资，决定改组扩充满洲大豆化学工业株式会社，将其资本增加为 5 000 万元，由满洲农产公社和日本化成工业株式会社分担，以新设的苯抽出工厂和原有的酒精抽出工厂为主体，收买日本化成工业株式会社的全部大豆加工设备，建立大豆的高度加工工业，生产军需物资。⑤

三、人造石油的发展与新设

在 1942 年之前，抚顺的油页岩工业已经完全工业化，并且年年扩充，已生

---

① 佐伯千太郎. 化学工业资料：二（别册第一）伪满洲国主要化学工业会社设立经纬：9-10.

② 参见《满洲电气化学工业促进纲要》，见《康德八年经济计划纲要》第 80~81 页。

③ 满洲中央银行资金统制课. 加藤铁矢外六名申请ノ满洲林产化学工业株式会社设立ニ关スル件调书，1942（康德九年）：9.

④ 参见满洲中央银行资金统制课档案《满洲林产化学工业株式会社设立纲要案》（康德九年 4 月 13 日），第 27 页。

⑤ 兴农部大臣官房. 康德十一年兴农部关系重要政策纲要集（追录）：147-148.

产相当数量的页岩油。"因为页岩油最适于作潜水艇用的重油，所以，生产量一半以上供给日本海军，其余供给关东军和满洲一般需要。到了太平洋战争的末期就全部军用了。"①

到 1943 年，锦州的满洲合成燃料、抚顺的满铁的直接液化设备，大体已分别达到完成地步。吉林的人造石油事业则转向进行战争所必要的且它的生产效果能紧急发挥的甲醇的生产，在进行它的紧急建设。② 以上各工厂虽然大体完成了试车，但是制造石油一事终于以失败而告终。

另一个军需工业单位是在 1939 年 8 月 16 日设立的满洲煤液化研究所，工厂地址在奉天市铁西区。该研究所是用德国"西阿古"式煤炭液化法建立试验工厂，从 1940 年 4 月动工，预计到 1942 年 12 月末完成。完成后，计划年产航空用汽油 1 200 吨，氧气 76 400 只。③

四、新设军需金属工业

安东轻金属株式会社

设立于 1944 年 4 月。资本 2 亿元（住友铝、伪满政权）。

满洲轻金属株式会社曾经在抚顺用矾土页岩炼制出铝，接着为利用鸭绿江水电在安东建设工厂，已部分动工。但由于当时日本忙于在国内增产铝，无力顾及该社，从而难以获得所需机器，只好停止。随着战局对日本愈来愈不利，铁矾土的输入断绝，日本的铝厂近乎停工状态。

于是，伪满政权重新启动安东工厂计划。动工之时，为了易于从日本获得机器，将其经营权完全委托日本的住友铝株式会社，设立了安东轻金属株式会社。在 1944 年，调集了器材，征集了劳工，加紧工程。

该公司的生产目标最初是铝 2 万吨，后来改为矾土 4 万吨，又减为矾土 2 万吨。④

三菱关东州镁株式会社的设立

在日本政府企划院和军部的怂恿、命令下，以三菱的资本和日本化成的技术经营，生产飞机、坦克用金属镁（年产 2 500 吨）。工厂设在关东州石河。⑤ 资

---

① 古海忠之. 关于伪满经济统制与掠夺//孙邦. 经济掠夺. 长春：吉林人民出版社，1993：15.

② 社团法人东亚经济恳谈会. 昭和十八年 6 月第四回日满经济恳谈会报告书：35.

③ 参见满洲中央银行资金统制课档案株式会社满洲石炭液化研究所于康德九年 7 月 7 日编写的《事业计划明细书》。

④ 伯千太郎. 化学工业资料：二（别册第一）伪满洲国主要化学工业会社设立经纬：17-19.

⑤ 资金统制课. 三菱关东州マグネシゥム株式会社设立二伴フ对日圆资金调达二关スル打合セノ件，1943（康德十年）.

本 1 500 万元。

计划年产金属镁 2 500 吨，是日本当时全部产量的 2 倍半。

当时，满洲轻金属的营口工厂年产量只不过 40～50 吨。

企划院下令从 1944 年 6 月 1 日开始部分生产。

菱苦土由大石桥南满矿业、卤水由附近盐田、电力由水丰发电供应。

椋梨金属粉工业株式会社

1942 年，伪满的金属粉工业有在安东的满洲金属粉工业株式会社以向奉天造兵所爆药工厂（满洲火药工业株式会社的前身）交纳为目的生产金属粉。因生产条件限制无供给余力别处。抚顺煤矿、南满火药制造株式会社等不得不将铝块送往日本，制粉后重新输入。铝粉几乎完全仰赖日本。

日本施行临时特别输出入统制法，输出减少。1942 年度，在东北消费铝粉量每月约需 25 吨。当年生产能力为满洲金属粉工业株式会社月产 15 吨、椋梨工业所月产 2 吨。[1]

椋梨金属粉工业株式会社（奉天）1942 年 5 月 20 日设立。营业种目为各种金属粉的制造及其附属事业。自 1942 年 4 月 1 日至 1943 年 3 月末，生产铝粉和锌粉 20 356 公斤，价格 131 617.50 元。计划完成后，生产目标为各种金属粉 115 吨，630 000 元。[2] 1943 年度，伪满洲国对各种铝粉的需要量是 300 吨，其他金属粉 55 吨。

五、新设军需机械工业

满洲轴承制造株式会社

工厂地址在伪奉天省复县瓦房店街。额定资本 800 万元。生产各种轴承。目标是逐步摆脱对日本的依存，完成自给计划。

1944 年度生产各种轴承 1 159 500 个，价值 17 025 000 元。1943 年度产量 705 000 个，价值 8 500 000 元。[3]

满洲自动车制造株式会社合并同和自动车工业株式会社

满洲自动车制造株式会社于 1939 年 5 月 10 日设立，资本 1 亿元，实收 2 500 万元。

1942 年 2 月 24 日伪满政权决定将同和自动车工业株式会社合并于满洲自动车制造株式会社，使之将生产能力提高到年装配汽车能力 1 万台，汽车部件生产

---

① 椋梨金属粉工业株式会社. 事业设备新设ノ申请ヲ必要トスル理由，1942（康德九年）。

② 参见椋梨金属粉工业株式会社奉天支店，康德十年 9 月 28 日奉支资统申请 10 第 304 号文件《事业计划明细书》。

③ 满洲轴承制造株式会社. 株金拂入征收认可申请书，1943（康德十年）.

能力 1 000 万元，并使之参加日本的自动车统制会。

在合并同和自动车工业株式会社之后，该社实收资本增加为 5 000 万元。本店设伪都新京，在安东和奉天有制作所，在新京、哈尔滨、齐齐哈尔、牡丹江、安东和大连有支店。由满业全额出资。在伪满洲国统制汽车的制造组装及贩卖以及修理。其预定生产量为底盘组装 6 000 台、车体制造 6 150 台、代燃装置制造 12 000 台、修理 16 300 台。①

1942 年 5 月 12 日，日伪又决定将满洲工作机械株式会社划归满洲重工业开发株式会社系经营，主要制造军方及满洲飞行机制造株式会社和满洲自动车制造株式会社所需专门工作机械。

满洲飞行机制造株式会社

日伪在奉天有飞机制造工厂，由满洲飞行机制造会社经营，主要是制造 79 型双座单翼战斗练习机。1944 年开始制造 84 型新锐战斗机。"飞机的生产，最高每个月达到 200 架，平常只有 100 架。1944 年 9 月，飞机厂遭到美国 B29 型飞机的轰炸，损失很大。"②

六、新设军需轻工业

1942 年以后新设的有关生必物资的公司，几乎无一例外的是军需公司或以军需为主，利用日本或关东州停产闲置下来的旧设备，生产各种生必物资。

满洲营养粉制造株式会社。资本 40 万元，工厂设奉天，计划年产营养粉 150 万吨，完全充军需之用"作为第一期计划谋求在资本系统上去掉生必作为纯军需生产，在第二期计划再考虑民需。"③

满洲大豆工业株式会社是一个在奉天设厂以大豆为原料年产冻豆腐 5 万箱、豆饼 100 万贯④，资本为 50 万元的公司。它生产的冻豆腐是为了"军民两方面的自产自给"⑤。

在伪龙江省是在已有龙江水产讷河淀粉厂、洮南淀粉工厂（日系）之外，"根据龙江省当地部队的要求，在上述产业之外必须设立咸菜工厂。"⑥

日满制粉的齐齐哈尔工厂，资本 20 万元，年产军需咸菜 400 吨；海考原组，资本 10 万元，年产咸菜军需 300 吨、民需 170 吨。

---

① 满洲自动车制造株式会社. 事业计划明细书，1942（康德九年）。
② 古海忠之. 关于伪满经济统制与掠夺//孙邦. 经济掠夺. 长春：吉林人民出版社，1993：14.
③ 满洲中央银行资金统制课. 康德九年度第八回生必外资对策委员会议案.
④ 贯是当时日本的重量单位，1 贯 = 3.73 公斤。
⑤ 满洲中央银行资金统制课. 康德九年度第八回生必外资对策委员会议案.
⑥ 同⑤.

满洲化学酿造株式会社，资本 100 万元，工厂设新京，年产酱油 1 万石、豆腐 30 万贯，供应治安部酒保及某部队。

户岛酿造株式会社是由户岛作太郎出资 100 万元（半额缴纳）设立的。此前，户岛已在奉天经营岛屋合名会社（资本 20 万元）生产豆酱、酱油和咸菜。奉天工厂是军管理工厂。新工厂设在伪都新京，年产豆酱 130 万贯、酱油 1 万石、咸菜 1 万桶。产品一半供应军需。

还有满洲特殊窑业株式会社和日满陶器株式会社，前者资本 200 万元，后者资本 120 万元。前者工厂设在辽阳，后者设在奉天，均利用本溪附近陶土和海城的长石、硅石为原料，利用日本闲置设备和日本技术生产卫生陶器、瓷砖等。①

东满军需株式会社

日军还以军需作为借口，将民族资本吸收用于关东军的后勤甚至军队妓院的开办上。

首先，在 1942 年 10 月，四平市设立了四平军需株式会社（资本 200 万元，缴纳 50 万元）。后来，"驻屯四平市与设立上述会社有关的 500 部队经理部高级部员谷本中佐及前四平市公署中岛庶务课长分别转任宁安驻屯部队经理部长和宁安副县长"。那时，"部队正在集结的宁安县石头地区（注：是指宁安县卧龙村石头屯），原来不过是 50～60 户的小村落，当地有 510 部队（师团）及附属部队半永久性的驻扎，现在正修筑兵营"。于是，谷本中佐和中岛副县长就怂恿当地资本家出资设立东满军需株式会社。

该社的本店置于牡丹江市宁安县宁安街，主力则放在石头地区。

资本金 100 万元（缴纳 25 万元），"资本是按满系 60%、日系 24%、鲜系 6% 的比例出资。"②设立会社经营下列事业：③

一、招待所、士兵疗养院及特殊慰安所的建设经营；

二、旅馆、餐馆及饮食店的经营；

三、电影院、俱乐部和娱乐场的经营；

四、制材工厂、被服工厂、冷冻设施、洗涤工厂的经营；

五、理发业及其他店铺；

六、食品、阵营具、家具及其他军用物资的缴纳、生产；

七、前各项附属一切事业及驻屯部队所需的设施。

---

① 满洲中央银行资金统制课. 康德九年度第八回生必外资对策委员会议案.

② 参见满洲中央银行资金统制课档案，东满军需株式会社牡丹江支店. 副申书，1943（康德十年）.

③ 东满军需株式会社牡丹江支店. 副申书，1943（康德十年）.

第二节　电力工业

满洲电业株式会社

电力工业是伪满第二个五年计划的最重点之一。

东北水力资源丰富。日寇在掠夺各种资源的过程中，认为开发东北水电资源是加强其经济掠夺的关键。关东军司令部于 1936 年 1 月 17 日和 8 月 28 日两次指示伪满政权，必须于五年之内在松花江先修建 18 万千瓦的水电站，并应设置水力发电特别会计，在伪国务院内成立专门机构负责进行。1937 年 1 月 1 日伪满国道局设置了水力电气建设局进一步进行了勘察，认为东北诸河可能开发的水力资源最少可达 800 万千瓦，可建水电站的地点有 60 余处。按照伪满的规划，从 1941 年到 1951 年要建设设备容量在 35 000 千瓦以上的大中型水电站 19 座，其中水丰、镜泊湖、丰满三座水电站要首先建成发电。

水丰发电站始建于 1937 年，1941 年 6 月第一台机组建成发电，1943 年全厂基本竣工投产。该站位于鸭绿江下游宽甸县境内，坝高 107.5 米、长 900 米，装机容量 70 万千瓦，年发电量 52.56 亿千瓦时。镜泊湖水电站位于牡丹江上游镜泊湖落口，1938 年 5 月动工，1942 年 8 月有一台机组建成发电，1942 年年底基本竣工。丰满水电站位于吉林市东南 24 公里处的第二松花江上，坝高 91 米、长 1 100 米，装机容量 56 万千瓦，年发电量 24.5 亿千瓦时。该站始建于 1937 年 4 月，1943 年 3 月第一台机组建成发电。直到 1945 年日本投降只完成总工作量的 89%。由于水力发电设备的投产，长期困扰经济发展的电力不足，获得解决。

原来伪满的水力发电部门是作为国营事业由水力电气建设局经营，火力发电及配电事业则是作为私营事业由满洲电业株式会社经营。满洲电业株式会社在 1940 年 12 月改组为特殊公司，成为在伪满全境以及关东州担负水电、火电统一经营、发送配电的特殊法人。

但是，由于产业政策的重大破绽，与电力工业紧密相关的轻金属、电气化学工业等耗电工业的发展滞后，1942 年以后，反而出现电力过剩、经营失利的问题。电力生产与消费脱节，电业与伪满政权之间的矛盾日益加重，导致电业的再次改组。

1943 年 12 月 22 日，伪满公布了《电力法》，给了电业以水力开发权、征用土地权、一般电力设备管理权、代行行政命令权等广泛的权限，增强了代行国策机构的性质。后又于 1944 年 3 月 27 日，修改了《满洲电业株式会社法》。为了实现建设及运营的一元化，满洲电业株式会社和水力电气建设局在 1944

年 4 月 1 日实行合并，成立新的满洲电业株式会社，水力电气建设事业合并到满洲电业株式会社。伪满政权将松花江、镜泊湖、浑江、太子河的各水力发电事业及其附属财产向满洲电业株式会社出资，同时将满鲜鸭绿江水力发电株式会社的股份移让给满洲电业。因此，满洲电业的资本由 3.2 亿元（缴纳 2.72 亿元）增加为 6.4 亿元（缴纳 5.67 亿元），伪满政权持有其半数股份。

此后，由满洲电业株式会社统一经营发送配电，"作为其具体方策，火力发电过渡到合乎经济原则的大发电所模式，企图实现有效率的运转，同时，将鸭绿江、松花江的水力用超高压送电网向抚顺、奉天、本溪湖的南满重工业地带及大连方面或新京、哈尔滨的中满一带联系分配，更以镜泊湖水力应承牡丹江、间岛地方的负荷，并且正在逐步实现将这一切水力、火力、电气结合在一个个相连的网眼之中。"①

火力方面，首先阜新发电所在 1942 年（昭和十七年）完成了扩充计划。在密山煤矿，鸡宁发电所在 1943 年度完成第一期工程，并继续扩建。②

1943 年 4 月电业又合并了东北最大的火力发电站——满铁抚顺炭矿发电所（28 万千瓦），11 月收买了东边道开发株式会社的 3 万千瓦的二道江电站，并接收了本溪湖电站。又对送电设施进行整顿，完成了水丰至鞍山、水丰至大连的送电线。1944 年又将丰满与抚顺用 220 千伏的高压线连接起来，在东北中心地区，形成 150 万千瓦发电能力的巨大电网。电网的形成、电力的过剩，导致抚顺发电所的关闭。

---

① 参见《康德十年 7 月满洲电业株式会社概要》第 7 页。
② 参见《康德十年 7 月满洲电业株式会社概要》第 13 页。

第五章
陆运转嫁与大陆物资交流

第一节　对日物资交流

1941年6月，德苏战争爆发，日伪依靠枢轴贸易获得建设器材的途径断绝。同年7月，美国宣布冻结日本在美资产，英国也采取同样行动。日伪的对外贸易，除日军控制的所谓"大东亚共荣圈"之外完全断绝。为解决作战物资的不足，日本在其控制区域内开始推行所谓"计划交易""物资交流"。贸易是否盈利以及收支是否平衡均已不在考虑之内。

1941年12月8日，日本发动太平洋战争，为适应这一新局面，草拟了一个计划，叫作《大东亚共荣圈内物资的交换计划》。为达到物资"交换"的目的，设立一个"交易营团"。"交易营团"是统制贸易的机构，经过这种机构搜罗必需物资及调整价格。它的营业范围，遍及所谓"东亚共荣圈"。其宗旨是："以圈内各地区对皇国日本重要物资的供出和日本对圈内各地开发资材的供给为第一义，关于消费物资则一面致力于圈内各地区的自给及各地区间的相互交流，一面使之同皇国日本间的相互依存度加深。"[①]

满关贸易联合会已于1942年1月15日创立，担负满关贸易机构的一元化统制。又为确立大陆邻接地区间紧密的经济协力体制，协议同这些地区的物资交流及其他重要事项，决定靠这些地区的互通有无补充战时对日期待物资的减少，同时满、鲜、华三地区成为一体使对日援助积极化。

对伪满政权来说，这一阶段的对日贸易就是将在东北可能掠夺到手的粮食和一切战略物资送往日本。出口贸易变成为战时紧急物资的对日增输送。

---

① 满洲日日新闻社. 满洲の都市と产业，1942（康德九年）：372.

在太平洋战争初战胜利和日伪祝贺伪满洲国建国十周年的气氛中，1942年12月，日伪制定了《满洲国基本国策大纲》，以确立"自立的"国防经济体制为目标。而1943年6月中途岛的失败，使"大东亚共荣圈"的设想彻底崩溃。对于伪满来说对日贡献再次成为经济运营的头等大事。要求铁矿石、石油、铝、农作物的紧急增产和对日输送。

为了便于掠夺沦陷区的物资，日本大藏省于1943年5月又特别规定，对伪满、华北、华中等地输入日本的物品适用"特惠关税"，其中小豆、蚕豆、花生仁、猪牛肉、鸡蛋、落花生油、生药类、船舶及木材等24种，完全免税。以前从价税百分之百的粟，也减为从价百分之三。又根据日本方面的要求，1944年4月29日，日本和伪满同时发表从5月1日起实施日"满"间关税免除以及货客资金出入手续的整理简捷化实施要项，以便更迅速地向日本运送战略物资。伪满洲国免除了在其财政收入上仍占重要地位的对日本的进出口税，而对输入物资中的一般消费物资仍然征收平衡资金。

从1941年起伪满的对日贸易规模就开始缩小，日本已经没有多少商品可供出口，1943年伪满自日本进口的数量，从伪奉天市来看只是头年同期的4～5成的程度。1944年比1941年日本对东北的出口减少41.0%。但是，日本却要求伪满提供更多的原料和物资，1944年东北的对日出口比1941年多出51.4%。同时，伪满从关内各地的输入也明显增多，来补充自己的不足。

第二节　对日输送——陆运转嫁

中途岛海战后，日本开始丧失制海权。这样，日本通过海路运送从中国关内掠夺的物资受到限制，于是，决定了"陆运转嫁"方针，将原由海路运往日本的华北及东北物资改由陆路运输，即经东北和朝鲜的铁路运至釜山再转运日本。由满铁将安奉线和奉山线扩建为复线，压缩旅客运输，增加货物列车。

直到战争的最后阶段，通过"满铁"经营的铁路向日本运送的煤、铁、大豆等战略物资，每年仍在百万吨以上，通过"满铁"输送的华北的煤、铁和盐，每年也在四五十万吨以上。

关于对日转嫁物资输送状况列表[①]如表3-5-1及表3-5-2所示：

---

① 南满洲铁道株式会社企划室业务课. 五铁道营业概况，1944（昭和十九年）：29.

表 3-5-1　东北发转嫁物资输送概况　　　　　　　　　　单位：千吨

年月		煤	生铁	铁材	非铁	沥青	大豆	豆饼	粮谷	油料籽	盐	合计
1943 年度		291	183	158	5	4	315	73	—	19	—	1 303
1944 年度		*720	*695	*136	*50	*521	*333	*188	*47	*238		*2 928
1944	4	43	53	25	6	4	55	31	8	1	—	227
	5	47	42	12	8	0	44	39	6	0	—	198
	6	46	42	12	6	0	33	22	5			167
	7	47	35	12	9	0	33	6	5	4	14	164
	8	44	28	20	10	0	27	15	2	1	23	169
	9	43	14	17	8	0	22	5	0		17	127
合计		270	214	98	47	4	214	110	26	6	54	1 052

注：＊表示计划数。

表 3-5-2　华北发转嫁物资输送概况　　　　　　　　　　单位：千吨

年月		煤	生铁	盐	棉花	合计
1943 年度		60	19	369	—	447
1944 年度		*626	*345	*355	*50	*1 376
1944	4	65	12	19	—	97
	5	42	23	21	0	86
	6	57	3	24	1	84
	7	83	13	24	0	122
	8	52	10	29	1	93
	9	40	12	14	2	67
合计		339	73	131	4	549

注：＊表示计划数。

另据《东北经济小丛书》所载，1944 年对日供给物资转向陆运者，数量①如表 3-5-3 所示：

表 3-5-3

	煤炭	铁矿石	非铁金属	钢及原铁	盐	大豆
东北发/万吨	56	6	2	49	—	18
华北发/万吨	105	—	—	13	35	—

① 东北物资调节委员会. 运输，1948：259—260.

续表

	粮谷	油料	籽实	豆饼	沥青	其他	合计
东北发/万吨	35	18	3	17	—		205
华北发/万吨	—	—	—	—	3	156	205

为确保大陆向日本的重要输送，1945 年 1 月 11 日，日本最高战争指导会议决定：（1）"将对日总动员物资的输送作为准军需品对待，统一按军事输送处理"；（2）"强化大陆铁道输送协议会事务局"提高大陆输送的效率；（3）"尽速开设博釜货车航运，增强日本海航路且强化大陆干线铁道的输送力"；（4）强化铁道、航路、海峡及港口的防卫；（5）"以将来统一运营大陆各铁道为目标，首先将朝鲜铁道委托满铁经营。"①

但是，随战局对日本的进一步恶化，日伪经济运营的目标，再次转为"大陆（满、鲜、华、蒙）自给圈"的确立，以大陆自给为目的。1945 年春甚至决定放弃对日贡献。

第三节　大陆物资交流

伪满经济单靠日本已经难以维持的情况下，决定"强化与大陆各地区的经济联系"。根据这个方针，提出与朝鲜、华北、华中、蒙疆地区"互助一体"的设想，一致努力减轻日本的负担。②

1942 年 1 月 28 日，在伪都新京召开了"第一次满鲜联络会议"，当时日本制铁会社正在清津炼铁厂修建高炉，而朝鲜缺乏炼焦用黏结性煤，遂要求由伪满密山煤矿供给，由于密山煤运往朝鲜，鞍山制铁所需炼焦用煤只能依靠华北。③

关于东北与朝鲜之间的物资交流。由东北向朝鲜发送的是煤、杂粮、矿石、大豆、木材等，由朝鲜向东北发送的是铁矿石、煤、硫化铁矿石、锰、面粉、化学药品、水产品等。这些物资主要依靠安奉线、奉山线和梅辑线运送，1943 年度运送总量达 669.5 万吨，1944 年度计划指标为 860 万吨。④

1942 年 3 月 8 日，又召开了"满洲华北联络协议会"。

东北向华北发送的是杂粮、枕木、木材、钢材、化学制品、豆饼等。由华北

①　参见《败战の记录》第 218 页。
②　满洲国现势. 满洲国通信社，1943：553.
③　满洲日日新闻社. 满洲の都市と产业，1942（康德九年）：208.
④　南满洲铁道株式会社企划室业务课. 五铁道营业概况，1944（昭和十九年）：30-31.

向东北发送的是煤、铁矿石、硫化铁矿石、锰、棉花等。

"据统计，1939 年华北煤运入伪满 20 万吨，1941 年就陡然增至 142 万吨，1942 年为 195 万吨，1943 年更达 252 万吨；铁矿石，1942 年为 36 万吨，1943 年增至 65 万吨。分别占伪满炼焦用煤的 60% 和铁矿石用量的 20%。"[1]

虽然朝鲜、伪满及"华北"都在日本的统治之下，但由于分别由不同的伪组织管理，还有关卡等设施影响各地商品的流通。为加强大陆的运输，日本政府于 1943 年 6 月决定：对于煤、铁矿石、谷物、硫化铁矿、石膏、焦煤、盐、棉花、枕木、木炭、硫酸铵等，简化运输手续，不必中途停留，即不必在山海关卸货，可由出发点的原车直达目的地，只需铁道方面代为办理"保税运送"手续即可。

因为日本至朝鲜本有运输的办法，于是华北的原料或必需品得迅速运往三岛。

伪满对华北，首先通过鸦片交易，获取大量战略物资。

1941 年年底，武部六藏出任伪满总务长官，增加了罂粟的栽培面积，并授意成立"裕东公司"收购烟土。"由 1941 年起，每年热河烟户私存的烟土和增加'区域'所产的烟土（1 300 万两以上）一并收购，全部走私到华北，交给日本'三井'系统的商行，以每两 20 元至 40 元的高价倾销给沦陷地区内的中国人吸用……每两平均按照 30 元来计算，1 000 万两就是 3 亿元。武部用这笔巨款，每年由华北购买大量优质的炼铁用煤（开滦矿煤）、大量的工业用盐、大量的席子（包装用）。"[2]

1944 年在太平洋战场，日本越来越处于不利的地位，"由南方取得物资已不可能，日本的战时物资生产力锐减。从此，对满洲国的物资要求更加广泛，数量也激增。一向依靠日本生产的机器和消费物资，从日本的输入也已不可能，满洲国不能不制定其对策。"[3]

这种对策就是对华北、华中进行的所谓紧急贸易。"这种以货易货的'紧急贸易'是和关东军早已进行的'直接贸易'相配合的。此点已正式写进 1944 年 9 月 8 日日伪通过实施的《对华交易紧急措施方策》。该'方策'规定的主要交易物资是'以取得能直接用于战争之物资为主'。利用的路线是：在华陆军、在华海军、关内伪政权和在华各国商社。此种紧急交易，在华北、华中同时进行。前者称'を'号交易；后者称'せ'号交易。华北的对手是：北平日本海军武

①　解学诗.伪满洲国史新编.北京：人民出版社，1995：688.
②　谷次亨.鸦片毒害政策的双重作用//孙邦.经济掠夺.长春：吉林人民出版社，1993：686.
③　古海忠之.忘れ得ぬ满洲国.经济往来社，1978：124.

官府。伪满政府供应的物资是：车床、鸦片、痱子粉、硫酸铵、苞米粉、钢板、苞米，等；换回的物资有：苇席、麻袋、牛皮、劳动服、铜元、运动鞋，等。上海的交易，以伪满驻上海总领事馆为中心进行。伪满谋取的物资主要是：车床、布匹、劳动服、镍、锑，等；供应的物资有：生铁、铁筋、豆油、人参、皮革、盐酸、吗啡、玻璃、鹿茸，等。为进行此项黑交易，伪满还特别设立了以预备役中将田边松太郎为社长的满洲交易会社。"①

当时，古海忠之担任伪满洲国总务厅次长，主管预算、金融、贸易及其他对外交涉。他在回忆录中写道："当时，据说在中国还存贮有相当多的物资，上海等地有各种物资的仓库。于是我制定了从中国特别是上海方面收买满洲国必需物资的计划。为此，以将战时不需要的物资：黄金、鸦片、毛皮和酒类运往当地，用物物交换的方法为原则。"②

1945 年年初，古海忠之飞往南京、上海，以"如果满洲国取得的物资中，有当地陆、海军特别需要的物品时，分给陆海军以必要数量"的约定，取得占领当地的日本中国总军司令部和日本派遣舰队司令部的承诺。又访问了各种日本军方机构 13 处。用飞机装载黄金、鸦片各一吨存放南京汪伪政权副总理兼伪中央银行总裁大汉奸周佛海处，并特别得力于日本特务机关里见甫的协助。当收集大量物资之后，为运输这些物资又送给上海的舰队司令部 3 吨鸦片。

1945 年 7 月，关东军第四课要求伪民生部将伪都新京周围贮藏的鸦片全部移交军方。关东军将这些鸦片堆在宽阔的正门大厅。当苏军先遣部队出现在关东军司令部门前时，关东军才想起正门的鸦片。为遮掩这一丑行不得不将鸦片吐出，交还给古海忠之，古海忠之令心腹岩田公六郎等人瞒过苏军哨兵，将鸦片运走，埋在地下。③ 这就是号称建设王道乐土的日本殖民主义者在东北的最后一项经济活动。

① 解学诗. 伪满洲国史新编. 北京：人民出版社，1995：755.
② 古海忠之. 忘れ得ぬ满洲国. 经济往来社，1978：125.
③ 古海忠之. 忘れ得ぬ满洲国. 经济往来社，1978：126-129.

第六章
敲骨吸髓地搜刮资金

第一节　战时金融体制

一、伪满洲中央银行的改组

日伪为确立战时金融体制，实现金融机关的战时统制，首先加强与改组了伪满洲中央银行。

伪满洲中央银行在太平洋战争爆发前已向国家机关过渡。1938 年 10 月随《临时资金法》的施行，代行了资金统制事务；同年 8 月，配合《外汇管理法》的修订，对外币资金实行了集中管理；1940 年 4 月根据《日元资金调整实施纲要》，实现了对日汇兑渠道的统一；1941 年 4 月对华北汇兑的集中管理；1940 年 11 月对普通银行共同融资的怂恿斡旋；依据《金融机关稀密调整纲要》整顿和合并国内普通银行以及依据《存款利息协定纲要》斡旋第一、二次的降低存款利息。一步步走向同伪政权机关的紧密协作和自身的国家机关化。

伪满政权于 1942 年 10 月 26 日发布了《满洲中央银行法改正纲要》和《满洲中央银行法》，并从同年 11 月 1 日起，以新的组织开始其事业。

伪满洲中央银行改组的要点如下：（1）强化中央银行的国家机关性质。中央银行增加的资本全部由伪满政权出资，不许民间资本介入，中央银行的利润在扣除公积金之后，全部上缴，不实行分红，中央银行的经营主管由伪政权任免，其从业人员被视为公务员。（2）明确其作为伪政权实行金融政策、金融统制协助机关的性质并加以强化。中央银行被课以新的活动范围和新的职责，在完善金融指导统制方面，有参与策划重要的金融计划，指导统制资金的吸收运用，促进整顿金融机构及增进其职能等；在外汇管理方面，有对国外增大引进的统制，在向长期事业资金金融的扩展方面，有增进金融事业和产业的紧密化，同时，逐步清理兼营的普通银行业务。（3）赋予中央银行以对一般金融机关的命令权。中央银行在必要时，经伪政权认可，对一般银行可以征收关于其业务财产的报告或进行检查，又伪政权为使一般金融机关协助中央银行，在必要时可以下令强制。[①]

伪中银不但严格控制一般企业的借款，而且对房产公司、农产公社的对外放款统统管起来，并强迫私营银行将存款的三成存入伪中银。后来，更将一切涉及资金活动的事宜，如企事业单位的设立和撤销、资本的增减、名义的变更、企业内部的开支、利润分配以及个人买卖房地产等，也都纳入金融统制的范围。

在中银改组的同时，一方面创设了兴农金库作为农业金融机关，另一方面改组商工金融合作社及兴农合作社，进而结成金融协会及普银协会，调整业务领域以及实施利息的改订。

伪满以其中央银行为主的资金统制，一方面强化了财力的集中，使更多的资金用于支援所谓"大东亚战争"的重要产业，或直接用于补充战费；另一方面严重摧残了资金薄弱的民族工商业，使少数垄断企业受益。

二、综合资金计划

从资金统制法施行之后，伪满中央银行就协助伪满政权征收同物动计划有关的各公司及其他公司的资金计划进行审查。从1941年度起，在统制资金方面策定综合资金需给计划，在需要方面列入随政府财政收支而来的公债、地方债等的发行预计和物动关系主要公司及其他各公司所需资金，在筹措方面，测定日本的对满投资额及国内筹措额。[②]

对照上述计划，谋求蓄积资金的动员和资金的适当分配。"就前者，是强化国民储蓄运动机构，靠行政力的渗透，谋求储蓄的增强。更加上公债的消化和存款的吸收，实施各种新方法的储蓄方策。就后者是强化资金统制，从设备资金到流动资金的统制，更为圆滑地运用资金统制法和产业统制法，设置企业统制协议会，通过产业资金的国内自给化、普通银行等的资金特定运用以及共同融资特别结算的设置，谋求资金的国策性运用。"[③]

1943年度，配合日本的大东亚综合资金计划，伪满也制订了包括关东州在内的满洲综合资金需给计划，年度也由原来的历年制改为四季度制。这个计划在资金供给方面分为财政资金、产业资金及对外投资。财政资金又分为中央财政及

---

① 南满洲铁道株式会社调查部．昭和十七年12月满洲经济动向，1942（昭和十七年）：232-234.
② 满洲中央银行调查部．康德十一年10月调查汇报：第叁辑　满洲国金融统制の进展状况：6.
③ 同②：5.

地方财政；对外投资又分为对日投资和对华北投资；在资金筹措方面分为域内筹措和域外筹措，域外筹措又分为国债、产业资金等。目的是减轻日本的资金负担谋求资金的国内自给化。于是，"国内资金的积累动员，特别是国民储蓄的加强成为紧急课题"①。

三、流动资金的统制

从1939年起实行的资金统制，主要是对事业资金（固定资产、股东资本、公司债、长期借款）的统制，而流动资金尚在统制之外。

为配合日本的战时财政金融体制，确保伪满中央银行对国内的流通资金，能够全面地、完全地实行统制。1942年3月24日伪经济部训令对于金融机关的流动资金贷出实行认可制，由伪满洲中央银行支行执行。

1942年度《资金调整纲要》规定所有伪满银行均应限制放款，其要点如下：②

1. 凡与投机囤货有关的以及不急用违反国策之资金，虽担保充分、偿还确实者，亦不予贷放。

2. 关于以特产及粮食为担保之贷款，应由各有关统制公司与指定收买人密切联系，到期严于收回。

3. 凡属不急用途之资金，虽为曾经政府承认或有关物资动员及汇兑计划之事业，嗣后亦一律不许贷放。

4. 不论特殊或准特殊公司团体，贷借事业资金时，均须先调查审核该项事业计划及事业收支状态。如于短期内难收成效或可能延期收效者，均应抑制贷放。

5. 有促进信用膨胀可能之同业间商业汇票，不予贴现。

6. 因对华对日支付而起之贷款，应特别加以限制。

四、归并压缩普通银行

伪满政权在1941年3月，通过《金融机关稀密调整纲要》。适值银行法规定的国内普通银行的法定资本金增资犹豫期间到该年底满期，连同剩下的3个未增资银行的处理问题，一进入1942年，就积极地推进国内普通银行的整顿、合并。1941年年底，以哈尔滨实业银行为母体建立滨江实业银行，接着在1942年4月1日，使东兴银行收买间岛银行，滨江实业银行收买环城银行，更以7月1

---

① 满洲中央银行调查部. 康德十一年10月调查汇报：第叁辑　满洲国金融统制的进展状况：6-7.
② 漠驮. 最近伪满金融政策. 东北，1942，4（3）：17-18.

日为期，将志城、奉天实业两行合并为志城银行，将奉天商业、沈阳、奉天同益三行合并为沈阳商业银行，将协成、安东实业两行合并为安东商工银行，将共茂、安东地方、义来三行合并为大东银行，将营口商业、奉天汇业、福顺三行合并为兴亚银行，将福德、中泰、天泰三行合并为德泰银行，将天和、恒聚、瑞祥三行合并为大成银行，犹泰国民银行收买哈尔滨协和银行。"结果，国内普通银行歇业 22 行，新设 7 行，减少 15 行。对比前期末的 44 行，7 月 1 日为 29 行，减少为约三分之二；另一方面额定资本金从前期末的 6 380 万元增加到 7 月 1 日的 11 100 万元，实收资本金也由 2 750 万元增加为 3 530 万元。"①

接着，在同年 10 月 1 日，锦热银行将锦州商工银行，12 月 1 日东满银行将牡丹江商业银行分别合并，又 9 月 1 日德泰银行将兴盛银行，10 月 1 日志城银行将德意银行，12 月 1 日功成银行将梨树地方银行分别收买。到 1943 年年初决定由奉天银行收买日华银行，东边实业银行收买福兴银行，兴亚银行收买盛业银行，普通银行只剩 23 行，一年内大体减少了一半。②

1943 年 5 月伪政权又公布《普通银行资金特定运用办法》，规定私营银行存款总额的 40%用作支付存款的准备金，30%用作购买公债，30%存入满洲中央银行"共同融资"户头，不准提取周转。如急需用款，只能以之为担保，向伪中行另行借款。完全剥夺了私营银行资金运用的自主权。1945 年 6 月末，私营银行存入"共同融资"的款项达 55 210 万元。到了 1945 年 8 月，全东北境内私营银行只剩 16 家，实收资本 5 983 万元。其中，9 家有伪中央银行资本渗入，8 家有日本人入股。纯民族资本的私营银行，只剩三江（佳木斯）、功成（梨树）、商工（沈阳）、益发（长春）四家。

至于仍属中国方面的银行，其业务范围进一步缩小，业态更加恶化。中国银行长春支行从 1934 年到 1943 年十年间，"存款额从 160 多万元下降到 70 万元，放款额从 140 多万元下降到 80 万元。"③ 太平洋战争爆发后，日伪对中国、交通两行更加刁难，随意派宪兵搜查、查账。1942 年 3 月，"根据经济部的怂恿，一齐实行自发的整理。只有中国银行留下新京、奉天、哈尔滨、大连四店，其他三店关闭。交通、金城、大中、东莱四行在 6 月 1 日全面歇业。"④ 1942 年全"满"主要金融机构状况如表 3-6-1 所示。

---

① 参见《最近国内金融情势》第 30 页。

② 阚潮洗．康德九年下半期　满洲经济金融概况：16-17．

③ 谢恩立．中国银行长春分行（1913—1948）．吉林金融史志，1988（1）：22．

④ 参见《最近国内金融情势》第 33 页。

表 3-6-1　1942 年全"满"主要金融机构状况①

	本店	支店	办事处	合计
特殊银行				
满洲中央银行	1	133	8	142
满洲兴业银行	1	50	10	61
普通银行				
国内普通银行	42	110	25	177
日本方面银行	0	18	2	20
中国方面银行	0	14	3	17
欧美方面银行	0	3	0	3
庶民金融机关				
商工金融合作社	35	12	1	48
兴农合作社	183	277	0	460
无尽会社	17	7	6	30
合计	290	624	55	969

五、大兴公司与兴农金库

进入 20 世纪 40 年代，伪满的农业金融有合作社金融、当铺金融和个人贷借三种。"合作社贷放的春耕资金算起来相当生产费的 0.75 成以至 0.5 成的程度。"② 1942 年兴农合作社的农业金融几达 2 亿元。

当时就有人指出，兴农合作社贷款由于重心依然放在担保贷款上，从而不是用作营农资金而被滥用作为商业高利贷资金之事极多。小农贷款也因偏重于作为副保证人的区长或地东的保证，结果，农村的所谓有势力者，被给他们溜须拍马的少数人所利用。③

大兴公司垄断了当铺业，在农村金融中扮演了重要角色，是压榨农民的绞肉机。"截至 1944 年年末，东北各省（包括长春）共有当铺 1 180 家，放款总额为 16 620 万元。大兴公司有 350 家，放款额为 10 342 万元；中国私人经营的当铺 690 家，放款额为 5 681 万元；日本私人经营当铺 48 家，放款额为 6 030 万元。大兴公司占放款总额的 62%。"可见大兴公司处于垄断地位。

---

① 满洲日日新闻社. 满洲の都市と产业, 1942（康德九年）：410.
② 满洲中央银行调查部. 战时经济下に於ける农村经济の动向, 1945（康德十二年）：41.
③ 满洲评论社. 满洲に於ける农业政策の诸问题, 1942（昭和十七年）：137.

"大兴当典当的办法是当物按实值最多只能典值 40% 现款，月利二分五至三分，后来减为二分。当物在典当期中，如赎取过期一天，亦按一个月计息，甚是苛刻。当期定为 18 个月，过期不赎，给保留两个月，如再不赎，即为'死号'。当铺将死号物品高价变卖，便可一本万利。"①

在农村普遍破产的情况下，当铺业迅速发展。以辽阳的私人当铺为例，1942 年是 9 个店，1943 年是 18 个，1944 年 1 月是 22 个，同年 9 月 25 个，一路增加。② "从当铺的职业别贷出来看，农民的利用占相当比例。对辽阳及海伦大兴当的调查，贷出的半数以上是农民。"③ 1939—1945 年的当铺业况如表 3-6-2 所示。

表 3-6-2　1939—1945 年的当铺业况　　　　金额单位：千元

年度	调查地数	店数	贷出（年月中）		回收（年月中）		贷出余额（年月中）	
			票数	金额	票数	金额	票数	金额
1939 年	220	1 022	16 485 705	136 797	16 976 858	124 620	6 322 530	50 647
1940 年	221	981	14 899 830	157 330	15 607 360	151 487	5 615 000	56 465
1941 年	225	982	12 342 315	177 960	12 817 970	159 287	5 139 345	75 144
1942 年	225	996	10 379 124	204 974	11 075 928	192 057	4 440 369	88 061
1943 年	224	1 058	8 851 627	286 035	10 344 884	269 471	3 505 847	490 386
1944 年 6 月	306	1 272	617 958	36 863	551 165	22 868	3 672 452	174 567
1945 年 1 月	298	1 121	459 761	78 947 59 914	514 931	43 541	2 222 646	199 202
公司当	—	350	291 856		268 840	25 104	1 091 402	133 219
私当	—	771	167 905	19 033	246 091	18 437	1 131 244	90 983

资料来源：满洲中央银行调查部. 满洲金融统计康德十二年一、二、三月份：27.

个人贷借的利息更高，"土贷的利息，在北满为月息 4 分到 5 分，南满为 4 分到 6 分。"④ 农民在农业金库、兴农合作社、大兴当和私人高利贷的多方压榨下，负债累累，一贫如洗。

伪满洲国作为日本"大东亚共荣圈"的粮食基地，担负着农产物的增产、农业的改良发展的任务。要求加强农业金融机构，充分供给农产资金。原来农业

---

① 何治安，何维安. 日伪时期的东北金融//孙邦. 经济掠夺. 长春：吉林人民出版社，1993：561.
② 满洲中央银行调查部. 战时经济下に於ける农村经济の动向. 1945（康德十二年）：43.
③ 同②：42.
④ 同②：41.

金融主要靠兴农合作社实行，加上当铺和粮栈的小额高利农业资金，这些资金大体上与其说是农业设备资金，毋宁说以农业经营资金为主。为了供给农业以土地整备、农业经营改良所需的长期设备资金，需要专门的农业金融机构。①

《兴农金库法》于 1943 年 7 月 26 日公布，即日施行。准据该法组成兴农金库在同年 8 月 1 日起开业。

兴农金库是以谋求农业金融的通畅，供给农业开发所必需的资金为目的而设立的。兴农金库和中央银行一样是由伪满政权全额出资的特殊法人，资本金为5 000 万元。兴农金库的金融活动业务范围是：① 关于农业——泛指农产、畜产、林产和水产的业务及其附属业务（下同）的生产及设施所需资金的贷放；② 对兴农合作社的贷放；③ 农业生产物的交易上所需资金的贷放和票据贴现；④ 有关上列各项的押汇以及票据的征收；⑤ 存款、定期存款的接纳；⑥ 汇兑；⑦ 上列各项业务的附属业务。②

兴农金库的资金来源有三种：① 从伪中银借入所需资金；② 为吸收存款；③ 为发行债券。它可以发行其缴纳资本 10 倍为限的债券，分为兴农债券和兴农储蓄债券两种。兴农债券面额在 50 元以上，以金融机关等为发行对象，伪政权保证还本付息；兴农储蓄债券面额在 20 元以下，以农民为发行对象，以低于票面价格出售，可以抽签中奖。③

兴农金库设立后，继承了伪中银在农村的业务。除伪省公署所在地及其他特别需要的地方之外，其余伪中银支店连同其业务全部移交给兴农金库。结果是134 所支店中有 82 个支店转让给兴农金库。

兴农金库成立后，兴农合作社中央会的存放款业务移交兴农金库，在金库所在地的兴农合作社，将其社员以外的存款业务移让金库。同时，地方小城市的金融业务也划归兴农金库。满洲兴业银行的农产、畜产、林产、水产关系业务也移让金库。④

兴农金库本店置于伪都新京，各伪省会及各县城皆置支店及办事处，共约110 处。为加强兴农金库同兴农合作社中央会的联系，各以其理事一人为对方的参与理事，参与对方业务，建立互相参与的制度。为加强与伪中央银行的联系，任伪中央银行之干部或职员一人为兴农金库的参与理事，指导并协助其业务。在地方支店置地方参与，以地方行政首脑即支店所在地之伪省长、省次长或市、县、旗长以至副市、县、旗长充任。审议该省支店之业务关系重要事项。兴农金

---

① 中西仁三. 满洲货币金融机构论. 满洲有斐阁，1945（康德十二年）：248-249.
② 同①：250.
③ 同①：255-256.
④ 同①：257-259.

库为熟悉兴农合作社的业务状况，以其支店长任有关兴农合作社的参与理事。①

"该金库，在春初，向农村发放所谓春耕贷款，到秋后，由农民的所谓粮谷出荷粮价内，将本利扣回，做高利贷的生意。同时，担任向农村摊派储蓄，在 1944 年强迫农民担负的储蓄额数是 2 亿元，也是由兴农合作社，在农民粮谷出荷的粮谷内，给金库扣下。"②

第二节　滥发纸币与通货膨胀

一、产业资金的就地筹措

1942 年起，伪满企图摆脱对日元资金的依赖，转向以自筹为主，压缩对日元的需要，增强在东北的就地搜刮。

1942 年年末出现的日元资金过剩，不仅对日本是必要以上的负担，也不利于伪满的金融统制。伪满经济部在 1942 年 12 月 16 日决定："今后资金的对日期待限制在必要的最小限度，谋求国内储蓄的增强，努力使产业资金在国内筹措。"③ 在 1943 年 3 月 11 日更加明确为"现在战时体制下，根据满洲国的增强对日经济寄予的根本国策，在金融部面采取谋求国内积蓄的增强，极力节减产业资金对日期待的方针。"④

实行产业资金自给包括限制日本对满投资。1942 年度日本对满投资总额为 13.35 亿元，中银所持日元资金增加了 4.1 亿元。依此，决定大幅度减少 1943 年度的日本对满投资，减为 8 亿元，即较 1942 年度减少 5 亿元。其中，杂口投资（主要是股份的增资、缴纳或总分店关系等日满企业联系上的特殊投资）压缩 1 亿元，公债、公司债压缩 4 亿元，满炭、本溪等 6 家公司的公司债转为国内发行，满业、满电、电电的公司债在日本减少或半额发行。⑤ 此外，还对从日本和关东州以短期借贷形式导入的资金有加以统制的必要，决定修改资金统制法，加以统制。对"国内正金银行改变从日本传送资金的办法，今后，必要的资金

① 辜未央. 伪满兴农金库及其他金融机关之研究. 反攻, 1945, 17 (1): 13-14.

② 阮振铎. 农业掠夺和兴农金库//孙邦. 经济掠夺. 长春: 吉林人民出版社, 1993: 224.

③ 经济部. 国民储蓄ノ增强卜产业资金国内自给化ニ关スル件, 1942（康德九年）.

④ 参见康德十年 3 月 11 日经济部公函: 经会金第 142 号《产业资金ノ国内自给化ニ 关スル件》.

⑤ 参见康德十年 1 月 29 日产业资金国内自给化政策二件《康德十年度对满投资ノ压缩措置要领（素案）》.

改由满洲中央银行通融。"① 为保证对日汇兑的需要，伪满中央银行采取将所持日元资金尽量购买日本公债的方针。同时，为应付资金的不时之需，做好以日本公债为担保从日本银行借款的准备。

一向依靠日本资金的满铁也改变了筹资方向。决定"作为满铁自己资金的一部分也要在满洲筹措，傍系公司除已经在内地谈妥的或有极深关系无论如何必须从内地拿来者外，尽可能在满洲筹措资金。"② 由于伪满的利息比日本高，经满铁向伪满政权交涉，"谈妥满铁在公司债方面同内地取一样条件，不在市场发行，由中央银行认购。卖出的公司债是 5 千万元、1 亿元一起的所谓假汇券，不进市场。傍系公司的借款则按从来的借入程序进行。"③

二、通货膨胀对策

1940 年 5 月 8 日，伪满提出施行彻底的重点主义，加强了资金统制，实行一系列资金紧缩政策，对内是抑制通货膨胀，对外是改善国际收支。它的实际实行是在 1941 年，正式紧缩是在"关特演"以后。

伪中银对内的资金供给在 1938 年为 18 000 万元，1939 年为 19 600 万元，1940 年猛增为 64 800 万元，1941 年骤减为 2 000 万元。1941—1942 年伪中银对内的资金供给完全停止。唯有满铁继续维持其资金来源，较少受其影响。在 1941—1942 年，纸币的增发额却高达 72 300 万元，原因在于"关特演"。1941 年 6 月受德苏开战的刺激，日本实施了所谓"关东军特别演习"（以下简称"关特演"）向东北大量增兵，接着又为了构筑对苏临战体制，军事消费激增。

1943 年起伪中银的国内资金供给再度激增，1941 年是 2 000 万元，1942 年 14 500 万元，1943 年 128 600 万元，1944 年 357 300 万元，1945 年 1—6 月仅半年就达 383 500 万元。所筹措的资金向同行业投下 715 200 万元，向一般投下 188 700 万元。向同行业投下的资金分配为兴业银行 325 500 万元、兴农金库 142 000 万元、正金银行 266 000 万元。后者同 1940 年 9 月开始的关东军军费就地筹措有关。

伪满币发行额，1941 年年末为 13 170 万元，比 1932 年增长 7.7 倍。太平洋战争爆发后，伪满国币发行的一个重要特点是"爆炸式"的增长。货币发行量激增。1943 年起纸币增发在两年半中达 603 900 万元，为 1941—1942 年增发额的 8 倍。1945 年仅仅 8 个月的货币发行量就等于 1942 年发行量的 17 倍还要多。

---

① 参见康德九年 12 月 16 日经济部公函《国民储蓄ノ增强卜产业资金国内自给化ニ关スル件》。
② 总裁室监理课，铁道总局业务课．昭和十八年 4 月 20 日第五回关系会社役员恳谈会议事录．
③ 同②.

1944 年年末为 59 亿元，到 1945 年 7 月发行额猛增至 81 亿元，而其发行准备率只有 32%，实际上，准备金分文皆无，所谓准备不过是日元、美元以及英镑的公债 66 100 万元、伪满政府公债 57 800 万元和正金银行放款 135 500 万元的账面记载。1942—1945 年伪满货币发行量如表 3-6-3 所示。

表 3-6-3　1942—1945 年伪满货币发行量　　　　单位：千元

年　　份	发 行 总 额
1942 年	1 728 145
1943 年	3 079 795
1945 年（1—8 月）	30 175 342

资料来源：《伪满中央银行史料》。

三、驻"满"日本军费

日本政府的"在满经费支出"是一笔可观的款项，其中包含驻满日本大使馆、领事馆以及关东局的经费，不过绝大部分是"在满日本军费"。"日本政府从 1931 年以来列入多额的'满洲事件费'，将其中多数送到满洲用于'关东军'的维持、扩大。"①

日本在伪满驻军的经费，在 1940 年以前是逐步上升的。而在 1941 年 6 月德国进犯苏联之后，日本向东北大量增兵，实行"关特演"，使驻兵军费急剧膨胀。原来日本向东北的国库送金一年约 5 亿日元，而从 9 月起半年就需约 10 亿日元，到 1944 年上半年，每年在 12 亿～18 亿日元。于是，这一新的日元资金来源代替了日本资本的对"满"投资。其结果是伪满对日的收支由逆差一变而为顺差，出现日元过剩。但是，这是一种"只能看的钱"，在现实上不能充作物资输入，这也就开大了满洲通货膨胀的闸门。

伪满政权要向关东军供应伪币，作为回报获得日元资金。但是，这些日元资金已不能从日本自由购得物资，而采取了日本国债和日元存款的形式。就这样，伪满洲国由于"关特演"陷入日元资金过剩状态。② 这就是 1941 年至 1944 年伪满洲国国际综合收支为大幅度黑字积累的真相。

1944 年 9 月，日本又进一步决定实行"驻满日本军费的现地筹措"。代替国库送金，改为由正金银行向伪满中央银行开出期票，借入伪满中银券，将其贷于日本政府而保有日元债权。从 1944 年 9 月起到日本投降为止，不满一年用这种

---

① 山本有造. "满洲国"の研究. 京都：京都大学人文科学研究所，1943：231.

② 同①：260.

方式就向日本政府贷放了 34 亿元的伪中银券。伪中银则以正金期票作为抵押从日银接受特别融通。这一数额达 26 亿日元。"现在，可以说是满洲不得不以借条作为担保，自费养活关东军。"① "代替给予'只能看的钱'的是用'借钱'来养活军队。只是在满洲国的国际收支上，1944 年后期以后'政府经费'受领减少，综合收支的黑字消除了。"②

伪满中央银行调查部长庆田，在 1945 年 2 月关东军经理部一次秘密会议上解释："通货增加的一个主要原因，不能不说是军费开支。"③ 1939—1945 年驻满日本军费支付额如表 3-6-4 所示。

表 3-6-4   1939—1945 年驻满日本军费支付额

年、期	国库金送金	正金贷入
1939、上	210.5	
1939、下	318.5	
1940、上	258.2	
1940、下	423.3	
1941、上	378.5	
1941、下	743.5	
1942、上	579.0	
1942、下	763.0	
1943、上	712.5	
1943、下	1 079.0	
1944、上	997.9	
1944、下	478.5	600
1945、上	—	1 500
1945、下	—	1 300
累计	6 951.4	3 400

资料来源：山本有造."满洲国"の研究. 京都：京都大学人文科学研究所，1993：231.

新的研究成果认为在伪满洲国最后阶段，资金流动的图式完全逆转了。"满中银创出的资金通过兴银→满业流入重工业特殊公司，用于以铁、煤为首的军需物资的生产，或通过兴农金库供给农业系特殊公司，用在农作物的获得和增产

---

① 山本有造."满洲国"の研究. 京都：京都大学人文科学研究所，1943：231.
② 同①：198.
③ 同①：261.

上。可是，为此满中银增发的纸币，流入满洲国的'黑市'经济，扩大了'黑市'经济的力量。于是，这个'黑市'经济的扩大将当局管得到的范围急速削减，正在将满洲国的经济统制赶向破产。增发国币的向'满系经济社会'的流入，削减满中银的金融统制力，意味着'日系经济社会'的败北。"①

其次，是过剩资金的对日逃避。由于日本控制通货膨胀，物价低，在"满"日元利用固定汇率实行对日还流，加上对"满"投资的回收，对日投资从1943年的27 300万日元膨胀为1944年的54 000万日元。资金的流向逆转了。②

第三节　战时增税与增发债券

一、战时增税

通过财政手段将搜刮的民脂民膏集中用于发展军事工业，掠夺矿产资源，强买移民用地，构筑军事工程，乃是伪满政权的一项重要职能。20世纪40年代伪满财政收入的主要来源已经从关税转向国内税收。

伪满的税收本来已经无孔不入，"就是人民日常生活上的一使一用，一言一行，无往而不科以捐税，乘舟车征旅行捐，吃饭馆征酒席捐，看电影或听听戏征娱乐捐，住旅馆征下宿捐，坐在家里不出房门，有户别捐、房捐、卫生捐、户籍捐，饮用自来水有饮水捐，使用电灯有电力捐，其他，涉及买卖行为的事情，当然更逃不了它们的横征暴敛。家里养家畜或家禽也都要科以捐税，马、牛、羊全要按头抽税，就是养一只猪也得纳税，并且限制自由宰杀，一口猪从生到死把一切的捐税加在一起，约需20余元。"③

太平洋战争爆发后，日伪进一步强化了税收。实施"战时增税"政策，巧立各种税收名目。"在1941年8月实行第一次战时增税，新设通行税、资本所得税、油脂等税目，并提高卷烟税、房屋税、烟税、特别卖钱税、事业所得税、酒税、从量关税（9月2日）、法人所得税八项税率，使国内税激增82%；1942年10月实行第二次战时增税，新设清凉饮料税、交易税，并提高酒税和特别卖钱税，改变劳动所得税，修订事业所得税税率，新设交易税；等等。通过此次增税，有26种行业的营业和事业，作为客体的交易者而负有纳税义务。此外还恢

---

① 山本有造．"满洲国"の研究．京都：京都大学人文科学研究所，1943：265．

② 同①：232．

③ 江超．日伪对东北特产与市场的管理．东北论坛，1939，1（3）：14．

复了面粉、棉纱和水泥的统税；1943 年 12 月实行第三次战时增税，由于税种饱和，除不动产所得税外无税可增，因而此次主要是对既有税种，酒税、清凉饮料税、卷烟税、烟税、特别卖钱税和法人营业税等，全面提高税率。通过三次战时增税，不但增加了各种税的税率和税额，而且完成了庞大的税收体系。"

"九一八"事变前，东北政权征收的捐税共 13 种，其中属于消费税的只有 4 种，流通税两种；而伪满在 1943 年捐税达 35 种，其中属于消费税的 11 种，流通税 14 种，所得税 10 种。这是所谓"国税"。

此外，伪省、市、县、旗、街和村的地方税名目更为繁多。省、地方费税 14 种，市、县、旗税 6 种，其中杂捐又分法定杂捐和许可杂捐，前者 6 种，后者 13 种；街村税 6 种。①

以凌源县为例。"康德十二年（1945 年）时，全县直接税和间接税计有 37 种。地亩捐已由每亩 0.4 元增到 0.7 元，加上甲牌费、公馆小费等，种 1 亩地每年需要纳税 1.20 元钱。饲养牲畜要纳捐，养 1 匹马纳捐 8 元；1 头牛纳捐 2 元；每头猪、羊纳捐 1 元；每只鸡一年交 50 个蛋。此外，还按户征摊棉花秸、血干、杂毛、碎铜铁等，没有实物要摊钱。"②

伪满的税收额也逐年增加，1937 年税收总额为 244 936 000 元；1940 年增加到 520 656 000 元；1943 年即增加到 757 325 000 元，7 年间税收额增加了三倍，而人均负担的税额，1937 年为 6.68 元，1940 年为 12.50 元，1943 年为 16.29 元，7 年间增加税务负担近两倍半。自 1941 年以后，税收的增征额，逐年增大，1941 年约为 14 300 万元，1942 年约为 14 600 万元，1943 年约为 25 300 万元，1944 年更达约 40 400 万元（其中包括对卷烟征收的经济平衡金转账部分）。③

二、增发债券

发行公债是伪满政权榨取民脂民膏弥补财政赤字的重要手段之一。

首先，在 1940 年 5 月确立《公债政策纲要》，决定采取"公债消化的积极方策"，使主要城市的有利银行、保险公司等结成"国债认购联盟"，培养国债市场并使令金融机关保有国债。1941 年 1 月 24 日在伪中银的斡旋下由满洲兴业证券等七家日本资本证券公司组成国债经办人协会，促进国债的消化。这之前，1940 年 8 月，公布实施了《有价证券业取缔法》，以满洲证券取引所为中央交易市场，并在安东和哈尔滨设支所。1941 年 4 月 17 日，公布实行《产业振兴公债法》。

①　解学诗. 伪满洲国史新编. 北京：人民出版社，1995：757-758.
②　王桂昌. 日本侵略者对凌源经济的掠夺//孙邦. 经济掠夺. 长春：吉林人民出版社，1993：106.
③　满洲经济. 满洲经济社，1945（康德十二年），2（2）：45.

　　太平洋战争爆发后，日伪财政日益空虚，单纯依靠税收，已经很难满足资金需求。于是，决定扩大公债的发行金额，以应付资金短缺的局面。它的一个重要特点是发行余额数量大，偿还的金额数量却很小。

　　伪满洲国的公债几乎全部由伪中银发行，而且从来大部分是由该行持有。该行为推销公债，对民族工商业者、私营银行、个人采取软硬兼施办法进行诱逼。从1942年度起，制定公债消化计划。"不仅金融机关，公司、商店和商号，连俸给生活者等也都列入为消化对象。其消化目标，1942年度是1亿5 000万元、1943年度是5亿元、1944年度是7亿元，消化成绩是1942年度2亿元、1943年度为5亿2 400万元。"①

　　在实行流动资金统制的同时，于1942年2月4日又以伪经济部大臣《关于公司利益金的处理及资金运用的通令》规定公司必须设立国债保有公积金。从当年4月1日起，当公司每营业年度的利润超过其实缴资本额的10%时，其超过金额的20%以上，必须作为国债保有公积金积累起来。公司必须在确定决算后的30日内取得该公积金额时价以上的国债。而公司想要使用或处理这笔公积金时均须伪经济部大臣批准。使有负担能力的高收益公司积极消化国债。由此，1942年度有1 500家公司消化国债2 000万元左右。②

　　1943年5月公布《资金特定用途制度》，规定各银行及商工金融合作社等金融机构，必须保有相当于其存款额30%的公债；各公司企业须保有占纯益金一定比例的公债；所有职工也都必须按工资收入的一定比例承购相应的公债。

　　从1942年起，发行了新的三年满期的短期公债，分摊给地方的有产者，第一次1 000万元（1942年6月15日发行），第二次2 000万元（1943年10月1日发行）。

　　也是从1942年开始试行，发行富国债券，为面额5元4年4个月满期的有奖无息小额公债，通过邻里向居民摊派。第一次500万元（1942年2月1日发行），第二次500万元（1942年12月1日发行），第三次1 000万元（1943年6月1日发行），第四次1 000万元（1943年12月1日发行）。③

　　从1944年度起代替上述二者，由6月1日起发行新型公债。该年度"一般民间消化公债总额定为6 000万元，全面地以拥有一定额以上收入的广大人群为销售对象。"④公债名为报国公债，债券分为从1万元到50元的5种，利息年4分。由伪中央向各省，再由各省向管下市、县、旗摊派。

---

① 满洲中央银行调查部. 满洲国金融统制の进展状况//康德十一年10月调查汇报：第叁辑：10.
② 参见《最近の国内金融形势》第29页。
③ 参见《最近の国内金融形势》第10～11页。
④ 参见《最近の国内金融形势》第11页。

对于个人的一年消化分摊额基准如下：

（1）勤劳所得者（月所得 300 元以上）是相当于月所得的 35%。

（2）事业所得者（年所得 3 000 元以上）是相当于年所得的 6%。

（3）土地房屋所得者相当于税的年额的 25%～30%。[1]

从 1942 年到 1945 年 8 月，在三年零八个月的时间就发行公债 195 377.6 万元，几乎等于前十年发行的总和。日伪统治的 14 年，共发行公债 87 种，405 500 万元。其中，伪币公债 56 钟，302 500 万元，占总额的 74.6%；日币公债 31 种，103 000 万元，占 25.4%。到 1945 年 8 月日本投降时，只还本 11 000 万元，其中伪币公债 5 700 万元。还有近 30 亿元的债券在人们手中成为废纸。1940—1945 年伪满洲国公债发行偿还表如表 3-6-5 所示。

表 3-6-5　1940—1945 年伪满洲国公债发行偿还表　　单位：千元

年　份	发　行	偿　还	余　额
1940	737 490	2 140	1 616 124
1941	450 000	12 397	2 058 727
1942	660 776	3 472	2 771 031
1943	426 000	44 337	1 092 694
1944	487 000	15 342	3 564 263
1945	380 000	32 384	3 911 878
合计	4 055 441	3 911 878	

资料来源：《伪满中央银行史料》。

日本的大公司在战后由日本政府给予补偿，而中国人民的损失却不了了之。这是日本帝国主义对中国人民欠下的又一笔巨额债务。

第四节　强 制 储 蓄

一、国民储蓄运动

除了增加税收和推销公债之外，伪满政权搜刮中国人民手中资金的主要手段就是利用储蓄。为了增加金融机关的储蓄存款，开展了国民储蓄运动。

---

[1]　参见《最近の国内金融形势》第 14 页。

　　储蓄本是人们将手中余款存放在银行等金融机构，安全并可以拿到利息的一种正常的经济行为。储蓄的基本原则就是存款自愿、取款自由。但是，日伪却将这种自愿的资金支配行为，变为一种搜刮民财的手段。搞起了强制性的国民储蓄运动。将储蓄作为其解决资金不足的一个主要手段。

　　1942 年伪满中央银行的一个文件中写道："最近政府所指示的金融统制的重点是集中于关于国民储蓄的增强以及产业资金的国内自给化的各项对策。"①

　　伪满洲国的国民储蓄运动原本是作为协和会的富家强国运动的一个部分，从 1939 年度起开展的。随太平洋战争的爆发，储蓄目标也从 1939 年的 5 亿元、1940 年的 8 亿元、1941 年的 11 亿元上升为 1942 年度的 15 亿元。

　　作为中央机构，在新京国民储蓄运动中央联络委员会下设置实践性的国民储蓄中央实践委员会。作为地方机构，设置省、特别市、市、县、旗国民储蓄实践委员会。作为国民储蓄运动的下部组织，结成职业别、岗位别、地区别三种储蓄会，将全体国民网罗进来。于 1942 年 6 月公布国民储蓄会法，据此使全体国民无遗漏地加入国民储蓄会。

　　1942 年 2 月在伪都新京结成中央实践委员会，逐步向全"满"各城市发展。同时，国民储蓄会逐渐结成。以哈尔滨为例，于 1942 年 7 月 23 日成立国民储蓄会，当时有会数 172 个，会员数 2 505 人，金额 20 005 元；到 1943 年 7 月 15 日，会数增为 5 934 个，会员数 217 558 人，金额一个月 1 059 041 元，年额 1 300 万元。储蓄会按岗位、职业、地区及其他分别组成，在 5 934 个会中，岗位别占 3 817，职业别占 206，地区别占 1 799，其他为 112。②

　　在全"满"，1943 年 12 月底，储蓄会数 61 586 个，会员数 2 301 153 人，储蓄目标额达 135 848 000 元，对于这种储蓄成绩，日伪当局认为并不理想。储蓄目标由 1943 年度的 16 亿元（包括农村储蓄为 22 亿元），一跃而为 1944 年度的 30 亿元。为期国民运动机构向地方渗透，1944 年 3 月 1 日，又将国民储蓄实践委员会解散，另行设置新的属于行政机关的国民储蓄实践委员会，即将原来主要由协和会领导由金融机构推行的运动改由伪满政权直接主持，设置各级政府机关，采取行政手段强制推行。

　　其改组要领如下：③

　　（甲）在中央政府设国民储蓄中央实践委员会，在地方行政机关设国民储蓄地方实践委员会，以行政力为中心，在国债的民间消化、储蓄票的发卖及消化、

---

①　满洲中央银行资金统制课. 康德九年十二月关东州内银行ノ对满贷出ノ趋向，1942（康德九年）.

②　满洲中央银行哈尔滨支店. 哈调资 10A：第 7 号　哈尔滨时报，1943（康德十年）：1-2.

③　满洲中央银行调查部. 满洲国金融统制的进展情况//调查汇报：第叁辑，1944（康德十一年）：9.

农村储蓄的实行等，强力推进国民储蓄的实行。

（乙）中央实践委员会设在总务厅，地方实践委员会分别设在省、市、县、旗。

（丙）委员在中央由国务总理大臣在地方由省、市、县、旗长任命或委托。

（丁）为处理委员会的常务设事务局，中央设在经济部，地方设在省、市、县，事务局长在中央由经济部金融司长，在设有厅及处的市由负责储蓄事务的厅、处充之。

二、五花八门的储蓄招数

1941 年 3 月 19 日，伪满决定《有奖储蓄实施纲要》，"主要是为吸收满人层中的浮动资金作为生产资金，加以利用。"[1] 使令大兴公司办理有奖储金，期限为 15 年以内。

1942 年 6 月伪满公布实行《国民储蓄会法》，规定储蓄为义务制。各有关金融机构（包括邮局、合作社、保险公司等）均参加国民储蓄金融机关委员会摊派储蓄，并分别组成"储蓄挺身队"胁迫群众参加储蓄。并且规定每月 8 日为储蓄日，还搞了"储蓄实践周（旬）间"。

1942 年 11 月发布《国民储蓄令》强迫各机关、团体、学校、事务所、工厂、车间或其他部门的职工及城镇居民参加所谓"义务储蓄"。如若完不成被指定的认购数，即被视作违法，有的竟被抓去当劳工。

为了搜刮民财，又搞了许多名堂，如不动产储蓄、鸦片瘾者储蓄、小学生储蓄等，不一而足。

不仅如此，还采取高压手段，硬性克扣。出卖不动产，不问具体情况，一律按出售价款的半额，由房地产管理部门在办理出卖手续时，硬性扣存，三年内不准支用。对机关企业职工，按工资收入的一定比例，从工资中扣留。农村储蓄按出售农副产品价款总额的 15%，在出售农产品时由兴农合作社扣留。鸦片瘾者也要组成国民储蓄会，每人每月必须储蓄 10 元，否则不供给鸦片。

1944 年伪满公布《必胜储蓄票规则》制定《必胜储蓄票发行纲要》，据此发行必胜储蓄票，即只能用于特别场合的储蓄证券，从 1944 年 4 月 1 日付诸实施。面额为 5 角、1 元、2 元、3 元、5 元、10 元的小额必胜储蓄票，随着商品出售、伙食服务、游艺玩乐等，向消费者强制摊派。甚至看电影，搞各种娱乐，下饭馆，买烟、酒、菜、糖等日用消费品也都要按消费额或商品价格搭配储蓄票。这种储蓄票只能抵充居民的强制储蓄或换为富国债券。

---

[1] 有奖储金实施纲要//康德八年经济计划纲要，1941（康德八年）：247.

日伪利用各种方式使储蓄额大幅度上升，1942 年完成 116 030.4 万元，1943 年完成 164 658.3 万元，1944 年完成 373 191.3 万元。1945 年提出了更高目标，几乎是 1944 年实际完成数的一倍，真正是到了竭泽而渔的地步，企图一举将中国人民手中的仅余资金一掠而光。为了长期占有人民的储蓄存款，又推行储蓄的长期化对策，极力将短期储蓄变为各种债券、股票或长期存款。有些储蓄竟规定储后在二三年内不准支取，几乎和征税无异。

三、伪满最终的储蓄计划

伪满的《康德十二年度国民储蓄增强方策》将"铲除浮动购买力"作为目标，妄图将一切游资都收集无遗，强调"集结国家总力"，将储蓄目标增加一倍。其主要办法是"扩大统制储蓄部门"，"利用行政力扩大统制储蓄的部分"，综合利用各种国策强力推进储蓄动员。

具体的有：

（1）加强扩大金融机构。

（2）新兴所得阶级的把握。（这是指在日伪统制经济下的新生富裕户，这是个新概念）

（3）农村储蓄的增强；将农村作为一个重点，要将农村的现金全部收上来。这里将储蓄和增产出荷并列作为农民的二大义务。①

（4）扩大必胜储蓄票的消化；当年要发行 81 200 万元。

（5）报国公债增为 3 倍，对象为高额收入者，包括黑市收入者、"由于时局而相当致富的所谓新兴所得者层或作为统制外劳务者赚得多额的黑市工资者"。"消化的重点放在把握新兴所得者层的浮动购买力上"。"关于公债消化，鉴于从来的成绩，痛感对满系民间有力者有更积极展开促进运动的必要"。统制外劳务者则包括"马车夫、洋车夫、大车老板子、其他中小工厂的日佣劳动者或挑贩。"②

（6）发行彩票 10 030 万元。分为裕民彩票 500 万元、特别航空彩票 330 万元、福寿彩票 9 200 万元，合计 10 030 万元。③

在农村则强调"把握作为储蓄源泉的生产资源和以此等销售价款的储蓄转换为中心"，包括"农畜林产物的销售价款的储金转换""农产物出荷奖励金的储金转换""购买品配给时的一定率储金""鸦片购入者的更生储金""劳务收

① 经济部. 康德十二年度国民储蓄增强计划，1945（康德十二年）：6.
② 同①：16-17.
③ 同①：21.

入的储蓄""不动产出售款的储金"等，企图将农民的一切收入都以储蓄的名义搜刮殆尽。①

　　在存储计划的推动下，银行存款额大幅提升。1938—1945年全"满"银行存款额如表3-6-6所示。全"满"其他金融机构存款额如表3-6-7所示。

表3-6-6　1938—1945年全"满"银行存款额　　　　单位：千元

年月末	满洲兴业银行	国内普通银行	日本方面银行	中国方面银行	欧美方面银行	合计
1938 年	388 150	47 912	132 584	15 338	16 528	600 512
1939 年	568 691	101 901	202 674	17 068	20 144	910 448
1940 年	739 411	201 958	273 533	18 410	19 154	1 252 466
1941 年	985 038	303 807	376 655	19 263	1 939	1 686 702
1942 年	1 160 985	461 747	467 036	2 124	2 384	2 097 276
1943 年	1 368 205	825 708	559 381	5 977	2 314	2 761 585
1944 年	1 870 776	1 337 015	776 977	7 001	—	3 991 769
满洲国内	1 571 742	1 337 015	200 565	6 029	—	3 115 351
关东州内	299 034		576 412	972		876 418
1945 年 1 月	1 797 807	1 293 698	759 385	6 413	—	3 857 903

资料来源：满洲中央银行调查部. 满洲金融统计 康德十二年一、二、三月份：4.

表3-6-7　全"满"其他金融机构存款额　　　　单位：千元

年月末	兴农金库		合作社组合			邮政/邮便局	全满金融机关
	A	B	兴农合作社	商工金融合作社	金融组合	邮政、邮便储金合计	合计
1938 年	—	—	19 829	3 076	15 095	109 555	748 067
1939 年	—	—	39 762	5 793	26 475	161 531	1 114 009
1940 年	—	—	67 327	52 419	16 304	230 255	1 618 771
1941 年	—	—	107 900	105 464	20 916	300 496	2 221 478
1942 年	—	—	169 212	156 696	27 765	391 703	2 842 652
1943 年	335 345	—	153 712	261 534	47 412	547 368	4 106 957
1944 年	866 703	751 075	756 515	480 915	92 368	915 710	7 018 352

①　兴农合作社中央会. 康德十二年度合作社业务运营要领，1945（康德十二年）：75.

续表

年月末	兴农金库		合作社组合			邮政/邮便局	全满金融机关
	A	B	兴农合作社	商工金融合作社	金融组合	邮政、邮便储金合计	合计
满洲国内	866 703	751 075	756 515	480 915	—	816 642	5 920 498
关东州内	—	—	—	—	92 368	129 068	1 097 854
1945 年 1 月	876 009	771 215	733 084	486 199	97 436	1 006 704	6 951 941

资料来源：满洲中央银行调查部. 满洲金融统计康德十二年一、二、三月份：4-5.

第七章
对民族资本的压榨

第一节　限制与利用民族商业资本

日伪将东北的民族资本称为满系资本，它的规模很小，大企业如凤毛麟角，绝大部分是中小企业。

据日伪统计，在 1942 年，伪满各种公司的资本总额大约为 61 亿元，特殊公司和准特殊公司占 59.5%，民营公司占 40.5%；在民营公司的实收资本总额 24.7 亿元中，日本私人资本占 97%，民族资本只占 3%。

1942 年 3 月 3 日，伪满洲中央银行资金统制课对采取股份、合资及无限公司组织的企业作了调查，认定"满系"资本的总投资额是 12 572 万元，其根据是企业的代表是"满系"即中国人，实际上有些企业在名义上的代表虽然还是中国人，而其实权已转入日本人手中。所以，这个数字只能算是最高限。其中，工矿业即生产性企业资本为 5 766 万元，占 46%；商业、金融业等流通关系企业资本为 6 805 万元，占 54%。如果再加上个体经营，按 1939 年度满洲国商业实态调查和工厂统计，则全部"满系"企业，商业投资为 36 975 万元；工业投资为 28 586 万元，合计 65 561 万元。商业占 56%，工业占 44%，主流在商业方面。

将这部分资金收集、管理起来，用以向日伪急需的工业投资就成为战时伪满金融政策的重要内容。

由于日用工业品的来源不能再依靠日本，为了应付对日用工业品的需要主要是军事方面的需要，日伪将就地解决日用品的来源作为一项重要任务。为此，伪满政权制定了《国内轻工业振兴纲要五年计划》。

1942 年 12 月 16 日，伪满经济部的一份文件中写道："谋求地方产业振兴，尝试在新规划产业中吸收满系资本，指导将原有日系优良产业向满系开放，努力向满系提供事业投资的机会。"① 为了吸收民族资本的资金，日伪改组了满洲交易所，还设立一个满洲兴业证券会社。其目的是使民族资本证券化，以便利用民族资本为其政策服务。

日伪分析民族商业资本不愿向工业资本转化，是由于不愿接受由产业统制而来的官厅监督，并且不乐意同日系资本联合。因此，必须逼迫民族资本就范。

由于民族资本在商业方面仍有活动余地，所以日伪的结论是"必须实行满系商业部门的改组"。②

于是，采取在商业方面压缩资本和劳力的方针，使商业资本活动的范围日益狭窄。伪满在调整金融机构合并银行限制其最低资本额的同时，采取措施禁止银行以外的商号经营存款，就是为了限制民族资本的商业活动。

1943 年 5 月 24 日公布并实行了《物品销售业统制法》，开始对主管部大臣指定的物品销售业实行许可制。

该法施行的地区是伪都新京特别市、各市及街。实际上，批发业、零售业、露天摊贩、行商、消费组合、购买店及各种组合等全部被列为此种统制的对象。办理许可的官衙是市、县、旗的伪公署。统制的方针是，新开业者全部拒发许可，对原有的营业者，限定在该法施行后 120 日以内提出申请，如果认为申请者有违反统制的行为或有害于公益，便取消其营业。

需要加以统制、整顿的物品销售业由主管部大臣指定，称为指定销售业。

指定销售业包括批发业和零售业，分为 13 种。

第一种，米、杂谷、特产物；

第二种，饮食品类；

第三种，纤维及纤维制品、织物、被服类；

第四种，东西洋杂货、日常生活用品；

第五种，家具、家庭用具、家庭用陶瓷器类；

第六种，皮革、毛皮及其制品、运动器具类；

第七种，书籍、文房器具、纸类；

第八种，照相机、钟表、眼镜、娱乐品类；

第九种，药品、卫生用品、医疗器具；

第十种，土木建筑材料类；

第十一种，燃料、油脂、染料、涂料类；

---

① 经济部．康德九年 12 月 16 日国民储蓄ノ增强卜产业资金国内自给化ニ关スル件，1942（康德九年）．

② 资金统制课事业系．康德十年 1 月满系资金ノ吸收卜活用ニ就テ，1943（康德十年）．

第十二种，金属及金属制品、机械器具、度量衡器、车辆类；

第十三种，行商、摊贩及旧货商。[①]

在伪奉天市，将整顿品目定为 9 类。

第一类，主要粮谷（高粱、苞米及粟）、豆油及白绞油、落花生及满系用主食代用粮食；

第二类，米稻谷及日系用主食代用粮食；

第三类，薪材及木炭；

第四类，火柴、盐、黄酱、酱油、醋、砂糖、味素、日本酒、啤酒、清凉饮料水、肥皂、面条、盐干鱼、咸菜、佃煮、罐头及鸡蛋；

第五类，点心和面包；

第六类，蔬菜及水果；

第七类，鲜鱼（包括淡水鱼）；

第八类，肉；

第九类，豆腐。[②]

整顿后，将合并成立的股份公司称为存置公司，个人商店称为存置商店。整顿之后，摊贩及以贩卖物品为业者均不许存在，贩卖饮食品者及行商都要逐步减少。"1943 年 12 月，只 1 个月时间，哈尔滨道外就有 320 家商店倒闭，其原因都是物资配给特少。"[③]

在日伪的高压下，一些民族资本家不得不忍痛交出资本，听天由命。1941 年，在哈尔滨以日本资本为主，吸收当地"满系"资本，设立一个"满洲食品工业会社，用农产品及海产品为原料制作小菜。"[④]。还有胶合板株式会社完全吸收民族资本，公称资本金 200 万元。类似的还有大陆食品新兴株式会社。[⑤] 在吉林设立了东亚食品株式会社，主要制造干菜和附带饲养猪及家禽，都是当地资金。

在 1942 年，据伪经济部工政科的调查，轻工业振兴政策的投资，在豆酱、酱油等十数种企业的总投资 2 893 万元之中，"满系"资本为 838 万元，约占 29%。[⑥]

日伪整顿商业的一个重要动机还在于将商业劳动力转移到军需产业。这样一

---

① 高桥贞三. 满洲经济统制法. 满洲修文馆版，1944（康德十一年）：182-184.

② 奉天商工公会. 奉天市物品小卖业者整备纲要，1943（康德十年）：12-13.

③ 解学诗. 伪满洲国史新编. 北京：人民出版社，1995：775-776.

④ 社团法人东亚经济恳谈会. 昭和十八年 6 月第四回日满经济恳谈会报告书，1943（昭和十八年）：152.

⑤ 同④：152.

⑥ 满洲中央银行资金统制课事业系. 康德十年 1 月满系资金ノ吸收卜活用二就テ，1943（康德十年）.

箭双雕之法是非常毒辣的。

第二节　民族资本工业的苟延残喘

1942 年，伪满有工厂 12 769 家，资本总额 175 576 万元，总产值 209 467 万元，职工 378 000 人。其中，属于"满系"的工厂，资本总额 29 876 万元，占 17%；总产值 69 277 万元，占 33%；职工 274 400 余人，占 46%。在食品和纺织两个部门，产值和职工数分别占 49% 和 36%。[①] 不过，这个数字中包括伪满官方的工厂，难以看出民族资本的真实情况。

在日本战败前夕，民族工商业极端凋敝，经济生活一片荒凉。仅存的民族资本大企业如长春的裕昌源公司、哈尔滨的双合盛火磨等，也须聘日本人顾问或奉送"好汉股"，才能苟延残喘继续维持。

在东北的民族工商业中占有重要地位的益发合，从 1940 年以后，也是每况愈下、气息奄奄。益发合面粉厂从 1938 年起，生产逐年下降。1938 年生产面粉 870 611 袋，1939 年 390 014 袋，1940 年 222 918 袋，同年开始加工苞米面 189 667 袋，到 1944 年全年只为日伪加工苞米面 1 058 004 袋。益发合属下工厂变成日伪的粮、油加工厂，粮栈变成日伪出荷粮的收购所，百货店变成了配给店，库房变成了满洲生活必需品会社、满洲纤维联合会、满洲农产公社的仓库。收入也急剧下降。1940 年 7 月至 1941 年 6 月盈利达 1 358 285.90 元的益发合，在 1944 年 7 月至 1945 年 6 月竟亏损 236 529.61 元。[②]

在私人资本比较发达的哈尔滨，根据哈尔滨市 1944 年工厂名簿所载，当时工厂的数字如表 3-7-1 所示。

表 3-7-1　1944 年哈尔滨市的企业状况

行　　业	总户数/户	其中民族私人工业数/户
金属铁工业	200	183
机械器具工业	194	143
化学工业	122	86
煤气电气工业	2	0
窑业	57	40

---

①　国务院总务厅. 满洲经济参考资料，1944：56.
②　政协吉林省长春市委员会，文史资料研究委员会. 长春文史资料：第 9 辑，1985：71.

行　业	总户数/户	其中民族私人工业数/户
纺织业	475	440
制材及其加工	221	180
食品工业	376	275
印刷	76	64
其他工业	286	242
总计	2 009	1 663

私人工业在数量上还很大。其中，民族资本的工业企业也占一定分量。不过，它们主要不是近代工业企业，而是资本很少的不雇工人或只雇二三人的小型民用日常消费品工业，主要是家庭手工业。尽管日伪的统制越来越严酷，却消灭不了私人经济，因为众多的城市失业人口总得要寻找一个职业谋生。

满铁新京支社调查局在 1943 年对全"满" 13 个城市的土著资本作了调查。首先调查了土著企业利润率的变化，在 1938 年度，土著企业 12 行业的平均利润率为 10.9%。而到了 1944 年，土著资本的总平均利润率下降为 4.4%，"工业部门的利润率比商业部门更低（工业部门平均 2.16%，商业部门平均 6.64%）。"① 结论是土著资本的利润率明显下跌，这主要是经济统制带来的后果。

从利润率下降倾向的角度加以综合考察，则受经济统制影响最明显、最直接的是大企业和批发业，而小企业、零售业还能避开统制的网眼，具有相对的黏着力，"所谓大户头因营业不佳而歇业者很显眼，零星小铺反而增加了。"② 从行业上看，首先是被统制行业的利润率下降，尤以粮谷方面和纤维品方面最为明显。反之，非统制行业却有例外的高利率。"例如，木材制品销售业获得 39% 的高利率，其基础是通过加工旧木材制造棺材，获得浮动的高利率。"③ 民族资本只能在夹缝中求生存，顽强地苟延残喘，然而它的生存空间越来越狭窄了。

---

① 南满洲铁道株式会社东亚经济调查局. 昭和十九年 3 月土著资本调查报告书，1944（昭和十九年）：4, 26.

② 同①：7.

③ 同①：5.

第八章
对劳动人民的摧残

第一节　劳务新体制、国民皆劳

一、劳务新体制

1941 年 6 月德苏战争爆发，日本向东北北部边境实行称为"关东军特别演习"的大运兵，准备进犯苏联。在调集劳动力和车马方面，暴露了劳动力供应上的缺欠。由于华北工人来源的不足，日伪当局决定将对华北工人的依靠转向"国内自给体制"，发起劳务兴国运动，实行所谓"劳务新体制"。

1941 年 7 月，伪满洲国制定《劳务新体制确立纲要》，同时对劳动统制法作了全面修改。将劳动力对华北的依存转为动员东北当地劳动力，建立劳动力自给体制，实施国民总服役制度。

劳务新体制要求，加强国内劳务动员，确立国内劳力自给体制。1941 年 7 月 1 日公布《国内劳动者募集紧急对策纲要》，规定："政府根据劳务动员计划，将应由国内供出的劳力，按各产业部门分时期规定供出分摊数，将之向省通达，省再准照前段将之向县、旗分摊。"同年 12 月 13 日又公布《劳动者募集统制规则》，对劳动者的募集实行国家统制。

1942 年 2 月 9 日，公布《劳动者紧急就劳规则》，确立国内劳动力的紧急动员体制。又为贯彻劳动力的计划配置和防止移动，于同年 4 月 1 日公布《工资统制规则》，统制工矿业、土建、交通、林业等各业种的工资，5 月 15 日又公布《农业劳动者工资临时措施规则》。

二、国民勤劳奉公制度

除对工人的募集实行国家统制外，又推出国民勤劳奉公制度，迫使成年男子服劳役，提供无偿劳动。1942 年 5 月 27 日，伪满国务院通过《国民勤劳奉公制创设纲要》，同年 11 月 18 日公布《国民勤劳奉公法》，规定凡年龄在 21 岁至 23 岁之间的男子未服兵役者，除了残疾者、精神异状者和身体特别虚弱者外，均须到国民奉公队从事劳役，在 3 年中共服役 12 个月，在战时还要以一年为限将年龄及期间加以延长。1945 年 3 月，又修改国民勤劳奉公法，将适龄的年龄由 23 岁延长到 30 岁。还将服役期限改为 3 年，每年 6 个月，6 年完成。

勤劳奉公队在 1943 年有 10 万人，1945 年计划是 30 万人，而其长远目标则是 100 万人。使之成为征集劳动力的主要手段。

三、劳务兴国会

为确立劳务新体制，强化对劳动的行政统制，伪满政权加强了主管劳务的行政机构。1940 年 1 月 1 日在伪民政部新设劳务司，同年 11 月又将劳务司扩大，同时在省、市及重点县设劳务科或劳务股。

1942 年 10 月 26 日，伪满公布《国民勤劳奉公局官制》，在伪民生部增设国民勤劳奉公局。1944 年加以扩大。1945 年 3 月 11 日新设国民勤劳部。

为确立劳务新体制，强化对劳动的行政统制，伪满政权还决定收回原来赋予满洲劳工协会的属于行政事务的权力，这就导致了满洲劳工协会的解散。同时另行设立劳务兴国会。1941 年 10 月，在修改劳动统制法的同时公布了劳务兴国会法。劳务兴国会是事业者的自治统制机关，以劳动统制协定的加入者为母体采取强制加入制的社团法人。劳务兴国会以省为单位设立，在省内必要的地区设支部，以各省劳务兴国会及伪满政权指定的公司或团体为委员，设立满洲劳务兴国会，指导统制各地劳务兴国会。各省劳务兴国会以省次长为理事长，以该省主要企业团体为委员。日伪还将劳务兴国会定性为："政府的协助机关、事业体的斡旋及劳务兴国运动的母体、推进机。"①

随着日伪法西斯政治统治的强化和国家垄断资本主义的发展，超经济强制成为日伪普遍采用的剥削手段，实行了强制的劳役制度。所谓劳动供出、勤劳奉仕和全民皆劳，整个东北变成为劳动集中营。在煤矿、码头、建筑工地，凡是实行繁重体力劳动的地方，普遍推行把头制度和军事化劳动组织，将资本主义剥削同封建压榨紧密结合起来，形成一种特殊的现代奴隶制度，残酷地榨取劳动人民的血汗。

---

① 康德十二年版满洲年鉴．满洲日日新闻社，1944（昭和十九年）：289.

四、关东州

在日本政府直接统治的关东州（旅大租借地），作为华北劳力的中转地，对伪满的劳力供给占有特殊重要地位。关东州劳务界的中心机关是关东州劳务协会，它的任务就是向伪满的劳力中转和向州内供给劳力。关东州的劳力主要依靠华北，一向供给充足，然而在 1943 年的前七个月，在大连上陆的累计只有 174 600 人，比 1942 年同期减少约 12 万人，即减少 40%。于是，关东州当局也不得不追随日本内地和伪满洲国加强劳动统制。

1943 年 6 月 8 日公布《关东州劳务调整令》，由 8 月 20 日开始实施。"在防止移动的同时，对不急需的和平产业部门极力抑制劳务的供求，所生剩余劳力全部转向重要产业部门以加速增强战力。"[①]

随战局的进展，1944 年 2 月又发表《关东州勤劳动员方策纲要》，纠正一向依靠外来劳力的方针，改为尽可能最大限度地动员州内劳力。其要领如下：[②]

1. 原有劳务法令运营的强化

具体方策是从业者移动防止的强化、劳务者的转换配置的促进、依劳务调整令的求人分摊的重点化、男子就业制限的实施、勤劳奉公活动的积极化（尤其是特别勤劳奉公队的结成、学徒勤劳动员的正规化）学校毕业者的计划配置的强化等。

2. 女子的勤劳动员

开展女子的就职运动、女子特别勤劳奉公队的结成。

3. 勤劳来源的确保

诱致由州外的移入，企业整备计划的贯彻，游离劳力散逸的防止，季节劳务者的有效的转用、活用，青壮年登录的实施，征用令的发动措置等。

4. 勤劳能率的增进

管理的刷新、勤劳精神的昂扬、勤劳者的援助等。

5. 州民皆劳运动的展开

构成这一勤劳动员方策纲要的中心的是特别勤劳奉公队的结成。即特勤队以州内居住的年龄 14 岁以上 40 岁未满的男子及年龄 14 岁以上 25 岁未满的未婚、未就职的女子组成，根据州厅长官的命令由市长、民政署长编成。特勤队的勤劳协力期间为连续 6 个月，但有特殊情况时延长到 6 个月以上。

---

① 大连支店．大连时时录：地十一号　关东州劳务统制卜劳务调整令，1943（康德十年）：58-59.
② 大连支店．大连时时录：地十一号　关东州劳务统制卜劳务调整令，1952（康德十九年）：135，136.

第二节　生活必需物资配给制

在战时紧急经济掠夺的情况下，统制经济已强化到无以复加的程度。日伪对人民的消费最大限度地予以抑制，除空气和水这种无法统制的东西之外，所有的生活必需物资都被统制起来，实行配给制。优先满足关东军和日伪机构、特殊公司的需要，保证日本人的最低需要，限制中国人民的一切消费。1943 年 7 月 4 日公布了《物品销售业统制纲要》，对消费资料的配给机构又进行彻底整顿。除配给机构外，基本上停止了商业活动。

在伪奉天市，于 1943 年 7 月 19 日发表《奉天市生必物资配给纲要》，规定："生活必需物资的配给用生必物资购入通账、粮谷配给通账及米谷配给通账以及票证进行。"① "关于生必物资的配给，实施配给区域制、消费者登录制及计划配给制。"② "生必物资购入通账分为蔚蓝色、黄色、红色三种。蔚蓝色是发给日系，黄色是发给鲜系，红色是发给满系。每种又分为甲、乙两种。"③ 消费者要登录的生必品分为 9 类：第一类主要粮谷（高粱、苞米及粟）豆油、落花生及满系用主食代用食粮。第二类大米及日系用主食代用食粮。第三类薪材及木炭。第四类火柴、食盐、灯油、砂糖、味素、日本酒、啤酒、黄酱、酱油、醋、肥皂及精制食用油。第五类点心及面包。第六类蔬菜、水果及禽蛋。第七类鲜鱼。第八类食肉。第九类豆腐。④

在哈尔滨，由伪市府和伪市协和会成立哈尔滨市生活必需品物资配给机构整备委员会，"决定设置数种配给所，第一，综合配给所，办理砂糖、味精、色拉油、肥皂、蜡烛、豆酱、酱油、面粉、盐、火柴、酒、啤酒、卫生纸、卷烟、便笺、其他用纸类、信封、邮票等，按每 700 户至 1 000 户设一配给所。综合配给所由原有业者中指定。第二，米谷配给所，办理大米、代用杂粮，利用现有米谷配给所。第三，豆油配给所，办理豆油及豆饼，利用现有配给所。第四，农作物配给所，办理高粱、苞米、粟、杂谷、苞米面、糖等副产品，是将现有的粮栈组合、粮米组合、磨房组合及副产物组合合并新设农产加工贩卖组合（简称出资组合），按共贩制新设地区性配给所。在新组合内由原粮栈组合员作为出资人同时担任保管及金融业务，粮米组合及磨房组合员也作为出资人，其中有优秀加工

---

① 奉天市生活必需物资配给纲要：第一分册，1943（康德十年）：3.

② 同①：4.

③ 同①：13.

④ 同①：19.

设备者成为组合的指定加工业者。第五，生鲜食品配给所，办理鲜鱼、蔬菜、鸡蛋、水果，使现有零售商组成地区性受货组合，废除现有经纪人，将之配属各地区组合，担任受货组合内的受货业者，使受货组合设置地区性配给所。第六，纤维制品综合配给所，办理丝绸、人造丝、人造丝制品、纺织品、棉制品、棉杂品、棉线、棉花。从现有纤维制品配给组合员、打棉组合员、机械制棉组合员中指定地区性配给所。第七，生计组合、国消配给所。"①

在 1944 年 1 月至 3 月，满洲生活必需品株式会社对以砂糖、胶靴、茶和协和服及衣料为主的甲号品，按消费组合（生计组合、厚生会、电业生计所、煤铁公司生计所、东边道开发生计所、其他消组）、特殊团体（日军需、满军需、官需、劳务兴国会、其他劳需、合作社、学校及学校组合教育会、会社、工厂、矿山、加工团体、业务用（含医院）、开拓关系、其他）、下部配给机关（代理店及批发业者、指定小卖店及同组合、百货店组合、小卖市场、小卖联盟、农村店），实行配给，共计 10 211 件，26 553 367 元。其中，分配给下层配给机关的即面向群众的只占 49.05%。②

第三节　罪恶累累的经济警察

最能体现经济统制的残酷性的是经济警察制度。

日伪经济统制的实行带来了经济警察的横行。最初的经济取缔可以说是从 1937 年 8 月的暴利取缔令开始的，后来凡违反特产物专管法、米谷管理法、粮谷管理法者都要分别受到：六个月以下的徒刑、5 000 元以下的罚款或拘留；一年以下的徒刑、5 000 元以下的罚款；三年以下的徒刑、1 万元以下的罚款；直至三年以上的有期徒刑、10 万元以下的罚款。不过，当初还没有专门的经济警察。取缔的对象也主要是商家，还不是平民百姓。

伪满是在 1939 年，即实行农作物统制的第二年开始建立经济警察制度的。"康德六年（1939 年）9 月在警务司保安科、首都、奉天、哈尔滨、吉林、安东、锦州、牡丹江、佳木斯的各警察厅保安科新设经济保安股，配置少数所需人员，开始打下了经济警察的基础。康德七年 6 月在奉天警察厅，7 月在哈尔滨警察厅，都新设了经济保安科，抚顺、鞍山、营口的各警察厅也分别设置了经济保

---

① 满洲中央银行哈尔滨支店．哈调资 10A 第 7 号：（二）哈市生必物资配给机构ノ整备着手サル，1943（康德十年）．

② 满洲生活必需品株式会社总务部调查课．需要先别品名别配给件数及配给高．甲号品，1944（康德十一年）．

安股。康德八年 3 月，在警务司及首都警察厅设置经济保安科的同时，将锦州、安东、抚顺、鞍山、营口、吉林、牡丹江、齐齐哈尔、佳木斯的各市警务处的经济保安股都升格为经济保安科，在市警务科及重要县、旗警务科新设经济保安股。"①

经济警察最初主要是管理物价，包括公定价格、协定价格和停止价格以及取缔暴利。主要取缔对象是商贩，重点是城市，许多民族工商业者深受其害。经济警察满街审扰逐户搜查，遇有错漏百般刁难，轻则痛打一顿没收商品，重则拘捕坐牢，财产全部没收。若想解脱，必须请托要人出面说情，并以重金贿赂，方能获释。

"哈尔滨市因违犯'七·二五'停止令而遭逮捕的商人特别多，各个拘留所都已塞满，拘留所里的犯人只能站立而无法坐下，去厕所回来就挤不进去了。"② 1939 年，哈尔滨昌信商店经理王明治、永兴和布庄经理，均以暴利罪被判刑，痩死狱中，商店随之倒闭。

在奉天市，1943 年 8 月中旬，对摊贩实行取缔，逮捕了 1 000 多人，其中 800 多人被送交检察厅。同年 10 月，进行了一次全市性的煤炭业大逮捕，共抓了 30 多家商号的 60 多人，都遭到了罚金处分。1944 年 4 月，逮捕了露天商人 500 多名。③ 同年 5 月，对全市的药房业进行大逮捕，抓了 30 多家商号的 70 多人。11 月间，对染料业进行了逮捕，共抓了 40 多家 80 多人。抓经济犯时采取的方法是"一齐索出"，即撒大网统一行动。"自从 1942 年到光复为止，4 年期间共逮捕了 9 000 多人。"④

经济警察以取缔违反农产物统制为主要任务。最初的取缔对象是粮栈。例如："黑龙江省讷河县十数个粮栈作为谷粉会社的二次代理人买进小麦，不卖给代理收买人而以高价流向奉天、安东方面黑市，对讷河县内全部粮栈追究其违反，课以罚款、追征金合计达 70 万元以上。"⑤ 当然，这种情况不是孤立的，在其他地方也是一样。

1940 年的农产物统制是以交易场为中心，"警察取缔的对象也置重点于场外交易与私自加工上"。⑥ 甚至公布了场外交易未遂犯处罚规定，只要警察方面认

---

① 警察总局经济保安科 . 满洲国の经济警察 . 满洲产业调查会刊，1944（康德十一年）：11-13.
② 中央档案馆，中国第二历史档案馆，吉林省社会科学院 . 东北经济掠夺 . 北京：中华书局，1991：179.
③ 同②：185.
④ 同②：181.
⑤ 同①：72.
⑥ 同①：73.

为有场外交易的嫌疑，就要给予处罚。取缔的对象也由粮栈扩大到油坊、磨房、普通农民和消费者头上。凡是在交易场外买卖农产品者都会被作为违反经济统制而问罪。一切私人交易和粮谷加工都成为非法行为。

1941 年，满洲农产公社设立后，进一步加强统制，并出动警察"督励出荷"。

从 1942 年起实行摊派制的强制出荷，警察方面也召开了全国警务厅长会议和各省经济保安科股长会议。规定警察的任务："（一）取缔黑市交易，1. 对富农、地主等的监视，2. 监视取缔经办业者，3. 防止运入城市，4. 取缔通过铁路、船舶的零星运出，5. 强化对走私的取缔；（二）协助出荷工作；（三）取缔在搜荷配给上职员的违法；（四）伴随农产物搜荷运用警备力；（五）伴随搜荷的特务警察活动。"①

从 1942 年秋季起，伪满警务总局"拿出全部警察力量担任农产物的搜荷取缔和增产的指导督励"。② 在伪满全境到处设置检查站还组织众多游动检索班，每日动员几万名警察和自卫队员，不分昼夜从事盘查与检索。从 1942 年 10 月 1 日至 1943 年 3 月 31 日，由于此项取缔没收的粮食即达 2 万余吨。由于实行彻底的取缔，对于乘车和乘船的旅客只允许携带不超过 1 公斤的粮食，原来靠铁路运入黑市的零星粮食也断绝了来路，加上配给的不足，以至各城市"呈现出相当深刻的食品不足状态。特别是像奉天、哈尔滨等城市，粮食的黑市价格明显上涨，同时满系小饮食店业者等的原料一向依存黑市，随取缔的强化，原料入手困难，大部分停业，甚至出现转业歇业者。"③

进入 1943 年度，"搜荷取缔"的新特点是彻底实行早期取缔，集结警察的全力，"对于违反者实行点滴不漏的严格取缔，特别是期望彻底监视作为取缔对象的交易场及经办关系者等的不法行为，巡察和取缔粮栈、加工业者、地主、富农、大批需要者。"④

在伪吉林省，1943 年度的《吉林省战时农产物取缔纲要》要求"集结省内警察的全力，呼应搜荷担当机关的搜荷工作。"⑤ 在省一级设省取缔部，在市、县、旗设市、县、旗取缔部，在市、县、旗内以警察署为单位设地区工作队担任管内的取缔。"取缔的阵容分为检问所、游动班、视察内侦班三种。在省县境及重要通路的重要地点设检问所作为据点，游动班是在其间游动，捕捉利用检问所

---

① 警察总局经济保安科 . 满洲国の经济警察 . 满洲产业调查会刊，1944（康德十一年）：75–76.

② 同①：68–69.

③ 同①：81.

④ 同①：83.

⑤ 同①：225–226.

的间隙实行的黑市搬运，防止和压制向省县外的非法流出。视察内侦班对内部黑市交易及囤积实行封杀检举，诱导农民不得不自动地将保有粮谷出荷。"① 在铁路沿线各站及信号所则设置检问班，担任车站境内及站台的取缔，在列车上还设移动班同铁路警护军密切联系，封锁利用铁路的黑市通道。不仅如此，还将"吉林地方警察学校全部普通科学生及各市、县、旗的警察警备队、森林警察队等派往重要的省县境，在搜荷期间内担任省县境的完全封锁。"② "内部取缔的重点是指向地主，特别是在城市居住的地主及同地主有关者即土著商业资本家、高利贷者、粮栈及农产物加工业者如油坊、烧锅、磨坊、小型原动机所有者、农产物销售业者等，多数工人使役团体即森林采伐业者、煤矿、特殊公司、建设工事现场等，营业用大批需要者即料理店、饮食店、旅馆等，开拓团、鲜农、自给农场等。主要是以特务视察员、经济专务者等充之。"③ 在完成搜荷之后内部取缔不仅继续进行而且要加强。

在义县，"还设有经济外勤（即便衣经济警察）。经济外勤警察，经常出入在本管辖区内各地，密探经济情报，并在火车站和列车内、路口、城门等重要处所，层层设卡，检查来往车辆和行人。每逢年节日，则实行警察总动员，进行经济大检查，对被检查出所谓'经济犯'进行拘捕，并没收财物，直至判刑。"④

在北镇的警察，"每逢年节的前几天，都要搞非常召集，也叫紧急集合，时间在夜 12 点钟以后，在警务科设临时指挥部。下边所属三个警察署、更分所，不分官兵，不管内勤外勤，分队编组，参加经济大搜查。北镇五门设岗，各署管区根据实际情况，关键路口设卡，检查过往行人。不管人担车拉，凡携带统购统销物资、配给品及土产品物资，如粮谷类、米、面、大豆及油料制品和棉麻及制成布匹等物资，搜查出来，由各署统计上报警务科。当时根据贩运物资性质、数量，一般的由各警察署送交易场，迫卖处理。用车贩运或数量大的要依法处理。"⑤

在庄河县，1943 粮食年度，以伪警务科经济保安股为核心，制定了《随农产物搜荷黑市行为的取缔（防止扑灭）方针》⑥，在警务科组成指导取缔

① 警察总局经济保安科．满洲国の经济警察．满洲产业调查会刊，1944（康德十一年）：227．

② 同①：226．

③ 同①：227-228．

④ 李文斗．伪满义县的经济统制和经济警察//孙邦．经济掠夺．长春：吉林人民出版社，1993：76．

⑤ 刘明廷．伪满北镇的经济警察//孙邦．经济掠夺．长春：吉林人民出版社，1993：77-78．

⑥ 兴农部．康德十年 9 月战时下兴农增产现地报告：庄河县之卷：36．

班，在各警察署指定以班或专务员专事取缔，在各分驻所则利用所员（必要时利用最少限度的中坚队或自卫团）。取缔的重点是粮栈、油坊、烧锅、精白业者、糖坊及其他大量农产物经办及加工业者以及大地主、富农、渔船、网房、大车店、运送业者等。警察随时到各营业所、店铺、仓库、工厂进行临检，还实行"路上检问"，随时搜查行人。甚至还发展和利用秘侦。真是无所不用其极。

在奉天，"1943年10月，大和警察署设置的奉天站农产物检查所，先后三次共逮捕经济犯350多人，没收粮谷3.5吨。1943年11月，对私带农产物者实施大取缔，共逮捕了600多人。"①

针对日伪的严厉取缔，人们为生活所迫也不得不采取更加巧妙的办法进行应付。由大批私运改为小批量"在衣服上缝上多数小口袋装满粮谷假装棉絮运出者，或塞入行李卷，或用毯子包起假装婴孩者有所增加。其他，在大车上装两层底搬运者，利用邮包者，利用机车、邮车者等，采用了各种手段。在藏匿方面除埋在地里外，还有藏在寺庙、棺材之中的。"② 有的甚至不得不铤而走险进行暴力反抗。"在新京周围的县为向市内私运农产品有成团地突破检问所的倾向，在长春县有向取缔的警察施以暴行者，还有怀德县的农民在新京市内杀害了盘问的警察的事实。"③

根据关东军的调查，所谓经济犯罪件数，1940年为24 220件，1941年为52 977件，1942年为76 739件，1943年4月至10月高达131 762件，后者是前者的5.44倍。其中违反粮谷管理法案件由1940年的占9.6%，到1943年增加到43.9%。而同期违反不当利益等取缔规则的案件则由1940年的占50.8%，下降为1943年的9.7%。在案件中所占比率高的还有违反物价及物资统制法的在1941年占39.5%，1943年为13.6%。违反价格等临时措置法的案件在1941年占14.2%，1943年降为8.7%，不过件数却由5 962件上升为11 475件，几乎上升一倍。1940—1943年违犯经济统制法令件数统计表如表3-8-1所示。

① 中央档案馆，中国第二历史档案馆，吉林省社会科学院. 东北经济掠夺. 北京：中华书局，1991：185.

② 警察总局经济保安科. 满洲国的经济警察. 满洲产业调查会刊，1944（康德十一年）：231.

③ 同②：232.

表 3-8-1　1940—1943 年违犯经济统制法令件数统计表

	1940 年		1941 年		1942 年		1943 年	
	件数	对总件数比	件数	对总件数比	件数	对总件数比	件数	对总件数比
纤维及纤维制品统制法	1 434	5.9%	924	1.7%	870	1.1%	969	0.7%
米谷管理法	1 001	4.3%	1 902	3.6%	3 525	4.5%	3 868	3%
粮谷管理法	2 366	9.6%	4 952	9.3%	7 558	10%	57 934	43.9%
特产物专管法	462	1.8%	3 253	6%	5 753	7.5%	5 724	4.4%
不当利益等取缔规则	12 287	50.8%	7 560	14.2%	10 127	13.2%	12 781	9.7%
物价及物资统制法			20 971	39.5%	14 807	19%	17 932	13.6%
价格等临时措置法			5 962	14.2%	8 402	11%	11 475	8.7%
合计	24 220	100%	52 977	100%	76 739	100%	131 762	100%

　　资料来源：中华书局出版的《东北经济掠夺》第 177～178 页，最初来源为关东军を调查室 1944 年 1 月《走私对策之研究》。

　　严酷的经济统制，使"经济犯"成为人们难以摆脱的一把枷锁。"伪满最厉害的是'经济犯'。吃大米叫经济犯，卖棉花是经济犯，因为什么都统制，所以任何一种买卖交易，都可以给你安上一个违反什么法的罪名。无中生有地打你个经济犯。那时候，日伪警察可以随时闯进店堂、仓库、厨房等任何地方，翻箱倒柜，武力搜查。而欲加之罪何患无词。如在铁岭有几十年历史的杜记膏药店，熬制膏药，其中要用香油来拌和独角莲以及其他几十种中药。1942 年 9 月的一天晚上，日伪经济警察突然破门而入，指着熬膏药的香油硬说是'经济犯'，把店主杜绍维，先打后抓，店房查封，后经杜家求亲告友托人疏通，连送礼再罚款，花了一千多元，人还在法院蹲了五十多天，店房被封数月。"[①] 在镇东县（镇赉县），"'文盛东'鲜货店打果子用大油（猪油），大油是从农村偷着买来的，被警察发现，从店内搜查出四桶大油（像水桶大小的方铁桶）。大油是'统配'商品，店掌柜吴学文犯了经济法规，定名为'经济犯'，被抓到警

---

　　① 张效云. 伪满时期日本对铁岭的经济侵略//孙邦. 经济掠夺. 长春：吉林人民出版社，1993：96.

察署，关押了半个月，吃了棍棒，花了钱才放出来。"①

"有的农村妇女自己织点布，纺点线，一经发现，就被说成是'私设花厂'，线梭子被砸坏，织布机被拆毁，最后还得拿钱'运动'，不然就会被带走。"②

经济统制造成了普遍的灾难。

第四节　人间地狱　遍地饥荒

一、城市的饥荒

日本统治东北 14 年的结果，造成的不是什么"王道乐土"，而是遍地饥荒的人间地狱，是地球上任何其他殖民地从未经历过的深灾大难。某些日本殖民主义者直到今天还津津乐道，宣称日本在东北的统治将荒凉的原野变为文明的现代化地区，念念不忘他们的"经济开发"功绩。然而，历史不容篡改，事实不容歪曲。日本殖民主义者散布的弥天大谎，终究掩盖不了铁的事实。

进入 20 世纪 40 年代的东北，在伪满洲国的名义下，是一个真正的人间地狱。日伪的剥削榨取，苛捐杂税，奴役劳动，敲骨吸髓，使人们缺衣少食，啼饥号寒，走投无路，家破人亡。

在城市，人们的生活越来越苦。生活用品极端短缺，衣、食、住、行都陷入困境。

首先是闹房荒。

城市里的房荒，从 1939 年起已经非常严重。造成房荒的原因，可以归纳为以下几个：（1）城市人口的增加。首先是日本人口的激增，充任伪满官吏和特殊公司职员的日本人都集中在各大中城市。再加上商人和娼妓等。这是日本侵略的必然结果。据日伪调查，在 1939 年 6 月 1 日，日本人公务员及自由职业者为 83 000 人，其中包括一般官吏（包括协和会职员）、伪满洲国的日系军人、法律家、教育家、宗教家、医师、文艺关系者，其中约 40% 为官吏。此外为特殊公司职雇员可以说是准官吏，他们的数量大约接近官吏人数。再次是满铁，它的日本人员工约 9 万人，超过日系官吏及特殊公司员数，这是一个仅次于日本军队的庞大队伍。最后是一般市民，大部分是工商业者及家事使用人，在 1940 年大约

① 王中新，樊德明．伪满时期镇东的工商业//孙邦．经济掠夺．长春：吉林人民出版社，1993：118.

② 谢少一．日伪时期盘山的经济统制//孙邦．经济掠夺．长春：吉林人民出版社，1993：114.

19 万人，其中，单是艺妓、女给、酌妇就有约 15 000 人，加上家事使用人约达 3 万人。此外约 16 万人为一般工商业者及其家属。[①]以长春（伪都新京）为例，在 1932 年，仅有日本人 2 753 人，到 1939 年竟增加到 88 270 人，增加了 31 倍多。其次，朝鲜族人口也在增加，这也是日伪侵略政策的结果。再有，华人的人口也在增加，这里有农村的地主和富农向城市转移的因素，也有敌伪重工业、军事工业发展使工人增多的因素。（2）特殊公司的设立及其分支机构的膨胀，到处收买房屋，造成房荒。（3）房屋建筑的滞后。日伪根本不理会人民的生计，只顾侵占原有房屋。其结果是房荒严重、房租暴涨，人心不稳，有危及日伪统治之虞。日伪不得不实行房租统制，制订增建住房计划，但由于物资奇缺、物价上涨，也只能是画饼充饥。工人和城市贫民住房拥挤不堪，甚至无房可住，只好搭建临时窝棚，夏不能避风雨，冬难以挡严寒。

其次是闹棉布荒。

棉布是当时中国人赖以制作服装的主要材料，棉布的消费量，在 1937 年为 6 亿平方码、1938 年为 6.9 亿平方码。1939 年以后，进口量和生产量激减，供给量只有 3 亿到 3.3 亿平方码。扣除准军需、官需、重要民需，用于一般民需的只剩下 50%，不得不限制消费实行配给。到了 1945 年，这些棉布几乎全部用于"出荷奖励"，对城镇居民的配给完全停止。商店货架上所陈列之商品，多为麻线、棉布再生品。连线手套都改成豆秸纺织的了。就是胶皮鞋也变成了再生胶产品。有钱人家靠老箱底儿，穷百姓只好穿破衣衫，补了破，破了补，衣不蔽体。

还有更严重的是粮荒。

伪满的所谓粮食配给（见表 3-8-2），实际上是尽量压低东北人民维持生命所需要的食物，根本不顾人民的死活，致使东北广大劳苦人民经常处于挨饿受冻状态，以橡子面充饥，在苦难中熬煎，在死亡线上挣扎。

1940 年日伪开始推行口粮配售制。只对日本人和朝鲜人配售大米，对中国人只配售高粱米和小米。从此，中国人就和大米无缘，如果被发现吃了大米，就被定为经济犯。中国工人的配给标准是高粱米 12 公斤、小米 5 公斤，家属中的大人是高粱米 10 公斤、小米 4 公斤，7 岁以下小孩高粱米 7 公斤、小米 2 公斤。1943 年又将居民的口粮配给量分为一般、劳需和农村三类，其中，一般又分为甲和乙，劳需又分为第一种和第二种。

---

① 冈野鉴记. 满洲经济建设の展望：228-240.

表 3-8-2　1943 年东北居民粮食配给量标准

类　别		配给量/（公斤/月）
劳需	第一种	24.0
	第二种	15.5
一般	甲：特殊公司、官厅及与此相当者	
	大人	12
	小孩	7
	乙：其他	
	大人	9
	小孩	7
农村	大人	6.5
	小孩	6.1

资料来源：华北综合调查研究所紧急食粮对策委员会. 关东州及满洲最近的食粮情况，1943.

　　粮食配给量标准本来就低，而实际配给量更经常达不到这个标准，在伪锦州省 1941 年实际配售量仅达规定量的 39.6%，到 1942 年 10 月勉强达到 69.2%。特别是在 8 月、9 月、10 月这三个青黄不接的月份，更加困难，甚至有些地方仅仅配售 4 公斤或 3 公斤。[①]

　　1943 年情况进一步恶化，最大城市奉天（沈阳）的实际配售量为大人 4～5 公斤，营口、铁岭、本溪湖等市为大人 7 公斤、小孩 2 公斤；抚顺为大人 6 公斤、小孩 1 公斤；鞍山为大人 6 公斤左右。[②]

　　由于配给的食粮太少又不及时，人们被迫以高价在黑市购买，维持半饥半饱的生活。而黑市价格为公价的十余倍，还不断上涨。根据日本人的调查，在 1944 年，人们对黑市的依赖程度越来越大（见表 3-8-3），"满系（工薪层）对黑市的依存程度是食品 7 成以上、调味品嗜好品是 6 成、燃料 8 成、衣料品 9 成。"[③] 表 3-8-4 给出了奉天市主食品民价比较表，民价是公价的十倍以上。

---

　　① 参见昭和十七年 11 月 30 日《部所长会议议事录》第 80 页。
　　② 华北综合调查研究所紧急食粮对策委员会. 关东州及满洲最近的食粮情况，1943.
　　③ 山崎仁. 全满都市战时生必物资配给实态调查报告：康德十一年度自一月至十二月实态调查二依ル——：62.

表 3-8-3　对黑市的依存度（1944 年年末）①

	新京	奉天	哈尔滨
特殊阶级	23.4	13.3	13
普通阶级	4		
	43.4	40.0	33.4

表 3-8-4　"奉天市主食品民价比较表"②

品目	单位	康德十年 5月民价/元	康德十一年 1月民价/元	康德十一年 5月民价/元	康德十一年 12月民价/元	康德十一年 12月公价/元
白米	1千克	7.00	5.60	8.00	14.00	0.54
精白高粱	1千克	5.50	2.80	3.00	4.00	0.25
大豆	1千克	6.00	3.00	4.00	4.00	0.30
精白粟	1千克	6.00	3.80	4.00	5.00	0.29
苞米面	1千克	5.50	2.80	3.00	4.00	0.26
面粉	1千克	7.00	10.00	8.00	28.00	0.68
土豆	1千克	2.00	1.60	1.60	3.00	1.30

　　在盘山县，"康德十一年（1944 年）以后，竟搭配着配给各户大量的橡子面为主食。那种东西煮成糊粥或蒸成饽饽后，初吃起来，又苦又辣，吃多了就头昏目眩，实在难以下咽"。③ "抚顺连高粱米也配给不足了。于是就把地瓜、土豆、豆饼、橡子面配给'满洲人'做主食。很多穷困居民，患上了肠炎病，进而转为上吐下泻的'霍乱症'。日本统治当局伪满帝国政府将病患发生地区定为'防疫区'，武装看管。严加封锁，里不准出，外不准进。更为残酷的是，曾以'消毒''杀菌'之名焚毁居民房屋。由于'检疫'及强行'治疗'而无辜死亡者，难以数计。"④

　　就在人民啼饥号寒的同时，奉天市的仓储库存却大幅度增加，"该市日系仓库组合员十轩，康德十年度的在库量，比前年同期增加34%到70%。各月的在库量大体不下×亿×千万元，在库品中的主要者，同去年一样，多为纤维制品、

　　① 山本有造．"满洲国"的研究．京都：京都大学人文科学研究所，1993：265.
　　② 山崎仁．全满都市战时生必物资配给实态调查报告：康德十一年度自一月至十二月实态调查二依ル——：58.
　　③ 谢少一．日伪时期盘山的经济统制//孙邦．经济掠夺．长春：吉林人民出版社，1993：114.
　　④ 姚云鹏，李凤侠．日伪统治下的抚顺经济//孙邦．经济掠夺．长春：吉林人民出版社，1993：91.

洋杂货、纸张、杂品等。物资总体的绝对量正在逐渐增加。"① 在进口激减，生产下降的情况下这种库存的增加，说明在极力勒紧人民腰带的情况下所谓特殊方面的需要是如何的膨胀。

城市的粮荒迫使一部分城市人口向农村转移。由于严厉的取缔，在农村也到处出现缺粮户和缺粮村屯，并且难以调剂余缺。饥馑在蔓延，威胁着人们的生命。

二、日本人笔下的农民惨状

历经日伪十余年的残酷统治，强占土地、归并大屯，苛捐杂税、强制储蓄、摊派劳工以至粮谷出荷的洗劫，农村已是一片荒凉。农民们忍饥挨饿，挣扎在死亡线上。日伪的宣传机构虽然还在胡诌什么"王道乐土"。然而，谎言掩盖不了事实真相。日本人办的《满洲评论》杂志社中一个名叫山崎义夫的人，在1942年春季走访了北满某县的三个屯，作了实地调查，对于实行五年计划后伪满农村的变化作了报道。他写道："一问农民，就说最近生活非常恶化。说这种困难是从来没有经历过的。连大同年间的水灾、接着的康德初年农产品价格暴跌那时候，也没有像今天这样困难。如果一定要类比的话，想起的是宣统年间连续三年的水灾引起的灾荒时的情况。可是其困难的性质完全不同。一个是由于气候引起灾害的缘故，最近的各种困难当然也有几分歉收的关系，但大体上是基于直接社会经济的各种原因，是正门和后门都被勒紧似的困难。"②

根据农民的反映，山崎义夫归纳出促使农民贫困的原因：一是租税公课及其他各种负担激增。"据说村费增加极多。将这些现金出资合计起来同五年前相比，达到3倍。"其中包括各种收费、人力、大车的征用、赋役的课征、亚麻、甜菜的强制分摊等。二是价格剪刀差的加剧。"在这五年期间，在价格上，农产品上涨两倍，农民的主要购入物资上涨从三四倍到十倍，所谓剪刀差加剧了。"不仅价格高了，而且买不到。棉布变成人造棉，平常吃的豆油没有了，石油根本买不到。"农民异口同声诉说这样苦的日子从来没有过。"三是充满对土地所有权的不安。对农民来说，土地是他们为了生活的就职地，"可是，土地的收买已在北边、东边或西边各地实行一事，连同许多谣言，也在这边详细传播。在这数年中，一直在体验自己的土地什么时候要被收买呢这种担心。这是北满农民的

---

① 藤井诚一. 满洲经济の再建：104-105.

② 山崎义夫. 北满农村の实态//载满洲评论社. 满洲に于ける农业政策の诸问题. 满洲评论社刊，1942（昭和十七年）：80.

实情。"①

日本学者藤井诚一在走访伪满之后，关于农民生活作了如下的描述。他写道："急速上涨的生活必需品的价格和在统制下被公定了的农产品价格之间的剪刀差，正在深刻地腐蚀着农村农民的生活。为了向国外和日本供给充足而便宜的蛋白质和脂肪以至炸药，在灼热的原野，连续劳动12小时的农民，连一块肉都吃不上，连换下身上穿的仅有的一套破烂棉布衣服的余力都没有。"② 他描述："一年到头每户配给石油0.5公斤，伪屯长还要兑上凉水，每年配给0.5公斤豆油，伪官吏还要兑上苞米馇米汤，每年配给一包火柴，哪能够用，老百姓一年到头用麻秆引火。因群众生活极为贫困，穿的衣服一方面靠'出荷粮'配给的粗布，大部分是白布。做衣服之前把白布用从草地拔来的黄草染成黄色，或者用烧饭的小灰淋出的水，染成像老鼠皮那样颜色，老百姓叫'耗子皮'。还有的买更生布做衣服，这种布贱，极粗糙，不结实，穿几天就出个大窟窿。棉花是小棉花，穿鞋冬天是用苞米叶子做的，夏天用麻辫做鞋。"

这还只是个别日本人看到的表面情况，实情当然还要严重得多。

卖粮的农户还可以买到契约布（更生布）、棉纱（更生棉）勉强缝制棉衣度过寒冬。穷苦农民及长工短工等无粮户，干脆不卖给棉布、棉纱。这样，"相当一部分穷苦农民，夏无单衣护体，冬无棉衣御寒，许多农民孩子都赤身露体，身披麻袋片子守着火炉取暖过冬。有的人家两口子穿一条裤子（谁外出谁穿）。"③

在饶河县，1943年以后，"全县百分之五十以上居民无被褥，很多农民炕上只有一摊破棉花套子或破麻袋片。山沟里孩子长到十几岁尚赤身裸体。全靠多烧木拌取暖，聊以过冬。四排村竟至达到男子夏季在地里劳作，浑身涂些泥巴，腰间围破麻袋片遮体。朝鲜族家庭，炕上唯有几张稻草帘子，算是夜间遮身铺盖。"④ 农民已经穷得不能再穷。

三、农民的沉重负担

给农民造成沉重负担的首先是搜罗殆尽的出荷，连同人的口粮、牲畜的饲料甚至种子统统被征了去。农民忍饥挨饿，家畜家禽也难以存活。

以抚顺县的马郡村为例。在1943年，由于头年即"康德九年（1942年）秋

① 满洲评论社. 满洲に于ける农业政策の诸问题，1942（昭和十七年）：81，85，86，87.
② 藤井诚一. 满洲经济の再建. 东京：东京经济新报社出版部，1941：208.
③ 栾俊仪. 日伪推行"粮谷出荷"毒打拜泉百姓//孙邦. 经济掠夺. 长春：吉林人民出版社，1993：219-220.
④ 饶河县地方志编纂办公室. 饶河县志：卷四 历史沿革（上）. 哈尔滨：黑龙江人民出版社，1992：209.

的出荷，尽管收成只有平年的 6 成，却以康德六、七、八年的平均出荷量作为标准来增额。全村数达 1 000 只的鸡，因为出荷过于彻底，引起饲料不足，不能饲养，现在激减到百只以下。猪也减少一半，虽实行放养，也因食物过少连续出现毙死者。骡马等也因饲料不足而有许多出卖者，其价格严重下跌。"①

其次是出劳役，躲过兵役的青壮年被强制送往矿山和水利工地服劳役，九死一生，倾家荡产，妻离子散。

伪通化省辑安县榆林村。"按县里的命令出役的负担绝不少。从康德八年（1941 年）到九年（1942 年）年中，有 5 种出役 6 个月到 9 个月的服务，出了 48 人。在本年 6 月，向鸭绿江岸建设云峰水坝工程，作为云峰报国队出役了满系 40 名。"② 而在 1942 年 4 月，该村"满系"人口为 1 431 户、9 035 人。

此外，还有各种各样的负担。

1943 年，吉林省怀德县响水村榆树林屯（此地距长春 50 公里）。在一个月的期间，就有如下公役负担：3 月 24 日实施防空防护演习，出 22 岁以上青年 7 名作为防护团员参加。3 月 25 日供出炕席。4 月 5 日为修理国道出役大车 13 台搬运碎石，没有大车的农户，每户各出 1 人担任铺石作业，须 3 日完成。4 月 15 日出役大车 6 台向国道搬运碎石。4 月 21 日每一天地负担学校建筑赞助金 1.5 元。4 月 25 日全屯出 80 人到国道及警备道路植树。③

1943 年，在阿城县的 8 个村 18 个兴农会的半岛农（朝鲜农民）不仅被迫出荷 3 700 吨稻米，而且将水稻提价部分的每百公斤 2.60 元，全部献纳作为买飞机现金，总额为 97 950.76 元。④ 而汉族农民在还清春耕抵押贷款之后，还要交报国定期存款，在 1943 年 12 月，这种存款额，17 个村共计 349 071.40 元。⑤

农民贫困破产的一个重要标志是负债的增加。

在 1942 年，"兴农合作社的农业金融几达 2 亿，考虑到比合作社贷款的增加速度快数倍的农村个人间借贷的明显增大，战时经济下满洲农家负债的总额可以想象是增加到惊人的巨额。"⑥ 在农村农民的负债，主要是对地主高利贷者的负债。个人贷借普遍带有高利贷的性质。"土贷的利息，在北满为月息 4 分到 5 分，南满为 4 分到 6 分。"⑦

---

① 满洲帝国协和会中央本部调查部．康德十年度农村分会实态调查报告书：21.

② 同①：62.

③ 满铁调查局．农村驻在调查报告：吉林省怀德县响水村榆树林屯魏家洼子．满铁调查月报，1943（昭和十八年），23，别刷第 105 号：92-97.

④ 参见滨江省公署公函《康德八、九、十年度阿城县增产搜荷概况》第 257-258 页．

⑤ 同④：258-259.

⑥ 满洲评论社．满洲における农业政策の诸问题．满洲评论社刊，1942（昭和十七年）：135.

⑦ 满洲中央银行调查部．康德十二年 4 月战时经济下に於ける农村经济の动向：41.

根据伪满中央银行的调查，能够利用银行及其他利息低的所谓近代金融机关，而且是最大利用者的是地主及富农阶级。并且他们多是地方商业的投资者，或是直接经营者。这些地主及富农层在金融上是最大的借款者同时是最大的贷放者。只要是经营农民，不论自耕者或佃耕者，几乎百分之百地以某种形式负有债务。自耕者远比佃耕者金额为高。并且在年关中靠出典约负债的几乎都属于这一层。小的贫农、雇农想借也没有债主，多少也有一些负债的人，其用途绝对只是不得已的临时家计支出，即死亡、疾病、结婚费用等占压倒地位。①

农村的高利贷加速了农民的破产，促使他们丧失土地。严重的是"开始了负债的固定化，特别是它在自耕农的出典（事实上的土地丧失）这一形态上表现出来。这显然是通货膨胀和物价高涨所引起的农业经营状况恶化的结果。它意味着已达到了不得不将比命还宝贵的土地脱手那样的深度。"②

四、农村的饥荒

城市的粮荒迫使一部分城市人口向农村转移。由于严厉的取缔，在农村也到处出现缺粮户和缺粮村屯，并且难以调剂余缺。饥馑在蔓延，威胁着人们的生命。

农民在缴完地主的租粮和交完出荷粮之后，剩余的口粮已寥寥无几。有的在春节前即已断了口粮。农民为了活命，只好向地主借粮，借粮的条件极为苛刻，是春借一斗，秋还一斗半。

1943年伪奉天省警务厅的《经济形势报告》就透露："抚顺境内的贫苦农民已有一部分饿死；沈阳县境靠近抚顺的地区，许多村庄已饿死很多人。"③

1942年在伪奉天省辽中县，"雨水很大，境内辽、柳、浑、太、蒲、细六道河流同时暴涨，上下河堤决口数十处，河滩地全被水淹，颗粒未收，坝里的洼下地也都成了泽国，粮谷收获无几。日伪政权以'完遂大东亚圣战'为借口，把粮谷出荷数量在往年基础上增加一倍。由于［辽中伪县长］王国栋、［腰屯村长］赵经武的威逼，腰屯村大多数农民被迫倾家荡产，抛弃故土，离开亲朋，扶老携幼，冒着凛冽的寒风，踏着厚厚的积雪，到黑龙江省延寿县去逃荒。"④可是，不论逃到哪里，在日伪的统治下都是没有出路的。

用水深火热、啼饥号寒、饥寒交迫、缺衣少食，所有人们形容悲惨的字眼，

---

①　满洲中央银行调查部．康德十二年4月战时经济下に於ける农村经济の动向：131-132.

②　满洲评论社．满洲における农业政策の诸问题．满洲评论社刊，1942（昭和十七年）：134.

③　解学诗．伪满洲国史新编．北京：人民出版社，1995：729.

④　翟永魁．伪满时期辽中县的"粮谷出荷"//孙邦．经济掠夺．长春：吉林人民出版社，1993：183-184.

都难以描绘东北人民遭受的苦难。他们真是到了走投无路的地步。

日本投降之后，人们打开各地关东军和特殊公司的仓库，发现粮食和各种物资堆积如山，虽然其中绝大部分被苏军运走，只有少数零头流入民间，在市场上仍然长售不衰。东北人民的生活立见改善。这就说明，人们是在物资充裕的情况下，被置于饥寒交迫的绝境的。日本殖民主义者的残酷和阴毒是人间罕见的，他们的罪恶也是罄竹难书的。

所有这一切，无不说明，日本人在中国东北的殖民地经济统制是20世纪最野蛮、最残酷、最没有人性的现代奴隶制度。

附录 A 日本统治东北期间（1931—1945）经济大事年表

1931 年（民国二十年、昭和六年）

9 月 18 日	"九一八"事变，日军开始侵占东北各大厂矿、电台、金融机构
10 月 10 日	关东军向满铁发出《关于铁路委任经营及新线建设的指示》
23 日	伪东北交通委员会成立
12 月 8 日	关东军第三课制定《满蒙开发方策案》
15 日	关东军第三课归并于统治部

1932 年（昭和七年、大同元年）

1 月 26 日	满铁发布《经济调查会规程》
2 月 2 日	关东军统治部改称特务部
22 日	日本政府设置对满蒙实行策审议委员会
3 月 10 日	溥仪签署卖国《书简》
	关东军同满铁签订《关于满洲国铁道、港湾及河川的经营及新建等协定》
4 月 1 日	日伪接收东北邮政权
4 日	确立日本人的土地商租权
11 日	日本政府通过《关于帝国对满蒙新国家的具体援助和指导的决定》
15 日	日本政府通过《关于满洲国铁道、港湾、河川处理方针》
30 日	三井合名、三菱合资同朝鲜银行缔结借款契约，二者各出 1 000 万元，由朝鲜银行提供给伪满洲国作为满洲中央银行启动资本
5 月 10 日	新设国都建设局
13 日	完成《汽车网十年计划》

6 月 11 日	《满洲中央银行法》《货币法》《满洲中央银行组织办法》公布
15 日	满洲中央银行设立
18 日	日伪侵占东北各海关
27 日	《旧货币整理办法》公布
7 月 1 日	满洲中央银行开业
8 月 5 日	关东军特务部通过《满洲经济统制根本方策案》
8 日	日本政府通过《满洲国指导方针纲要》
17 日	关东军司令官和伪满洲国国务院总理签署《满洲国铁路、港湾、水路、空路等管理及线路敷设管理协定》
25 日	关东军通过全满铁道网建设计划
9 月 1 日	关东军特务部通过《关于实行日满经济统制上的基础条件的意见》
15 日	《日满议定书》签订
23 日	《暂行鸦片收买法》公布
28 日	满洲航空会社设立
30 日	日本政府设置日满产业统制委员会
10 月 14 日	第一次武装移民团抵达佳木斯
11 月 18 日	日本政府设置对满金融审议委员会
12 月 22 日	满洲中央银行内设中央实业局，担任附业管理

1933 年（昭和八年、大同二年）

2 月 9 日	满铁与伪满政权签订《满洲国铁道借款及委托经营契约》等一系列文件
3 月 1 日	伪满政权发表《满洲国经济建设纲要》 满铁在奉天开设铁路总局经营伪满"国有"铁路 满铁在大连开设铁道建设局
6 日	满铁资本由 4.4 亿日元增资为 8 亿日元
16 日	关东军提出《满铁改组方案》
26 日	日满通信协定签订
29 日	扣押中东铁路货车
31 日	满铁接收原东北航务局、东北江运处、广信航业处、东北造船所、松黑两江邮船局，设哈尔滨水运局本月第一个金融合作社在沈阳县开办

4 月 8 日	日伪隔断中东、后贝加尔两铁路联络
5 月 2 日	苏联提议让渡中东路
6 月 1 日	昭和制钢所在鞍山开业
14 日	日本发布《金禁输法》
30 日	大兴公司设立，中央银行中央实业局关闭
8 月 2 日	伪满洲国公布税关官制
9 月 1 日	日满合办满洲电信电话会社开业
11 月 9 日	《银行法》制定
28 日	关东军指令满铁经营伪满国营汽车运输业
12 月 16 日	拉滨线开通

1934 年（昭和九年、康德元年）

2 月 9 日	关东军撤回《满铁改组方案》
3 月 3 日	日法对满投资契约在东京签字
26 日	同和自动车株式会社设立
30 日	日本阁议通过《日满经济统制方策纲要》
4 月 6 日	《满洲国棉花株式会社法》公布
9 日	上海总税务司告示满洲物产的输入限制禁止令
16 日	在大连召开日满实业协会
18 日	日满棉花绵羊协会设立
5 月 6 日	满洲炭矿会社设立
15 日	满洲采金会社设立
21 日	满洲纸浆工业会社设立
22 日	满洲工厂设立
6 月 6 日	满洲大豆工业株式会社设立认可
11 日	《满苏邮便联络》交涉成立
28 日	伪满政权发表《关于一般企业的声明》
30 日	禁止旧纸币流通
7 月 1 日	奉山、北宁直通列车开通
8 月 4 日	《满苏水路协定》签字
9 月	《金融合作社法》公布
11 月 14 日	《石油类专卖法》公布
17 日	《重要产业统制法》公布
25 日	第二次修订关税率施行

30 日	满洲电业会社设立
12 月 1 日	锦承线、北黑线开始正式营业，京大线开始临时营业
17 日	金融合作社联合会设立
26 日	日本政府设对满事务局和关东局

1935 年（昭和十年、康德二年）

1 月 1 日	满洲国官吏消费组合成立
10 日	《满华通邮》开始
2 月 20 日	《日满关税协定》签订
3 月 23 日	日"满"苏三方代表就北铁让渡正式签字
4 月 1 日	昭和制钢所开始钢铁联合作业
4 日	伪满决定治水事业的根本方针
10 日	《石油专卖法》公布
6 月	关东军特务部撤销，由伪满洲国总务厅总揽经济统制事务
7 月 1 日	"满"华间开始电话联络
15 日	日满经济共同委员会设置
30 日	《度量衡法》公布
8 月 1 日	《满洲矿业开发株式会社法》公布
9 月 1 日	《矿业法》公布
5 日	《私设铁道法》公布
24 日	满洲矿业开发会社设立认可
10 月 1 日	"满"德汇兑交换开始
11 月 4 日	日"满"维持通货等价声明
15 日	"满"波间汇兑交换开始
20 日	满洲机器股份有限公司设立
12 月 10 日	《外国汇兑管理法》公布
19 日	《商业登记法》及《同税法》公布
23 日	满洲拓植会社设立
26 日	满洲制糖会社设立
	本月公布《满洲火药贩卖株式会社法》

1936 年（昭和十一年、康德三年）

1 月 26 日	《日满邮便条约》签订
20 日	《满洲林业株式会社法》公布

2 月 1 日　　　满铁实行运费改革

3 月 9 日　　　《特许发明法》公布

　　　12 日　　东满洲人绢纸浆、满洲工业共荣企业、日满纸浆会社的设立认可

　　　26 日　　《地籍整理局官制》发表

4 月 21 日　　《农业政策纲要》及《农产物增殖方针》制定

　　　23 日　　《满洲盐业株式会社法》公布

　　　24 日　　北鲜三港委托满铁经营

5 月 1 日　　　《满德贸易协定》生效

　　　　　　　东亚劝业公司并入鲜满拓植株式会社

6 月 10 日　　《治外法权部分撤废的日满条约及附属协定》签字

　　　11 日　　二十年百万户移民的日"满"国策决定

　　　20 日　　日本陆军参谋本部提出《关于对满洲国的要求》

7 月 4 日　　　《株式会社奉天造兵所法》公布

　　　16 日　　三泰产业株式会社设立

　　　24 日　　关东军司令部通过《特殊会社及准特殊会社指导监督方策》

　　　29 日　　满洲发送电事业大扩充计划完成

8 月 3 日　　　陆军省发送《满洲开发方策纲要》

　　　10 日　　关东军司令部通过《满洲国第二期经济建设纲要》

　　　15 日　　《贸易紧急统制法》实施

　　　25 日　　发表移民方案要点

　　　27 日　　满洲油化工业会社设立

9 月 9 日　　　满鲜拓植股份公司设立

　　　21 日　　《商租权整理法》和《商租权整理法施行令》公布

10 月 1 日　　满铁机构改革，设铁道总局和产业部　满铁商事部改组为日满商事株式会社

　　　18 日　　国立金矿精炼厂在奉天开工典礼

　　　19 日　　《满洲计器株式会社法》公布，《满洲生命保险株式会社法》公布

　　　23 日　　地籍整理局布告日本人也适用新定土地法

11 月 1 日　　阜新煤田开挖大规模露天矿

　　　2 日　　《满洲轻金属制造株式会社法》公布

　　　3 日　　阜新、葫芦岛间铁路输送联络完成

　　　9 日　　《产业五年计划大纲》确定

	10 日	满洲轻金属制造株式会社设立
	18 日	"满"德间煤液化工厂建设契约签订
	27 日	关东军司令部通过《重要产业统制法纲要》
12 月 3 日		《满洲兴业银行法》公布
	7 日	满洲兴业银行设立
	24 日	《盐专卖法》《火柴专卖法》公布
	29 日	关于朝鲜银行撤退的契约签订《国境地带法》公布

1937 年（昭和十二年、康德四年）

1 月 9 日		《鸭绿江水力发电计划》制定
	25 日	关东军司令部通过《满洲产业开发五年计划纲要》决定案
2 月 1 日		赋予伪满国币在满铁附属地的强制流通权
	2 日	满炭会社决定增资为 8 000 万元
	19 日	东边道复兴工作委员会召开
4 月 1 日		《产业五年计划》《开拓民计划》实施《关东州国有财产令》及《满铁附属地印纸税令》施行
5 月 1 日		《重要产业统制法》公布，葫芦岛开港典礼
	10 日	关东军和伪满洲国政府召开联合农业政策审议委员会（新京）
	13 日	《产金买上法》及《产金买上法施行规则》公布，《军需征发法》公布《票据法》《支票法》公布
	21 日	《满德贸易协定》延长 3 年
6 月 3 日		《电力统制法》公布
	10 日	图佳线开通
	22 日	关东军参谋部与伪满政权协定《关于农事合作社设立的谅解事项》
	15 日	《工厂抵押法》公布
7 月 1 日		《关东州所得税令》、面粉、挥发油、洋灰各税令及《关东州及满铁附属地银行令》施行
	3 日	《关于农事合作社设立纲要之件》公布
	7 日	"七七"事变
	14 日	伪满设置企划委员会
8 月 2 日		《关于满洲拓植公社设立的日满协定》签字
	3 日	《暴利取缔令》《关东局暴利取缔令》公布

6 日	满洲合成燃料会社设立
18 日	《满洲鸭绿江水力发电株式会社法》公布
22 日	株式会社满洲映画协会诞生
26 日	大兴公司改组为特殊会社
31 日	满拓公社、满洲畜产公司设立
	本月《关东州重要产业统制法》公布
9 月 3 日	满洲豆秆纸浆公司设立
17 日	《满洲国重要特产物检查法》公布
21 日	《本溪湖煤铁公司增产计划》确定
10 月 1 日	简易保险开始实行
7 日	《棉花统制法》公布
8 日	修改《外汇管理法》
12 日	日本政府阁议通过《满洲重工业确立纲要》
14 日	《资源调查法》公布
22 日	《关东州及满铁附属地军需工业动员法》公布
29 日	日本产业株式会社宣布迁移到满洲
11 月 5 日	《关于治外法权撤废满铁附属地行政权移让日满条约》签字
9 日	《关东州资金调整令》发布
13 日	关东军、关东局、伪满政权达成《关于满铁持股出资的调整方案》
15 日	德国欧投·沃尔夫财团同伪满洲中央银行之间成立信用贷款
26 日	关东军司令部通过《贸易统制方策纲要》
28 日	《满洲劳工协会法》公布
12 月 1 日	日本撤废在伪满洲国的治外法权
	公布《利息制限法》《商工公会法》《不动产登记税法》和县制、街制、村制
6 日	《勤劳所得税法》《自由职业税法》《家屋税法》公布
9 日	《贸易统制法》及《关于基于同法限制输出及输入之件》公布
13 日	《酒精专卖法》公布
14 日	《满洲劳工协会法》公布
20 日	《满洲重工业开发株式会社管理法》公布
	新《关税法》公布

27 日　　《保险业法》公布，满洲重工业开发株式会社设立

1938 年（昭和十三年、康德五年）

1 月 1 日　　《取引（交易）税法》公布

7 日　　满洲劳工协会成立

29 日　　日满经济共同委员会通过

《关于对第三国关系外汇日满间合作之件》

2 月 1 日　　满铁向满洲国转让所持昭和制钢所的 55% 股份

10 日　　《满洲房产株式会社法》公布

26 日　　《国家总动员法》公布

28 日　　满洲矿山株式会社设立

3 月 2 日　　满铁让出重工业子公司股份

14 日　　《羊毛统制纲要》制定

4 月 1 日　　《铁钢类统制法》公布

12 日　　新《暴利取缔令》实施

14 日　　产业五年计划修正案完成，所需资金为 48 亿元

5 月　　　　本月关东局公布《关东州临时输出许可规则》

6 月 1 日　　《满洲飞行机制造株式会社法》公布

10 日　　《日满铣铁贩卖纲要》制定

20 日　　满洲飞机制造株式会社设立

7 月 1 日　　日满经济联络会议

5 日　　《满意修好通商航海条约》及《日满意贸易协定》签字

14 日　　伪满政权设置企划委员会

22 日　　决定设立满洲银行协会

23 日　　时局经济会议

27 日　　《木材需给调整及价格统制应急实施要领》实施

26 日　　日本企划院制定《日满华统一产业经济计划》

8 月 2 日　　"满洲"菲利宾间开始邮便汇兑交换

31 日　　决定设立满洲种子配给协会

本月伪经济部、关东局和中央银行三家合伙设置临时汇兑局

9 月 1 日　　《日满意贸易协定》生效

5 日　　《小麦及面粉需供调整并价格统制应急实施要领案》制定

14 日　　满德签订新《贸易协定》

东边道开发株式会社设立

16 日	《临时资金统制法》公布
20 日	《临时资金统制法施行规则》公布
27 日	社团法人满洲制粉联合会成立
10 月 6 日	《满洲电气化学工业株式会社法》公布
24 日	新《银行法》公布
11 月 7 日	《米谷管理法》公布
19 日	生产棉布开始混纺 3 成人造棉
30 日	满铁实施《北满地方铁道沿线开发五年计划及东满地区军需食肉涵养计划》
12 月 1 日	《劳动统制法》公布
3 日	日"满"华蒙经济恳谈会召开
20 日	《满洲硫安工业株式会社法》公布
21 日	满洲粮谷株式会社设立
26 日	《毛皮皮革类统制法》公布，《关于学校毕业者的使用限制之件》实施
27 日	《生活必需品配给统制纲要》制定设立满洲矿工技术员协会

1939 年（昭和十四年、康德六年）

1 月 1 日	开拓总局设立
2 月 7 日	《关于中国劳动者招募及使用雇入之件》实施
23 日	满洲生活必需品配给株式会社设立
3 月 7 日	决定着手大东港筑港计划《满洲国棉业统制法》公布
4 月 1 日	伪满开始正规物动计划满铁设北满江运局
3 日	《关于国内劳动者募集及使用雇入之件》实施
8 日	伪满宣布三大国策：《产业五年计划》《开拓计划》《北边振兴计划》满洲建设勤劳奉仕队组成《北边振兴计划》预算 10 亿元决定
10 日	满洲自动车制造株式会社设立
17 日	满铁收买金福铁道认可
20 日	《国债法》公布
25 日	《株式会社昭和制钢所法》公布
6 月 1 日	满洲土地开发会社设立
21 日	《关于满洲劳工协会及关东州劳务协会劳动统制一元化纲

　　　　　　　　　要》制定

22 日　　　《水力电气事业法》公布，米谷生产配给统制实施，满铁新设铁道总局企划委员会

7 月 25 日　　满铁煤液化研究所设立

26 日　　　满铁决定社国线一元化经营

28 日　　　《时局物价政策大纲》发表

　　　　　　　本月美国废除《日美通商条约》

8 月 1 日　　以栽培甜菜为目的的北满产业会社设立许可

2 日　　　　协和矿山会社设立

9 月 1 日　　发表大豆专管输出制度

3 日　　　　《吉林人造石油株式会社法》公布

18 日　　　《工资统制方策纲要》和《调整劳动力供求纲要》制定

20 日　　　日本商工省公布《关满支向输出调整令》

23 日　　　《职能登录令》实施

25 日　　　着手大东港建设 修改《贸易统制法》

　　　　　　　本月制定《生活必需品价格并配给统制纲要》

10 月 17 日　《重要特产物专管法》公布

　　　　　　　本月设立满洲特产专管公社

11 月 2 日　　《主要粮谷统制法》公布

5 日　　　　日本发表《日满华经济建设纲要》

9 日　　　　决定《农产物增产计划大纲》

16 日　　　《家畜调整法》公布

19 日　　　《小麦增产对策》制定

12 月 1 日　　《产金补助金及产金奖励金交付规则》实施

10 日　　　《小麦及面粉业统制法》及《面粉专卖法》公布

22 日　　　满洲电电增资 1 亿元

26 日　　　《日满商事株式会社法》《满洲生活必需品株式会社法》公布

28 日　　　《临时住宅房租统制法》公布

　　　　　　　本月公布《储金部法》《储金部法施行令》《储金部规则》《重要特产物专管法》《原棉棉制品统制法》《小麦及制粉业统制法》

1940 年（昭和十五年、康德七年）

1 月 1 日　　《改正临时资金统制法》施行

		伪民政部新设劳务司
	16 日	满洲谷粉管理会社设立
	25 日	满铁增资至 14 亿元，伪满政权认购 5 000 万日元
2 月	26 日	伪满国务院通过《综合立地计划策定纲要》
3 月	1 日	《日满意贸易协定》自动延长 6 个月
	23 日	《兴农合作社法》公布
	28 日	伪满省长会议贯彻伪满洲国《农产物增产十年计划》
		本月通过《主要生活必需品输入配给统制实施要领》
4 月	9 日	伪满经济部制定《日元资金调整实施纲要》
	15 日	关东局重新公布《关东州输入许可规则》
	26 日	《商工金融合作社法》公布
	27 日	《土建统制纲要》制定
		本月兴农合作社中央会设立
5 月	8 日	伪满总务长官星野直树做彻底重点主义的声明
	10 日	企划委员会干事会通过《综合立地计划指导方针》，《南满重工业地区计划策定纲要》《北边地区计划策定纲要》制定
	20 日	满洲资源爱护协会设立
	22 日	日满经济恳谈会（日本）公布《土木建筑业统制法》
	25 日	《满鲜间大米、粟易货协定》成立
		本月制定《公债政策纲要》
6 月	1 日	撤销产业部，新设兴农部
	2 日	伪满国务院通过《资金调整纲要》
	20 日	《物价及物资统制法》公布
	21 日	《日满意通商条约改定》成立
7 月	1 日	《工人专管募集规则》施行
	17 日	《满关贸易调整协定》签订
8 月	8 日	满洲生必输入联盟成立
	20 日	《对日贸易管理纲要》制定
	29 日	《农产物交易场法》公布
		本月公布《有价证券业取缔法》日本商工省发布《关满支向贸易调整令》
9 月	10 日	日"满"有线电话开通
	26 日	《奢侈品制造加工贩卖限制令》实施
	30 日	《特产物专管法》《粮谷管理法》公布

本月制定《不当利益等取缔规则》《关于强化特殊公司机能刷新的方针》

10月1日	满洲特殊钢株式会社设立，满铁合并消费组合和生计所设立满铁社员生计组合
10月14日	日本阁议通过《国土计划设定纲要》
28日	《农产物检查法》《满洲农产物检查所法》《米谷管理法》公布

本月开始国事调查

11月5日	日本发表《日满华经济建设纲要》伪满发表《日满华经济建设联系纲要》
12日	满洲纸浆统制组合设立

本月制定《劳动者移动防止政策纲要》

12月1日	绥佳线开始正式营业
3日	东京—新京（长春）间开设航空
6日	《麻纤维及麻制品管理法》公布
7日	日本公布《经济新体制纲要》
21日	《满洲电业株式会社法》公布
24日	《浑江水电开发计划》通过
28日	发布税制改正敕令

本月抚顺煤矿开始使用"特殊工人"《军马资源保护法》公布

1941 年（昭和十六年、康德八年）

1月25日	《中国劳动者募集统制协定》施行
29日	《矿工业技能者养成强化纲要》（火曜会议通过）
31日	满洲火药工业株式会社设立
2月16日	东满殖产会社设立
17日	《满洲矿工技术员协会法》公布
22日	《关于棉制品的价格对策之件》实施
3月2日	《边境开发计划纲要》（火曜会议）
4日	《经济顾问设置纲要》（火曜会议）
8日	《满洲铁钢制品配给统制纲要》（伪经济部）
15日	满、华中间货车直通开始
20日	《金融机构秘密调整纲要》制定

26 日	《满洲铁钢开发纲要》（伪经济部）
31 日	《矿工业技能者养成令》实施
4 月 1 日	对华汇兑的中银集中制实施
4 日	发表《钢铁开发第二次五年计划》
	《彩票法》公布
7 日	日本内阁设日满支经济协议会
9 日	伪国务院通过《康德八年度农产物增产搜货确保方策纲要》
	开始实行增产出荷奖励金制即先钱制
17 日	《产业振兴公债法》公布
22 日	《关于满鲜一如强化助长之件》实施
5 月 6 日	《矿石类配给统制纲要》（火曜会议）
	《满洲国立地计划策定纲要》制定
16 日	满洲炭素工业会社设立
20 日	《配给统制机关合理化纲要》（火曜会议）
26 日	满洲投资证券会社设立
28 日	《经济平衡资金设置纲要》（伪国务院会议）
31 日	《关于满德贸易期间延长第二次协定》签字
6 月 2 日	满拓、满鲜拓两社合并签字
10 日	《军需品工厂事业场检查法纲要》（火曜会议通过）
13 日	北满产业会社设立
23 日	《纤维及纤维制品统制法》公布
7 月 1 日	《国内劳动者募集紧急对策纲要》制定
2 日	"关东军特别演习"开始
10 日	密山煤矿从满炭分离独立
14 日	《满洲农产公社法》公布
21 日	《满洲航空株式会社法》公布
22 日	日本政府决定《关于满洲中央银行的旧债清理的备忘录》
25 日	《价格等临时措置法》（"七·二五"物价停止令）公布
29 日	《满关贸易调整纲要》发表
	本月伪满洲国制定《劳务新体制确立纲要》
	修订《米谷管理法》《粮谷统制法》《特产管理法》
8 月 1 日	满洲农产会社开业公布实施新《汇兑管理法》
12 日	《关于地方产业的自力振兴及地方资金活用的纲要》
	（火曜会议通过）镜泊湖水力发电隧道开通

18 日	《关于采暖用煤配给之件》（经济部）
20 日	第一次战时增税 1 亿元
21 日	伪国务院会议通过《关于地方产业自力振兴及地方资金活用纲要》和《国内轻工业振兴纲要》
25 日	《满洲国通信社法》《新闻社法》公布，水丰发电所开始送电
9 月 1 日	提高酒、烟草税，《汽车交通事业法》公布
9 日	《满洲国产业建设第二次五个年计划基本方针纲要》（火曜会议通过）
10 日	《劳务新体制确立纲要》制定
11 日	设立满洲消费组合
21 日	合并特产专管公社、粮谷会社和谷粉管理会社，成立农产公社
10 月 1 日	满炭提高煤价，满铁提高运价
15 日	煤铁公司宫原新工厂高炉点火
16 日	决定设立滨江实业银行
22 日	新《劳动统制法》《劳务兴国会法》公布
11 月 4 日	合作社事件，北满合作社运动 53 人被捕
6 日	《劳动统制法施行规则》公布
8 日	《第二次产业五年计划原案》决定
27 日	《满洲开拓第二期五年计划》决定移入 22 万户，《开拓农场法》公布《国内轻工业振兴纲要》（伪经济部通过）
12 月 8 日	太平洋战争爆发
13 日	《劳动者募集统制规则》实施
15 日	《国防资源秘密保护法》《国防保安法》《治安维持法》公布实施
22 日	时局对策官民协力会议上《战时紧急经济方策纲要》发表
25 日	《关于劳动者募集规则施行之件》实施

1942 年（昭和十七年、康德九年）

1 月 1 日	《特殊会社给与统制钢要》制定 《修订事业所得税法》公布满铁提高货物运费
15 日	《关东州贸易统制令施行规则》实施 满关贸易联合会设立

19 日　　《鸭绿江水电第二事业计划》出台，总工程费 2 亿元

23 日　　伪治安部、兴农部通过《治安概成地区的农地复兴纲要》

28 日　　第一回满鲜联络协议会《开拓第二期五年计划》发表

2 月 4 日　《关于公司利益金的处理及资金运用的通令》公布

9 日　　《劳动者紧急就劳规则》制定

10 日　　《外国人土地租权整理法》《外人土地法》公布实施

17 日　　《关东州纤维及同制品统制规则》

23 日　　鸭绿江水电会社决定建设云领水坝

24 日　　《满洲自动车制造株式会社及同和自动车工业株式会社合并纲要》（火曜会议通过）

28 日　　大连船渠会社加入日本造船统制会

2 月 5 日　兴银增资一倍资本增加为 6 000 万元 关东州以直接税为中心增税，新设四种间接税

3 月 8 日　第一回"满"华北联络协议会 为开发鹤立煤矿设立新会社

9 日　　《资金统制强化纲要》（火曜会议说明资料）

11 日　　满洲马车公会设立

12 日　　生必品的满关分配额决定为 49 600 万元

14 日　　钢铁统制会满洲支部创设

17 日　　全满汉药统制中央会成立大会

18 日　　《金属回收强化运动纲要》制定

23 日　　发表大豆等各地区新收购价格

26 日　　日本迁移到伪满的工厂以生必会社关系为中心指定 24 社

29 日　　《满关劳务协定》成立

30 日　　《国债取得令》实施，《关于就劳义务者的劳动者劳务管理之件》实施

本月公布《国民储蓄会法》

4 月 1 日　《改正临时资金统制法》公布施行，《赁银统制规则》公布施行

9 日　　就综合计划经济的运营在大连召开大陆联络协议会

10 日　　日满华经济计划加入南方地区着手改编

15 日　　奉天粮谷配给会社设立满洲农具制造会社（灵山）设立

18 日　　《自兴村设置纲要》（伪兴农部）

27 日　　第二回鲜"满"联络会议（京城）

30 日　　《内国开拓民扶助纲要》制定

5 月 5 日	《关于经济平衡资金运用之件》实施
12 日	《满洲工作机械株式会社事业刷新纲要》（火曜会议通过）、《有奖富国债券发行纲要》（火曜会议通过）
15 日	《农业劳动赁银临时措置规则》实施，日本对满事务局通过《满洲电气化学工业促进纲要》
25 日	《关于国民优级学校毕业者募集斡旋之件》实施
26 日	《满日二重课税防止令》实施
27 日	伪满国务院通过《国民勤劳奉公制创设纲要》 本月满关杂货统制组合设立
6 月 1 日	伪满洲国总务厅企划处制定《南满重工业地域计划书》
4 日	《国民勤劳奉公制创设纲要》制定
3 日	《关东州战时海运管理令施行规则》公布实施
6 日	《国民储蓄会法》公布
10 日	关东州船舶运营会设立
13 日	满鲜华商议理事会在大连召开
15 日	《关东州银行等资金运用令施行规则》实施
28 日	满洲合成树脂统制组合设立
29 日	《技能者雇入制限及移动防止法》公布
7 月 1 日	第三回日满经济恳谈会（新京）
10 日	《满洲国纸配给统制规则》实施
11 日	满洲电力协议会设立新《地税法》公布
8 月	满洲铁钢协议会设立
9 月	《国税征收法》修订
10 月 6 日	《产业统制法》公布
19 日	《探矿奖励金交付规则》实施
26 日	《满洲中央银行法修订纲要》和新《满洲中央银行法》公布，制定《临时租税证收纲要》公布《国民勤劳奉公局官制》，在伪民生部增设国民勤劳奉公局 本月满铁完成京滨、滨绥两线复线工程 第二次战时增税
11 月 8 日	《国民勤劳奉公法》公布
19 日	第二次大陆联络会议（北平）
25 日	《事业统制组合法》公布
30 日	《内国开拓民助成事业法》公布 本月举行第三回"满"鲜联络协议会、"满"关华北联络

会议

《国民储蓄会法》公布

12 月 2 日　《关于（机械）工业组合的设立命令》发布

　　　4 日　《关于陶瓷器制造业组合的设立命令》发布，《关于玻璃制品制造业组合设立命令》发布

　　　6 日　《战时紧急粮食搜荷对策纲要》制定

　　　8 日　《满洲国基本国策大纲》发表

　　　10 日　《关于涂料业组合的设立命令》发布

　　　14 日　《关于啤酒事业组合的设立命令》发布，《关于石棉盘事业组合的设立命令》发布

　　　16 日　《关于裁缝加工业组合的设立命令》发布

　　　17 日　《关东州物资统制令》公布

　　　18 日　《国民勤劳奉公法》及《国民勤劳奉公队编成令》公布

　　　19 日　《关于合成树脂（涂料用除外）工业组合的设立命令》发布

　　　24 日　《关于工具及轴承的输入及配给组合的设立命令》发布《协和义勇奉公队运动大纲》决定

1943 年（昭和十八年、康德十年）

1 月 12 日　满洲土木建筑公会设立

　　　15 日　《关于橡胶工业组合设立命令》发布

　　　16 日　《关于对食肉及肉加工品统制之件》公布关东局令《勤劳奉公规则》

　　　18 日　佳木斯保税仓库设立

　　　21 日　《战时紧急农产物增产方策纲要》制定《水利组合设立纲要》及《自给农场设置纲要》制定

　　　22 日　《关于烟草事业统制组合的设立命令》发布

　　　25 日　《商工金融合作社法》公布

　　　26 日　大陆物资交流北京会议召开

　　　28 日　《关于印刷工业组合的设立命令》发布

　　　30 日　营盖盐业株式会社设立

2 月 1 日　满洲金融协会设立，商工金融合作社设立

　　　2 日　轻工业振兴方策第一回委员会召开

　　　5 日　新《饭用米谷配给基本纲要》及《米谷销售业者及米谷配

给组合运营纲要》制定

	10 日	《林野总局官制》公布

满洲纸浆统制组合设立

松花江综合开发委员会召开

满洲贸易株式会社设立，《西服用纺织品、特殊纺织品、毛毡、丝类组合的设立命令》发布

| | 17 日 | 满洲毛麻丝布统制组合创立大会召开 |

满洲铁钢工务株式会社设立

阜新、鹤岗、北票、西安四炭矿株式会社设立许可

	18 日	《关于砖瓦制造事业地区组合的设立命令》发布
	22 日	《关于农业药剂统制组合设立命令》发布
	27 日	满洲毛皮及皮革交易统制组合创立大会《关于中药统制组合设立命令》发布
3 月 3 日		《矿业特别金融对策纲要》制定
	5 日	满洲机械工业统制组合发会典礼

满蒙经济联络会议召开

	6 日	《矿业警察规则》《煤炭抗爆发取缔规则》实施
	10 日	以满洲军需监察工厂为会员结成满洲军需工业会
	15 日	第十回鲜"满"经济联络会议（京城）
	16 日	《原麻统制组合设立命令》发布
	18 日	《关于技能者及劳动者用生活必需品配给纲要之件》公布

大东、协和两制油株式会社创立大会

	19 日	《铜矿紧急增产计划纲要》制定
	20 日	第一回东满经济恳谈会召开，《民生医药品类统制改善纲要》制定
	22 日	《关于农业药剂统制组合设立命令》发布
	25 日	第二松花江丰满发电所开始送电
	30 日	伪满总务厅制定《都市人口疏散紧急对策纲要》
	31 日	满洲银行协会解散，满洲普通银行协会创立大会
4 月 7 日		《二荒地复兴助成要领》实施
	8 日	《国民储蓄增强方策纲要》制定
	14 日	兴农部制定《柞蚕种茧对策纲要》
	20 日	东边道开发会社纯铁炉点火式
	21 日	昭和制钢所增资一倍资本增加到 4 亿元，大陆联络会议在京

城召开

24 日	东亚经济恳谈会在新京召开
27 日	《国内劳动者募集地盘育成要领制定之件》制定
29 日	满铁机构大改革，中枢机构移驻新京 日本和伪满同时发表从 5 月 1 日起实施日"满"间关税免除以及关于两国间货客资金出入手续的整理简捷化实施要项

本月《城市人口疏散紧急对策》实施

5 月 5 日	《满关种苗统制组合设立命令》发布
10 日	满洲煤炭协议会发会式
22 日	《烟草配给机构改正实施纲要案》制定
24 日	《物品贩卖统制法》公布《关于促进农地利用之件》实施

本月公布《普通银行资金特定运用办法》

6 月 1 日	满洲重工业开发会社职制改革，创设参与制度，大陆铁道输送协议会事务局在伪都新京开设《通账票证配给统制规则》制定公布施行，《关于医药品配给统制地方组合及统制地区组合设立命令之件》发布
15 日	《矿业统制法纲要》制定
20 日	满洲麻袋会社与农产公社的合并式举行
24 日	东亚经济恳谈会第四回日"满"经济恳谈会在新京召开
25 日	《关于中药配给统制地方组合设立命令之件》发布
7 月 1 日	《金属回收敕令》公布 普通法人满洲炭矿株式会社新开业，《化学工业制品统制实施要领》实施
2 日	《家畜振兴方策》实施
4 日	《物品销售业统制纲要》制定
5 日	松花江水力电气发电开始
9 日	重要物资企划审议会新设
12 日	《矿业统制法组织法》公布
19 日	《奉天市生必物资配给纲要》制定
23 日	《兴农合作社改善指导纲要》制定
	《县旗村兴农合作社联合会的设立要领》决定
26 日	《兴农金库法》公布
29 日	《关于技术工要员的募集地盘设定纲要》制定
8 月 1 日	水泥配给机构整顿满化工业协议会设立
3 日	《兴农合作社改善指导纲要》制定

4 日	《林野法》公布
8 日	矾土矿业会社设立
15 日	决定从 9 月起对肉畜实行搜荷工作
16 日	《朝鲜人特别练成法》公布
22 日	新设报国农场 60 处
23 日	《金属类回收法》公布
26 日	《木材增产对策纲要》制定
28 日	《关于农产物搜荷促进特别措置》实施
9 月 1 日	大陆输送协议会召开建筑行政实现一元化
8 日	《关于米谷供出法改订纲要之件》发表
12 日	《住宅取缔要领》实施
18 日	思想保安矫正两法案决定
10 月 2 日	《关东州经济会令》
5 日	第四回大陆联络会议开始
11 日	新《商工公会法》《价格等临时措置》改正，《经济平衡资金关系法》改正，《满德经济第三次协定》（于新京）
12 日	《农产物小运送统制纲要》制定
18 日	林野审议会创设
28 日	《满洲国决战经济运营方针》决定
30 日	满洲劳务兴国会机构改革
31 日	《满关百货店的运营方针》决定
11 月 1 日	对高粱席子实施统制
9 日	小麦等制粉事业统制强化
10 日	《民有陆运紧急整备纲要》制定
11 日	日满华蒙物资交流会议召开，《村兴农合作社的运营纲要》制定
16 日	全满煤矿长会议
17 日	国民储蓄官制化，《自给牧场设置纲要》制定
20 日	南满地区矿工增产协议会召开，满洲大豆化学工业改组扩充，劳务兴国会的运营方针决定
22 日	日本政府通过《关于对满洲国紧急农地造成计划协助之件》
25 日	地方债资金的《地场资金纲要》制定，满洲橡胶输入联合会创立，开拓协同组合联合会发会式
26 日	土地开发会社改组强化

12 月 1 日	满洲铁钢贩卖株式会社设立，满洲汽罐协会设立
6 日	《国民储蓄会法》修订《临时资金统制法》修订
11 日	第三次战时增税
18 日	《村建设纲要》决定 紧急增产推进本部设立
19 日	东辽河治水工程开工
21 日	大陆轻金属增产协议会在新京召开
22 日	《电力法》公布
24 日	《国民手账法案》公布
25 日	《关于战时紧急兴农增产的划期的推进之件》（伪兴农部） 《农业劳力需给调整纲要》（伪兴农部）

1944 年（昭和十九年、康德十一年）

1 月	《不重要事业场劳务管理规则》发布
2 月 29 日	《满洲制铁株式会社法》公布 本月满铁实行旅客输送限制《关东州勤劳动员方策纲要》制定 《中小矿山开发紧急方策》实施
3 月 1 日	株式会社满洲土地开发会社解散，设立特殊法人满洲农地开发公社
25 日	合并昭和制钢、本溪湖煤铁、东边道开发，设立满洲制铁会社
27 日	推行《原料煤紧急对策》 本月公布《家畜及畜产物统制纲要》、重新设立满洲畜产公社
4 月 1 日	满洲电业株式会社和水力电气建设局实行合并成立新的满洲电业株式会社《必胜储蓄票规则》《必胜储蓄票发行纲要》实施
13 日	伪满参议府通过《满洲国紧急农地造成计划纲要》 本月设置企业统制协议会 《劳工募集统制强化要领》制定第一回满关经济联络恳谈会 安东轻金属株式会社设立
5 月 22 日	《机材施设统制法》公布 满洲纤维公社设立
6 月 1 日	发行报国公债

第二松花江地区开拓地造成工程开工第二回满关经济联络恳谈会

7 月　日	"满"国境通关废止、《关东州学徒勤劳动员实施要领》制定
8 月	美军飞机空袭鞍山
9 月 8 日	《对华交易紧急措施方策》实施
	美军飞机轰炸奉天满洲飞机制造厂
	日本实行"驻满日本军费的现地筹措"
10 月	安奉线和奉山线（锦州以西）的复线开通

1945 年（昭和二十年、康德十二年）

1 月 11 日	日本最高战争指导会议决定第十三号《大陆重要输送确保施策》
3 月 11 日	新设国民勤劳部

附录 B 书中涉及的日制单位

长度，距离

1 里 = 36 町／丁	约 3 927 米 = 3.927 千米
1 町／丁 = 36 丈 = 60 间	约 109.09 米
1 丈 = 10 尺	约 3.03 米
1 间 = 6 尺	约 1.818 米
1 尺 = 10 寸	约 30.303 厘米
1 寸 = 10 分	约 3.03 厘米
1 分 = 10 厘	约 0.303 厘米
1 厘 = 10 毛	约 0.030 3 厘米
1 毛	约 0.003 03 厘米

面积

1 町／町步 = 10 反／段	约 9 917.4 平方米
1 反／段 = 10 畝	约 991.74 平方米
1 畝 = 30 坪／步	约 99.174 平方米
1 坪／步 = 2 畳 = 10 合	约 3.306 平方米
1 畳	约 1.62 平方米
1 合 = 10 勺	约 0.33 平方米
1 勺	约 0.033 平方米

容量，体积

1 石 = 10 斗	约 180.39 升
1 斗 = 10 升	约 18.038 6 升
1 升 = 10 合	约 1.803 86 升
1 合 = 10 勺	约 180.39 毫升
1 勺	约 18.039 毫升

重量

1 贯 = 6.25 斤 = 1 000 匁	为 3.75 千克 = 8.267 磅
1 斤 = 16 两 = 160 匁	为 600 克
1 两 = 24 铢 = 10 匁	为 37.5 克
1 铢	为 1.562 5 克
1 匁 = 10 分	为 3.75 克
1 分 = 10 厘	为 0.375 克
1 厘 = 10 毛	为 37.5 毫克
1 毛	为 3.75 毫克

后 记

日本侵占时期的东北经济这个课题是原东北沦陷十四年史编纂委员会主任于林同志同我商定并交代给我的任务。经于林同志的努力，作为爱国主义的教材这项任务又获得长春市委的支持和资助。

本书立项是在 1994 年年底。1997 年着手写作，2000 年完成初稿，2005 年完成修改稿。不过，上述两稿都不够成熟。别人看过不满意，我自己也觉得实在拿不出手，就压了下来。

直到 2012 年，从立项起算，已过了 18 年。一方面由于完不成任务总像背着个债务，无法向于林同志和长春市委交代；另一方面由于看到某些似乎为日本帝国主义当年对东北的经济统制评功摆好的言论，于是，重新振作对本书又作了一次修改。虽然还有些言犹未尽，也可能贻笑大方，但是，已经没有精力再作进一步的钻研。觉得将此书出版总比任凭那些为日本帝国主义张目的言论猖獗蔓延，更好一些。当然，如果受到对此问题有兴趣人士的关注，指出本书的缺点和错误，那更是我求之不得的。

需要说明的是关于日伪的鸦片政策及其毒害问题，由于在滕利贵先生所著伪满史丛书《伪满经济统治》（吉林教育出版社，1992 年版）中有极为精辟而全面的论述，本书不再论及。

最后，让我对已仙逝的于林同志、原东北沦陷十四年史总编室和长春市委表示由衷地感谢。

本书得以顺利出版是沈友益先生的关注和满铁史资料研究分会领导魏海生、关忠良、韩宝明诸位先生以及北京交通大学出版社社长章梓茂和前社长郑光信先生给予大力支持的结果，在此一并致谢。